OTT시대
미디어
거버넌스

OTT시대 미디어 거버넌스

1 9 8 7 ~ 2 0 2 1

민주화 이후 미디어 정책의 변화와 과제

성노훈 지음

자유문고

서문

코로나19가 유행하기 시작한 지도 어느덧 2년이 지나면서 우리 삶의 방식도 많은 것이 바뀌었다. OTT 등 새로운 미디어들의 출현과 함께 미디어를 접하는 기회와 시간은 더 늘어나 미디어에 대한 의존도 커지고 있다. 외형적인 미디어의 활용도 증가와 함께 미디어에 기대하는 역할과 이를 통해 추구하는 질적인 가치에 대한 고민도 제기되고 있다.

미디어의 특성상 대중에 대한 보편적인 지식과 정보의 전달 및 확산에는 효과적이지만, 대면의 직접적인 커뮤니케이션에 비해 전문적이고 수준 높은 가치와 문화의 전수에는 한계가 있을 수밖에 없다. 코로나19로 인해 이전보다 단절된 삶을 영위하게 되면서 시민들의 참여 수준도 더 제한적인 상황이다. 따라서 미디어의 여론형성과 선도 역할과 함께, 정치권력의 영향력을 극복하는 문제도 대두되게 되었다.

민주화 이후 정권교체가 수차례 일어났지만, 권력을 획득하면 공영방송 거버넌스를 장악하는 양상이 반복적으로 재현되고 있다. 정치적 성향에 따라 공영방송과 언론 그리고 시민사회 단체들이 진영을 형성해서 상대 진영과는 대립하는 것이다. 이러한 이유에서인지 우리나라 국민들의 미디어 편향성도 매우 높은 수준이다. 이는 정치적 관심 저하와 동시에 여론에 휩쓸리거나 조종에 취약해질 수 있는 위험도 내포하게 된다.

　정부 부처나 공공기관이 소유 및 운영을 통해 직간접적 영향력을 미치는 공영방송이 너무 많고 민영방송과의 차이점을 발견하기도 어려운 것이 현실이다. 이는 우리나라 미디어가 공적인 가치 정립은 물론 산업적 경쟁력 측면에서도 미흡한 상황에 처하게 된 원인으로 작용하고 있다. 미래지향적인 미디어 시스템의 구축과 거버넌스의 확립을 위해 정치권과 행정부, 미디어 사업자, 미디어 수용자로서의 국민들과 시민사회 단체 등 모두의 역할이 중요하다.

　조직구조는 의사 결정자가 선택해야 할 정책 대안의 형성 과정과 이를 통한 정책 결정 결과에 영향을 미치게 된다. 미디어 거버넌스와 관련한 정부 조직의 변화에 따라 미디어 정책 결정의 과정과 결과가 달라질 수 있는 것이다. 지금처럼 방송 정책 영역을 크게 저널리즘과 관련 있는 분야와 플랫폼 중심의 유료방송 분야를 구분하여 규제 및 진흥 중심의 기관에 분산시킨 구조는 미디어 전반을 고려한 통합적이고 효율적인 의사 결정을 어렵게 만들고 최고 의사 결정자의 부담으로 작용하게 된다. 최근의 OTT에서처럼 정책적 대응이 지연되고 부처 간 주도권 경쟁 양상이 전개되는 것이다. 과거 IPTV 도입 당시에도 부처 간 대립으로 정책 결정이 지연되어 결국 국무총리실 주도로 방송통신융합추진위원회를 구성해서 해결할 수밖에 없었던 경험이 있다.

　본서에서는 민주화 이후 각 정부의 미디어 거버넌스의 구조와 주요 정책 사례들에 대한 고찰을 통해, 우리나라 미디어 거버넌스의 정립 방안을 제시하고 있다. 정치로부터의 독립, 공공성과 산업성의 조화, 정책의 효율성 확보의 원칙 하에 독임제 및 합의제 정책 기구 간의 역할 조정을 제안하고 있다. 또한 방송·통신 서비스 분류 체계를 정비하여 OTT 등 새로운 서비스를 포괄함으로서 방송·통신 융합 법제의 토대를 마련할 것을 주장하고 있다.

한편 본서의 내용 중 다수는 필자가 입법부와 기업에서 미디어 관련 정책과 업무를 담당하며 경험한 것을 토대로 하고 있지만, 본서에서의 주장과 의견은 개인의 견해이며 회사 등의 입장과는 무관하다. 아무쪼록 본서가 앞으로의 미디어 정책과 거버넌스가 한 걸음이나마 더 나아가고 발전하는 데에 도움이 되었으면 하는 바람이다.

2022년 새해 첫날을 맞이하며
공도훈

추천사

●지상파 방송과 유료방송, 그리고 OTT에 이르기까지 미디어 정책 전반에 걸쳐 방향을 제시하고 있다. 지난 35년간의 미디어 정책의 변천사도 온고지신溫故知新으로 삼을 수 있을 것이다. 새 정부 출범과 함께 새로운 정책과 거버넌스를 마련해 나가는 데에도 충분한 대안이 될 것이다.

— 신영균(영화배우, JIBS 제주방송 명예회장)

●1987년 대통령 직선제 도입 이후 미디어 거버넌스와 정책의 변화를 분석하고 방향을 제시하고 있다. 집권세력은 보수든 진보든 미디어를 장악하려는 유혹을 갖게 된다. 이를 제어할 수 있는 거버넌스를 모색해야 한다는 저자의 주장은 지금의 상황에도 충분한 시사점이 있다. 지난 9년간 지속되어 온 현재의 미디어 거버넌스도 OTT와 같은 뉴미디어의 출현에 맞게 개선해 나가야 하는 시점이다.

— 이경재(전 방송통신위원회 위원장, 15~18대 국회의원)

●이 책은 일견 정책지침서다. 그런가 하면 현대정치사 같은 면모도 보인다. 드라이한 논문이나 학술서인가 했는데 읽다보니 시대정신이 보이고 뜻밖의 재미도 있다. 마치 역사 드라마를 보는 느낌

이다. 작가의 선험적 통찰과 혜안이 놀랍고, 전문가적 식견에 감탄한다. 과장이 없어 묵향처럼 은은한 향기도 있다. 그만이 쓸 수 있는 책이다. 그만큼 저자의 역량이 돋보인다. 숨겨졌던 능력과 경험뿐 아니라 치열한 고민과 노력이 응축된 걸작이고 인생책이다. 미디어 거버넌스뿐 아니라 광범위한 분야의 최상급 정책 가이드북이다. 이 시대 바로 이 시기에 출간하는 의미 또한 있으리라. 일반 독자들뿐 아니라 학계와 단체, 정치권으로부터 저자의 참뜻이 온전히 인정받고 인구에 회자되기를 기대하고 응원해본다.

— 이인용(전 국회 사무차장, 미래창조과학방송통신위원회 수석전문위원)

● 왜 정권이 바뀔 때마다 미디어 정책 부처가 바뀌는 것인가, 차기 정권에서도 바뀔 것인가? 이 책은 그 해답으로 언론기본법 폐지 이후 지난 30년 동안 추진된 정치권력 중심의 미디어 거버넌스를 비판적으로 분석하고, 글로벌 OTT 시대에 국내 미디어 산업의 경쟁력 제고를 위해 구현해야 할 미디어 거버넌스의 핵심 가치를 제시하고 있다.

— 김관규(동국대학교 미디어커뮤니케이션학과 교수, 연구 부총장)

● 이 책은 미디어 거버넌스에 대한 대안을 제시하는 책이면서도 우리나라 미디어 정책의 역사를 일목요연하게 정리한 충실한 참고서라는 측면에서 기존의 많은 미디어 정책이나 거버넌스에 관한 책들과 확실하게 다르다. 공도훈 박사는 미디어 현장의 정책수요자가 가진 절실한 문제의식에 특유의 꼼꼼함과 산지식을 적용하여

미디어 산업에 종사하거나 연구하는 이가 숙고할 만한 해법을 제시했다. 미디어 거버넌스 개편이 중요한 화두로 떠오르고 있는 시기에 모처럼 완성도가 높은 관련 저작이 나오게 되어 반가운 마음이다.

— 김성철(고려대 미디어학부 교수, 스마트미디어 서비스 연구센터 연구센터장)

● 미디어 거버넌스는 미디어 시스템에 대한 적절한 형태의 사회적 통치를 의미한다. 거기에는 미디어의 이상적 역할에 대한 사회적 기대와 결과가 반영되어 있다. 미디어 거버넌스를 새롭게 제시할 때 필요한 것은 그동안 거버넌스에서 나타난 문제를 객관적으로 분석, 평가하는 선행 작업이다.

이 책은 민주화 이후 국내 정부의 미디어 거버넌스 구조와 주요 정책 사례를 세부적으로 분석하여 고찰하고 있다. 국내 정부의 미디어 거버넌스를 통합적으로 살펴볼 수 있어 그 역동성을 이해하는 데 유용하다. 한국 정부의 정책 변화와 미디어 변천사 그리고 거버넌스 아젠다들을 폭넓게 다루어 정책 방향에 대한 이유와 논거를 상세하게 풀어내고 있다.

미디어 거버넌스는 사회에서 미디어가 이상적 역할을 수행하도록 만드는 방법으로, 여기에는 국가, 시민, 시장, 기업 등 다양한 주체들이 포괄되어 있다 이 책은 공공성과 산업성을 모두 아우르는 미디어 거버넌스 구축을 위해 정책입안자, 시민사회, 사업자 모두의 노력이 얼마나 중요한지를 역설하고 있다.

OTT 시대 미디어 거버넌스 방향을 제시하고 있다는 차원에서

이 책은 한국 미디어 거버넌스의 과거와 현재 그리고 미래를 연결하고 있으며, OTT 시대에 살고 있는 우리에게 미디어의 가치와 중요성을 일깨워 준다.

— 박주연(한국미디어경영학회 회장, 한국외대 미디어커뮤니케이션학부 교수)

* 추천사는 연령순으로 실었습니다.

제2부 미디어 통합법제와 거버넌스 259

제1부
역대 정부의
미디어 거버넌스

제1장

미디어 시스템과 거버넌스

1. 미디어 시스템

시스템으로서의 미디어

'미디어'는 커뮤니케이션의 매개자를 의미한다. 미디어는 단순한 메신저의 역할을 하는 것 이상으로 보도나 해설, 논평의 형식으로 전달하는 내용에 영향을 미치며, 소통과정에서도 독자적인 커뮤니케이션 기능을 수행한다. 오늘날 사회적 소통 행위의 대부분은 미디어를 경유해서 이루어진다. 미디어들은 역사적 맥락과 정치적 상황, 사회적 환경 속에서 국가와 정부는 물론 시장과 사회의 구성원들과 긴밀하게 연계되어 상호작용을 한다.

'시스템'은 상호연계된 부분들의 전체(a set of interrelated parts)를 말한다. 시스템의 정의에서 강조되는 것은 '상호작용과 관계'이다.

사회도 정치도 시스템의 관점에서 볼 수 있다.[1] 미디어를 이해하는 데도 개별 미디어 차원이 아닌 시스템적 사고가 필요하다. 미디어는 한 국가의 정치·경제·사회 시스템과 밀접한 연관을 맺고 있고, 이들과 분리해서 문제를 해결하기에는 한계가 있기 때문이다.

'미디어 시스템'은 '한 사회의 다양한 미디어들이 연계되어 형성하는 미디어의 전체상'이라고 정의할 수 있다. 사회의 정치, 경제, 문화, 역사적 차원의 변수들과 연계되어 상호작용을 하는 사회 시스템의 한 부분이라고도 할 수 있다. 미디어 거버넌스도 본질적으로 미디어 시스템을 전제하여 그것의 문제를 해결하고 이를 위해 최적의 거버넌스를 찾는 데에 목적이 있다. 이러한 시스템적인 관점과 사고를 도외시한 채 개별 미디어의 문제를 개별 제도의 개선을 통해서 해결하는 것은 한계가 있다.[2] (윤석민, 2020)

미디어 시스템의 유형

시버트, 피터슨, 그리고 슈람(Siebert, Peterson & Schramm)은 『언론의 4이론』(Four Theories of the Press, 1965)에서 미디어 시스템을 거시적인 관점에서 '권위주의, 자유주의, 사회책임주의, 소비에트 공

---

1 이스턴(D. Easton, 1965)이 언급했듯, 정치도 사회를 위하여 권위적으로 가치를 배분하는 상호작용의 시스템이라고 할 수 있다(강신택, 2002).

2 예를 들어 공영방송 거버넌스의 경우도 정치 시스템과 연계되어 있는데 단순히 사장 선출 방식의 개선으로 문제를 한정하여 접근함으로써 결론에 이르지 못하고 정치적 갈등을 심화시킬 수 있는 것이다(조항제, 2014).

산주의 시스템'으로 구분하였다.

그리고 미디어 시스템 개념에 대한 실증적 분석을 본격적으로 수행한 할린과 만치니(Hallin & Mancini, 2004)는 국가와 미디어의 관계를 상호의존적인 관계로 인식해야 한다고 생각하였다. 그리고 미디어 시스템을 구성하는 요인들로 '미디어 시장 구조(structure of media markets)[3], 정치 병행성(political parallelism)[4], 미디어 전문직주의(journalistic professionalism)[5], 그리고 국가의 역할(role of state)[6]' 등 네 가지를 거론하였다. 이 중에서 이들이 가장 강조한 변수는 정치 병행성으로 미디어 시스템과 정치 시스템[7]과의 관련성이었다. 할린과 만치니는 미디어 시스템의 유형을 지중해 지역에서 관찰되는 극화된 다원주의 모형(polarized pluralist model), 중북부 유럽 국

---

3 할린과 만치니는 시장의 특성으로 대규모 발행 신문의 발달 여부를 거론하였다. 이의 국가 간 차이는 신문과 수용자 간 관계의 차이, 정치적·사회적 소통과정에서의 신문의 역할의 차이를 반영하기 때문이다.

4 언론과 정당의 이념적 노선이 조응하는 정도를 의미하는 '정당-언론 병행성'을 보다 거시적으로 일반화한 것이라고 할 수 있다.

5 저널리즘 전문성의 속성으로 자율성, 고유한 전문직 규범, 공공서비스 지향성의 세 가지를 언급하고, 저널리즘 전문성의 상대적 개념으로 도구화와 정치 병행성을 거론하였다.

6 국가가 미디어 시스템에 개입하는 제도적 방식 등을 의미한다.

7 할린과 만치니는 정치 시스템을 ①국가의 역할(자유주의 vs 복지주의), ②정치 문화(합의주의 vs. 다수주의), ③다원주의 양상(개인단위 자유주의 vs. 집단단위 조합주의), ④법치주의 vs. 후견주의, ⑤온건 다원주의 vs. 극단적 다원주의 등의 기준에 따라 분류하고, 미디어 시스템과의 관련성, 즉 정치 병행성 수준을 거론하였다.

가들의 민주적 조합주의(democratic corporatist model), 미국·영국·캐나다의 자유주의 모형(liberal model)의 세 가지 모형으로 구분하였다(윤석민, 2020; 할린과 만치니, 2004).

〈표 1-1〉 할린과 만치니의 세 가지 미디어 시스템 유형과 신흥민주주의 모형

	자유주의	민주적 조합주의	극화된 다원주의	신흥 민주주의
지리 권역	-북대서양(미국, 영국)	-중북부 유럽(독일, 네덜란드, 북유럽 국가)	-지중해(이탈리아, 스페인, 그리스)	-한국, 남미, 동유럽
정치 시스템 특성	-온건 다원주의 -개인적 다원주의에 근거 정당 체제 발전 -양당제 기반경합정치 -다수제 정치문화 -법 합리적 권위 -정치 후견주의 후퇴	-온건 다원주의 -사회단체 기반의 집합적 다원주의에 근거 정당 체제 발전 -다당제 기반 경합정치 -합의제 정치문화 -법 합리적 권위 -정치 후견주의 후퇴	-극화된 다원주의 -정당 체제 저발전 -다당제 기반의 경직된 경합 정치 -승자독식적 다수제 및 합의제 정치문화 -법 합리적 권위 취약 -정치 후견주의 상존	-온건 다원주의 → 극화된 다원주의 요소 강화 -정당 체제 저발전 -양당제 기반, 다당제 요소 가미 -승자독식적 다수제 정치문화 -법 합리적 권위취약 -정치 후견주의 강화
미디어 시스템 특성	-대중매체 발전 -정치 병행성 낮음 -시장적 전문직화 -방임적 국가	-대중매체 발전 -정치 병행성 높음 -공공 서비스적 전문직화 -보호적 개입주의 국가	-대중매체 저발전 -정치 병행성 매우 높음 -전문직화 낮음 -억압적 개입주의 국가	-대중매체 발전차등적 -정치 병행성 높음 -전문직화 중층적 -유동적 개입주의 국가

자료: 할린과 만치니(2004), 정준희(2018), 윤석민(2020) 부분 발췌

정준희(2018)는 한국의 미디어 시스템은 정치 병행성이 높은 반면 전문직화 수준은 자유주의나 민주적 조합주의에 비해 낮고 국가적 개입 양상이 강하다는 점에서 극화된 다원주의 모형의 특징을 많이 가지고 있지만, 미디어에 대한 전문직화 수준이나 중도적 양상의 다원성 수준 등에서 극화된 다원주의와는 구분된다고 주장한다. 그리고 한국의 미디어 시스템을 기존의 할린과 만치니의 세 가지 유형 외의 신흥민주주의 모형으로 분류하였다. 대만 등의 동아시아 국가 및 남미와 동구권 사회의 미디어 시스템도 이 유형에 해당한다고 한다.

2. 미디어 거버넌스

거버넌스의 의미

거버넌스(governance), 정부(government), 통치(governing)는 모두 조종(pilot, steer)의 의미를 가진 그리스어 동사 'kubernan'에서 유래되었다(Kjaer, 2004). 거버넌스는 사전적으로는 통치(governing)하는 행위나 방식을 의미하며, 통치하는 기구나 조직체로서의 정부(government)와도 구별된다. 거버넌스라는 개념은 전통적으로 계층적 구조의 관료제에 의존해 온 중앙정부나 국가가 복잡다기한 경제적·사회적 문제를 해결하는 데 한계에 직면하면서, 지방정부나 초국가기구, 특히 시장과 시민사회와도 협력하는 방향으로 변화하면서 대두된 것이라고 할 수 있다.

거버넌스의 의미는 다양한 분야에서 폭넓게 사용되어 이를 모두 포괄할 수 있는 개념 정의를 내리기는 어렵다. 영국학자인 로즈(Rhodes, 1997)는 거버넌스를 '자기조직화하는 조직 간 네트워크'라고 정의하고, 그 특징으로 ①조직 간 상호의존성, ②네트워크 구성원 간 지속적 상호작용, ③게임처럼 규칙에 근거한 상호작용, ④정부로부터의 상당한 자율성을 거론하였다. 그리고 거버넌스의 유형도 계층제, 시장, 그리고 네트워크의 세 가지로 분류하였다(Rhodes, 1997; Kjaer, 2004). 쿠이만(Kooiman, 2003)도 거버넌스의 핵심을 정부와 사회 간에 이루어지는 상호작용으로 보며, 거버넌스 유형을 자율 거버넌스(self-governance), 공동 거버넌스(co-governance), 계층제 거버넌스(hierarchial-governance)의 세 가지로 분류하였다. 자율 거버넌스는 사회 행위자들 간의 상호작용의 결과로 자기 조직적 네트워크를 생성하는 능력이 중요한데, 특히 전문직 종사자와 공유재에 대한 거버넌스를 주요 사례로 거론하였다. 공동 거버넌스는 민관협력과 파트너십을 토대로 한 의사소통과 네트워크 조정을 중시하며, 계층제 거버넌스는 수직적 관료제 중심의 공식화된 조종과 통제를 특징으로 한다.

그리고 쿠이만(2003)은 거버넌스의 중층성을 주장하였다. 구체적인 사회문제를 해결하기 위한 행위자들 간의 상호작용 수준의 '일상적 거버넌스'와 이러한 일상적 거버넌스가 실행되는 맥락을 제공하는 제도를 작동하고 유지시키며 더 나아가 이러한 제도적 틀에 대한 조정이 이루어지는 보다 상위 차원의 '메타 거버넌스(meta-governance)'가 존재한다는 것이다(남궁근, 2019). 계층제, 시장, 네트워크의 거버넌스 유형 중 특정 정책에 적합한 유형은 무엇인지, 어떻게 활용하고 이들을 조정해야 하는지에 관한 '메타 거버넌스'의 전략적 중요성이 더 커지는 상황이다.

● 신新 거버넌스

이러한 논의들을 살펴볼 때, 거버넌스의 핵심은 정부와 시민사회 등과의 상호작용 내지 네트워크가 주도적 역할을 하는 방식에 있다. 따라서 계층제 조직 중심의 전통적 정부가 역할을 하며 국가가 주도하는 방식인 이전의 구(old) 거버넌스와 대비하여 신(new) 거버넌스가 대두된다. 즉, 신 거버넌스는 시민사회의 성숙으로 사회의 문제 해결에 있어 다양한 사회 주체가 자발적으로 함께 참여하는 네트워크식 국정 관리 체계이며, 참여 주체들 간 상호 신뢰와 상호 의존의 수평적 관계를 그 특징으로 한다. 이러한 거버넌스 이론은 전통적 행정이 지닌 여러 가지 문제점을 해결할 수 있는 새로운 대안으로 여겨지고 있다(한승준, 2007; Pierre, 2000). 한승준(2007)과 윤석민(2020)은 구 거버넌스와 신 거버넌스의 차이를 〈표 1-2〉와 같이 정리하였다. 그리고 지나친 거버넌스 이론에 대한 맹신으로 현실과 괴리된 대안을 제시할 위험을 경계했다. 신 거버넌스 체제 초기의 수평적 네트워크와 상호 협력적 관계도 거버넌스 체제가 지속될 경우에는 점차 계층화되고 상대를 지배하기 위한 권력관계 (power over)로 변하는 경향이 있다. 또한 적극적이고 수준 높은 시민의식과 사회적 자본을 갖추어 신 거버넌스의 전제조건이 충족된다고 할지라도, 한 국가의 거버넌스 유형은 결국 그 국가의 통치체제에 따르는 경로의존성(path dependency)을 간과하기 어렵다. 따라서 신 거버넌스 논의도 정치 체제나 사회문화 여건에 대한 충분한 고려를 바탕으로 이루어져야 하는 것이다.

〈표 1-2〉 신 거버넌스의 특성

구 거버넌스	신 거버넌스
• 국가 중심(state-centered)	• 사회 중심(society-centered)
• 정부(government)	• 공동의(shared)/복합조직적(heterarchic)
• 계층제	• 네트워크식 국정 관리체계
• 조정(steering)	• 함께 방향잡기(co-steering)
	• 수평적인 상호의존적인 관계
	• 자발적 동의에 의한 체계(system of willing concent)

자료: 한승준(2007), 윤석민(2020)

미디어 거버넌스

신 거버넌스에 대한 이러한 이해에 입각하여, 미디어 거버넌스에 대해 다음의 정의들이 내려지고 있다. 프리드먼(Freedman, 2008)은 미디어 시스템을 구성할 목적으로 하는 공식/비공식, 국내/국외, 중심/탈중심적인 메커니즘을 모두 총합한 것이라고 한다. 하멜링크와 노던스트렁(Hamellink & Norden-streng, 2007)은 미디어의 성과에 영향을 주거나 촉진하는 행위, 규칙, 제도의 프레임워크라고 보았다. 맥퀘일(McQuail, 2007)도 미디어 내에서의 경영과 책임의 다양한 형태 그리고 미디어와 사회 간의 제도화된 관계 모두로 정의 내리며, 구조, 행위, 성과, 규제로 구분해서 논의하였다(김대호, 2020).

미디어가 가진 사회에 대한 영향력, 특히 여론형성에 미치는 영향력이 지대하기 때문에, 건전한 미디어 시스템의 구축과 이를 위한 거버넌스의 확립은 매우 중요하다. 특히 미디어를 장악하려는 정치권력과 규제 및 개입으로 통치하려는 정부로부터의 영향력을 극복하는 것은 미디어 거버넌스 논의의 핵심 주제였다.

우리나라의 경우도 미디어 법제의 정비와 미디어 시장 및 산업의 발전에 대한 정치적 영향은 지대하였다. 민주화 이후 권위주의적 정치권력의 성격은 약화되었지만, 공영방송의 거버넌스는 여전히 정치적 영향력 아래 있다. 미디어의 정치적 편향성으로 인한 양극화 현상이 심해지고 있으며, 인터넷 언론과 소셜미디어도 이러한 경향의 악화에 일조하고 있다.

기술의 발전에 힘입은 새로운 미디어의 출현과 미디어 산업 규모의 확대에 따라 미디어에 대한 관심과 요구는 더 복잡하고 다양해지고 있다. 신문과 방송 외에 인터넷 동영상 서비스(OTT), 포털, 인공지능(AI) 저널리즘 등 새로운 미디어 서비스를 이해하고 적절하게 규율하기 위해서는 거버넌스의 관점에서 미디어 체계를 조망해야 한다. 명령과 통제 위주의 획일적, 비효율적 규제 방식을 지양하고 시장 및 시민사회의 다양하고 광범위한 요구와 이해관계를 조정할 수 있는 조정자로서의 정부의 역할과 미디어 거버넌스가 필요하다.

3. 한국의 미디어 시스템

미디어 시스템의 위기

미디어 시스템은 정치·사회적 갈등을 완화시키고 원활한 사회적 소통에 기여하는가, 아니면 갈등을 증폭시키고 사회적 소통의 문제를 더 악화시키는가?

이준웅 등(2010)은 1987년 민주화 이후 한국 정치 시스템과 미디어 시스템 간의 관계에 대한 한국적 특수성을 논의하였다. 한국 사회의 민주주의 확대로, 언론 매체의 정치적 영향력은 정당보다 커졌고 언론의 정치적 영향력과 시장 지위도 강화되었다. 하지만 미디어 전문직주의의 미숙으로 인해 오히려 민주주의에 부정적 영향도 미치게 되었고 그 결과 한국 미디어 시스템은 시장 및 정치 병행성, 전문직주의, 국가의 역할 측면에서 총체적 위기 양상을 띠게 되었다고 지적하였다.

우리 사회에서 미디어 시스템이 정치·사회적 갈등과 소통 문제를 더 악화시킨 사례는 많다. 2008년 MBC《PD수첩》의 광우병 관련 방송과 시위 사태, 2009년 미디어법 개정에 대한 언론과 국론의 분열, 그리고 2019년 조국 사태에 대한 양극화된 언론과 국민 여론 등과 같이 미디어로 인해 정치·사회적 갈등이 증폭되고 문제가 더 심화되고 있어, 미디어가 국가·사회의 발전을 가로막고 있다는 비판이 대두되고 있다(윤석민, 2020).

● 미디어 편향성

미디어에 대한 편향성은 한국 미디어의 만성적인 문제인데, 정치 분야의 경우 특히 심각하다. 응답자들은 다른 정치적 견해나 사회·경제적 하위 계층을 대변할 경우, 뉴스 커버리지 문제에 대해 특히 불공정하다고 느끼고 있으며, 2022년 대선을 목전에 두고서도 이러한 정치·경제적 미디어 커버리지의 공정성은 주요한 이슈가 될 가능성이 크다. 2021년의 '디지털 뉴스 리포트' 조사 결과는, 미디어들이 다양한 관점의 객관적인 뉴스를 제공하여 수용자들이 올바른 판단을 하는 데에 도움이 되어야 한다는 것을 나타내고 있다.

2021 디지털 뉴스 리포트, 뉴스 신뢰도 최하위인 한국

로이터저널리즘연구소(영국 옥스퍼드 대학교 부설)에서 2021년 6월 발표한 '디지털 뉴스 리포트'에 따르면 한국의 뉴스에 대한 신뢰도는 32% 정도 수준으로 나타났다.[8] 한국은 조사 대상 46개국 중 39위를 차지한 것으로 나타났다. 46개국 평균은 44%였으며, 가장 높은 국가는 핀란드(65%), 가장 낮은 국가는 미국(29%)이었다.

한국의 뉴스 신뢰도 추이는 2016년 22%, 2017년 23%, 2018년

---

8 뉴스 신뢰도는 조사대상국(유럽 24개국, 아시아·오세아니아 11개국, 아메리카 8개국, 아프리카 3개국 총 46개국)을 대상으로 '뉴스 전반에 대해 거의 항상 신뢰할 수 있다'의 질문에 동의하는 정도를 조사한 자료이다.

25%, 2019년 22%, 2020년 21%로, 세계적인 수준에 못 미치는 최하위이다.[9]

특히 한국인의 뉴스 소비 편향성은 매우 높은 수준이라는 것도 알수 있다. 한국인의 경우 자신과 같은 관점의 뉴스를 선호하는 비율이 44%이며, 특정 관점이 없는 뉴스 선호비율은 52%인 반면, 반대 관점의 뉴스를 선호하는 비율은 4%로 나타났다. OECD 국가를 비롯한 조사 대상 국가들의 평균은 같은 관점 뉴스 선호는 28%, 특정관점 없는 뉴스 선호는 60%, 반대 관점 선호 12%로 조사되었다. 다른 선진국과 비교할 때, 우리나라 국민들의 자기 관점의 뉴스 선호비율은 최상이다. 우리나라 사람들은 자신의 정파적 시각에 부합되는 뉴스를 특히 좋아한다는 것이다.

인터넷에서 접하는 정보의 진위 여부에 대해 46개국의 조사대상자 절반 이상(58%)이 우려한다고 응답하였다. 브라질(82%), 남아프리카공화국(76%), 포르투갈(76%), 케냐(75%) 등의 순으로 허위정보에 대해 우려한다는 응답이 많았고, 한국(65%)은 46개국 중에서 11번째였다. 지난 한 주 동안 어떠한 주제의 허위정보를 접했는지 물어본 결과, 한국 응답자들은 정치 관련 허위정보를, 46개국 전체로는 코로나19 관련 허위정보를 많이 접했다고 답해 차이가 있었다.

---

9 2021년에는 전년에 비해 11%p나 올랐는데, 이는 코로나19로 인해 텔레비전 뉴스에 대한 의존도가 커진 데에 원인이 있는 것으로 보인다(https://reutersinstitute.politics.ox.ac.uk/digital-news-report/2021/south-korea).

특별한 관점보다 중립적인 뉴스에 대한 선호는 독립적인 공영방송을 보유한 독일, 일본, 영국 그리고 덴마크 등에서 강하게 나타났다. 특정 관점 지향의 뉴스를 선호하는 국가로는 할린과 만치니가 '극화된 다원주의' 모형으로 분류했던 스페인, 프랑스, 이탈리아 등이 있고 미국도 여기에 포함된다. 이러한 경향은 공영방송에 대한 사회적 평가 및 수신료의 수준과도 관련이 있다. 대체로 가구당 수신료 지불 수준이 높고 공영방송 재정에서 수신료가 차지하는 비중이 클수록 공영방송이 제공하는 프로그램 품질에 긍정적인 태도를 보인다. 영국, 독일, 스웨덴 등 북유럽 국가들이 이에 해당한다. 이에 비해 스페인, 이탈리아 등 남부 유럽의 공영방송은 지배구조와 규제기관의 구성에 있어 정부와 정치의 영향력을 많이 받고 공영방송에 대한 국민의 평가도 부정적이다(정준희, 2020).

이처럼 공영방송 제도 개선과 같은 거버넌스 개편 및 미디어 시스템의 개혁 문제는 정치 시스템에 대한 논의를 배제한 채로는 완결성을 기대할 수는 없는 것이 현실이다. 이에 대한 대안으로 시민주도 개혁론을 거론하지만, 한국 시민사회는 이러한 역할을 하기에는 미성숙하고 이념적으로도 분열되어 있다는 비판이 더 적절하다.

전술한 바와 같이 할린과 만치니(2004)는 미디어 시스템을 구성하는 요인들로 '미디어 시장 구조, 정치 병행성,[10] 저널리즘 전문직

---

10 언론과 정당의 이념적 노선이 조응하는 정도인 '정당-언론 병행성'을 보다 거시적으로 일반화한 것이다.

주의, 그리고 국가의 역할' 등을 거론하였다. 그들은 특히 정치 병행성, 즉 미디어 시스템과 정치 시스템과의 관련성을 중시하였다.

  한국의 미디어 거버넌스 고찰에도 이들의 분석을 참고하여 민주화 이후 지난 30여 년간 정치 환경 변화에 따른 국회 권력구조 변화와 정부조직의 개편, 미디어 시장에서의 서비스 제공자인 사업자 및 미디어 수용자로서의 시민사회의 기능과 역할 등을 중심으로 살펴보기로 한다.

〈그림 1-1〉 미디어 거버넌스 분석 틀

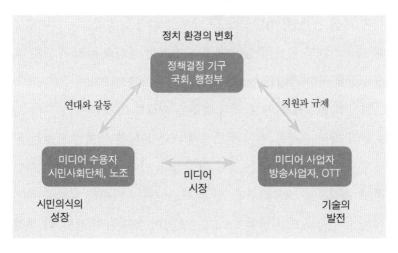

한국의 정치 시스템의 특성

1987년 6월 항쟁을 통한 민주화의 진전으로, 노태우·김영삼·김대중·노무현·이명박·박근혜, 그리고 현 문재인 대통령까지 7명의 대통령이 직선제로 선출되었고, 세 번의 정권교체가 일어났다.

이러한 민주화의 진전이 과연 정치 시스템의 발전을 가져왔는가에 대해서는 부정적인 목소리도 크다. 국가와 정당 시스템은 오히려 권위주의 정권 당시 사회적 요구에 더 민감히 반응하며 개혁적 조치를 수행했고, 민주화 이후에는 이러한 역할을 상실했다는 비판도 제기되고 있다. 한국 사회는 민주화 이후 질적으로 나빠졌고, 계급 간 불평등 구조는 심화되었으며, 사회이동의 기회도 크게 줄어들었다. 정당 정치는 사회적 기대와는 거리가 멀게 국가권력 장악을 위한 권력 투쟁의 장으로 전락했고, 사회적 불만이 정상적으로 해결될 것이라는 기대도 없어졌다. 이에 강렬한 변화를 바라는 사회심리가 한국 정치의 특징이라는 것이다(최장집, 2010).

"한국 정치를 민주주의의 위기라고 말하는 상황까지 된 데는 정치적 양극화가 그 중심에 있다. 진영 사이의 소통과 대화는 말할 것도 없고, 같은 진영 내 이견과 비판이 허용되지 않는 것이 오늘의 상황이다. 나는 이를 "동원된 다수의 전제정"이라고 말하고 싶다. 이런 조건에서는 민주주의의 기반인 자유주의의 기본 원리들, 인간 개인의 도덕적 자율성의 표현인 사상과 언론 자유, 그것과 병행하는 가치의 다원주의가 허용될 수는 없다. 시민 개개인은 물론 이들 집단 내에서 그리고 그렇게 구성된 집단 사이에서 도덕적 자율성에 의거한 개개인의 이견과 이성적 판단이 허용되고 가능할 수 있는 사회적, 정치적 조건을 만들어내지 않으면 안 된다."(2020. 1. 2. 최장집, 중앙일보 인터뷰)

● 승자독식의 양극화된 정치 시스템

양극화된 정치 시스템은 승자가 모든 권력을 차지하여 권력이 극단적으로 집중되는 양상에 기인한 바가 크다. 민주화된 이후 정권교체가 수차례 일어났지만, 합의제보다는 수적 우위의 다수주의를 통한 권력 집중과 통치 시스템이 여전히 우리나라의 정치 특성이 되고 있다. 이러한 정치 시스템은 미디어 거버넌스에도 영향을 미쳐서, 권력을 획득한 집권 정치세력이 공영방송 거버넌스를 장악하고 지배하는 양상이 반복적으로 재현되고 있다. 즉 민주화 이후에도 정부는 입맛에 맞는 공영방송 사장을 임명함으로써 공영방송을 장악하려 하는 사례가 반복되었고, 이를 후견인과 피후견인 간의 관계와 유사하다는 정치적 후견주의(political clientelism)[11]의 틀로써 설명하기도 한다(조항제, 2017).

보수(진보) 정치세력이 집권할 경우, 보수(진보)성향의 공영방송 이사진과 이들이 선정하는 경영진, 그리고 보수(진보)언론, 보수(진보)적 시민단체가 진영을 형성해서 미디어 거버넌스에 영향력을 행사하는 것이다(윤석민, 2015). 할린과 만치니가 말하는 정치 병행성의 한국적 양상이라고 할 수 있는데, 이러한 미디어의 정파성은 진보언론 역시 예외가 아니다. 박승관(2017)의, 한국의 보수언론과 진보언론은 각자 상대방이 편향되어 있다고 비판하는데, 양자 모

---

11 후견주의(clientelism)는 후견인(patron)이 사회적 자원에 대한 접근을 통제하고 복종과 지지에 대한 대가로 피후견인(client)에게 사회적 자원을 제공하는 정치적·사회적 지배양식을 지칭한다(윤석민, 2020).

두 자신의 세력에만 우호적이고 상대 세력에는 비우호적인 방향으로 편향되어 있다는 시각은 실제로 적절하다.[12]

미디어 정부 조직 변화

할린과 만치니의 미디어 시스템 4차원 중 국가의 기능은 주로 행정적·제도적 차원의 미디어 규제 및 지원 정책 차원의 역할에 있다. 민주화 이후엔 과거 권위주의적 정부의 직접적·강압적 압력에 비해 비공식적이고 규범적 통제가 이루어져, 언론과의 관계는 보다 수평적 관계에 가까워졌다. 그러면서 수차례 정권이 교체됨에 따라 정부와 언론과의 관계도 적대적 또는 공생적 관계 사이에서 변동해 왔다.

〈표 1-3〉과 같이 정권교체나 정부 출범에 따른 정부조직 개편 시, 김대중 정부의 방송위원회, 이명박 정부의 방송통신위원회, 박근혜 정부의 미래창조과학부와 방송통신위원회, 그리고 문재인 정부의 과학기술정보통신부와 방송통신위원회 등으로 대표되는 미디어 거버넌스 관장 기구의 변화가 대부분 수반되었다. 현재 방송·통신을 관장하는 정부 부처로는 과기정통부, 방통위, 문화체육부가, 그리고 내용 심의 기관으로는 방송통신심의위원회가 있다.

---

12 한국의 정치·사회적 현상을 보수와 진보로 구분하는 것에 대해 최장집(2021)은 현실을 표현하는 한 측면일 뿐 정확한 구분이 아니며 오히려 정치적 상상력을 제약하고 한국민들의 정치적 시야를 좁히고 사회의 분열과 적대를 조장하며 사회적 양극화를 불러왔다고 비판하였다.

〈표 1-3〉 방송·통신 거버넌스와 관련 법률

구분		담당 부처 및 기관		관련 법률		
김대중·노무현정부 (2000~2008)	방송	방송위원회(정책 일반, 내용심의) 정보통신부(방송기술) 문화관광부(방송영상산업)		방송법, 전파법, 방송문화진흥회법, 한국교육방송공사법, 영화진흥법, 문화산업진흥 기본법 등		
	통신	정보통신부(정책 일반) 통신위원회(규제) 정보통신윤리위원회(내용심의)		전기통신기본법, 전기통신사업법, 전파법, 정보통신망 이용촉진 및 정보보호 등에 관한 법률 등		
이명박정부 (2008~2012)	방송	방송통신위원회 (방송·통신 정책 일반)	문화체육관광부 (방송영상산업)	방송통신위원회 설치 및 운영에 관한 법률, 방송통신발전 기본법	방송법, 전파법, 방문진법, EBS법, 방송광고판매대행 등에 관한 법률, IPTV법 등	문화산업진흥법, 영화 및 비디오물 진흥법, 콘텐츠산업진흥법
	통신	방송통신심의위원회 (방송·통신 내용심의)			전기통신 기본법, 전기통신사업법, 전파법, 정보통신망법, 위치정보보호법 등	
박근혜·문재인정부 (2013~	방송	미래창조과학부[13] → 〔과학기술정보통신부〕 (방송정책 일부: SO, 위성, IPTV, PP/ 통신정책 일반)	문화체육관광부 (방송영상산업)	방송통신위원회 설치 및 운영에 관한 법률, 방송통신발전 기본법	방송법, 전파법, 방문진법, EBS법, 방송광고 판매대행법, IPTV법 등	문화산업진흥법, 영화 및 비디오물 진흥법, 콘텐츠산업진흥법
	통신	방송통신위원회 (방송정책 일부: 지상파, 종편·보도 PP, 광고/ 방송·통신 규제 일반) 방송통신심의위원회 (방송·통신 내용심의)			전기통신기본법, 전기통신사업법, 전파법, 정보통신망법, 위치정보보호법 등	

자료: 김재철(2019)에서 보완, 재구성

이명박 정부의 방통위나 지금의 과기정통부와 방통위는 방송과 통신 업무를 모두 관장하고 있기에 부처 차원에서는 방송·통신의 융합이 이루어졌다고 말할 수 있지만, 소관 법률은 방송 관련 법과 통신 관련 법 등으로 구분되어 있어 진정한 방송·통신 융합은 실현되지 않았다고 봐야 한다.[14]

그리고 김영삼 정부의 케이블TV, 김대중 정부의 위성방송, 노무현 정부의 DMB, 이명박 정부의 IPTV에 이르기까지, 정부는 시장에서의 새로운 미디어 기술의 발전에 부응하여 이들을 제도에 편입하고 육성하기 위해 노력하였다. 하지만 새로운 뉴미디어의 도입 과정에서 정부는 각종 요구사항이나 사업자 간의 분쟁과 갈등을 적극적으로 조정해 나가는 모습을 보여주지 못하였다. 지금도 정부조직 개편에 있어서 우선적으로 거론되는 대상이 미디어 거버넌스 관련 정부 기구이다.

---

13 박근혜 정부의 미래창조과학부는 큰 역할 변화 없이 문재인 정부에서 과학기술정보통신부로 변경되었다.

14 방송·통신 관련 법 체계는 크게, 방송 관련 법은 기본법의 성격을 지닌 「방송법」과 「IPTV법」, 방송국의 설비 및 무선국 허가 등을 규율한 「전파법」으로 이원화되어 있고, 통신 관련 법은 전파의 효율적인 이용 및 관리에 관한 사항을 규정한 「전파법」, 전기통신 분야의 기본법 성격을 지닌 「전기통신 기본법」과 전기통신사업의 운영과 관련된 「전기통신사업법」 등으로 대별될 수 있다.

● 공영방송 거버넌스는 제자리

공영방송에 대한 거버넌스는 정치권력이 교체될 때마다 정치적 공정성 문제가 대두되어 이슈가 되었지만, 정부조직의 변화와는 달리 형식적으로 큰 변화는 없었다. 우리나라 방송체제는 지상파의 경우 다공영 일민영 체제이다. KBS1과 EBS를 제외하고 KBS2, MBC는 재원이나 방송의 내용 면에서 민영방송인 SBS과 큰 차별성을 발견하기 어려운 것이 현실이다. 방송시장 전체를 보더라도 케이블TV와 같은 유료매체에서도 공영방송이 운영하는 채널(PP, program provider)은 물론 정부 부처가 운영하는 채널들이 늘어나고 있고, 보도전문 PP인 YTN과 연합뉴스TV도 공적 기관이 주주인 공영방송의 성격을 가지고 있다. 정부의 직·간접적 영향력 하에 있는 이러한 공영방송들은 보도 내용이나 인사 등으로 방송의 공정성 시비가 제기될 수밖에 없다.

미디어 시장: 미디어 산업과 사업자

새로운 기술과 서비스를 개발하여 이를 시장에 보급하고 확산시키는 혁신자로서의 역할을 하는 사업자들도 중요하다. 2021년은 하반기 이후 코로나19에 따른 경기침체를 회복하여 전 세계적으로 경제가 회복 국면에 들 것으로 예상하고 있지만, 코로나19 이전으로 단기간에 복귀하기는 쉽지 않을 것이다.[15]

---

15 2021년 11월 8일, OECD가 최근 발표한 '재정 전망 보고서'에 따르면 한국

〈표 1-4〉를 보듯 최근 4~5년간의 우리나라 ICT 생산은 전반적으로 저성장 국면이라고 할 수 있다. 방송·통신 기기와 방송·통신 서비스 분야 생산액을 보면, 기기 분야는 오히려 성장이 감소하고 있는 추세이다. 방송·통신 기기의 경우, 2010년 63.3조 원의 생산액에서 2020년 41.3조 원(추정)으로 10여 년간 약 35% 이상 감소하였다.[16] 이는 주로 통신 기기 분야에서 2010년 61.4조 원에서 2020년 38.6조 원(추정)으로 감소한 것에 기인한다.

〈표 1-4〉 방송·통신 기기 및 서비스 생산액 추이

(단위: 십억 원)

구분		2000	2002	2004	2006	2008	2010	2012	2014	2016	2018	2020 E*
방송 통신 기기	통신 기기	22,604	31,181	43,138	43,285	60,649	61,457	53,596	59,359	49,473	39,098	38,632
	방송 기기	2,166	1,248	1,234	1,449	1,848	1,849	2,088	2,059	2,206	2,476	2,694
	소계	24,771	32,429	44,371	44,734	62,497	63,306	55,684	61,418	51,680	41,575	41,326
방송 통신 서비스	통신 서비스	24,311	29,962	31,925	34,920	37,788	37,416	36,596	37,788	38,011	37,278	36,679
	방송 서비스	4,873	9,175	7,742	8,997	9,288	11,142	14,081	15,672	16,986	18,709	19,707
	정보 서비스	2,377	3,440	5,548	6,574	8,479	10,756	12,905	14,667	17,692	20,687	23,368
	소계	31,562	42,576	45,215	50,490	55,554	59,314	63,582	68,127	72,686	76,674	79,754
계		56,333	75,005	89,586	95,224	118,051	122,620	119,266	129,545	124,366	118,249	121,081

　의 1인당 잠재 GDP 성장률은 2000~2007년 연간 3.8%, 2007~2020년 연간 2.8%, 2020~2030년 연간 1.9%, 2030~2060년 연간 0.8%로 계속 내려갈 것이라고 예상하였다.

16　연도별 방송·통신 기기 분야 최고의 생산액이 있었던 시점은 2009년의 69.2조 원(통신 기기의 경우 67.5조 원)이다.

● 성장하는 미디어 산업

한편 방송·통신 서비스 분야도 전체적으로 성장이 정체되어 있지만 방송 서비스와 정보 서비스를 중심으로 완만한 상승세를 이어가고 있다. 통신 서비스는 2010년 전후 37~8조 원의 생산액을 기록한 이후 정체 상황이지만 방송 및 정보 서비스는 10년 전과 비교할 때 2배 또는 그 이상의 성장세를 유지하고 있다. 특히 방송 서비스는 2010년 11조 원으로 10조 원을 넘긴 이후 2020년 19.7조 원(추정)으로 20조 원을 바라보고 있다.

여기서 관심 있게 보아야 할 것은, 20년 전인 2000년 통신 서비스 생산액(24.3조 원)이 방송 서비스 생산액(4.9조 원)의 5배 수준으로 격차가 컸으나 지금은 2배 수준으로 줄어들었다는 사실이다. 통

〈그림 1-2〉 방송·통신 서비스 생산액 추이

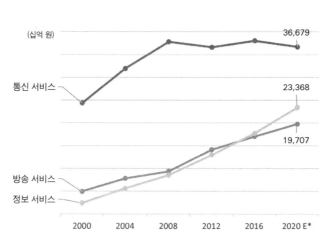

*E(Estimate, 추정치)
자료: 통계청, KOSIS 국가통계포털, 방송통신위원회(2021), 2020 연차보고서

신에 비해 방송의 성장세는 지속적으로 이루어지고 있다.

●PP와 IPTV 분야의 성장

2020년 국내 방송 사업자의 방송사업 매출액은 전년 대비 1.9% 증가한 18조 106억 원이었다. 유료방송 시장 내에서는 종합유선 방송사업(SO, system operator)은 전년 대비 4.4% 감소한 반면 IPTV는 11.1% 증가하였다. 방송 채널 사용 사업(PP, program provider)의 경우 광고 매출은 정체되었지만 프로그램 사용료 매출이 증가하면서 전년 수준에 약간 못 미쳤다. 최근 10년간 지상파방송, SO, 그리고 위성방송은 감소한 반면, PP(홈쇼핑 PP 포함)와 IPTV는 비교적 높은 성장세를 보였다.

　방송시장에서 매체별 차지하는 비중도 PP(39.3%)가 가장 높으

〈그림 1-3〉 방송 사업자별 매출액 추이

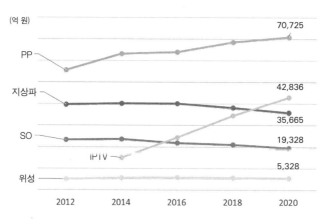

자료: 방송통신위원회(2020), 2020년도 방송시장 경쟁상황평가 등

며, 다음이 IPTV(23.8%), 지상파방송(19.8%), SO(10.7%)의 순이다. 전통적 매체인 지상파와 SO의 하락세가 두드러지는 가운데, IPTV 사업자의 SO 인수와 OTT(over the top)를 앞세운 글로벌 미디어 사업자의 국내 진출은 이러한 현상을 더 가속화하고 있다.

● 사업자들의 갈등 증가

기존 시장에 OTT와 같은 새로운 매체들이 등장하면서 광고 수입이 감소하고 또 프로그램 제작비가 증가함에 따라, 유료방송사(IPTV, SO, 위성방송)와 콘텐츠 제공 사업자(PP 및 홈쇼핑 사업자 등) 간의 갈등도 더 커지는 양상이다. 유료방송사의 주 수입은 가입자로부터의 이용료와 '홈쇼핑 송출 수수료'로 구성되어 있고, 지상파와 PP의 주 수입원은 광고와 협찬 수입과 유료방송사로부터의 지상파 재송신료, PP 프로그램 사용료 등이다. 최근 지상파나 특히 일부 PP의 경우 높아진 채널 경쟁력에 따른 협상력이 높아져 광고 수입 감소분 보전, 제작비 확보를 위해 유료방송 사업자에게 콘텐츠 대가와 홈쇼핑 송출 수수료 인상을 강하게 요구하고 있다.

그러나 이 문제는 쉽게 해결되기 어려운 사안이다. 글로벌 OTT의 국내 진입으로 넷플릭스와 같은 구독형(SVOD) 가입자도 증가하고 있을 뿐만 아니라, 방송광고 시장에서도 유튜브 등의 광고형(AVOD) OTT 사업자들이 차지하는 몫이 점점 커지고 있는 상황이다. 인위적으로 기본 유료방송사나 PP 사업자에게 자원을 배분하거나 이를 개선하기 위한 제도를 만들어 적용하는 것도 쉽지 않은 일로 보인다.

미디어 시장: 시민사회

● 미디어 수용자로서의 시민사회

할린과 만치니는 '시장'의 중요 변수로 양질의 미디어 수용자를 중요시하였다. 윤석민(2020)의 경우도 '시장=수용자=시민사회'의 관점에서 논의를 전개하였다. 소비자가 제품과 용역의 생산자와의 관계에서 비롯된 시장지향적인 개념인 것에 비해, 수용자는 정보나 메시지를 받고 또 능동적으로 생산에 참여하는 주체로서의 지위를 의미한다. 그리고 더 나아가 시민이란 민주적 공동체에서 권리와 의무를 더 잘 이행하기 위해 정보를 제공받고 생산하는 주체를 지향한다.

최근에는 특히 시민 주도의 미디어 시스템 개혁 주장도 늘어나고 있다. 언론의 주권은 시민에게 있으며 이러한 주권을 정치 및 자본, 언론 등의 영향력으로부터 보호하고 그들을 감시하는 시민의 역할을 스스로 주도해 나가기 위한 시민 언론 운동이 필요하다는 주장(정준희, 2018) 등이 그것이다.[17] 이들은 나아가 정치적 후견주의를 근절하지 않고서는 공영방송의 위기는 극복될 수 없고, 이를 위해 시민사회의 역량 활용이 필요하며 그 역량을 공영방송 거버

---

17 정준희(2018)의 경우 한국 공영방송의 정당성 위기는 거버넌스의 구조와 실행에 정치적 후견주의가 깊이 개입되어 있기 때문이고, 정치적 후견주의의 근절 없이 공영방송의 정당성 위기는 극복될 수 없다고 본다. 이를 해결하기 위해서는 시민사회의 잠재적 요구와 역량을 제반 사회 시스템의 내부로 끌어들여 실제화해야 한다고 주장한다.

넌스 내부로 끌여들여 실재화해야 한다고 이야기한다.

　과연 시민사회가 이러한 기대에 부응하고 미디어 시스템의 개혁과 이를 통한 한국 사회의 발전을 가져올 능력이 있는가에 대해서는 부정적인 시각도 많다. 한국은 민주화 이후 시민사회가 민주주의 기반을 오히려 약화시키는 현상을 보였는데, 이는 시민사회가 기득권 세력의 이념적 헤게모니를 대체하는 민주주의의 가치를 발전시키지 못했기 때문이라고 한다(최장집, 2010). 그리고 한국 시민사회는 미성숙하여 전근대적 '신민사회'와 근대적 '시민사회'의 중간 정도 수준이며 가족, 학연, 지연 등 전근대적인 연고주의의 포로가 된 측면이 강하다는 비판도 있다(손호철, 2011). 현재의 시민단체의 대부분은 정당 정치의 외곽을 구성하는 준 정치조직으로서의 면모를 지니고 있어 정치적 후견주의의 제어보다는 오히려 이를 촉진할 위험이 있다. 이러한 상황에서 시민사회를 미디어 시스템 개혁의 주체로 보거나 그 역할을 거론하는 것은 의도가 자명하다고 보았다(윤석민, 2020).

● 언론 노동조합

시민사회의 언론 운동에서 큰 역할을 한 당사자는 공영방송의 노동조합이다. 1987년 MBC를 시작으로 만들어진 이후 노조는 경영 성과나 임금과 같은 산업적 이슈보다는 정치나 정부의 부당한 압력에 대항하고 '방송의 독립과 민주화'의 기치 아래 투쟁하였다. 민주화 이후 약 30년간 스물두 차례의 파업이 있었지만 경제적인 이유로 인한 것은 두 번뿐이다. 정치적 압력에 항거하는 투쟁은 일면 정치적 후견주의를 제약하고 방송의 독립성을 추구했지만 건전한 미디어 전문직주의의 제고와 진정한 자율성 확립으로 이어지게 되었는가에 대해서는 의문이다.

〈표 1-5〉는 민주화 이후 약 30년간의 KBS와 MBC에서의 파업 내역과 사유를 정리한 것이다. 그 특징을 보면, 사장 인사 반대나 법 개정 사유 등으로 정치적 사안과 관련이 있는 것으로 고용이나 임금 등 노조 본연의 근로조건에 기인한 파업은 각각 한 차례에 그치고 있다. KBS의 경우는 30년간 11차례의 사장이 부임을 하였는데 그중 5명(서기원, 서동구, 김인규, 길환영, 고대영)에 대해 노조의 반대가 있었고 노무현 정부 시절 임명되어 조기 퇴진한 서동구 전 사장을 제외하고 파업이 일어났다. 이명박 정부 시절 임명된 김인규 전 사장도 서 전 사장과 마찬가지로 대통령 후보 특보를 역임한 이력으로 반대가 있었지만 임기를 끝까지 마쳐 갈등이 계속되었다(조항제, 2018).

공영방송 노조의 파업 경과를 살펴보면, 파업이 주로 이명박, 박근혜 정부 시절에 많이 일어났음을 알 수 있다. 이를 두고 조항제(2018) 등은 보수정부가 진보정부에 비해 상대적으로 방송에 더 많이 개입했고 후견주의적 체제도 보수정부 때가 더 강했다고 한다. 그러나 이는 진보정부와 공영방송 노조가 이념적으로 지향하는 바의 유사성이나 진보정부와 보수정부가 파업에 대응하는 방법의 차이에서 비롯되는 것도 있을 것이다. 하지만 노조도 정치적 후견주의에 반대하고 방송의 공공성, 독립성을 내세우며 투쟁하는 과정에서 오히려 정치세력의 하나로 편입되어 버린 것이 아닌가 하는

〈표 1-5〉 민주화 이후 KBS·MBC 주요 파업 및 사유(1988~2017)

구분	KBS		MBC	
	기간(파업 일수)	사유	기간(파업 일수)	사유
노태우 정부	1990. 4. 12~5. 18 (36)	사장 취임 반대	1988. 8. 26~8. 29 (4)	사장 퇴진, 주요 국장 중간평가제
			1989. 9. 8~9. 20 (13)	주요 국장 추천제
			1992. 9. 2~10. 2 (50)	해고자 복직
김영삼 정부	1997. 1. 7~1. 20 (14)	노동법 개정반대, 민노총 연대 파업	1996. 3. 14~4. 4 (23)	사장 퇴진
			1997. 1. 7~1. 19 (13)	노동법 개정반대, 민노총 연대 파업
김대중 정부	1999. 7. 13~7. 28 (16)	「방송법」 개혁 요구, 방노련 연대 파업	1999. 7. 13~7. 27 (15)	「방송법」 개혁 요구, 방노련 연대 파업
	2000. 6. 3~6. 8 (5)	임금교섭, 직제 개편		
이명박 정부	2009. 7. 22~7. 25 (3)	미디어법 반대	2008. 12. 26~1. 7 (13)	미디어법 반대
			2009. 2. 26~3. 3 (6)	미디어법 반대
	2010. 7. 1~7. 29 (29) KBS본부 노조	단체협약체결, 공정방송 쟁취, 조직 개편 저지	2010. 4. 5~5. 14 (39)	사장·부사장 퇴진
	2011. 12. 19~12. 23 (4) KBS 노조	임금교섭		
	2012. 3. 6. ~6. 8 (94) KBS본부 노조	사장 퇴진, 부당인사 철회	2012. 1. 30~7. 18(170)	사장 퇴진
	2012. 5. 4~5. 16 (13) KBS 노조	「방송법」 개정		
박근혜 정부	2014. 5. 29~6. 5 (8)	세월호 보도 관련, 사장 퇴진	2017. 9. 4~11. 15 (73)	이사장 및 사장 퇴진
	2017. 9. 4~1. 24 (143)	이사장 및 사장 퇴진		

자료: 조항제(2018) 재구성

생각이다. 대표적인 사례가 KBS 노조의 분화다.[18]

---

18 이명박 정부는 이전 노무현 정부 시절 임명된 KBS 정연주 사장을 해임하였
    다. 이에 대해 상당수의 조합원들이 '사원 행동'을 결성하여 반대했고 이는
    'KBS 노조' 외에 새노조(언론노조 KBS 본부)의 출범으로 이어졌다.

제2장

노태우 정부

1. 국제적 격변기와 직선제 도입

1980년대에는 미국의 레이건(Reagan), 영국의 대처(Thatcher) 등의
리더십이 경제의 호황을 이끌며 신자유주의가 공산주의에 우위를
차지하는 데에 큰 역할을 하였다. 한국도 GDP 성장률이 평균 8.9%
에 달하는 경제성장을 구가했고, 1987년 6월의 민주화 항쟁을 통
한 정치 민주화로 대통령을 직선제로 선출하였다. 1988년 서울올
림픽을 성공적으로 개최했으며 이후 동유럽 국가와의 잇따른 수교
에 이어 1990년 소련, 중국과도 수교를 맺는 등 북방외교를 통해
외교의 지평도 확장하였다. 1990년대 전후는 1989년 동유럽 공산
주의의 몰락과 1991년 소비에트연방의 해체 등 세계사적으로 큰
변화가 일어났던 시기이다.[1] 이러한 기류 속에서 1991년 9월에는
남북한 유엔 동시 가입이라는 성취도 이루었다.

<그림 2-1> 한국의 기간별 평균 GDP 성장률

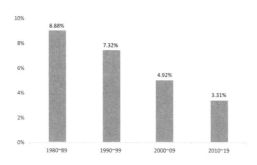

자료: 통계청 국가통계포털(https://kosis.kr)에서 재구성

    특히 국내적으로는 민주화 열기를 외면할 수 없는 상황에서 나온 민정당 노태우 대표의 6.29선언[2]은 정치사에 획기적 전기가 된 사건이었다. 이후 헌법 개정과 연말에 실시된 첫 직선제 대선에서 13대 대통령으로 당선된 노 대통령은 취임사에서 '민주개혁과 국민화합'을 2대 국정지표로 내세웠다. 하지만 진정한 민주주의를 실

---

1   영국의 역사학자인 홉스봄(Hobsbawm, 1994)은 제1차 세계대전이 발생한 1914년에서 동유럽 공산주의가 몰락하고 소비에트연방이 해체된 1991년(혹은 1989년)의 시기를 '짧은 20세기(the short twentieth century)'라고 명명하였다. 역사상 전무후무한 인명이 희생된 제1차 세계대전이 없었다면 1917년 10월의 러시아혁명도 없었을 것이며, 이를 통해 탄생한 소비에트 러시아의 영향은 실로 지대하며 그 종말로 하나의 시대(epoch)가 끝났다고 하였다(Selznick, 2014).

2   대통령직선제 개헌, 정치범 사면, 「언론기본법」 철폐, 지방선거를 통한 지방자치 보장, 과감한 사회개혁 추진 등 민주화 세력의 요구를 과감히 수용한 8개 항의 선언이었다.

현할 철학이 부족했고, 사회 각 분야의 요구를 수용하면서 국민 열망을 수용해 나가기에 능력도 역부족이었다. 첫 내각에서 이전 전두환 정부의 장관 7명을 유임시키는 등 정부 운영의 측면에서도 전임자의 것을 연장하는 선에서 이루어지는 것이 많았다. 행정개혁이나 부정부패 척결 등을 내세웠지만 본격적인 개혁을 이끌어갈만한 세력이 없어 가시적인 효과가 없었다. 1988년 5월부터 1년 2개월간 정부조직 개편, 행정제도 및 행태 개선을 위해 행정개혁위원회를 운영하여 47개의 개혁과제를 도출하였지만, 정부조직 개편에 관한 내용이 대부분(33개)이었고 국민적 관심을 얻기에는 한계가 있었다(임도빈, 2008).

2. 미디어 법제와 정책의 변화

미디어 법제의 변화

사회 전반의 민주화에 대한 요구가 분출되었고 미디어 분야에도 제한적이지만 변화가 나타나기 시작하였다. 1980년 신군부 정부의 언론통폐합[3]에 이은 「언론기본법」[4]을 폐기하고, 1987년 11월 「방

---

3 방송은 동아방송과 동양방송을 KBS에 통합, KBS와 KBS가 주식의 70%를 소유한 MBC 등 두 방송사만 남겼다. 전체 64개 언론사 가운데 신문 14개 사, 방송 27개 사, 통신 7개 사가 통폐합되고 172종의 정기간행물도 폐간되었다.

4 「언론기본법」은 1980년 12월 기존의 「방송법」, 「신문통신 등의 등록에 관한 법률」, 「언론윤리위원회법」을 하나로 통합한 것이다.

송법」과 「정기간행물의 등록에 관한 법률」로 분리, 제정되었다.

「방송법」(1987) 제정으로 탄생한 방송위원회는 산하에 있던 방송심의위원회의 기능을 흡수하여 민간기구이지만 방송정책의 주무부서로서의 역할이 주어졌고, 방송위원도 12명으로 늘어나면서 위상과 독립성이 강화되었다. 그러나 박정희 정부 시절부터의 무선국 허가나 기술심사는 체신부가 행사하되 방송 내용 관련 허가권은 공보처가 가지는 이원화된 구조는 지속되었다.

〈표 2-1〉 권위주의 정부와 문민정부 시절 미디어 기구 및 법률

시기	정부기구	민간기구	관련 주요 법률
박정희 정부	(문화)공보부, 체신부, 방송윤리위원회 (1973년 이후)	방송윤리위원회 (1973년 이전)	전파관리법(1961), 방송법(1963)[5], 유선방송수신관리법(1961), 한국방송공사법(1972)[6]
전두환 정부	문화공보부, 체신부	방송위원회[7], 방송심의위원회	언론기본법(1980), 전파관리법, 유선방송관리법(1986), 한국방송공사법
노태우 정부[8]	공보처, 체신부	방송위원회, 종합유선방송위원회	방송법(1987), 전파관리법, 유선방송관리법, 종합유선방송법(1991), 한국방송공사법, 방송문화진흥회법(1988)
김영삼 정부	공보처, 정보통신부	방송위원회, 종합유선방송위원회	방송법, 전파관리법, 유선방송관리법, 종합유선방송법, 한국방송공사법, 방송문화진흥회법

자료. 국가법령정보센터(www.law.go.kr)

---

5 「전파관리법(1961)」은 무선국 허가권을 체신부가 담당하도록 하였다. 이후 제정된 「방송법(1963)」은 방송국(방송을 목적으로 「전파관리법」에 의하여 허가

공영방송 지배구조에도 변화가 있었다. 1987년 11월 「한국방송공사법」을 개정하여 KBS의 최고 의결기구로 KBS 이사회를 두도록 하였다. 그리고 이사는 방송위원회의 추천으로 대통령이 임명하고, KBS 사장은 이사회의 제청으로 대통령이 임명하도록 하였다. 1988년 「방송문화진흥회법」이 제정됨에 따라 KBS가 소유하던 MBC 주식 70%를 신설 공익법인인 방송문화진흥회에 넘김으로써 MBC는 독립되었고 소유가 공영인 체제로 새로이 출발하게 된다. 방송문화진흥회는 10인 이내의 이사를 두었는데 국회의장 추천 4인, 방송위원회 추천 6인으로 구성되었다.

1989년 12월 정부조직을 문화공보부에서 공보처로 분리하여 공보처가 방송정책을 관장하도록 하고, 1990년 8월 「방송법」 개정을

를 받고 방송을 행하는 무선국)에 대한 실질적 허가와 규제는 공보부가 가지게 하였다.

6 1972년 「한국방송공사법」을 제정, KBS는 문화공보부 장관이 감독하도록 했었다. 이후 「정부투자기관관리기본법」 제정(1983. 12. 31)으로 정부투자기관의 관리 방식을 사전통제 방식에서 사후평가 방식으로 전환하고 자율적인 책임경영체제의 확립이 요구되어 1985년 12월 「KBS법」을 개정, 문공부 장관의 일반적인 감독 규정도 삭제하였다.

7 방송 운영에 관한 기본적인 사항을 심의하기 위하여 방송위원회를 두고, 위원회는 학식·경험과 덕망이 있는 9인의 위원으로 구성하며 위원은 대통령이 임명하되 3인은 국회의장이 추천한 자를, 3인은 대법원장이 추천한 자를 임명하도록 하였다.

8 1987년 6월 민주화 항쟁과 그로 인한 6.29 선언 이후 시점은 노태우 정부에 포함시켰다.

통해 방송위원회의 기능을 내용심의 권한 위주로 축소하고 방송위원의 수도 9명으로 줄였다.[9] 이처럼 정부의 직접적인 인사권을 제한하면서 방송의 독립성과 자율성 면에서 진일보한 시스템이 갖추어져 갔다.

● 정부의 정책연구위원회 운영

한편 미디어 환경 변화에 부응하는 정책을 검토하고 개발하기 위해 정부 차원의 정책연구위원회를 설치 운영하기 시작하였다. 1989년의 방송제도연구위원회를 시작으로 김영삼 정부의 2000년 방송정책 연구위원회(1993), 공영방송발전연구위원회(1994), 선진방송정책자문위원회(1994), 그리고 김대중 정부의 방송개혁위원회(1999) 등 90년대까지만 해도 여러 정책연구위원회가 운영되었다. 이러한 연구위원회들은 민주화 이후의 사회 및 방송 개혁 요구에 부응하는 것이었고, 이후 민영방송 도입을 비롯하여 케이블TV, 위성방송 등 뉴미디어 도입을 위한 논의의 장으로서의 역할도 하였다.

1989년의 방송제도연구위원회(위원장 김규)는 다양한 전문가들이 참여한 최초의 정책연구위원회였다. 동 위원회는 우선 인간의

---

9 위원회는 방송관계 전문가 및 학식·경험과 덕망이 있는 자 중에서 대통령이 임명한 9인의 위원으로 구성하되, 위원 중 3인은 국회의장이 추천한 자를, 3인은 대법원장이 추천한 자를 임명하도록 하였다. 그러던 중에 실제 위원 구성의 불공정성을 두고 비판이 제기되었는데 여권이 8명을 추천하고 야당 몫은 1명만 할당된다고 야당은 비판하였다.

성장과 가치관 확립, 공동체와 삶의 터전을 위해 기여하는 나눔의 장으로서의 방송의 이념을 구체화하였다. 방송이념의 실천이 공익성을 극대화한다고 보고 공익성을 최우선의 가치로 여기면서도 방송의 산업적 측면의 보완이 필요하다고 보았다. 공영방송체제이던 방송에 민영방송을 도입할 필요성을 주장한 것도 이러한 논거에 입각한 것이었다. 방송제도연구위원회는 민영방송 허가 외에 방송위원회 위상 강화, 한국교육방송공사 설립, 한국방송광고공사 및 미디어렙제도 개편, 케이블TV와 위성방송 도입 등을 제안하였다(방송제도연구위원회, 1990).[10]

뉴미디어, 케이블TV 도입 준비

방송제도연구위원회가 건의한 제도와 운영방안을 토대로 케이블TV 및 위성방송 등 뉴미디어의 도입이 추진되었다. 기술의 발달에 따라 급변하는 방송환경에 지상파방송만으로는 다양한 정보와 문화에 대한 욕구를 충족시키기 힘들고, 일본·홍콩 등의 위성방송의 전파 월경(spill over)에 대응하기 위해서였다(공보처, 1996; 김대호, 2020). 1990년 5월 정부는 공보처 차관을 위원장으로 하는 종합유선방송추진위원회(위원장 강용식)를 구성하여 구체적인 정부계획과

---

[10] 당시 민영방송 도입을 위한 들러리 역할만 했다는 비판도 받았지만 이후 여러 제안들은 지금까지 거의 모두 수용되어 실천되었다(윤석민, 2005; 김대호, 2020).

시행방침 및 법제 시안을 마련했고, 1991년 12월에는 「종합유선방송법」이 제정되었다.

　케이블TV 사업구조로는 3분할 운영제도를 채택하였다. 가입자로의 송출, 가입자 관리 및 마케팅, 지역 채널 운영 등을 담당하는 종합유선방송국(SO, system operator), 프로그램 제작·편성·공급 및 광고 등을 담당하는 프로그램공급업자(PP, program provider), SO에서 가입자까지의 전송선로시설을 설치·운영하는 전송망 사업자(NO, network operator)를 각각 분리하는 체제였다. 또한 상호 겸영을 금지하기도 하였다.

〈표 2-2〉 케이블TV 규제 내용

	진입 규제	영업 규제
전체	SO, PP, NO 상호 겸영 금지 외국자본 유입 제한	
SO[11]	체신부의 시설심사 및 공보처 허가 방송사·신문사 겸영 금지 대기업 소유 금지 MSO 원칙적 금지	역무 제공 의무 및 공보처 약관 승인 외국 프로그램 편성 비율 준수 무선 TV 방송 동시 재송신
PP[12]	공보처 허가	프로그램 공급 분야 지정 프로그램 제작 비율 준수 공정·합리적 가격으로 SO에 공급의무 외국 프로그램 수입 등 승인
NO[13]	체신부 지정	기술기준 적합성 체신부 확인 이용약관 체신부 승인

자료: 김대호(2020) 및 관련 법률

11　SO는 방송사, 신문사는 겸영할 수 없고, 대기업은 SO를 소유할 수 없도록 하였다. 그리고 SO는 서로 겸영할 수 없도록 복수 종합유선방송(MSO, multi

케이블TV 도입 시 케이블TV의 성격과 허가 주체를 두고 정부 부처의 입장이 달랐다. 서비스가 전달되는 기술적 특성을 중시하는 '체신부'와 서비스의 내용을 중시하는 '공보처' 간 이견이 있었지만 대체로 공보처가 주도하는 것으로 협의가 되었다. SO에 대한 허가권은 공보처가 가지되 방송국시설의 설치계획과 기술기준의 적합성 등에 대해서는 체신부와 '합의'하도록 하였고, NO 전송선로 이용약관은 체신부 승인 사안이지만 전송선로 이용료에 관한 사항은 미리 공보처와 '합의'하도록 하였다.

● SO에 더 엄격한 규제

SO에 대해서는 미디어로 간주, 공공성을 확보하기 위해 방송사, 신문, 그리고 대기업의 진입을 제한하여 주로 해당 지역의 중소기업들이 역할을 한 경우가 많았다. 반면, PP에 대해서는 콘텐츠 투자를

---

system operator)도 원칙적으로 금지하였다. SO는 체신부의 시설심사와 관할 시·도지사의 의견을 들어 공보처 장관이 허가하고, 1지역 1국 허가를 통하여 지역 사업권료를 징수하도록 하였다. SO는 스스로 제작한 지역 정보 등을 송신하는 지역 채널을 운용할 수 있도록 하였다.

12 PP는 종합유선방송위원회의 의견을 들어 공보처 장관이 허가하고 일정 비율 이상의 방송 프로그램을 제작·공급해야 하며, 외국 방송 프로그램을 수입하거나 중계하고자 할 때에는 공보처 장관의 승인을 얻도록 하였다. 공정하고 합리적인 시장가격으로 양질의 방송 프로그램을 SO에 공급해야 하며, 정당한 이유 없이 이를 거부할 수 없도록 하였다.

13 NO는 체신부 장관이 지정하도록 하고, 기술기준 적합성은 체신부의 확인, 전송선로 이용약관은 체신부 승인 사항으로 하였다.

위해 자본을 갖춘 대기업도 허용하였다. 이로 인해 오히려 소규모의 영세적인 SO를 보호하기 위해 PP로 하여금 프로그램을 공정하고 합리적인 가격으로 제공하는 의무를 두었다.

그리고 케이블TV의 공공성과 윤리성을 유지하기 위하여 케이블TV 방송내용의 심의 및 시정조치 요구 등을 주요 업무로 하는 종합유선방송위원회를 설치·운영하도록 하였다. 위원회는 위원장·부위원장 각 1인을 포함한 3인 이내의 상임위원과 총 7인 이상 11인 이내의 공보처 장관이 임명하는 위원으로 구성하도록 하였다.

3. 다공영 일민영 체제

민영방송 출범

1990년 정부는 민영방송을 허가하였다. 세계적인 추세를 고려할 때 KBS, MBC 공영방송만으로는 한계가 있고, 1991년 이후 지역별로 케이블TV 허가 및 AFKN 채널의 반납에 따른 채널 대역 유휴 등으로 지상파 민영방송이 필요하다고 판단했기 때문이었다. 1990년 8월 1일 「방송법」 개정으로 방송법인의 지분 제한을 강화하였다. 1인 지분 제한은 기존 49%(1987년 11월 제정 시 도입)에서 30%로 강화하고, 대기업과 계열사 및 특수 관계인 지분 소유를 금지하는 규정을 도입하였다. 「방송법」 개정안이 국회를 통과하자마자, 정부는 민방설립추진위원회[14]를 구성하여 기준과 최종주체를 결정하기로 하고, 허가과정을 거쳐 1990년 10월 31일 주식회사 태영을 민영방송의 대주주로 선정하였다.[15] 곧바로 11월 (주)서울방송이 설립되었고, KBS로부터 받은 '라디오서울'[16]을 기반으로 1991년 3월 SBS-AM 라디오가 개국하였다. 그해 12월 지상파TV 방송(VHF 채널 6)을 개국하면서 KBS와 MBC의 공영방송 체제에서 공영과 민영방송이 공존하는 다공영 일민영 체제로 전환되었고, 2000년 3월 지금의 (주)SBS로 상호를 변경하였다.

● **교육방송 개시**

그리고 1990년 12월 교육방송을 준비하였다. KBS에서 교육 기능이 분리되어 교육부 산하 한국교육개발원 부설 교육방송에서 출발하여 1991년 11월 개국하였다. 이후 2000년 1월 「한국교육방송공사법」을 제정하고 6월 한국교육방송공사를 설립, 오늘에 이르고 있다.

---

14 1990년 8월 2일 정부는 민방설립 과정의 공정성과 객관성을 기하기 위해 이승윤 부총리를 위원장으로 하고 최병렬 공보처 장관과 정영의(재무부), 박필수(상공부), 이어령(문화부), 이우재(체신부) 장관 등 6개 부처 장관을 위원으로 하는 민방설립추진위원회를 구성, 발표하였다. 또 국민 각계각층의 의견을 광범하게 수렴, 반영하기 위해 약 15명으로 구성된 민간자문위원회도 두었다. 이러한 과정에도 불구하고 당시에는 태영 사전 내정설과 특혜설이 회자되기도 하였다.

15 재벌이 공익성이 높은 전파를 장악할 경우 계층 간 갈등이나 특정 계층 옹호 등의 부작용이 따를 것을 우려하여 재벌을 민방 참여 자격에서 제외하였다.

16 과거 동아방송이 방송을 하다가 언론통폐합으로 KBS로 이관된 AM 792㎑를 활용한 라디오방송이다.

4. 시민사회 운동의 확산

언론노조의 결성

우리나라의 노동조합 조직은 전통적으로 기업별 노조의 형태를 띠었지만, 민주화 이후 다양한 사회적 요구에 부응하여 1987년 11월 「노동조합법」을 개정함으로서 기업별 조직을 강제한 조항을 폐지하였다. 이러한 사회적 분위기에서 미디어 분야에서도 기업별 노조는 물론 산별 노조가 설립되기 시작하였다. 1987년 10월 언론사 중에서는 '한국일보' 기자들이 최초로 노조를 결성하였다. 같은 해 12월에는 방송사 중 '문화방송' 노동조합이 처음 설립되고, 1988년 5월에는 'KBS' 노동조합이 결성되었다. 11월에는 산별 노조로서 '전국언론노동조합연맹(초대 위원장 권영길)'이 설립되었다.

　노동조합은 근로자의 근로조건을 유지 및 향상시키기 위한 조직이다.[17] 보통 일반 기업의 노조가 고용조건이나 복지문제에 초점을 두는 반면, 미디어 분야에서의 노조는 정치적 투쟁에 적극적으로 관여해 왔다. 그동안 권위주의 체제하에서 언론은 언론 본연의 특성과 역할인 표현의 자유를 위해 투쟁하기도 했지만 정치의 영향으로부터 완전히 벗어나기 힘들었고, 언론통폐합 등의 사례에서

---

17 '노동조합'이라 함은 근로자가 주체가 되어 자주적으로 단결하여 근로조건의 유지·개선 기타 근로자의 경제적·사회적 지위의 향상을 도모함을 목적으로 조직하는 단체 또는 그 연합단체를 말한다(「노동조합 및 노동관계 조정법」 제2조 제4호).

보듯이 탄압을 받아온 측면이 강하였다. 특히 방송사의 경우는 공영방송 중심체제 속에서 정부의 압력과 통제를 강하게 받아왔다. 이러한 것이 언론노조가 언론의 자유와 독립성에 초점을 두고 정치적 성향을 띨 수밖에 없는 이유일 것이다. 「노동조합 및 노동관계 조정법」도 노동조합이 '주로 정치운동을 목적으로 하는 경우'를 제외하고는 노조의 목적 실현을 위해 정치활동을 용인하고 있다.

그러나 언론노조의 활동에 대해서는 비판적 시각도 존재한다. 권력과 자본으로부터의 독립성, 공익과 정의 추구 등 언론이 지향해야 할 규범적 가치를 추구하기보다는 집단이기주의로 변질되어 자신들의 이익을 지키길 더 우선한다든가 정치권력을 견제하기보다는 오히려 권력의 한 축으로서 협력하며 기득권화되어 간다는 것이다(조항제, 2018).

시민사회 운동의 본격화

시민사회가 본격적으로 확산된 시기도 1987년 민주화 전후일 것이다. 1986년 수신료 거부 운동 등에서부터 시작하여 선거 보도 감시 운동, 시민 의식화 교육 운동, 법제 개선 운동 등을 선도해 나갔다. 특히 미디어 교육의 대중화를 통해 시민들의 권리 확대를 추진하였다. 민주언론운동협의회가 1991년 언론학교를 개설하여 시민들에게 언론의 중요성을 알리고 관련 지식을 교육하고 전문적인 미디어 모니터 요원을 양성하여 불공정 보도에 항의하는 등 시민 주도의 언론 운동도 점차 확대되어 갔다(김대호, 2020).

공영방송에서는 KBS 사장 임명을 두고 소란이 일었다. 1990년 4월, 정부가 사장(서영훈)을 해임하고 새로운 사장(서기원)을 임명하자 노조는 방송개입을 이유로 40일 가까이 파업을 벌였다. 이후 새로운 정부가 들어서면 사장을 통해 공영방송을 장악하려는 시도와 이를 반대하는 노조의 파업이 여러 차례 반복되었다.

제3장

김영삼 정부

1. 정치의 민주화, 경제의 세계화

1990년대 이후 소련 및 동구 공산권의 몰락으로 전 세계는 큰 변화를 겪었다. 정치적으로는 민주주의가 보편적 지배원리로 자리를 잡아갔고, 경제적으로는 정보통신 혁명과 생산기술의 발전으로 국경의 개념이 사라진 세계화가 경제를 질적으로 변화시켜 나갔다.

1993년 2월에 출범한 김영삼 정부는 비록 3당 합당으로 당선되었지만 '문민정부'라고 칭하고 '신한국 창조'라는 기치 하에 정치, 경제, 사회, 문화의 모든 영역에서 매우 광범위하고 획기적인 개혁을 추진해 나가고자 하였다. 대표적인 것이 '하나회 해체'를 통한 군의 정치장악 가능성 차단과 금융실명제의 실시이다. 그 외 '공직자 재산공개'를 통해 기강을 세우려 했고 행정부 내의 규제개혁도 추진되었다.

그러나 개혁정치는 개혁을 통해 기득권을 잃는 세력과 더 근본적인 개혁과 가시적 성과를 요구하는 국민들로부터의 이중적인 압력을 받고 개혁이 수반하는 불확실성과 혼란으로 인해 주도세력 자신도 정치적 타격을 받기 쉽다.[1] '문민정부'라는 도덕적 우위에 입각한 김영삼 정부의 개혁정치도 이러한 개혁의 딜레마에 직면하여 한계를 보였다(이내영, 1995).

또한 한국의 시장개방을 요구하는 압력이 거세지면서 1991년 10월 정부는 OECD에 1996년 가입하겠다는 방침을 발표하고, 실제로 1996년 12월 정식으로 가입하게 된다. 이러한 상황에서 김영삼 정부는 국정 방향의 하나로 '세계화'를 선언하고 각 분야에서 이를 뒷받침하기 위한 정책을 추진하였다. 세계화가 제대로 되기 위해서는 정치의 기능도 시장에 맡겨야 하고 이를 통해 국가경쟁력도 높아진다는 것이 신자유주의자들의 주장이었다. 이에 대해 신제도주의(new institutionalism)[2] 관점의 학자들은 국가경쟁력은 경제적 변수로만 결정되는 것이 아니라 넓은 의미의 정치·사회제도와 밀접한 관련이 있고 오히려 시장 메커니즘이 제대로 작용하기 위해서는 안정적인 제도적 기반이 필요하다며 세계화를 경계하였다

---

1 구 소련 고르바초프(M. Gorbachev)가 주도한 개혁정치가 그 자신을 실각으로 몰아간 것이 전형적인 예이다.

2 신제도주의자들은 제도를 주요한 독립변수로 보고 경제적 성과의 차이도 개인의 합리적 선택에 의한 것이 아니라 (조직, 사회, 국가의) 제도에 기인하는 것으로 본다.

(이내영, 1995).[3]

한편 김 대통령의 정책 결정 방식은 제도에 입각한 하의상달보다는 몇몇 측근 중심의 비밀 논의와 결정을 깜짝 발표하는 과거의 권위주의적 방식에 주로 의존하였다. 인사 선정과 임명도 체계적인 절차에 입각하기보다는 과거 민주화 운동을 같이 했던 측근들 위주의 비밀 결정에 의존하는 등 한계가 있었다(김충남, 2006).

2. 작고 효율적인 정부

정부조직 개편은 사회·경제적인 상황에 부합하도록 해야 하지만 무엇보다도 집권세력의 개혁 의지와 목표를 실천할 정책들을 뒷받침할 수 있도록 설계되는 것이 필요하다. 김영삼 정부는 행정부 운영의 효율성을 중시하여 행정에 민간의 경영원리를 최대한 도입하는 '신 공공관리론(New Public Management, NPM)'에 가까운 철학을 가지고 있었다. 정부도 효율성을 중시, 규모를 감축하여 나갔는데, 정부 출범 시 2개의 부를 폐지하고 3실 7담당관 12과의 하부조직

---

3 이들은 세계화는 신자유주의 이데올로기의 확산에 불과하고 오히려 국가의 역할도 한계에 부딪히게 되어 국가 간, 지역 간, 국민 간 불평등성을 더 심화시킬 것이라며 신자유주의자들을 비판하였다(임혁백, 1995). 이는 스티글리츠(Stiglitz, 1990, 2002)가 "벌거벗은 임금님의 옷이 보이지 않는 것은 옷이 없기 때문인 것처럼 손이 보이지 않는 것은 손이 없기 때문이다"고 하며, "IMF 등 세계 기구들은 위기에 처한 나라에 정책을 강요하며 그 국가의 경제와 빈민층을 더 황폐화시켰다"라고 한 것과 같은 맥락이다.

과 공무원 정원 139명을 감축했고 군 인력도 줄여나갔다. 이듬해 1월에는 장·차관급 5개, 차관보 5개, 국장 26개, 과장 115개의 직위를 축소하고 정원도 1,002명 감축하였다. 그리고 공기업 133개 중에서 58개 기업을 민영화 대상으로 지정하는 등 '공기업 민영화'도 추진하였다(임도빈, 2008).

1993년 4월 대통령 자문기구로 행정쇄신위원회를 설치해서 5년간 국민 편의를 우선한 제도와 관행의 개선, 민주적이며 효율적인 행정의 구현, 깨끗하면서도 작고 강한 정부의 구축 등을 목표로 활동하였다. 동 위원회는 604건의 법률을 제·개정할 정도로 많은 활동을 하였고, 민원 옴부즈만제, 행정규제 사전심사제, 민원1회 방문처리제 등을 실시하였다(지성우, 2011).

사회적 논의 기구를 통한 방송 아젠다 마련

김영삼 정부에서는 방송정책을 수립하기 위한 다양한 사회적 논의 기구들이 앞다투어 출범하여 방송이념 및 방송정책의 기본방향 제시, 공영방송의 위상 정립, 방송산업 경쟁력 강화를 위한 정책 대안을 논의하고 청사진을 제시하였다.

중·장기 방송정책 과제를 연구하기 위해 1993년 방송개발원(원장 윤혁기)이 주도로 구성한 2000년 방송정책 연구위원회(위원장 강현두), KBS·MBC 등 공영방송의 이념, 구조, 재정, 편성 등 공영방송 위상 정립을 목표로 방송위원회(위원장 김창열)가 구성한 공영방송발전위원회(위원장 유재천), 그리고 공보처가 직속 자문기구로 설치한 선진방송정책자문위원회(위원장 임상원) 등이 그것이다.

공영방송발전위원회는 1994년 3월, 2000년 위원회는 같은 해 7월 각각의 연구 결과들을 토대로 안을 발표했는데, 공보처 존폐 문제를 거론하며 관련 부처의 통합 및 방송 총괄 기구의 설립을 제안하였다. 그리고 선진방송정책자문위원회의 논의[4]를 토대로 '선진방송 5개년 계획(1995)'이 발표되었다. 선진방송 5개년 계획은 방송이념을 '방송의 공익성과 경쟁력 제고'로 설정하고 중점 추진 과제로 ①지상파방송의 공익성 제고, ②케이블TV의 조기 정착, ③무궁화위성 방송 실시, ④국제 위성방송 실시, ⑤라디오방송 활성화, ⑥방송광고 제도 개선, ⑦방송영상 분야 획기적 진흥, ⑧21세기 멀티미디어 방송 시대 대비, ⑨방송 관련 기관·제도 개편 등 아홉 가지를 설정하였다. 그리고 기타 과제로는 시청자 주권 확립, 방송시장 개방 적극 대비, 남북 방송 교류 협력 등 세 가지를 선정하였다(공보처, 1995).

이러한 논의를 토대로 정부는 1995년 「(통합)방송법」안을 제출했지만 여야 간 합의를 보지 못했고 결국 14대 국회 임기 만료로 자동 폐기되었다. 15대 국회에서도 원 구성 이후 국회제도개선특

---

4 선진방송정책자문위원회는 방송위원회와 종합유선방송위원회를 통합하고 교육방송을 공사화하며, KBS는 외부의 간섭과 통제가 배제될 수 있도록 경영위원회를 설치하고, MBC는 민영화하는 방안을 장기적으로 검토해 나갈 것을 건의하였다. 방송광고도 요율과 단가를 물가 변동 등을 감안, 점진적으로 현실화시켜 나가고 1시간 이상 프로그램에 대해서는 중간광고 허용이 바람직하다는 입장도 밝혔다.

별위원회를 구성하였고, 「(통합)방송법」이 안건으로 포함되어 추진되었다. 하지만 「(통합)방송법」 제정 과정에 있어, 위성방송 근거 마련이나 방송과 통신의 융합과 같은 새로운 방송환경 변화에 부응하기 위한 정책 방안보다는 방송위원회 조직 구성과 같은 정치적 쟁점이 주가 되었다는 비판이 제기되기도 하였다.

방송의 세계화

방송 분야도 다매체·다채널 방송의 보편적 추세 등 세계화의 기회를 활용하기 위한 정책 방향을 모색하게 되는데, '문화정체성 유지 발전'과 함께 '방송프로그램의 국제경쟁력'을 조화시키는 정책을 추진하였다(공보처, 1996). 이러한 정책 기조는 김영삼 정부가 추진했던 방송 개혁 입법 과정에서도 드러나는데, 기존의 방송의 공공성 및 공익성 강화 외에 방송을 산업으로서 인식해야 한다는 주장이 대두되기 시작하였다.[5]

---

5 강현두(1996)는 「방송법」안 마련을 위한 공개토론회의 '국제 방송 환경과 우리의 정책 방향'이라는 주제발표에서 "다매체·다채널의 시대를 맞이하면서 오랫동안 방송의 공공성과 공익성을 전파행정의 중심으로 삼았던 FCC도 정책적 기조를 크게 바꾸지 않을 수 없었다. (중략) 방송의 산업적 개념을 국가방송정책에서 중시하는 방향으로 크게 전환시켰음을 알 수 있다"라고 하였다. 또한 한국 방송산업의 후진성을 극복하고 위성방송의 도입, 방송 제작의 국제화를 위해 과감한 투자가 필요하다고 하였다.

● 지상파 디지털 전환정책

방송의 디지털화는 방송의 제작·송출·송신·수신 등의 전 과정을 디지털화하는 것을 말한다. 디지털화는 양방향, 이동 서비스 등 다양한 방송·통신 융합 서비스를 구현시키며, 그에 따라 관련 산업의 성장 기회를 제공할 것으로 기대되었다. 특히 TV 제조사의 기대가 컸다. 앞선 기술을 토대로 세계 시장에서 주도권을 잡고 특히 고화질, 고부가가치 TV로 승부를 걸겠다는 의지가 강하였다. 정부도 다른 선진국에 뒤처지지 않는 디지털 TV 도입 정책으로 뒷받침하였다.

주요 선진국에서는 1990년대 중반 이후 디지털 방송을 본격 추진하기 시작하였다. 미국의 경우 1994년 세계 최초로 위성방송인 DirecTV가 디지털 방송을 개시하고 케이블TV는 1997년부터 TCI가 방송을 개시하였다. 지상파의 경우는 1996년의 12월 디지털 방송 기술기준을 확정하고 1997년 4월 도입계획 관련 FCC 규칙을 발표하였다. 1998년 11월 디지털 방송을 개시하고 아날로그 방송은 2006년 종료한다는 계획이었다.

영국은 1995년 8월 지상파방송의 디지털 정책을 발표하고, 1998년 9월 BBC가 세계에서 처음으로 지상파 디지털 방송을 시작하였다. 위성방송은 1998년 10월부터 BSkyB가 방송을 개시하고 케이블TV의 경우는 CWC 등이 1999년부터 디지털 방송을 시작하였다. 그 외 프랑스, 독일 등도 1996년부터 위성 디지털 방송을 개시했으며, 각국은 다매체·다채널화에 따라 지상파방송의 경쟁력 강화를 위하여 디지털화를 본격적으로 추진하기 시작하였다(김대호, 2020).

정보통신부는 1997년 2월 지상파 디지털 TV 추진 기본방침을 결정하였다. 2001년부터 본방송을 개시하고 아날로그 방송은 2010년까지 연차적으로 전환해 나가기로 하였다. 1997년 3월 방송사, 산업체 등 각계 전문가들로 지상파디지털방송추진협의회를 구성해서 운용하였다. 디지털 방송방식에 대해서는 의견수렴을 거쳐 미국방식(ATSC, Advanced Television Systems committee)과 유럽방식(DVB-T, Digital Video Broadcasting-Terrestrial) 중에서 1997년 11월 미국방식(ATSC)으로 결정하였다(방송개혁위원회, 1999).

〈표 3-1〉 디지털 TV 비교

구 분	아날로그 TV	디지털 TV		
		SD(Standard Definition)	HD(High Definition)	UHD(Ultra HD) 4K
화면 구성비	4 : 3	4 : 3	16 : 9	16 : 9
화면당 화소 수	320×240	720×480	1280×720, 1920×1080 (Full HD)	3840×2160
오디오 채널 수(음질)	라디오급	5.1채널(CD급)		10.1~22.2채널
구현 서비스		양방향 서비스, 데이터방송, T-commerce 등		

자료: 김재척(2019)

● KBS 수신료, 전기료 합산 청구

우리나라의 수신료는 1981년 컬러TV 도입 이래 2,500원으로 인상된 이후 40년간 유지되고 있다. 그러나 그간 수신료 징수 방법이나 수신료 부과의 성격 그리고 산정 절차 등은 다소 변화되어 왔다. 가장 특이할 만한 것은 1991년 수신료 징수업무를 방송위원회에서 KBS로 이관한 이후, 1994년 10월 KBS는 수신료 징수 업무를 한국전력공사에 위탁하여 전기료에 합산해서 청구하도록 한 점이었다 (김재철, 2019). 이는 수신료 징수율을 획기적으로 높여 안정적인 수입 확보에 기여한 것으로 평가받고 있다. 또한 한전은 수신료 위탁 징수 수수료의 6.15%를 받고 있는데, 매년 약 400억 원 가량의 수입이 발생해, 1994년부터 2020년까지 총 8,565억 원의 수입이 발생한 것으로 보도되었다.[6] 한편 수신료에서 EBS에 지원되는 비율은 3%에 불과하여 6.15%의 한전 위탁 수수료는 과도하다는 주장도 제기되고 있다.

정보화의 추진

김영삼 정부는 이전 정부와는 달리 정보화에 역점을 두고 국가경쟁력 강화 차원에서 「초고속정보통신망 구축계획」을 수립하여 추진하고 적합한 추진 체계를 새로이 정비하였다.[7] 1994년 12월에

---

6   국회 구자근 의원실 보도자료(2021. 2) 등.

7   1980년대에 국가기간전산망(행정망, 국방망, 공안망, 교육연구망 및 금융망) 사

정보화정책의 총괄기관으로 체신부를 정보통신부로 확대, 개편하였다. 1995년 8월 「정보화촉진 기본법」이 제정되고 1996년 국가사회 정보화 촉진의 기본계획과 주요 사업을 총괄 조정하는 최상위 기구로서 국무총리를 위원장으로 하는 정보화추진위원회가 출범하였다. 당시 정보화와 관련하여 최고 심의조정기구는 정보화추진위원회였지만, 정책 실무총괄기관은 정보통신부였다. 그런데 행정정보화 분야는 당시 총무처의 행정정보과에서 일차적으로 종합하는 과정을 거쳐 행정정보화분과위원회에 제출하게 하였는데, 이러한 행정부처의 정보화를 둘러싸고 정보통신부와 총무처의 갈등과 마찰이 불가피하게 발생하였다(정충식, 2016).

업의 추진으로 새로운 네트워크 기반의 정보화 사업이 추진되었고 이를 뒷받침하기 위해 1986년 5월 12일 「전산망 보급확장과 이용촉진에 관한 법률」이 만들어졌고, 이 법에 의해 대통령 직속으로 전산망조정위원회도 구성되었다. 주요 기능은 국가 전산망 사업 기본계획 심의·조정 등 관련 부처 간 협조와 업무조정에 관한 것으로 초기 대통령의 지원 하에 리더십을 가지고 전산망 사업을 추진하였다. 그러나 이후 6공화국은 이전 정부의 정보화 정책을 다소 등한시하였다. 1989년 6월 정보화 전담 기관이 체신부(이후 정보통신부)가 됨에 따라 위원회도 체신부로 이관되었고 권한도 약화되었다.

3. 산업으로서의 방송

뉴미디어 시대의 도래

1992년 7월 「종합유선방송법」이 시행된 이후 1995년 3월 케이블 TV는 본방송을 개시하였다.[8] 〈표 3-2〉처럼 1994년 53개의 SO가 허가를 받은 이후 1997년 2차로 24개의 SO가 허가를 받았다.[9] SO는 기존의 지상파방송사처럼 사회적 영향력이 큰 미디어로 여겨졌기 때문에 대기업 참여를 제한했고 그 결과 다양한 중소기업들이 참여하게 되었다.

반면 PP의 경우는 프로그램 제작과 구매에는 많은 재원이 소요될 것으로 보았고 삼성, 현대, 대우 등의 대기업들이 참여하였다. 1993년 8월 보도, 영화, 스포츠 등 11개 분야 20개 채널이 처음으로 허가를 받았고, 1995년 3월 출범 당시는 24개 채널로 시작하였다. 이후 1995년 10월 홈쇼핑 채널 등 PP들은 계속 늘어났다.[10](김

---

8 SO의 사업권역은 행정구역을 기본단위로 하되 방송구역당 10만 가구를 원칙으로 전국을 116개 방송구역으로 분할했고, 이후 1997년 사업성과 경쟁력 보장을 위해 광역화하여 20~30만 기준으로 77개 권역으로 조정했으며, 2014년 세종시의 추가로 총 78개 권역이 되었다.

9 그리고 김대중 정부 시절 중계 유선의 SO 전환이 두 차례 진행되었고, 총 네 차례에 걸쳐 119개의 SO가 허가되었다.

10 출범 당시 보도채널은 연합TV뉴스(YTN), 매경유선TV(MBN), 홈쇼핑 채널은 홈쇼핑TV(현 CJ온스타일), 한국 홈쇼핑(GS홈쇼핑) 2개씩이었다.

영배, 2019; 김대호, 2020)

그리고 NO의 경우 한국통신과 한국전력 등의 공기업들이 1차 SO 53개 방송구역의 NO로 선정되었다. NO는 PP로부터 SO까지의 '프로그램 분배망'과 SO로부터 각 가정까지의 '전송망'에 대해 서로 경쟁하였고, 한국통신이 21개, 한국전력이 32개의 SO와 계약을 체결하여 운영하였다(김광호, 1996).

〈표 3-2〉 SO 허가 추이

1차 SO 허가	2차 SO 허가	3차 SO 전환 승인	4차 SO 전환 승인	신규 허가
1994. 3. 2(50개) 10. 31(3개)	1997. 5. 29(23개) 7. 29(1개)	2001. 4. 30(33개)	2002. 11. 4(8개) 2003. 1. 10(1개)	2017. 8. 3(2개)

자료: 방송산업실태조사보고서(2020. 11)

특이할 만한 것은 〈표 3-3〉처럼 케이블TV 초기에는 SO-PP-NO 사업자들 간 단체계약을 통해 수익 배분을 정률제로 결정한 점이다. SO들은 기본채널 수신료(15,000원)[11] 총액의 32.5%를 PP(협의회)에 프로그램 사용료로 지급했고, 그리고 15%는 NO에게 지급하고 나머지 52.5%를 SO가 갖는 구조였다. PP들에게 지급된 프로그램 사용료 32.5%는 시청률, 방송 시간 등 기여도에 따라 PP들에게

---

11 출범 당시 케이블TV 시청료는 기본채널 15,000원(영화 채널 1개 별도 7,800원) 외에 컨버터 사용료 2,000원, 설치비(공동주택 6만 원, 단독주택 4만 원)도 납부하여 당시의 소득수준과 지금의 상황에 비하면 다소 비싼 가격이라고 생각된다.

재분배되었다.[12]

<표 3-3> 초기 케이블TV 사업구조

	SO	PP	NO
허가 개수	53	20	2
사업 주체	중소기업 위주	대기업 참가	공기업
수신료 배분 비율	52.5%	32.5%	15%
비고	지역별 독점	전문 분야별	한국전력: 32개 한국통신: 21개

자료: 김대호(2020)

    1995년 3월 아날로그 케이블 방송을 개시한 이후 2005년 1월 SD급, 2006년 11월 HD급 디지털 케이블 방송이 서비스되며 가입자는 큰 폭으로 늘었다. 이후 2009년 1월 IPTV의 상용 서비스가 이루어졌고, 그해 케이블TV 가입자는 1,505만 명을 달성하였다. 이를 정점으로 케이블TV 가입자는 줄어드는 추세로 결국은 2017년 IPTV에게 가입자 수를 추월당하였다.

---

12 PP 등록제가 도입된 이후인 2002년부터 수신료 지급 비율과 방식은 SO와 PP 간 개별 계약으로 전환되었다.

<표 3-4> 연도별 케이블TV 가입자 수 추이[13]

(단위: 만 명)

		1995	1998	2001	2005	2007	2010	2013	2016	2019
아날로그		21	83	525	1,404	1,242	1,144	859	280	2
디지털	8VSB[14]				5	86	342	615	336	587
	QAM[15]								772	759
계		21	83	525	1,409	1,328	1,486	1,474	1,389	1,348

자료: 방송통신위원회, 방송통계포털(MEDIASTAT)

본격화된 지역민방

김영삼 정부는 그간 지역민의 다양한 정보와 문화에 대한 요구에
도 불구하고 지역방송이 없었다는 점을 고려하여 각 지역별로 민
영방송의 개시를 허가하였다. 1995년에 1차로 부산방송, 대구방

13　2014년 3월 정부가 기존의 디지털 케이블TV 전송방식이던 QAM 이외에
　　8VSB 전송방식 채택을 추가 허용했고, 2015년부터 가입자도 전송방식을 기
　　준으로 아날로그, 8VSB, QAM 가입자로 구분하였다.

14　8VSB(8레벨 잔류측파대, 8-level vestigial sideband)는 디지털 지상파방송에 이
　　용되는 전송방식이다. 케이블 방송에서 8VSB로 변경할 경우, 기존의 아날로
　　그 가입자도 별도의 디지털 셋톱박스 없이 고화질 디지털 방송 시청이 가능
　　하지만, 단 양방향 서비스는 불가능하다.

15　QAM(직교 진폭 변조, Quadrature Amplitude Modulation)은 디지털 케이블 방
　　송에 이용되는 전송방식으로서 셋톱박스를 통해 방송 및 양방향 서비스 등
　　의 제공이 가능하다.

송, 광주방송, 대전방송이 방송을 시작하였다. 이들은 SBS로부터 주요 프로그램을 공급받는 '네트워크' 관계를 맺고 방송을 진행하였다. 1997년에는 2차로 인천방송, 청주방송, 전주방송, 울산방송 등이 방송을 시작하였다.

이처럼 SBS와의 배타적 수급 관계로 시작했음에도, 초기 지역민방 대부분이 자본금 잠식 등의 어려운 경영 상황을 겪었으며, IMF 등을 거치면서 대주주들의 부도로 경영권이 변경되는 아픔을 겪었다.[16] 게다가 방송광고 시장은 KBS(32%)와 MBC(40%), SBS(20%) 등 기존 지상파방송사에 의한 집중도가 지나치게 높아 1997년 당시 8개의 지역민방 사업자들의 방송광고 시장점유율은 합쳐서 5%에 그치는 정도였고, 그로 인해 지역민방 사업자 거의 대부분 영업 수익이 적자인 상황이 계속되었다.

---

16 대구방송의 경우 대주주 '청구'의 부도로 '귀뚜라미보일러'로 대주주가 변경되었고, 광주방송도 개국 2년 만에 경영권이 '나산'으로 인수, 1997년 11월 '승촌건설'로 경영권이 변경되었으며, 청주방송도 '태일정밀'의 부도로 지배주주가 '두진공영'으로 변경되었다. 울산방송도 최대 주주인 '주리원백화점'이 '금강개발'로 매도되었다.

<표 3-5> 민영방송 허가 시기, 지배 주주, 광고 매출 현황, 등

(단위 : 백만 원)

	지역민방	현재 최대 주주 및 지분	광고 매출(2019)	종사자 수
1차 (1995년)	부산방송(KNN)	넥센(39.44%)	19,562	243
	대구방송(TBC)	귀뚜라미홀딩스(28.68%)	14,546	206
	광주방송(KBC)	호반건설(16.59%)	12,440	110
	대전방송(TJB)	우성사료(39.8%)	10,432	158
2차 (1997년)	인천방송(OBS)	영안모자(33.61%)	16,736	203
	청주방송(CJB)	두진 등(36.22%)	6,659	115
	전주방송(JTV)	일진홀딩스(40%)	6,568	108
	울산방송(UBC)	삼라(30%)	6,522	127
3차 (2001년)	강원방송(G1)	SG건설 등(39.29%)	9,159	110
	제주방송(JIBS)	한주홀딩스코리아(31%)	6,495	118

자료: 금융감독원(2021) 전자공시시스템/
방송통신위원회(2021), 2020 방송산업 실태조사 보고서

TV 홈쇼핑 시대의 개막

1995년 3월 케이블TV 방송을 개시한 이후 10월에는 TV 홈쇼핑 방송도 시작하였다. 미국에서는 이미 1980년대부터 TV 홈쇼핑이 방송을 시작한 상황이었다. 케이블TV 산업을 성장시키고 유통구조도 개선할 것이라는 기대도 있었지만, 소비자 과소비나 불만 증가, 기존 유통시장에 미치는 영향 등을 고려하여, 한국홈쇼핑, 홈쇼핑TV[17] 2개 사업자만 선정하였다.

TV 홈쇼핑 사업은 이중적인 성격을 갖고 있다. TV 홈쇼핑 사업
자(채널 사용 사업자)가 상품을 기획·개발·조달하여 플랫폼 사업자
(케이블TV, 위성방송, IPTV 등)를 통해 상품을 소개하고 전화 등으로
주문을 받아 집까지 배달해준다는 점에서 '유통 사업'이라 볼 수 있
다. 그러나 TV 홈쇼핑은 다른 유통 사업과는 다르게 방송을 편성,
제작, 송출하면서 방송망 등을 이용하여 상품을 판매한다는 점에
서 '방송 사업'이라는 성격도 갖고 있다. 이러한 과정에서 홈쇼핑
사업자들은 상품공급업자에게는 상품 판매 수수료를 받고 케이블
SO 등 플랫폼 사업자에게 송출 수수료를 지급한다.

〈그림 3-1〉 TV 홈쇼핑 시장 운영 구조

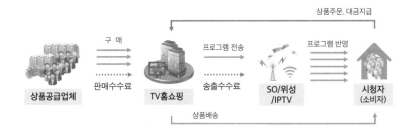

홈쇼핑은 초기 케이블TV 가입자 수 부족과 생소한 구매방식으
로 소비자의 호응을 얻지 못하다가 케이블TV 가입자 수의 증가와

---

17 홈쇼핑TV는 1996년 11월 39쇼핑으로 사명을 변경했고, 2000년 제일제당이
   인수하여 CJ홈쇼핑이 되었다. 한국홈쇼핑은 1997년 3월 LG홈쇼핑으로 명칭
   을 변경하였다. 2004년 최대 주주가 GS홀딩스로 바뀌면서 GS홈쇼핑이 되
   었다.

신용카드 이용 확대 등으로 크게 성장하였으며, 양 사업자는 방송 개시 3년 만인 1998년 순이익을 실현하게 되었다.

홈쇼핑 사업자 추가 허가

이후 김대중 정부에서는 TV 홈쇼핑 시장이 급성장함에 따라, 신규 사업자의 진입이 필요하다는 의견이 대두되었고, 2001년 3월 3개 TV 홈쇼핑 사업자(현대홈쇼핑, 우리홈쇼핑, 농수산홈쇼핑)들의 추가 승인이 추진되었다(이종원·박민성, 2011). 당시 새롭게 추가된 채널에게는 상품 구성 시 취약한 분야를 배려하도록 하여, 산업적 균형과 공적 이익의 실현이라는 정책목표를 최대한 실현할 수 있는 방향으로 이루어졌다. 동시에 이전까지 플랫폼 사업자의 의무 전송 대상이었던 홈쇼핑 PP를 의무 송신 대상에서 제외하였다.

노무현 정부는 2004년 11월 23일 데이터방송 추진방안을 마련하였다. 데이터방송이란 데이터를 위주로 하여 이에 따르는 영상·음성·음향 및 이들의 조합으로 이루어진 방송프로그램을 송신하는 방송을 말한다. 곧이어 2005년 2월과 3월에 용역 제공형 데이터PP[18]와 상품 판매형 데이터PP[19]를 각각 승인하였다(방송위원회, 2005).

---

18 서비스가 보편화된 무형의 용역을 소개하거나 판매의 목적으로 방송하는 데이터 PP이다.

19 유무형의 다품종 복합 상품을 소개하거나 판매의 목적으로 방송하는 데이터 PP이다.

이명박 정부도 2011년 6월 중소기업 판매난을 해소하고자 새로운 홈쇼핑 사업자(홈앤쇼핑)를 허가하였다. 중소기업중앙회(32.83%)가 최대 주주이며 농협경제지주(19.94%), 중소기업유통센터(14.96%), 기업은행(9.97%) 등 공적인 기관들이 출자하였다.

2015년 박근혜 정부는 중소기업과 소상공인, 농축수산업의 판로 지원을 목표로 '공영홈쇼핑'을 허가하였다. 중소기업벤처부 산하의 공공기관으로서 중소기업유통센터(50%), 농협경제지주(45%), 수협중앙회(5%)가 주요 주주이다.

1995년 케이블TV의 출범과 함께 2개의 사업자로 시작했던 홈쇼핑 사업은 2019년 TV 홈쇼핑 7개, 데이터 홈쇼핑 10개 등 총 17개 사업자[20]가 서비스를 제공하고 있으며, 사업자 수의 증가에 따라 매출액 역시 계속 성장하고 있다.

〈표 3-6〉 홈쇼핑 PP 현황 (2021년 6월 기준)

구분	GS 홈쇼핑	CJ ENM (CJ오쇼핑)	현대 홈쇼핑	우리 홈쇼핑	엔에스 쇼핑	홈앤 쇼핑	공영 홈쇼핑
승인연도(년)	1995	1995	2001	2001	2001	2011	2015
자본금(억 원)	328	1,106	600	400	168	1,003	800
최대 주주 (지분)	(주)GS (36.1%)	(주)CJ (40.1%)	(주)현대 그린푸드 (25.0%)	(주)롯데 쇼핑 (53.5%)	(주)하림 지주 (48.0%)	중기 중 앙회 (32.8%)	(주)중기 유통센터 (50%)

자료: 금융감독원 전자공시시스템

---

20 TV 홈쇼핑 사업자 중 CJ, GS, 현대, 우리(롯데), NS 홈쇼핑은 데이터 홈쇼핑 PP 사업자이기도 하다.

4. 멀어지는 시민사회

김영삼 정부는 1994년 7월 민간자문위원회의 심사를 거쳐 YMCA, 흥사단, 환경운동연합 등 13개의 시민사회운동단체의 공익적 프로젝트에 대해 총 7억 원의 예산을 지원하였다.[21] 이것이 정부가 민간 시민단체에 지원을 하게 된 시초로서 건전한 NGO 육성과 민간 주도 방식의 시민사회운동의 활성화는 국가와 사회 발전에 반드시 필요하다는 판단에 근거한 것이다. 이후 지원금의 규모는 점차 확대되었고 정치적 논란의 대상이 되기도 하였다.

한편 김영삼 정부 시절에는 미디어 관련 거버넌스에 대해서는 큰 변화가 없었지만 「방송법」 개정을 위한 정부 차원의 시도도 있었고, 사회적으로도 관심이 큰 분야였다. 1995년 정부안이 국회에서 자동 폐기되고 16대 국회에서도 여야 모두 「방송법」 안을 준비하는 상황이 전개되었다. 이에 KBS·MBC 등 방송사 노조들은 신문의 방송소유 금지, 공보처 폐지, 방송위원회의 민주적 구성, 방송사 사장 선임 방식 개선, 교육 방송의 독립 공사화 등을 요구하며 행동에 나섰다.[22]

1996년 12월 26일 김영삼 정부는 노동법 개정안을 국회에서 기습 처리했는데,[23] 이에 대해 민노총 등 노동단체들은 12월 26일부

---

21 미디어오늘(2004. 9. 2), "조중동 시민단체 정부지원 비판 문제 있다"

22 미디어오늘(1996. 12. 4), 방송노조 "「방송법」 개악 땐 총파업"

23 1996년 4월 정부는 '신 노사관계 구상'을 발표하고 5월에는 대통령 자문기구로서 '노사관계개혁위원회'를 구성하였다. 총 30명의 노개위에는 민노총

터 이듬해 1월 18일까지 총파업 투쟁을 하였고, 방송사 노조들도 1월 7일부터 1월 19일까지 연대 파업에 동참하였다(조항제, 2018).[24]

<hr />

도 참석하여 노동법 개정 논의를 시작했으나, 이후 10월 논의과정과 내용에 대한 이견으로 탈퇴하였다. 결국 12월 26일 「근로기준법」, 「노동조합 및 노동관계조정법」(이전의 「노동조합법」과 「노동쟁의조정법」을 통합), 「노동위원회법」, 「노사협의회법」 등 4개의 법률안이 통과되었다(전국민주노동조합총연맹, 1997. 3).

24 이에 따라 김영삼 대통령은 1997년 1월 노동법 개정을 천명하게 되었고, 3월 11일 기존에 통과되었던 4개의 법률안을 폐지하고 개정안을 통과시켰다.

제4장

김대중 정부

1. 정권교체와 경제회복

최초의 정권교체라는 자부심을 가지고 출범한 김대중 정부는 취임 후 2년 동안은 국가적 과제였던, 외환위기로 인한 경제난 극복에 진력하였다. 1998년 1월 '노사정위원회'를 구성하여 그간 소외되었던 노동단체들도 설득하여 국정에 참가시켰다. 금융개혁을 통해 부실한 은행과 금융회사는 퇴출하고 공적자금을 투입하며 외국자본의 국내 금융기관에 대한 투자도 늘렸다. 동시에 재벌개혁의 명분과 함께 소위 '빅딜'이라는 대기업 간 사업영역의 조정도 진행되었다.

1999년 12월, 2년이 채 지나지 않아 외환위기 종료선언을 하게 된 것은 그 성과였다. 하지만 IMF 체제하의 금융 및 기업구조 조정 정책은 경제적으로 보았을 때 신자유주의적인 정책이었고, 실업자 및 비정규직의 증가 등 노동시장에서의 근본적인 변화를 가져와 노동계로부터도 불만을 초래하였다.[1] 김대중 대통령은 본인의 진보적 이미지와는 달리 정치적으로 보수적인 자유민주연합과의 정치연합을 통해 정권을 창출했지만, 임기 동안 대체로 분점정부(divided government)[2]의 성격을 벗어나지 못했다.[3] 경제위기 극복 등 신자유주의 정책과 관련해서는 보수적인 자민련과 견해가 같았지만, 내각제 등의 약속은 지켜지지 않았다. 한편 남북화해의 정치철학 하에 '햇볕정책'을 통한 남북한 긴장 완화를 추구하였다. 2000년 6월에는 남북한 정상회담도 성사되었지만 대북 정책에 대한 야당과 보수층의 반발에 부딪혔고,[4] 미국 부시 정권의 대북 강경

---

1 '90년대 들어 지속적으로 감소했던 노사분규 수는 IMF 경제위기 이후 급상승했는데, 1997년 79건이던 노사분규 수가 1998년 198건, 2000년 250건으로 급증하였다(정태환, 2009).

2 단점정부와 대비되는 용어로 행정부를 장악한 정당이 의회에서 다수파를 확보하는 데에 실패한 상황, 또는 어떤 정당도 행정부와 입법부를 동시에 장악하지 못하는 상황을 지칭하는 개념이다. 민주화 이후 노무현 정부까지의 단점 및 분점정부 기간을 비교하면, 김영삼 정부는 임기 동안 단점정부를 유지했고, 노태우 정부는 67%, 김대중 정부는 자민련과 정책 공조가 유지되는 시기를 포함할 경우 43%, 노무현 정부는 19%의 기간 동안 단점정부를 유지하였다(유현종, 2010).

3 출범 당시 전체 294석 중 새정치국민회의는 79석으로 자민련 50석을 합해도 과반에 못 미쳤다. 2000년 치러진 16대 총선에서도 전체 273석 중 새천년민주당은 115석, 자민련은 17석을 차지했고 야당인 한나라당은 133석을 차지하여 제1당이 되었다.

4 2001년 9월 임동원 통일부 장관 해임 건의안을 자민련과 제1야당이었던 한

노선과 핵 개발 문제가 대두되자 더 이상의 남북 관계 진전은 없었다(정태환, 2009).

2000년 예산에서 문화 분야 예산을 전체의 1%가 넘게 편성하는 등 문화 예술 및 산업 진흥을 위해 노력하기도 하였다. 2000년 2월 16대 총선을 앞두고는 고위직 인사에 대한 인사청문회 제도도 도입하였다. 한편 영국의 기든스(Giddens) 교수와 블레어(Blair) 총리의『제3의 길』의 영향을 받아 '생산적 복지'라는 이름하에 의료보험개혁과 국민연금개혁이 추진되었으나 큰 성과를 보지 못했고, 이해찬 교육부 장관에 의해 추진되었던 교육개혁도 논란을 초래하였다. 그러나 여전히 민주화 시절부터 충성해 온 측근 중심의 정치를 크게 벗어나지 못했고 의사결정도 권위주의적이었다(임도빈, 2008).

2. 정부조직 변화와 방송위원회

김대중 정부는 경제위기 극복이라는 국가적 당면과제를 해결하기 위해, 경제는 물론 사회의 모든 분야에서 개혁을 완수하고 경쟁력을 강화해야 했다. 공공부문에서도 효율성과 투명성을 향상시키기 위해 시장원리와 경영기법을 적극적으로 도입하는 신공공관리론의 관점에서 개혁을 추진하였다(김충남, 2007) 자문기구인 행정개혁위원회와 기획예산위원회에 '정부개혁실'을 설치해서 정부조직

나라당이 통과시키며 DJP 공조는 사실상 무너졌다.

개편과 개혁을 추진하였다.

1998년 3월 3일 공포된 「정부조직법」의 주요 내용은, 기획예산위원회를 신설하고, 재정경제원 대신 재정경제부와 그 산하에 예산청을 신설한다는 것이었다. 내무부는 총무처와 통합하여 행정자치부로 만들었다.[5] 국무조정실이 장관급 부서가 되었고 외무부는 통상교섭본부를 두면서 외교통상부가 되었으며, 통상산업부는 산업자원부가 되었다. 「정부조직법」 개정에 따라 21명의 국무위원이 18명으로 줄었고, 이어진 직제 개정 작업으로 일반직 공무원 161,855명 중 10.9%에 해당하는 17,597명을 연도별로 감축하는 계획을 마련하였다. 이후 1999년 5월 기획예산위원회를 기획예산처로 변경하고 국정홍보처를 신설하였으며, 중앙인사위원회를 신설하여 인사행정에 성과관리 제도를 도입하였다. 2000년에는 부총리제를 부활시키고 여성부를 신설하였다. 2000년 말부터 범정부 차원의 전자정부 사업[6]에도 본격적인 관심을 기울였다(정충식, 2016).

---

5 이에 대해 김대중 정부 초대 중앙인사위원장을 지낸 김광웅(1998)은 '행정자치부'는 지방화의 시대적 추이와 지원부서는 경량화시켜야 한다는 의견들이 전혀 무시된 결과이고, '기획예산위원회, 예산청, 재정경제부'는 정치적 역학관계에서 탄생된 파행적 양태라고 하며, "행정개혁은 선출된 정치인과 행정관료 간에 다시 쓰는 계약의 과정"이라고 한 하가드(Haggard, 1995)의 말을 인용해 비판하였다.

6 대통령 자문 정부혁신추진위원회의 특별위원회 형태로 전자정부특별위원회(2001. 2~2003. 1)를 출범시켜 전자정부 기반구축 및 정보기술을 활용한 정부혁신에 이르기까지 11대 사업을 선정 추진하는 등 다양한 정보화 정책들이 추진되었다.

방송개혁위원회 구성

● 대통령 직속의 자문기구

개혁을 통한 경쟁력 강화에 방송도 예외가 될 수 없었다.[7] 정부는
방송환경의 급격한 변화에 대응하여 방송의 기본이념을 재정립하
고, 방송산업의 경쟁력 강화 및 방송의 개혁적인 발전방안 수립에
관하여 각계를 참여시키고 국민적 합의를 도출하기 위하여 대통
령 직속으로 1998년 12월 방송개혁위원회(위원장 강원용)를 운영하
였다.

김대중 정부가 처음부터 방송개혁위원회를 설치하려고 했던 것
은 아니다. 당시 집권 여당인 새정치국민회의는 그동안 논의되었
던 「방송법」 안을 의원입법으로 1998년 정기 국회에 상정하려고
하였다. 법안을 준비하는 과정에서 이해관계자들 간의 이해 상충
과 경제위기로 인한 방송사의 경영 여건 악화 등 많은 방송 현안들
이 새로이 대두되었다. 전반적인 내용의 재검토는 물론 국민적 합
의를 위한 논의기구의 필요성이 제기되었고 12월 대통령 직속 자
문기구로 방송개혁위원회가 출범하게 되었다.

---

7   김대중 정부는 출범과 함께 공보처를 폐지하고 국정홍보처를 신설하였다.
     공보처가 수행하던 방송정책 기능은 방송통신위원회가 설치될 때까지 정
     보통신부에 두기로 했었는데, 국회 심의 과정에서 문화관광부가 담당하도
     록 되었다(김광웅, 1998). 방송정책 관련 조직과 인력도 대폭 축소된 채로 한
     시적으로 문화관광부에 있다 보니 정책이 제대로 수행되기에는 한계가 있
     었다.

방송개혁위원회에서는 14인[8]의 위원과 30인의 실행위원, 8인의 전문위원 등이 참여하여 3개월에 걸친 활동을 하였다. 방송이념으로 민주적 가치 실현, 민족문화 창달, 변화와 혁신 추구, 시청자 권익 향상 등을 정립하였다. 방송개혁의 기본방향으로는 독립성 확보, 공정성 강화, 방송·통신 융합 대비, 품격과 정체성 확보, 시청자 권익 및 복지 향상, 매체·채널 간 다양성 추구, 방송구조 및 조직 효율화, 방송산업 활성화, 제작체계 합리화, 디지털 방송 및 서비스 개발 등을 설정했고, 이를 통해 방송 전반에 대한 정책 방향 및 제도 개선 사안들이 도출되었다. 특히 방송과 통신의 정책 및 규제체계가 분리된 데다 매체별·서비스별 규제 또한 혼재되어 새로운 서비스 등장에 효율적으로 대처하지 못한다는 지적에 부응하여, 방송과 통신의 융합에 따른 규제체계 재정립 및 정책 추진 체계 정비에 중점을 두었다(방송개혁위원회, 1999).[9]

---

8 방송 관련 각계의 총 15인의 위원으로 구성하려 했지만 당시 야당인 한나라당이 위원 추천을 하지 않아 14인의 위원으로 출범하였다.

9 방송위원회로 출범을 하되, 방송·통신 융합에 적극 대처하기 위하여 향후 방송통신위원회로 전환하고 방송과 통신의 경계영역에서의 뉴미디어 서비스 내용은 방송위원회에서 관장하며, 방송위원회는 기타 전기통신회선을 통하여 공중에게 공개를 목적으로 유통되는 내용에 대해서도 심의·의결할 수 있도록 「방송법」에 규정하고 2001년 7월 방송통신위원회를 출범시키는 로드맵도 제안하였다(방송개혁위원회, 1999).

● 「통합방송법」 제정

이러한 논의를 토대로 「(통합)방송법」이 마련되었다.[10] 기존의 「방송법」, 「종합유선방송법」, 「유선방송관리법」, 그리고 「한국방송공사법」을 모두 포괄하는 내용의 법안이었다. 가장 큰 쟁점은 방송개혁위원회가 방송개혁의 기본방향으로 독립성 확보와 공영성 강화를 가장 중요한 가치로 내세운 만큼 방송위원회의 위상과 구성에 관한 것이었다.

방송위원회 출범

2000년 3월 「방송법」 시행에 따라 출범한 방송위원회는 방송정책 총괄 기구로서, 방송정책권을 가진 독립적인 합의제 행정기구의 형태로 위상을 정립하였다. 즉 방송위원회는 방송 인허가권, 방송발전기금 관리·운용 등의 행정권, 준사법권, 준입법권을 수행할 수 있게 되었다.[11] 위원장에게는 국무회의에 출석하여 발언하고, 그

---

10 당시 야당이었던 한나라당의 경우도 김영삼 정부 이후부터 준비해온 「방송법」 개정안을 가지고 있었다. 여당 측에서 방개위 안을 토대로 만든 「(통합)방송법」과는 방송위원회 설치와 운영, KBS 위상과 독립성 등에 대한 이견을 제외하고는 위성방송과 같은 뉴미디어 도입 등 큰 방향에서는 차이가 없어 여당 안을 중심으로 논의하는 데에 동의하였다.

11 한편, 방송위원회에서 방송의 기본계획에 관한 사항을 심의·의결할 경우 방송영상정책과 관련된 사항은 문화관광부 장관과 합의해야 하고, 방송기술 및 시설에 관한 사항은 정보통신부 장관의 의견을 들어야 하며, 방송프로그램 유통상 공정거래 질서 확립에 관한 사항을 심의·의결할 경우에는 공정거

소관 사무에 관하여 국무총리에게 의안의 제출을 건의할 수 있는 권한이 주어졌다. 그 외에도 방송위원회는 KBS 이사 추천권 및 감사 임명권, 방송문화진흥회 이사 및 감사 임명권, EBS 사장 및 감사 임명권을 가져 공영방송사의 인사에 직·간접적으로 관여할 수 있었다.

● 정치적 중립성 측면에서는 한계

9인의 방송위원을 대통령이 임명하되, 그중 3인은 국회의장이 교섭단체와 협의하여 추천한 자를, 그리고 3인은 국회 문화관광위원회의 추천의뢰를 받아 국회의장이 추천한 자를 임명하도록 하였다.[12] 이러한 구성으로 인해 당시 야당은 국회의장 추천에서 1인, 문화관광위원회 추천 1인으로 총 2인의 몫만을 차지하게 되었다.[13] 결국, 새정치국민회의에서 야당 시절 비판하고 주장했던 '권력으로부터의 독립성 확보' 측면에서 한계를 보였다. 방송위원회는 위원장 1인, 부위원장 1인과 2인의 상임위원을 두어 상임위원 4인,

래위원회 위원장의 의견을 듣도록 하였다.

12 당시 야당인 한나라당은 방송위원회 위상은 방송총괄기구로서 민간 독립 규제위원회의 형태로 하고 방송정책권은 행정부(문화관광부)로 두자는 안을 제시하였다. 그리고 위원 구성도 국회의장이 교섭단체와 협의하여 추천한 자를 6명으로 할 것을 주장하였다.

13 국회 전체 구성은 1999년 당시 여당인 새정치국민회의와 공동정부를 구성한 자유민주연합은 각각 105석과 55석을 차지하고 있었고 야당인 한나라당은 135석이었다. 이러한 상황에서 야당에 배분되는 방송위원의 몫이 비상임위원 2명에 그치자 야당은 「방송법」 처리 시 상임위 표결에 불참하였다.

비상임위원 5인 체제로 운영하였다. 초대 방송위원회는 김정기 위원장[14]이 선임되었다. 이후 노무현 정부까지 2~3대 방송위원회의 위원 구성은 〈표 4-1〉과 같다.

〈표 4-1〉 방송위원회 역대 위원 및 추천기관

	제1기 (2000. 2. 12 ~2003. 2. 11)	제2기 (2003. 5. 10 ~2006. 5. 9)	제3기 (2006. 7. 14 ~2008. 2. 29)
위원장	김정기: 대통령 → 강대인: 국회의장(민)	노성대: 대통령	이상희: 대통령 → 조창현: 대통령
부위원장	강대인: 국회의장(민) → 김동선: 대통령	이효성: 국회의장(민)	최민희: 상임위(열)
상임위원	조강환: 대통령	성유보: 상임위(민)	강동순: 국회의장(한)
	김형근: 상임위(자) → 이긍규: 상임위(자)	양휘부: 상임위(한)	전육: 국회의장(한)
		박준영: 국회의장(한)	주동황: 국회의장(열) → 마권수: 대통령
비상임위원	민병준: 대통령	민병준: 상임위(자)	마권수: 대통령 → 이종수: 국회의장(열)
	이경숙: 상임위(민)		
	고흥숙: 국회의장(자)	유숙렬: 대통령	임동훈: 상임위(열)
	임형두: 상임위(한)	조용환: 대통령	김우룡: 상임위(한)
	강영구: 국회의장(한)	윤종보: 국회의장(한)	김동기: 대통령

* (민): 새천년민주당, (자): 자유민주연합, (한): 한나라당, (열): 열린우리당

---

14 김정기 당시 방송위원장은 2002년 1월, 임기 만료 1년여를 앞두고 사퇴한 바 있으며, 이후 강대인 부위원장이 위원장으로 선출되어 잔여임기를 수행하였다. 공석이 된 부위원장 자리엔 김동선 전 정보통신부 차관이 새로 임명되었다.

「통합방송법」주요 내용

● 방송 사업자 허가 절차 및 소유 겸영 규정 정비

2000년 1월 제정된 「통합방송법」은 방송위원회 구성과 운영에 관한 사안을 비롯하여 현재의 방송 관련 거버넌스의 기본적인 토대를 마련했다고 할 수 있다. 방송 사업자 허가 절차와 방송 사업자 소유 제한 규정도〈표 4-2〉와〈표 4-3〉처럼 정비하였다.

〈표 4-2〉「통합방송법」상의 방송 사업자 허가 절차

주요 방송 사업자	인허가 절차(진입 규제)
지상파방송 사업자 위성방송 사업자	방송위원회 추천 → 정보통신부 장관의 방송국 허가
종합유선방송 사업자(SO) 중계 유선방송 사업자 * 중계 유선의 SO 전환	방송위원회 추천 → 정보통신부 장관의 기술 허가 * 방송위원회 승인(정보통신부 장관 협의)
방송채널 사용 사업(PP) * 종합편성 및 보도 PP	방송위원회 등록(2년 유예) * 방송위원회 승인
전송망 사업자(NO)	정보통신부 장관 등록
전광판 방송 사업자 음악 유선방송 사업자	방송위원회 등록
외국 인공위성의 무선설비 이용 위성방송 사업자	방송위원회 승인(정보통신부 장관 협의)

〈표 4-3〉「통합방송법」상의 방송 사업자 소유 제한

구분(주체)	대상 및 소유 제한 규제
종합편성 및 보도전문 PP	- 1인 지분(특수관계 포함) 제한: 30/100
대기업, 신문·통신사	- 종합편성 및 보도전문 PP: 금지 - SO 및 위성방송 사업자: 33/100
지상파방송 사업자 ↔ SO	- 상호 겸영 금지
외국자본	- 지상파방송 사업자, 종합편성 및 보도전문 PP, 중계 유선방송 사업자: 금지 - SO, 위성방송 사업자, 일반 PP: 33/100 초과 금지 - NO: 49/100 초과 금지

●「KBS법」, 「방송법」에 흡수

또 하나의 쟁점은 KBS의 위상과 독립성에 관련한 것이었다. 「한국방송공사법」을 「방송법」에 흡수시키고 국가기간방송으로서의 위상을 명시하는 방안을 제시한 여당의 안이 관철되었다. 특히 KBS의 최고의결기관으로서 이사회 대신에 '경영위원회'를 설치하고 사장 및 감사의 임명제청권을 부여하자는 KBS와 야당(한나라당)의 주장은 여당(새정치국민회의)의 반대로 받아들여지지 않았다.[15] 그리고 수신료 결정 및 결산 승인 절차가 개선되었는데, 이를 제외하

---

15 KBS도 경영위원회의 구성을 15인으로 하되 지역적 균형과 직능별·계층별 대표성을 고려, 국회에서 2배수 추천하고 대통령이 임명하되 위원장은 호선하는 방안을 제시하였다. 이처럼 이사회의 국민 대표성을 보완하기 위해 새로운 경영위원회를 설치하더라도 우리나라의 정치풍토와 방송환경에서 방송의 독립성 면에서 성공적인 사례가 되었을 가능성은 크지 않았을 것이다.

면 이전과 큰 변화가 없었다.[16]

한편 「한국교육방송공사법」을 제정하여 「한국교육방송원법」 상의 교육부 산하 특별 법인이었던 교육방송원을 한국교육방송공사로 출범시켰다. 그 재원으로 방송발전기금은 물론 텔레비전 방송 수신료의 일부를 받을 수 있도록 하였다.[17]

● 방송광고 정책과 KOBACO 관할권은 문화부에

「한국방송광고공사법」도 전부 개정하여 한국방송광고공사(KOBACO)의 독점적 방송광고 영업 대행 규정을 삭제했지만, 지상파방송 사업자의 방송광고 영업은 여전히 대행하도록 하였다. 그리고 기존의 공익 자금의 조성 및 관리·운용에 관한 업무가 방송위원회로 이관됨에 따라, 방송위원회가 위탁하는 방송발전기금의 징수 및 관리를 맡도록 하였다.[18] 그리고 KOBACO의 사장과 이사, 감사 등은 여전히 문화관광부 장관이 임명하도록 하였다.

---

16 결산 승인은 재정경제부 장관의 승인에서 국회의 승인으로 확정되도록 하였고, 수신료 결정은 KBS 이사회의 심의·의결 후 문화부 장관의 승인을 얻도록 한 것을 이사회 심의·의결 후 방송위원회를 거쳐 국회의 승인을 얻어 확정되도록 하였다.

17 한전 위탁징수비로 수신료 수입의 6.15%를 지급하고, 나머지 총액의 3%를 EBS에 지원하고 있다. 2020년도의 EBS 지원금은 190억 원으로 EBS 총수입 3,087억 원의 6.1% 정도를 차지하였다.

18 2010년 3월, 「방송통신발전 기본법」이 제정되어 방송통신발전기금으로 확대 개편되고 동 기금의 징수·운용 및 관리 업무가 한국방송통신전파진흥원에 위탁될 때까지 존속되었다.

1998년 공보처를 폐지하면서 방송위원회가 설치될 때까지 한시적 조건부로, 공보처가 보유하고 있던 방송정책 관련 전반적 기능을 문화관광부에 이전하였다. 그러나 방송위원회 설립 후에도 방송광고 정책 및 한국방송광고공사에 대한 관할 권한은 방송위원회로 가지 않았고, 문화관광부에 남게 되었다.[19]

방송정책기획위원회, 중장기 계획 준비

방송위원회는 2000년 말 디지털 기술의 발전, 방송·통신 융합 등 변화에 대응하기 위한 '중장기 방송발전 종합계획'을 마련하고자 하였다. 이를 위해 학계·시청자 단체·유관 기관 및 업체 등의 13인으로 정책자문·연구위원회 성격의 방송정책기획위원회(위원장 강대인)를 구성하여 약 7개월 동안 운영하였다. 동 위원회는 방송·통신 융합에 따른 새로운 방송정책 이념을 정립했는데, '정보전달체·문화생산체'의 기능 측면과 '자유·책임' 측면에서 각각 4개의 차원으로 구분하여 총 여덟 가지의 구체적 지향 이념을 제시하였다.[20]

---

19 이후 2012년 2월, 「한국방송광고공사법」이 폐지되고, 「방송광고판매대행 등에 관한 법률」이 제정되어 방송통신위원회가 감독하게 되었다.

20 방송의 자유와 독립성 추구, 전자 언론의 자유 구현, 시청자 및 사용자 권익 보호, 보편적 서비스 구현, 문화적 다원성과 다양성 추구, 사회집단 간 조화 추구, 남북화해와 민족문화의 동질성 회복 그리고 정보문화의 윤리 제고 등 여덟 가지 지향이념이 그것들이다.

그리고 방송·통신 융합 현상에 대응하기 위해 '방송통신위원회 (가칭) 구성방안'을 마련했는데,[21] 〈표 4-4〉와 같은 세 가지 방안이 었다. 정부조직 어디에도 소속되지 않은 채 단일 방송통신위원회를 구성하는 방안(국가기관형), 당시의 방송위원회처럼 독립규제위원회로서의 위상을 갖도록 하는 방안(독립규제위원회형), 그리고 방송통신위원회를 대통령 또는 국무총리 소속으로 두면서 규범적 규제 기능은 민간기구에 위임하는 방안(정부기관형)이 그것이다.

〈표 4-4〉 방송정책기획위원회의 방송·통신 통합 기구 개편안

형태 (법적 성격)	개편 방안	구체적 기능
국가기관형	-방송위원회, 정보통신부, 통신위원회, 정보통신윤리위원회 등 4개 기관 통합 → 단일 방송통신위원회 (구성원 신분: 공무원)	-방송통신위원회에서 방송·통신 관련 정책, 허가, 경제적·규범적 기능을 총괄 수행
독립규제위원회형	-4개 기관 통합 → 방송통신위원회 (구성원 신분: 민간인), 정보통신부	-정책기능을 구분: 기술기반 정책기능[22]은 정보통신부, 방송통신 운용 정책[23]은 방송통신위원회 -허가, 경제적·규범적 기능 총괄은 방송통신위원회

---

[21] 단기적으로 정보통신부의 방송표준·기술기준 및 인증업무, 방송주파수 할당, 무선국 허가기능을 방송위원회로 이관하여 분산된 허가 제도를 정비하고 인터넷 규제기구도 일원화할 것을 제안하였다. 양 부처 간 정책협의체를 설치하여 협의해 나가고, 장기적으로 수직적 방송·통신의 분리 규제 모델에서 수평적 통합규제 모델로 전환하는 방안을 제시하며 장·단기 법령 정비 방안을 제시하였다.

정부기관형	-방송위원회, 정보통신부, 통신위원회 등 3개 기관 통합 → 방송통신위원회 (구성원 신분: 공무원) -방송위원회 및 정보통신윤리위원회 통합 → 방송통신윤리위원회〔민간기구〕 (구성원 신분: 민간인)	-방송·통신 관련 정책, 허가, 경제적 기능 총괄 수행은 방송통신위원회 -규범적 규제기능은 방송통신윤리위원회

자료: 방송위원회(2001)에서 재구성

한편 동 위원회는 다양한 정책방안들을 마련하였는데, 먼저 '방송제도의 선진화 정책'으로 공영방송 발전방안, 방송광고 제도 개선방안, 남북 방송 교류방안, 국책방송 개선방안 등을 제안하였다. 먼저 '공영방송 발전방안'으로 국가기간방송인 KBS의 공공성, 공익성을 강화하기 위해 KBS 2TV의 광고 시간을 축소하고 수신료의 비중을 상향 조정하며 이를 위해 수신료조정위원회(가칭) 설치를 제안하였다. MBC도 공영방송으로서의 공공성을 강화하기 위해 방송문화진흥자금의 일부로 EBS의 재원 일부를 부담하고 정수장학회 주식의 방송문화진흥회 인수를 통해 소유구조 공공성을 강화하는 방안을 제시하였다. EBS는 전체 재원에서 수신료가 차지하는 비중을 높이고, 장기적으로는 KBS와 EBS를 통합하여 공영방송으

---

22 국가정보화 촉진, 주파수 종합계획 수립, 정보통신 기술개발 및 인프라 구축을 위한 각종 정책.

23 방송·통신 정책 기본계획 수립, 주파수 배분 및 재조정, 방송·통신 표준 및 기술기준 제정, 소비자 보호 및 정보 보호 관련 정책.

로서의 위상을 정립하는 방안이 제시되었다.

'방송광고제도 개선방안'으로는 지상파방송의 광고총량제는 도입을 보류하고 중간광고는 민영방송에 한해 제한적으로 허용하되 방송발전기금을 차등적으로 더 징수하는 방안을 마련하였다. 미디어렙 관련해서는 문화관광부의 방송광고 정책과 행정권을 방송위원회로 이관하고 업무영역도 공영방송 광고 판매는 공영미디어렙이 대행하되 뉴미디어의 광고 대행 판매제도의 근거를 「방송광고판매대행 등에 관한 법률」에 마련하고 방송광고요금조정위원회를 설치, 운영하는 계획을 마련하였다.[24]

'남북 방송 교류방안'에 대해서는 남북 관계의 진전 상황에 따라 기반조성, 상호개방 추진, 전면개방으로 확대해가는 단계적 방안을 설정하였다. 그리고 국책 방송에 대해서는 KBS로부터 국제방송과 사회교육 방송을 분리하여 국제방송교류재단에서 아리랑TV와 통합하거나 별도 국책방송 법인을 설립하여 3개의 방송을 통합 운영하는 방안 등을 제시하였다(방송위원회, 2001).

그리고 '방송산업 활성화 정책'으로 방송매체 간 위상 정립, 소유

---

24 이에 앞서 2000년 8월 정부(문화관광부)는 「방송광고판매대행 등에 관한 법률」 개정안을 입법 예고하였다. 한국방송광고공사(KOBACO)가 독점하고 있는 방송광고 판매시장에 새로운 민영미디어렙을 도입하고 공·민영 방송사별로 영업을 구분하는 내용이었다. 그러나 신설되는 민영미디어렙은 문화관광부 장관의 허가를 받고 KOBACO가 30%까지 소유할 수 있지만, 지상파는 총 10%(개별 5%) 이내로 지분을 제한하는 문제 등에 대한 지상파(MBC, SBS) 및 방송위원회 등의 반대로 입법이 실현되지는 못했다.

및 진입 규제 개선, 방송시장 개방에 따른 대응, 방송 매체별 발전 방안 등을 마련하였다. 끝으로 '방송기술 정책'으로는 신매체 활성화 및 법적 근거 마련 등과 디지털 시대 방송 송출 시스템 운영방안을 통해 장기적으로 송출공사 설립을 통한 송출기능을 분리함으로써 방송사의 기획·편성 기능을 강화하고 경쟁력을 확보하는 안도 제안했다. 이러한 정책들은 지금도 참고할 만한 것들이다.

방송통신법제정비위원회의 법제 정비 방안

방송위원회는 2002년 6월 방송통신법제정비위원회(위원장 조강환)를 구성하여 방송과 통신에 대한 개별 법체계를 분석하여 통합 법규의 기본체계를 마련하고 방송통신위원회의 위상 및 기능 등 통합에 따른 쟁점과 합리적인 방안에 대한 논의도 진행하였다. 먼저 외국의 방송·통신 관계법 정비 및 기구의 유형을 조사하였다. 법체계와 규제체계 분리 여부에 따라 법·규제체계 통합형(미국), 법체계 분리·규제체계 통합형(이탈리아·일본·캐나다), 법·규제체계 분리형(영국·프랑스·독일[25]) 등으로 유형화하였다.

　한국의 방송·통신 융합 여건의 성숙도를 고려할 때 현행과 같이 방송·통신 관계법의 체계를 분리하되 기술발전에 따라 등장하는 새로운 서비스를 방송영역이나 통신영역으로 판단하여 각각 수용

25　독일의 경우, 새로운 서비스를 방송 또는 통신 관련법으로 규율하기보다는 양 규제기관이 공공으로 책임을 지는 제3의 법률을 통하여 법제화하는 방식

하는 방법은 한계가 있었다. 그런가 하면 방송이 가진 다양성 및 공정성 측면의 특수성도 고려하지 않을 수 없었다. 이러한 관점에서 방송·통신 관계법 체계는 방송의 특수성을 유보하면서 방송 관계법의 체계와 내용을 통신 관계법의 체계와 내용으로 전환하는 형태로 방송·통신 법제를 통합하는 것이 현실적인 대안으로 제시되었고, 「방송통신기본법」, 「방송통신사업법」, 「방송통신설비법」의 형태로 정비하는 방안이 마련되었다.[26]

방송통신위원회의 위상과 기능과 관련해서는, 대통령이나 국무총리에 소속되는 기관인지 그렇지 않은 독립기관인지 여부에 따라 그 유형을 구분하고, 경제·기술적 규제(내용규제를 제외한 규제 일반) 외에 문화·정치적 규제(내용규제)나 지원(진흥) 기능까지 담당하는지의 여부에 따라 그 기능도 구분하였다(방송위원회, 2003).

남북 방송 교류

2000년 6월 김대중 대통령과 김정일 국방위원장과의 최초의 남북 정상회담이 성사된 후 남북 방송 교류도 잠시나마 물꼬를 트게 되었다. 2000년 정상회담 전까지 남북 방송 교류는 선언적 의미에 그

을 취하고 있다.

26 이에 대한 소수의견으로는 방송의 개념을 '방송·통신' 개념으로 확대하고 이를 토대로 기존 「방송법」의 테두리 안에서 방송·통신 융합 현상을 포괄하고 기존의 「전기통신 관련 법」에서는 방송·통신 융합 사안들은 삭제하는 방안을 제안하였다.

치고 있었고 1990년대 말부터 북한 영상물 수입 등이 이루어졌는데, 1999년 10월 정부는 북한 위성방송의 공청 형태의 국내 시청을 허용하였다. 정상회담의 남북 공동 실황 중계를 비롯하여, KBS는 14인치 TV 수상기 2만 대를 북측에 지원했고 북한에 외주 제작한 《북녘 땅 고향은 지금》과 남북 동시 연결방송인 《백두에서 한라까지》를 방송했으며, SBS는 평양에서 창사 10주년 기념 생방송을 진행하기도 하였다. 그리고 김정일 국방위원장의 초청에 의해 우리 측 언론사 사장단 방북 실현 및 「남북 언론기관들의 공동합의문」을 채택하는 등 남북 방송 교류가 진전되었다.

이처럼 남북 방송 교류에 있어서도 남북의 문화적 동질성을 회복하고 각종 법·제도적 규제 완화 등을 통해 방송사 자율적 교류 사업을 최대한 지원하는 것을 정책목표로, 단계적인 상호교류를 확대 추진하고자 하였다. 1단계 기반조성을 위해 '남북방송교류 추진위원회'를 구성 및 운영하여 세부 실현방안 마련 및 법·제도 개선을 추진하고, 2단계로 북한 방송 행정기관과 「남북방송교류 합의서」를 체결하고 인적 교류를 확대하는 등 상호 교류를 정착해 나가다가, 3단계로 남북 방송을 전면 개방해 나가는 계획이었다.

보수언론과의 갈등

김대중 정부는 2001년 공정거래위원회를 통해 신문시장을 조사하고 언론사를 대상으로 세무조사를 실시하면서 소위 보수언론과 갈등을 빚었다. 국세청에서 2월부터 6월까지 중앙 언론사 23개를 대상으로 세무조사를 실시한 결과, 탈루소득액 총 1조 3,594억 원, 탈루 법인세 총 5,056억 원을 적출하였다. 국세청은 관련 사주를 고발하였고 조선, 동아, 국민일보 대표 등이 구속되었다.

그리고 공정거래위원회는 '신문고시'[27]를 7월 1일부터 시행하였다.[28] 신문사 간 과열 경쟁과 불법 판촉행위를 막기 위하여 무가지와 경품을 합친 금액이 연간 구독료(유가지)의 20%를 넘지 못하도록 하는 것이 주된 내용이었다. 신문협회(사업자단체)는 각 신문사 등의 의견을 취합한 자율규약을 만들어 2001년 10월 공정거래위원회와 합의하였다. 이에 따라 신문사의 불공정거래행위 등에 대하여 신문협회가 규제하되, 처벌이 제대로 되지 않거나 불법행위가 시정되지 않을 경우 공정거래위원회가 규제에 나서기로 하였다.

그러나 신문고시가 시행된 이후에도 신문협회의 감독 및 규제 기능이 제대로 이루어지지 않아 신문사 간의 과당 경쟁 관행이 전혀 개선되지 않는다는 지적이 시민단체를 중심으로 계속 제기되었

---

27 '신문업에 있어서의 불공정거래행위 및 시장지배적 지위 남용행위의 유형 및 기준'을 말한다.

28 신문사 간의 경품, 무가지 등의 불공정한 판매행위로 인하여 신문시장이 혼탁해지자, 1996년 공정거래위원회는 '신문업에 관한 특별고시'를 제정하였다. 그러나 큰 효과는 없었으며, 시행 2년 후인 1998년 12월 규제개혁위원회는 신문고시가 시장원리에도 위배된다는 이유로 폐지하였다. 그 후 한국신문협회 차원에서 '신문 판매 자율규약'을 통해 신문사들이 규약을 준수하도록 해 왔다.

다. 한편 신문고시에 대해 헌법소원도 제기되었으나 2002년 7월 헌법재판소는 신문고시에 대해 '합헌 결정'을 내렸다.

3. 위성방송의 도입과 디지털화

위성방송의 출범

위성방송의 도입은 세계화를 기치로 내걸었던 김영삼 정부에서도 추진되어 왔으나 법적 근거 미비 등으로 답보 상태였다. 김대중 정부의 방송개혁위원회에서도 주요 개혁과제로 선정되었고, 2000년 1월 「(통합)방송법」[29] 제정 이후 위성방송 사업 허가 절차가 본격적으로 추진되었다. 위성체 경쟁에서 데이콤-오라이언 위성이 궤도 진입에 실패하여 KT의 무궁화 3호 위성만이 남았고, 위성방송 사업자로는 KT 주도의 한국디지털위성방송(KDB) 컨소시엄과 데이콤 주도의 한국위성방송(KSB) 컨소시엄 등 2개의 컨소시엄이 참여하였다. 두 컨소시엄 모두 무궁화 3호 위성을 임차하는 계획을 가지고 있었고, 2000년 12월 결국 최대 주주인 KT 외에 KBS, MBC 등이 2, 3대 주주로 참여한 KDB가 위성방송 사업자로 선정되었다.

---

29 「방송법」은 '인공위성의 무선설비를 소유 또는 임차하여 무선국을 관리·운영하며 위성방송을 행하는 사업'을 위성방송 사업이라고 정의하였다. 이에 대해 야당은 케이블TV에서처럼 위성방송도 위성방송 사업(인공위성의 무선국을 이용하는 방송사업), NO(유무선 방송 전송설비를 설치·운영하는 사업), 그리고 PP 등 3분할 운영제도를 제안하였다.

● 스카이라이프 지상파 재송신 난항

KDB는 위성방송의 브랜드를 '스카이라이프'로 하고 준비기간을 거쳐 2002년 3월 144개 채널(TV 84개, 오디오 60개)로 서비스를 개시하였다. 그러나 위성방송 사업은 출범 당시의 기대와는 달리 어려움을 겪었는데, 가장 큰 이유 중 하나는 지상파 재송신[30] 문제였다. 스카이라이프는 승인을 받지 않고 KBS2를 재송신하여 과태료 처분을 받기도 했으며, 〈표 4-5〉에서처럼 방송위원회에 승인을 신청했으나(2003. 1. 23) 한동안 받아들여지지 않았다. 이후 지역 방송사들과의 협의가 완료되고 2005년 5월이 되어서야 방송위원회는 스카이라이프의 권역별 재송신을 승인했다.

〈표 4-5〉 스카이라이프의 지상파 재송신 경과

주요 경과	일시	내용
방송위원회, 방송 채널 정책 운영방안	2001. 11. 19	위성방송 재송신정책 -KBS1·2와 EBS 의무 재송신 즉시 허용 -서울 MBC, SBS를 한시적으로 수도권에 한해 방송, 이후 전국방송 허용
국회, 「방송법」 개정	2002. 4. 20	-의무 재송신 대상 축소 : KBS1·2 및 EBS → KBS1 및 EBS -위성방송 사업자는 의무 재송신 채널 이외의 지상파 방송 재송신의 경우 방송위원회 승인
스카이라이프, 재송신 신청	2003. 1. 23	KBS2에 대해 전국 동시 재송신 신청

---

30 지상파 재송신은 지상파방송사가 제작·송출하는 프로그램에 대해 변경을 가하지 않고 그대로 송신하는 것을 의미한다(방송법 제78조 참조).

방송위원회, 방송 채널 정책 운영방안	2004. 7. 26	-위성방송 사업자, 의무 재송신(KBS1·EBS) 이외의 지상파방송은 허가된 방송구역 내에서만 수신되는 조건(local-to-local)으로 허용 -SO의 방송구역 내 허가받은 지상파방송 의무 재송신 입법 추진
방송위원회, 재송신 승인	2004. 9. 21	KBS2 재송신 승인
	2005. 5. 22	MBC, SBS 등 권역별 재송신 승인
	2010. 4. 28	OBS 역외 재송신 승인

자료: 방송위원회(2006), 디지털 지상파 재송신 정책 등

중계 유선의 종합유선(SO) 전환

먼저 MSO(Multiple System Operator)가 허용되었다. 이전에 원칙적으로 금지되었던 SO 간의 겸영을 1999년 2월 「종합유선방송법」을 개정하여 허용하고 대통령령으로 SO 구역 안의 인구수와 시장점유율 등을 기준으로 허용 범위를 정하도록 하였다.

SO는 1994년 1차로 53개, 1997년 2차로 24개가 허가를 받았는데, 김대중 정부 시절 중계 유선의 SO 전환이 두 차례 진행되었다. 1차 SO 전환은 2001년 4월 33개가 진행되었고, 2차 SO 전환은 2002년 11월 8개, 2003년 1월 1개가 전환 승인을 받았다. 이후 다양한 M&A를 거쳐 2020년 12월 기준 총 78개 권역에 91개의 SO 사업자가 있다.[31]

---

31 케이블TV(SO)는 2019년 12월 LG유플러스의 CJ헬로비전 인수, 2020년 2월 SKB와 티브로드의 합병, 2021년 8월 KT스카이라이프의 HCN 인수 등 IPTV

방송의 디지털화

방송개혁위원회는 이전 정부부터 운영되어 온 지상파디지털방송 추진협의회의 D-TV 전환 계획에 관한 의견(1998. 9)을 대부분 수용해서 '지상파방송 디지털 전환 정책'을 마련하였다.[32] 〈표 4-6〉에서처럼 세계적인 지상파방송의 디지털화에 부응해서 고품질 방송서비스를 제공하고 TV 수상기를 IMF 이후 주력산업으로 육성해 방송산업도 활성화하겠다는 목표를 가졌다. 그리하여 본방송을 2001년부터 단계적으로 실시하여 2010년까지 전 지역에 디지털 방송서비스를 제공한다는 계획을 마련하였다.[33]

및 위성방송 사업자의 M&A로 LG헬로비전 24개, SK티브로드 23개, 딜라이브 16개, CMB 11개, 스카이라이프 인수 HCN 8개, 그리고 개별 SO 9개 등으로 이루어져 있다.

32 그리고 방송위원회는 2000년 제1기 디지털방송추진위원회 운영을 통해, '지상파TV 방송의 '디지털 전환을 위한 종합계획'(2000. 12)을 발표하였다. 케이블TV 등 뉴미디어의 디지털 방송 도입을 위해, 2001년 제2기 디지털방송추진위원회, 2002년 제3기 디지털방송추진위원회를 구성하여 운영해 'DMB·데이터방송 및 DMC 등 디지털 방송에 관한 종합계획'(2003. 2)을 발표하게 된다.

33 이를 위해 2000년 시험방송을 하고, 1단계(~2002년) 수도권, 2단계(~2003년) 광역시, 3단계(~2004년) 도청소재지, 4단계(~2005년) 시·군 지역으로 확대해 나간다는 계획이다. 그리고 아날로그 시청자 보호를 위해 2006년까지 5년간 아날로그 방송을 의무화하였다.

	미국	영국	프랑스	독일	일본
디지털 방송 개시 시기	1998년 11월	1998년 9월	2000년	2000~01년	2000년
아날로그 방송 종료 시기	2006년	2003년 결정	2010년	2010년 (2003년 재검토)	2003년 (3년마다) 재검토, 최대 2010년
HDTV/SDTV	사업자 재량 HDTV 지향	SDTV	SDTV	SDTV	미정

자료: 방송개혁위원회(1999), 지상파방송의 디지털 전환정책

● 지상파 디지털 전송방식 갈등

지상파 디지털 방송의 표준으로 결정된 ATSC 방식이 문제가 있다는 비판이 일부 언론과 방송사 및 노조를 중심으로 제기되었다. 유럽의 DVB-T 방식이나 일본의 ISDB-T(Integrated Service Digital Broadcasting-Terrestrial)보다 기능 면에서 떨어지고 이동수신 상태가 불량하고 광범위한 도시형 난청 현상이 심하며, 단일주파수방송망 구축(SFN: Single Frequency Network)이 곤란하다는 지적이었다. 이동수신 용이성에 대한 우위가 가장 큰 쟁점이었다. 디지털 TV 전송방식과 관련하여, 한국의 경우 방송사 자율에 맡기되 다채널이 가능한 SDTV보다는 고화질의 HDTV를 일정 시간 의무화하는 방안을 택했었다. 유럽의 대부분은 SDTV를 택했고 미국은 한국처럼 HDTV를 지향하였다. 다채널의 이동수신이 가능한 유럽식(DVB-T)과 고화질의 서비스를 지향하는 미국식(ATSC)을 두고 대립이 치열하게 전개되었다. MBC에서는 2001년 12월 현장 비교시

험 결과 유럽방식이 화질과 수신 용이성 측면에서 미국식보다 우수했다고 주장하였다(이완기, 2002). 1997년 11월 디지털 전송방식을 주도한 정보통신부의 결정에 대해 방송위원회도 명확한 입장을 견지하지 못하면서 동 논쟁은 2004년 7월까지 계속되었다.

4. 시민사회와의 연대

미디어에 대한 시민사회의 요구

미디어에 대한 시민사회의 관심과 관여는 더 커졌다. 1998년 8월 언론개혁시민연대(언개련)가 발족되었다. 언개련은 스스로 '언론사 내부의 언론민주화 세력과 언론사 외부의 언론개혁 세력이 손잡은 언론민주화운동 단체'를 표방하고 신문과 방송이 '국민의 언론'으로 거듭날 수 있도록 「(통합)방송법」의 민주적 제정[34]과 「정기간행물 등록 등에 관한 법률(정간법)」 개정[35]을 진행하는 등 언론 관련 법과 제도의 개선을 위해 노력하겠다는 의지를 표명하였다.[36] 한편 과거 권위주의 정부 시절 언론의 자유를 수호하려다 해직된 언론인 등이 중심이 되어 1984년 12월 창립한 민주언론운동협의회가

---

34 언개련은 1998년 12월 지난 4년간 논의되었던 「(통합)방송법」에 대해 정부 여당이 처리연기 방침을 밝히자 방송장악 의도라고 비판에 나섰다.

35 1998년 10월 언개련은 일간신문·통신사에 대한 대기업 소유를 금지하고 1인 지분도 20%로 제한하는 내용의 「정간법」 개정안을 마련하였다.

36 언론개혁시민연대 창립선언문(1998. 8. 27).

1998년 3월 민주언론운동시민연합(민언련)으로 명칭을 개편하여 사단법인으로 재출범하였다.

「(통합)방송법」제정에 대한 논의와 비판에는 시민단체뿐만 아니라 언론노조들도 직접 가세하였다. 당시 여당인 새정치국민회의는 대통령 자문기구인 방송개혁위원회의 실행위원 30명 중 언개련, 전국방송노조연합, 전국언론노조연맹 등에서 파견된 위원들을 다수 포함시켰었다. 방송개혁위원회의 정치적 의도를 관철하고 정책 결정의 정당성을 확보하기 위하여 시민사회와 이익집단, 언론·방송노조를 참여시킨 것이다. 하지만 방송개혁안이 어느 정도 완성된 1999년 2월 18일, 방송노조연합과 방송인총연합회, 언론노조 출신의 이들 실행위원 5명은 신설될 방송위원회의 '공영방송 임원진 선임과 MBC 단계적 민영화[37]'에 문제를 제기하며 방송개혁위를 탈퇴하였다.[38] 방송사 노조 측의 탈퇴는 방송사 이익에 반하는 결정에 항거한 것이지만 방송개혁위 전체 활동과 결과에는 별 영향

---

37 방송개혁위는 MBC를 단계적으로 민영으로 전환하는 방안을 제시했고, 전환 시까지 매년 매출액의 7% 이하의 공적 기여금을 내도록 하였다.

38 이를 두고 정용준(2006)은 방송개혁위원회 참여 및 논의 과정에서 시민사회는 들러리 역할로 전락했고 시민사회의 이익보다 방송사 이익이 우선적으로 추구되었다며 비판하였다. 최영묵(2005)도 이를 국가와 시민사회의 유착관계로 설명한다. 국가는 시민사회에 이익을 주고 반대로 시민사회는 국가정책에 정당성을 부여해주었다. 실제 방송개혁위원회의 활동으로 시청자 제작 및 액세스 프로그램과 '시민방송'이 생겨났으며, 방송위원회를 비롯한 각종 공공기구에 시민단체 대표들이 대거 진출하고 공공자금의 시민단체 지원이 확대되었다.

을 끼치지 못했다.

한편 1999년 7월 전국방송노조연합 소속 조합원들은 방송위원회 독립과 공영방송사장 인사 검증 절차 마련이 필요하다며, 여권의 「(통합)방송법」 안의 철회를 주장하고 대규모 집회를 수차례 개최하였다. 그러자 정부는 현상윤 위원장 등 노조 간부 6명을 구속했고, 전국언론노조 및 언개련에서는 민주적 「(통합)방송법」 제정과 및 구속자 석방 등을 요구하며 집회와 농성을 한동안 계속하였다.[39] 이후 시민단체, 특히 언론노조와 진보정권 간의 연대가 강화되었다.

---

39 언론노조 등은 김대중 정부의 방송장악 음모 포기, 정기국회 「통합방송법」 제정, 방송정책 행정권 독립방송위원회 이관, 「위성방송법」 별도 입법 중단, 노정 간 합의사항 이행 등을 주장했는데, 이들의 주장은 당시 야당인 한나라당의 입장과 큰 차이가 없어 정책적으로 연대하는 모습을 보여주었다. 이에 김대중 정부는 현 위원장 등을 구속했으나, 노조의 집회와 농성으로 1999년 10월 구속된 현상윤 등이 석방되고 「(통합)방송법」 제정이 가시화되면서 잦아들었다. 이후에는 언론노조와 보수정당이 연대하는 상황은 더 이상 일어나지 않고 있다. 한편 KBS는 「방송법」 파업 과정에서 구속되었다가 징역 2년 6개월에 집행유예 3년을 선고받은 현 위원장 등을 2000년 10월 직권 면직했으며, 이후 현 위원장은 부당해고를 주장하며 행정소송 등을 거치면서 2002년 8월 복직하였다.

제5장

노무현 정부

1. 진보와 혁신의 추구

노무현 정부는 참여정부를 표방하며, 김대중 정부를 대부분 계승
하면서도 분배, 형평, 자주 등의 철학을 바탕으로 정책을 한층 더
강화하였다. 균형 발전을 지향하고 성장과 분배를 동시에 추구한
다고 했지만 분배를 더 강조했고, 절차의 평등보다는 결과의 평등
과 사회적 약자를 더 우선시하는 정책을 추구했다. 이러한 '진보적
국가개입주의'로 진보와 보수의 세력 갈등은 심화되었고, 대통령
자신도 진보-보수의 대립에 직접 뛰어들어 사회는 분열 양상을 보
였다. 기존 틀을 벗어나 사안을 뒤집어 보기도 하고 기존 질서와 제
도를 해체시키려는 시도를 계속했다는 점에서 포스트모더니즘의
철학을 가졌다고도 할 수 있다(임도빈, 2008).

　대북 관계에서도 햇볕정책을 계승하여 2007년 10월 육로로 북

한을 방문하며 남북 정상회담을 실현했고, 스스로 '참여정부'를 내세운 만큼 일반 국민이 정치에 직접 참여할 수 있는 통로들을 확보하였다. 특히 시민사회(NGO)가 제4부 언론에 이은 제5부로 불릴 정도로 그 정치적 관여 및 개입이 커지고 역할이 증대하여 권력 기관화되었다는 비판도 제기되었다. 4대 개혁 입법(「국가보안법」, 「사립학교법」, 「과거사진상규명법」, 「언론관계법」)을 추진하려다 반대와 저항에 직면하는 한편, 이를 요구하는 측과 반대하는 측의 대립으로 집회와 시위는 어느 정부 못지않게 많이 일어났다(양승함, 2006).[1] 미국과의 대립과 갈등을 두려워하지 않았지만, 대외 관계를 고려해 지지층의 반대를 무릅쓰고 2003년 이라크 파병을 추진했고, 2007년 한미 FTA 협상도 타결하는 등 실용성도 보여주었다.

집권 2년 차인 2004년 3월 헌정사상 처음으로 탄핵 소추되어 63일간 직무가 정지되는 사태를 겪기도 하였다. 이후 치러진 17대 총선에서 여당인 열린우리당이 과반수의 좌석을 확보하여 국정운영을 안정적으로 뒷받침하는 듯했으나 의원직 상실과 재보선에서의 패배로 1년 만에 다시 과반 이하로 회귀하였다. 부동산 가격 상승을 억제하고 종합부동산세를 도입하여 부유층에 대한 과세를 증대시키려 했으나, 부동산 가격은 더 상승하였다.

한편, '혁신'을 목표로 내세워 다양한 혁신 추진 체계를 마련하고 공무원사회와 행정 체질 개선 등 관료제 개혁을 추진했지만, 정부

---

1 노사분규를 보더라도 2003년 320건, 2004년 462건으로 이전의 김대중 정부 5년(1998~2002)간의 평균 226.8건보다 훨씬 많이 일어났다(은수미, 2006).

프로세스 중심의 혁신에 한정되어 국민의 체감도는 다소 낮았으며 오히려 공공부문의 비대화를 초래하기도 하였다. 노무현 정부 기간 동안 장·차관은 30여 명이나 증가하여 30% 증가했으며 공무원 수도 6만 5천 명 증가하였다(임도빈, 2008).

2. 소규모 정부조직 개편

● 정부조직 개편 없이 출범

노무현 정부는 임기 시작부터 기존 사회 질서들을 변화시키려는 시도를 계속하여 중앙정부 조직들도 개편 폭이 컸을 것으로 예상되지만, 실제 실현된 정부조직 변화의 폭은 굉장히 작았다. 무엇보다 김대중 정부를 계승하는 측면이 있었고, 대외 환경에도 큰 변화가 없어 개편의 필요성을 느끼지 못했을 수 있지만, 집권 초 여소야대 국회 상황에서 「정부조직법」을 개정하기가 쉽지 않은 측면도 있었다. 대부분의 경우 새 정부 출범 직전(1월 중)에 「정부조직법」 개정을 추진해온 것과 달리, 노무현 정권은 출범 첫해 말인 2003년 11월 첫 번째 개정을 추진하였다. 그마저도 12월 부결되었고, 이듬해인 2004년 4월 재추진을 거쳐 이전에 부결된 내용이 그대로 통과되었다.[2] 이러한 상황에서 정부위원회를 신설하고 청와대 비서

---

2 ① 행정자치부 산하에 소방방재청 신설, ② 기획예산처 소관 행정개혁 업무 행정자치부 이관, ③ 법제처장 및 국가보훈처장 직급 장관으로 상향, ④ 문화재청장 직급 차관급으로 격상, ⑤ 행자부 소관 사무에 전자정부 추가, ⑥ 공무원 인사 업무 행자부에서 중앙인사위원회로 이관, ⑦ 영유아 보육 업무 보건

실을 개편함으로써, 「정부조직법」 개정을 통하지 않고 우회적으로 정부 조직 개편의 효과를 달성하는 방법을 추진하기도 하였다(하태수, 2012).

한편 혁신을 위한 단계적 로드맵을 통해 정부 기능의 효율성 향상을 추진하였다. 초기에 대통령 자문의 정부혁신지방분권위원회[3]를 두고 행정자치부 내에 추진단을 설치하였다. 2005년 이후 행자부 정부혁신본부와 각 중앙부처 및 지자체에 '혁신담당관'을 두었고, 2006년 이후에는 기획예산처의 공공혁신본부를 통해 공공부문으로 혁신의 확대도 추진하였다. 노무현 정부는 행자부가 주요 주체가 된 정부의 업무관리 시스템 구축과 이를 통한 온라인 국민 참여를 이루는 등 '전자정부' 혁신에서 성과를 거두었다고 할 수 있다(정부혁신지방분권위원회, 2005).

2기 방송위원회

노무현 대통령은 방송통신위원회의 출범을 공약[4]으로 제시했지만,

복지부에서 여성부로 이관 등의 내용이다.

3 정부혁신과 연계된 범정부적 전자정부 정책을 5대 국정과제의 하나로 추진하며 이를 뒷받침하기 위해 제1기(2003. 4), 제2기(2005. 4) 대통령자문 정부혁신지방분권위원회를 운영하였다. 대통령비서실도 정부혁신과 전자정부를 총괄하는 혁신관리수석실을 신설하였다.

4 방송통신구조개편위원회를 설치하여 '방송통신위원회'의 기능 설정 및 관련 법 정비 추진한다는 내용이다.

미디어 분야 거버넌스에서 큰 개편은 없었다. 그러나 「방송법」 제정 시부터 방송의 독립성 및 공정성 문제는 논란이 되었고, 방송위원회 위원 구성 방식이 정부와 여당 측 인사에 편중되어 있다고 야당 측은 지속적으로 문제를 제기해 왔다. 결국 야당은 당론을 거쳐 방송위원의 선임 방식을 변경하는 「방송법」 개정안을 2003년 2월 13일 발의하였다.[5] 그러나 동 안은 당시 상임위(문화관광위원회)를 통과하지 못했다.

2기 방송위원회의 출범을 앞두고 방송위원회 구성이 다시 쟁점이 되었다. 당시 야당인 한나라당은 9명의 전체 위원 중에서 상임위원 2명을 포함 총 4명을 요구했는데, 「방송법」 제28조(위원회의 회의)에 따라 2/3 출석과 출석위원 과반수 찬성으로 의결하는 상황에서 2명의 몫으로는 한계가 있다는 논거였다. 결국 2003년 4월 25일 문화관광위원장이 대안을 제시하여, 위원 수는 변경하지 않고 상임위원을 1명 늘려 위원장 1인, 부위원장 1인과 3인의 상임위원을 두되, 상임위원 중 2인은 대통령이 속하지 않은 교섭단체의 대표의원과의 협의를 통해 추천된 자가 포함되도록 하여 타협이 이루어졌다. 전체 방송위원 중 야당의 몫은 국회 의석 수[6]를 반영해

---

5 그 내용은 방송위원회를 대통령이 임명하는 7인으로 구성하도록 해서 2인을 감소하고 대통령이 위원을 임명함에 있어 6인은 국회의장이 각 교섭단체 대표의원과 협의하여 추천한 자를 임명하되, 각 교섭단체가 추천하는 위원 수는 3인을 초과할 수 없도록 하였다. 상임위원을 위원장, 부위원장 포함 총 4인으로 하고 비상임위원은 3인으로 하며 한 교섭단체 추천 위원 수는 3인 이내로 하는 방안이었다.

1명이 늘어나 총 3명이 되었다. 이러한 논의과정을 거치면서 1기 방송위원회가 종료한 지 3개월이 지난 2003년 5월 10일 2기 방송위원회가 출범하였다.[7]

● 중장기 방송발전 계획 수립

2기 방송위원회는 방송발전을 위한 중장기적인 정책 방안 마련을 위해 중장기방송발전연구위원회를 2003년 11월부터 5개월간 운영하였다. 동 위원회는 '디지털시대 세계 방송을 선도하는 방송 강국 건설'이라는 중장기 방송발전의 비전과 목표를 설정하였다.

동 위원회는 방송통신위원회 설립이 필요하다고 판단했고, 이를 위해 먼저 2005년 방송통신구조개편위원회 구성, 「방송통신위원회설치법」 제정, 그리고 2006년 하반기 방송통신위원회를 설립하여 기존의 「방송법」과 「통신관계법」을 통합하는 법률을 제정하는 계획을 세웠으나 이는 실현되지 못했다. '방송·통신 융합에 따른 체계 정비', '지역방송 경쟁력 강화', '방송콘텐츠 활성화', '시청자 복지 제고' 등의 정책과제와 방안은 〈표 5-1〉처럼 방송 전반에 걸쳐 주요 의제들을 망라한 것이었고 잘 마련된 로드맵이었다.

---

6   16대 국회 의석수는 총 273석에 한나라당 133석, 새정치국민회의 115석, 자유민주연합 17석 등이었다.

7   2기 방송위원회는 노성대 위원장을 비롯해 이효성 부위원장, 성유보·박준영·양휘부 상임위원, 민병준·류숙렬·조용환·윤종보 (비상임)위원으로 구성되었고 2006년 4월까지 활동했다.

● 신규미디어 도입 추진

2기 방송위원회는 2004년 「방송법」을 개정하여 텔레비전 방송, 라디오 방송, 데이터 방송, 이동멀티미디어 방송의 분류체계를 도입, 데이터 방송과 DMB의 도입 근거를 마련하였다. 그리고 노성대 방송위원장, 진대제 정통부 장관, 신학림 언론노조 위원장, 정연주 KBS 사장 등으로 구성된 DTV 필드테스트 추진위원회를 구성하여 고정식 DTV 기술규격으로 미국방식(ATSC)을 채택하고 이동식에는 유럽방식의 지상파DMB를 도입하기로 하였다. 2004년 12월 위성DMB 사업자로 TU미디어를 선정했으며 2005년 3월 6개의 수도

〈표 5-1〉 중장기 방송발전 연구위원회 정책과제와 방안 로드맵

주요 과제	세부 과제	정책 방안	추진 시기
방송·통신 융합에 따른 체계 정비	방송통신위원회 설립 추진	○방송통신위원회 설립	2006
		○설립 지연 시 대응 방안 -방송기술정책 방송위원회로 일원화 -방송영상 산업정책에 대한 직무조정 및 제도 정비	2005~06
	방송통신구조개편위원회 구성·운영	○방송통신구조개편위원회 구성·운영	2005
	방송·통신 관련 법제 정비	○「방송통신위원회 설치법」 제정 ○「방송통신통합법」 제정	2006 2007~08
	융합형 방송 서비스 도입 및 활성화	○이동멀티미디어 방송(DMB) -위성DMB 재송신 정책 방안 -위성DMB·지상파DMB 균형 발전 방안 -지역 지상파DMB 도입	2005 2005~07 2006~08
		○데이터방송 -시장기반 조성 및 활성화 추진	2005~08
		○IPTV 등 융합형 방송 서비스 -「방송법」 개정 추진(별정 방송사업 도입)	2005~06

지역방송 경쟁력 강화	지역방송 경쟁력 기반 강화	○광역화 추진	2005~08
		○대권역화 추진	2009
		○지역방송 재원 구조 개선	
		-광고요금 산정기준 개선, 디지털 전환 지원	2005~09
		-협찬 고지·간접광고 규제 완화	2006~07
		-광고단가 상향, 전파료 배분 비율 개선	2008~09
	지역방송 프로그램 제작 경쟁력 강화	○지역방송 프로그램 제작 활성화 지원	
		-공동제작, 지역문화, 우수 프로그램 지원	2005~09
		○자체 편성 비율 개정 및 확대	2005~09
	지역방송 프로그램 유통 경쟁력 강화	○슈퍼스테이션 설립 및 활성화	2005~09
		○유통 여건 개선	
		-방송 시간 연장 및 승인 절차 간소화	2005~06
		-역외 재전송 확대 추진	2008~09
방송 콘텐츠 활성화	방송콘텐츠 제작 활성화	○방송콘텐츠 제작 지원	2005~09
		○외주제작 활성화 방안 수립	
		-'외주제작 표준계약 가이드라인' 정착	2006~09
		-외주제작사 저작권확보 의무화(Fin-Syn Rule) 도입 검토	2005~07
		○방송 전문 인력 양성 지원	2005~09
		○우수 방송프로그램 시상 개최 지원	2005~09
		○'미디어 정책원' 설립 및 전문인력 보강	2006~09
	PP 경쟁력 강화	○PP에 대한 적정 수신료 배분 유도	
		-'공정거래질서 가이드라인' 준수 유도	2005~09
		○지상파방송 사업자의 PP 진입제한	
		-지상파방송 콘텐츠 수급 불공정거래 개선	2005~09
		○PP에 대한 겸영 제한 완화	
		-방송시장의 경쟁상태 조사 연구	2005~09
	방송콘텐츠 수출 활성화	○방송콘텐츠 해외 진출 지원	2005~09
		○해외방송의 운영 체계 개선	2006~08
		○해외 한국어 방송 지원	2005~09
시청자 복지 제고	방송 접근권 강화로 보편적 서비스 실현	○디지털 수신 환경 개선	2005~09
		○장애인 시청 지원 사업 확대	2005~09
	다양한 서비스 실현과 시청자의 선택권 강화	○방송프로그램의 다양성 제고	2005~09
		○KI개발 통한 방송평가제 실효성 향상	2005~07
		○방송프로그램 등급제 확대	2005~09
	시청자 미디어 이용 및 참여권 강화	○시청자 참여 제도의 내실화	2005~09
		○미디어 교육 체계화 및 교육 확대	2005~09
		○시청자 미디어 센터 구축 및 활용 확대	2005~09

자료: 방송위원회(2005), 중장기방송발전연구위원회 종합보고서

권 지역 지상파DMB 사업자를 선정하였다. 2기 방송위원회에서는 2003년 8월부터 방송통신고위정책협의회를 정례화하여 디지털 방송, DMB, IPTV 등의 현안을 논의하고 2005년 3월부터 방송통신구조개편기획단도 운영하였다.

3기 방송위원회 출범

2006년 7월 출범한 3기 방송위원회[8]는 본격적인 방송·통신 융합 시대를 맞아 IPTV 법제화 작업과 방송·통신 기구 개편을 위한 준비 작업에도 착수했으며, 지역 지상파DMB 사업자도 선정하였다.

● 방송·통신 통합기구 설립 추진

방송과 통신의 이원적인 법규와 행정기구는 시장을 획정하고 규제 체계를 정립하는 데에는 효과가 있을지 모르지만, 전송수단의 광대역화(broadband networks), 디지털화(digitalization)를 기반으로 한 신규 멀티미디어 서비스의 출현과 기존에 방송과 통신으로 각각 분리되었던 C-P-N-D, 즉 콘텐츠(Contents), 플랫폼(Platform), 네트

---

8   3기 방송위원회는 이상희(조창현) 위원장, 최민희 부위원장, 강동순·전육·주동황(마권수) 상임위원, 마권수(이종수)·김우룡·김동기·임동훈 위원 등으로 구성되었다. 이상희 위원장이 임명 한 달 후 건강상의 이유로 사임하고 조창현 위원장이 자리를 이었다. 곧이어 당시 열린우리당 몫의 국회의장 추천으로 임명되었던 주동황 상임위원도 일신상의 이유로 사퇴하여 마권수 위원이 상임위원직을 승계하고 마 위원을 이어 이종수 위원이 임명되었다.

워크(Network), 단말기(Device) 간의 경계가 허물어지는 융합 환경에 적합하게 규제체계를 합리화할 필요성이 커졌다. 그동안 지상파 디지털 TV 전송방식, 위성DMB와 지상파DMB의 도입 등에 있어 정보통신부와 방송위원회의 갈등도 신규 서비스의 도입 지연의 원인이 되었다.

● 단계적 추진방안

통합 감독기구의 설치와 「방송통신통합법」(가칭) 제정을 동시에 진행하는 것은 물리적으로 어려웠기에, 단계적 추진방안이 모색되었다. 1단계로 먼저 방송통신위원회를 설치하고, 2단계로 방송통신위원회에서 「방송통신통합법」 제정을 추진하는 방안이었다.[9] 이에 정부는 2007년 1월 「방송통신위원회의 설립 및 운영에 관한 법률안(방통위 설립법)」을 제출하였다. 방송통신융합추진위원회[10]에서의 논의를 바탕으로 방송 및 통신 통합 감독기구인 '방송통신위원회' 설립을 추진한 것이다.[11]

---

9   이는 '중장기방송발전연구위원회(2005)'에서의 추진 방향과 일치하는 것이기도 하다. 실제 영국의 경우, 「방송통신위원회(Ofcom) 설치법」을 2002년 3월에 제정하여 위원회를 구성하고, 2003년 7월 통합법인 「커뮤니케이션법」을 제정하였다.

10 방송·통신 융합을 위한 제도적 정비 등을 목적으로 국무총리실 소속으로 2006년 7월부터 2007년 4월까지 한시적으로 운영한 위원회로 민간위원 14명과 관련 정부 부처 장관급 인사 6명 포함 총 20명의 위원으로 구성되었다.

11 당시 방송·통신 분야의 업무분장을 살펴보면, 방송에 관한 업무는 「방송법」 제27조에 따라 방송의 기본계획에 관한 사항 등은 방송위원회가 심의·의결

곧바로 국회에 방송통신특별위원회(위원장: 김덕규)가 구성되어 동 법안의 처리와 IPTV의 제도적 근거 마련을 위한 입법을 추진했다. 동 특위는 융추위 등 관련 부처에 대한 4차례의 현안 질의 절차를 거쳐 5월 3일 법안 상정, 11일 공청회 등 심사 절차를 진행했지만 노무현 정부 5년차 상황 등 여러 요인으로 법안은 차기 정부의 아젠다로 넘겨졌다. 후술하겠지만 동 법안의 주요 내용은 차기 이명박 정부의 방통위 설립 시 대부분 반영되었다.

야당의 공영방송 거버넌스에 대한 대안

한편 야당(한나라당)의 경우, 공정하고 건전한 방송문화 정착, 방송 독립성의 제도적 보장, 그리고 공영방송의 위상 정립 및 정체성 강

하되, 방송영상정책과 관련된 사항은 문화관광부와 합의하고, 방송기술 및 시설에 관한 사항은 정보통신부의 의견을, 방송프로그램 유통상 공정거래질서 확립에 관한 사항은 공정거래위원회의 의견을 각각 청취하도록 되어 있었다. '합의' 조항은 정부 부처 간 직무 수행 관행에 비추어 볼 때 이례적인 것으로 방송위원회 설립 이전 「방송법」 입법단계에서부터 문화관광부가 주도적으로 참여한 결과라고 볼 수 있다. 그리고 「방송법」 제92조에 따라 문화관광부 장관은 방송영상산업의 진흥을 위하여 필요한 정책을 수립·시행하고 정보통신부 장관은 방송기술 및 시설에 관하여 필요한 정책을 수립·시행하고 있었다. 한편 통신에 관한 업무는 정보통신부가 총괄 수행하되, 전기통신사업의 공정한 경쟁환경 조성 및 이용자의 권익 보호에 관한 사항은 소속 기관인 통신위원회가 담당하고, 정보통신 내용심의는 산하기관인 정보통신윤리위원회가 담당하고 있었다.

화를 위해 2004년 11월 박형준 의원이 대표로 「국가기간방송에 관한 법률」을 발의하였다. 그 규율 대상은 KBS와 EBS인데, 별도로 국가기간방송에 대한 정의 규정은 두지 않아 한계가 있었다.[12]

동 법안은 KBS의 최고 의사결정기관으로 경영위원회를 두도록 했다. 경영위원회는 위원장, 부위원장 각 1인을 포함한 9인의 위원으로 구성하고, 위원은 국회의장의 추천을 거쳐 대통령이 임명하도록 하였다.[13] 이는 현행 11명의 KBS 이사가 방송위원회의 추천을 거쳐 대통령이 임명하는 것에 비해 국회나 정치권의 지배력을 더 크게 한 것이었다. 하지만 경영위원회의 역할은 사장, 부사장 및 감사를 경영위원회 의결로 임명하도록 한 것 외에는 현 이사회의 기능과 큰 차별점이 없어 보인다. 경영위원회 위원 2/3 이상은 전문가로 충원하고 동일교섭단체 위원은 과반을 넘을 수 없도록 하면서 국회의 통제 강도를 더 높인 것은 당시 여대야소 상황[14]에서의

---

12 국회 문화관광위원회, 「국가기간방송에 관한 법률안」 검토보고서(2004. 11).

13 국회의장은 위원을 추천함에 있어 각 교섭단체 대표의원과 협의하고 추천기준 및 사유를 명시하여야 하며, 전문성 있는 위원 추천은 전체 위원의 2/3를 넘도록 하고, 동일교섭단체의 위원 추천은 전체 위원의 과반수를 넘을 수 없도록 했다. 그리고 KBS의 집행기관으로서 사장, 부사장 및 감사는 경영위원회의 의결로 임명하도록 했다. KBS의 예산은 사장이 편성하고 경영위원회의 의결을 거쳐 국회의 승인을 받도록 했다. 수신료도 경영위원회의 심의·의결 후 방송위원회를 거치지 않고 국회의 승인을 받아 확정되도록 했다. EBS 사장은 국회 상임위원회의 추천을 거치며, EBS의 예산도 국회의 승인을 얻도록 했다.

14 2004년 당시 17대 국회에서의 의석수는 총 299석 중 여당인 열린우리당은

야당의 주장이었다.

언론개혁의 추진

노무현 정부는 「국가보안법」 폐지, 과거사 청산, 「사립학교법」 개정, 언론개혁 등 소위 4대 개혁을 내세웠다. 특히 언론을 견제 받지 않는 권력으로 간주하고 언론개혁을 추진했으며, 김대중 정부 이후 보수언론과의 대립각 구도를 여전히 유지하면서 특히 인터넷매체 등 소규모 미디어와 언론, 시민단체나 노조의 입장을 많이 대변하였다. 이는 야당 및 보수신문의 반발을 일으켰고, 이후 2003년 4월 KBS에 정연주 사장이 임명되자 그의 자격과 이후의 보도 내용[15] 등에 대한 문제 제기로 갈등은 극에 달했다.

●「신문법」 추진

2005년 1월 「신문 등의 자유와 기능 보장에 관한 법률(신문법)」을 입법화하였다. 기존의 「정기간행물의 등록 등에 관한 법률(정간법)」의 명칭을 변경하고 내용을 전면 개정한 것이다.[16] 신문 등 정

152석, 야당인 한나라당은 121석 등인 상황이었다.

15 조선노동당 정치국 후보위원의 혐의를 받고 있었던 재독 철학자 송두율 교수에 대한 2003년 5월의 KBS 《일요스페셜》 등은 송 교수를 미화했다는 야당과 보수언론 등의 비판에 직면하였다.

16 정청래 의원 외 150명이 발의한 「정간법」(2004. 10. 20)이 상임위에서 완전한 합의를 이루지 못하고 2005년 1월 1일 본회의에서 우상호 의원 등 149명

기간행물과 인터넷 언론에 발행의 자유와 독립을 보장하고, 독자의 권익 보호와 언론의 사회적 책임을 보장하기 위한 목적이었다.[17] 신문산업의 진흥을 위해 신문발전위원회를 문화관광부에 설치하고 신문발전기금을 조성하도록 하였다. 그리고 신문의 공동배달 등을 위해 신문유통원을 설립하도록 하였다.[18]

　신문과 방송의 소유 및 겸영을 제한하였다. 일간신문과 뉴스통신은 상호 겸영할 수 없고 종합편성 및 보도전문 PP를 겸영할 수 없도록 하였다. 대기업이나 일간신문·뉴스통신 또는 방송사를 1/2 이상을 소유하는 자는 다른 일간신문 또는 뉴스통신을 1/2 이상 소유할 수 없도록 하였다. 또한 1개 일간신문의 시장점유율(전년 12개월 평균 발행 부수)이 전체의 30% 이상이거나 3개 이하의 시장점유율이 60% 이상인 경우 「공정거래법」 상의 시장지배적 사업자로 추정하도록 하였다. 그리고 이러한 시장지배적 사업자에 대

　　의 수정안이 처리되었다. 상임위 심사과정에서 일부 조항에 대해서는 합의가 되었는데 당시 야당인 한나라당은 신문 사업자의 방송 겸영을 양보한 대신, 열린우리당은 신문지 면에서 광고 비율 50% 이내로 제한해야 한다고 하던 조항을 양보하였다. 그러나 「공정거래법」 상의 지배적 사업자 추정 요건 (1개 사 30%, 상위 3개 사 60%)에 대해서는 합의가 되지 않았다.

17　그 내용으로 먼저 인터넷 신문의 개념과 등록을 규정하였다. 그리고 독자의 권리보호 명문화, 자문기구로 독자권익위원회 설치, 구독자의 의사에 반한 계약의 체결·연장·해지 금지, 불공정거래행위에 해당하는 무가지 및 무상 경품 제공 금지 등의 내용이 있었다.

18　2010년 「신문법」이 「신문 등의 진흥에 관한 법률」로 전면 개정되면서 신문 발전위원회와 신문유통원은 한국언론진흥재단으로 통폐합되었다.

해서는 신문발전기금의 지원도 금지하였다.

●「언론중재법」 제정

「신문법」과 같이 「언론중재 및 피해구제 등에 관한 법률(언론중재법)」을 제정하기도 하였다.[19] 「정간법」·「방송법」 등 각 개별법에 분산 규정되어 있던 언론피해 구제제도를 단일화하고, 언론보도로 침해된 국민의 권리구제를 확대하였다. 한편, 언론의 자유와 독립에 상응하는 사회적 책임을 분담하게 함으로써 공정한 여론형성과 언론의 공적 책임의 실현에 기여하도록 하였다. 언론중재위원회를 설치하고 언론사에 대한 정정보도 및 반론보도 청구에 대한 절차적 규정을 두었다. 한편, 야당(한나라당)에서도 2004년 11월 「정간법」 개정안[20], 「언론분쟁의 중재에 관한 법률안」[21] 등이 발의되었다.

---

19 동 법은 문병호 의원 발의안(2004. 10. 20)에 천영세 의원의 「언론피해구제법안」(2004. 10. 21)과 김재홍 의원이 소개한 「언론분쟁의 중재에 관한 법률안」(2004. 11. 24) 등이 병합 심사된 것이라고 할 수 있다.

20 고홍길 의원이 대표 발의한 동 법안은 인터넷 신문 도입, 신문을 발행하는 자에 대한 등록제를 신고제로 전환, 신문과 뉴스통신 상호 겸영 허용 외에, 시장점유율이 20% 미만인 일간신문 사업자는 10% 이내에서 방송사 지분 소유 및 다른 일간신문도 시장점유율 30%까지 인수 합병 허용, 그리고 신문 등의 총 발행 부수 및 수입의 내역에 관한 공개를 위해 신문부수공사재단을 설립하고 '신문발전기금'을 두는 내용이다.

21 「언론분쟁의 중재에 관한 법률」이 민법·방송법 등 여러 곳에 산재해 있어 정정보도청구권·반론보도청구권 등을 포괄하는 제반 언론피해구제제도를 통합하여 일관성 있게 규율하는 법적인 틀을 마련하는 내용으로 정병국 의원

● 신문고시 개정

2003년 5월 공정거래위원회는 신문고시를 개정하여 '공정경쟁규약을 시행하는 경우에는 그 사업자단체가 동 규약을 적용하여 사건을 우선적으로 처리하게 할 수 있다'는 제11조에서 '우선적으로'라는 단어를 삭제하여 공정위가 직접 개입할 수 있는 길을 열어놓았다. 그동안 언론노조 등은 신문협회(사업자단체)를 통한 자율규제의 허구성을 주장하며 정부의 직접적인 개입과 신문고시의 개정을 주장해 왔었다.[22]

● 개방형 브리핑과 취재 지원 시스템 선진화 방안

언론매체 수의 증가와 인터넷매체 등의 성장으로 기존 출입기자실이 물리적으로 운영되기 힘든 상황과 기자단 운영의 폐쇄성을 극복하기 위한 목적으로 2003년 6월 '개방형 브리핑' 제도를 도입하였다. 기존의 출입기자단 제도를 전면 폐지하고 취재를 원하는 기자들은 등록만 하면 방문·취재하도록 하고 기자의 개별 공무원 접촉은 줄였으며, 부처별로 브리핑을 정례화하도록 하였다. 그리고 2007년 5월 정부중앙청사에 권역별 합동브리핑센터를 설치하는 대신 대부분의 기자실을 폐지하고 전자 대변인(브리핑) 제도를 도입하여 취재원 면담을 제한하는 내용의 '취재 지원 시스템 선진화 방안'을 실시하였다.

이 대표 발의하였다.

22 전국언론노동조합(2003), 『언론노보』 354호 1면.

이에 대해 기존 보수언론과 야당은 물론 언론계에서까지 반대 목소리가 컸고, 문화일보 기자 4명과 독자 5명 등은 7월 "참여정부의 '취재 지원 시스템 선진화 방안'이 헌법에 보장된 언론의 자유를 침해한다"며 헌법소원을 제기했고, 이석연 전 법제처장 등 '시민과 함께하는 변호사들(시변)' 소속 변호사들이 대리인을 맡았다. 헌법재판소 전원재판부는 2008년 12월 26일 동 헌법소원 사건에 대해 재판관 8명의 의견으로 각하결정을 내렸다.[23]

3. 뉴미디어의 출현과 갈등

위성DMB 및 지상파DMB 도입

전술한 바와 같이 방송위원회는 2002년 하반기 제3기 디지털방송 추진위원회를 운영하여 'DMB·데이터방송 및 DMC 등 디지털 방송에 관한 종합계획'(2003. 2)을 발표하였다. 그리고 지상파 및 위성DMB(Digital Multimedia Broadcasting)[24] 도입 방안과 데이터방송

---

23 헌재는 "정부가 해당 조치를 모두 폐기하여 이전의 상태로 회복되었기 때문에 권리 보호의 이익이 소멸되었고, 국정홍보처를 폐지한 만큼 정부가 이 같은 공권력을 다시 행사할 가능성이 없다"며 "심판 청구의 실익이 없어 각하한다"고 각하 이유를 밝혔다.

24 DMB는 CD 수준의 음질과 데이터 또는 영상 서비스 등이 가능하고 우수한 고정 및 이동 수신 품질을 제공하는 디지털 방식의 멀티미디어 방송으로, 전송수단(지상파/위성)에 따라 지상파DMB와 위성DMB로 구분할 수 있다.

활성화 정책 방안, DMC(Digital Media Center, 디지털유선방송송출사업)[25] 법적 지위 부여 방안 등을 확정하고 필요 시 입법을 추진하기로 하였다.

DMB는 처음에는 라디오의 디지털화인 DAB(Digital Audio Broadcasting)을 추진하는 과정에서 발전된 것이다. 1997년 3월 정보통신부가 '지상파 디지털 방송 추진협의회'에서 DAB 도입을 검토했으나 주파수 부족, 시장성 및 재원 부족 등으로 논의가 연기되었다가, 2001년 '디지털 라디오방송 추진위원회' 운영을 거쳐 2002년 실험방송 이후 표준방식을 결정하였다. 기술의 발전으로 오디오뿐만 아니라 동영상도 동일 대역 폭에서 전송이 가능해져 TV와 데이터도 복합적으로 송수신할 수 있게 됨에 따라 명칭도 DMB로 바꾸어 도입을 추진하게 되었다(방송위원회, 2003).

●「방송법」 개정

2004년 3월 22일 위성 및 지상파DMB에 대한 도입 근거를 마련하는 「방송법」 개정이 이루어졌다. 이동멀티미디어 방송과 데이터방송의 정의를 도입하고,[26] 기존의 방송매체를 중심으로 지상파, 종합

---

25 DMC의 개념은 "SO와의 계약에 의하여 자체적으로 또는 PP 등이 제공하는 방송콘텐츠를 디지털화하여 SO에게 공급하는 사업"을 말한다.

26 방송 사업자의 채널을 이용하여 데이터를 위주로 하여 이에 따르는 영상·음성·음향 및 이들의 조합으로 이루어진 방송프로그램을 송신하는 방송을 데이터방송으로 정의하고, 이동 중 수신을 주목적으로 다채널을 이용하여 텔레비전방송, 라디오방송 및 데이터방송을 복합적으로 송신하는 방송을 이동

유선, 위성방송으로 구분하던 방송의 분류를 텔레비전, 라디오, 데이터, 이동멀티미디어 방송으로 분류하도록 하였다. 지상파 및 위성DMB 사업자는 각각 이동멀티미디어 방송을 하는 지상파 및 위성방송 사업자의 지위를 갖게 된 것이다. 그리고 KBS 1TV와 EBS의 의무 재송신 대상에서 위성DMB를 제외하였다.[27] 또한 케이블TV에 대한 소유 규제도 완화하였다. SO에 대한 대기업의 소유 제한을 없애고, SO 및 PP에 대한 외국자본 제한도 33%에서 49%로 완화하였다.

● 지상파DMB와 위성DMB의 경쟁

실제 사업 추진은 지상파DMB보다 위성DMB가 더 앞섰다. 위성DMB 사업에 관심이 컸던 SK텔레콤은 2001년 9월 정보통신부에 위성망 국제등록[28]을 신청하고 곧이어 일본의 MBCo와 협약(2002. 10) 및 위성 공동소유 계약(2003. 9)을 체결했으며 2004년 3월 13일 위성을 발사하였다. 이후 정보통신부의 허가(위성DMB 회선설비 임대) 및 방송위원회의 사업자 허가 절차를 거쳐 2004년 12월 사업

멀티미디어 방송으로 정의하였다.

27 위성DMB에 대한 KBS1과 EBS의 의무 재송신을 제외한 예외 규정은 당시 위성DMB 사업을 준비하던 티유미디어의 채널 용량의 한계 등에 따른 요청에 의한 것인데, 이후 위성DMB 사업은 지상파재송신 문제로 어려움을 겪었다.

28 해당 위성궤도는 일본의 MBCo사가 1997년 국제전기통신연합(ITU, international Telecommunication Union)에 위성DMB 용도로 신청하였고 선점 원칙에 따라 일본의 MBCo사가 우선권을 가졌다.

자로 선정 및 허가되고 2005년 5월 본방송을 개시하였다. 곧이어 지상파DMB에 대한 허가도 진행되었는데, 2005년 3월 사업자 선정 후 7월 KBS·MBC·SBS 등 지상파 계열의 DMB 사업자부터 방송을 시작하고 비지상파 계열의 DMB 사업자는 12월 방송을 개시하였다.

위성DMB 사업은 경쟁통신사들의 반대는 물론 기존 방송 사업자들의 반대가 컸고, 특히 지상파방송사들이 주도한 지상파DMB의 추격으로 예상과는 달리 큰 효과를 거두지 못했다.[29] 지상파 DMB에는 지역 MBC 및 지역 민방 등 지상파방송사들까지 참여했고, 이들은 위성DMB에의 지상파 재송신을 반대하였다.

〈표 5-2〉 위성DMB 경제성 분석

	2005	2006	2007	2008	2009
예상 가입자(만 명)	28	75	148	246	354
매출액(억 원)	310	836	1752	3033	4536
실제 가입자(만 명)		(12월) 100			(6월) 200

자료: 방송위원회(2004) 재구성

● 위성DMB와 지상파 재송신
〈표 5-2〉에서 보듯 위성DMB는 출범 당시의 예상과는 달리 가입자 확보를 달성하지 못했는데, 가장 큰 원인은 지상파 재송신 문제

---

29 2010년 11월 SK텔링크와 합병하고 2012년 8월 폐업하였다.

였다. 방송위원회는 위성DMB 사업자 허가(2004. 12) 전 2004년 10월에 위성DMB의 지상파 재송신을 불허하는 결정을 내렸다. '위성DMB의 지상파방송 재송신을 불허하되, 지상파DMB 허가 추천 시 위성DMB의 지상파방송 재송신 승인 여부 등을 종합적으로 검토하여 결정'한다는 것이었다. 이후 위성DMB의 지상파 재송신 결정 문제에는 언론노조 등도 가세하여 매우 큰 혼선을 초래하였다.

「방송법」상 재송신 관련 규정(제78조)은 SO, 위성방송, 중계 유선방송 사업자 위주로 마련되어 있고, 위성DMB는 KBS 1TV와 EBS의 의무 재송신을 제외하는 예외 규정이 있을 뿐이다. 따라서 위성DMB는 KBS 1TV와 EBS를 의무 재송신하지 못하며 지상파방송을 재송신하는 경우에는 방송위원회의 승인을 받아야 한다.

●지상파 재송신 정책 혼선

방송위원회는 2004년 9월 「방송법」 시행령(제50조 5항의 3) 규정을 신설하여(2004. 9. 17), 지상파DMB에서 지상파방송 프로그램의 시간 비율을 50% 이상으로 편성할 수 있도록 해놓고, 2004년 10월 위성DMB에서는 지상파 재송신을 불허하는 결정을 내렸다. 불허하되 지상파DMB 허가 추천 시 종합적으로 검토하여 결정할 것이라고 하였다. 그리고 지상파DMB 사업자 선정 발표(2005. 3. 28) 후에는 위성DMB 재송신은 사업자 자율 계약을 전제로 허용하겠다고 결정을 내렸다(2005. 4. 19). 이에 지상파 4사 및 언론노조가 반대하자(2005. 5. 17) 재송신은 계속 지연되었다. 결과적으로 위성방송과 위성DMB의 지상파 재송신 반대는 신규 사업자를 상대로 지상파라는 기존 사업자가 기득권을 유지한 경우였다고 볼 수 있다. 이 과정에서 시민단체가 방송노조의 문제 제기에 동조했고 결국 기존 지상파 및 지역 방송사의 이익을 대변하였다(정용준, 2006).

● 지상파DMB와 지역 지상파 권역 문제

지상파DMB에서는 지역 지상파 사업자의 방송권역 문제가 이슈였다. 방송위원회의 제4기 디지털방송추진위원회(2004. 9~2005. 3)에서는 수도권을 제외한 12개 지역에서 가용한 주파수가 1개임을 고려하여 지역 지상파DMB 방송권역을 6개로 나누는 방안을 제시했었는데, 2006년 3월 방송위원회는 지역 지상파DMB 방송권역을 수도권을 제외한 전국(비수도권)으로 확정하였다. 이에 지역 지상파방송사들은 크게 반발했고, 지역에 지역구를 둔 국회의원들도 가세하였다. 이들은 방송위의 결정이 뉴미디어 시대의 프로그램 및 콘텐츠의 다양성을 저버린, 지역 방송과 문화에 타격을 준 결정이라며 비판하였다. 이에 방송위원회는 재검토 방침을 밝히고 2006년 10월 지역 지상파DMB 방송권역을 비수도권 1개 단일권역(사업자 1개)과 6개 지역권역(강원, 충청, 전라, 경남, 경북, 제주 각 지역 권역별로 2개 사업자)으로 결정하였다(방송위원회 2006). 지역 지상파DMB 방송권역은 기존의 방송권역과는 다른 기준과 논거가 적용되는 것이 타당한데, 방송위가 사업자들의 반대에 타협을 한 것이다.

  뉴미디어인 이동멀티미디어 방송의 지상파 재송신 문제는 지역 지상파 사업자의 방송권역 문제라기보다는 경쟁 매체인 위성DMB

와 지상파DMB와의 관계에 더 비중을 두어야 하는 문제다. 시청자의 복지 향상을 최우선 목표로 하여 방송매체 간 균형 발전을 고려했어야 했는데, 방송위원회는 이러한 측면에서 미흡했다(방송위원회, 2006).

〈표 5-3〉 위성 및 지상파DMB 간 비교

구분	위성DMB	경쟁력	지상파DMB
사업자 허가	'04년 12월	>	'05년 3월
서비스 개시	'05년 5월	>	'05년 7월(지상파)/ '05년 12월(비지상파)
서비스 지역	전국 -'05년 말 전체광역시 생활권	>>>	7개 권역(수도권, 지역 6개) -'06년 권역별 1개 채널
요금 수준	유료 -가입비 20,000원, 월 13,000원	<<<	무료

수익 모델	가입자 기반
	-수신료 + 광고 + 유료 데이터
	  방송수익
		>	광고시장 기반
			-광고 + 채널 임대료 + 유료 데이터
			  방송수익

(초기) 투자비	4,000~8,000억 원 ※ 정통부 산출		500억 원 (전국 중계기 규모에 따라 변동)
제공 채널	1개 사업자, 총 38개(예비 2개) -비디오: 14개 •모바일 전용 1개, 종합 3개 -오디오: 24개 -데이터: '06년 신시	> (채널 수)	6개 사업자(확대), 총 30여 개 -비디오: 6~12개(최대) -오디오: 18개(±) -데이터: 6(±) (1사: 비니오 1/오니오 3/네이터 1)
직접 사용 채널	TV 2개, 데이터 1개(계획) -전문 편성(보도 편성 제한) ※자체제작 능력 미약	< (제작 능력)	1사당 2~3개 채널(데이터방송 유무) -종합·보도편성/전문편성 ※기존 방송사 제작 능력 보유

기술 방식	시스템 E/CDM		시스템 A(Eureka-147)/OFDM
주파수/ 전파특성 전송용량	2.630~2.655GHz(25MHz) / S-Band - 직진성(가시거리 확보) -7.68Mbps		174~216MHz(1사당 1.536MHz) / VHF밴드Ⅲ - 회절특성(장거리 도달) -6.912Mbps(1Mpx당 1.152Mbps)
사업자	1개 사업자 -티유미디어('03.12~) -SK텔링크로 합병('10.11)후 폐업('12.8)		19개 사업자(수도권 6개, 지역 13개) ※수도권: KBS, MBC, SBS, YTNDMB, 한국DMB, U1미디어 ※지역: 권역별 3개(KBS, 지역MBC, 지역 민방)
사업 지위	위성방송 사업자 -플랫폼 사업(채널 운용/임대)		지상파방송 사업자 -플랫폼 사업(채널 운용/임대)
소유 제한 등 (매체 성격)	위성방송 소유, 겸영 제한 동일 (상업적 성격: 유료 → 가입자 선택 大) -대기업, 외국자본, 일간신문·통신: 33%, 1인 지분: 없음 -SO 겸영: 33% -위성 겸영: 33%, 1개 초과 금지	>> (대규모 자본 투자, 소유 규제 등)	지상파방송 소유, 겸영 제한 동일 (공익적 성격: 무료 → 가입자 선택 小) -대기업, 외국자본, 일간신문·통신: 금지, 1인 지분: 30% -SO 겸영: 금지, 위성 겸영: 33% -지상파DMB 겸영: 3~5개 1/3, 6개 이상 1/5
수신기 (경쟁관계)	휴대전용 수신기/차량용 수신기	←/<	휴대전용 수신기/차량용 수신기
	휴대폰 겸용 수신기(PDA 겸용)	>	휴대폰 겸용 수신기(후발예상)(PDA 겸용)
	※이동통신사 간 가입자(수신기) 경쟁 ※DMB 통합 단말기(기술적으로 가능/기술표준 상이, 경제성, CLOSE 마켓 문제 등)		

자료: 방송위원회(2004),
『위성DMB 사업자 선정 정책 방안 마련을 위한 공청회 자료집』

IPTV의 도입

IPTV를 도입하기 위한 제도적 방안을 마련하는 데에 있어 당시 정보통신부와 방송위원회의 대립이 심했다. IPTV에 대하여 정보통신부는 2004년 8월부터 IT839 정책[30]의 하나인 광대역통합망(BcN)의 시범사업의 일환으로 시작되었다는 주장을 펼쳤고, 방송위원회는 2005년 3월 제4기 디지털방송추진위원회에서 도입 방안을 논의하고 IPTV 시범 실시 계획을 발표했다고 주장하였다. 2005년 양 부처 간 고위정책협의회를 통해 시범사업의 공동 추진 등에 대해 논의했지만 그 방법과 성격을 두고 합의에 이르지 못했다. 이러던 중에 국회에서는 IPTV를 도입하기 위해 다양한 입법[31]이 추진되었고, 결국 2006년 국무총리실 소속으로 방송통신융합추진위원회[32](2006. 7~2007. 4)가 결성되었다. 융추위는 먼저 2006년 8월부터 연말까지 정보통신부와 방송위원회가 IPTV 시범사업을 공동 추진하도록 하

---

30 IT 서비스 → 인프라 → 기기 → 소프트웨어 및 콘텐츠가 수직적으로 연결되어 있는 IT산업의 가치사슬에 따라 8대 신규 정보통신 서비스를 도입, 활성화하여 유무선 통신, 방송, 인터넷 등 3대 인프라에 대한 투자를 유발하고, 이를 바탕으로 9개 첨단기기와 단말기, 소프트웨어, 콘텐츠 산업이 동반 성장하는 IT산업의 발전전략이다.

31 유승희 의원의 「정보미디어사업법」 안(2005. 10. 13)이나 김재홍 의원의 「방송법」 안(2005. 11. 30) 등이다.

32 약칭 융추위는 출범 당시 최우선 과제로 IPTV 도입을 선정했고, 방송·통신 융합의 정책목표를 '공익성 강화', '산업 활성화', '시스템 개선'으로 정하였다.

였다. 그리고 10월에는 그간의 이견을 상당 부분 해소하고 4개 분야만을 미합의 쟁점으로 남겨두게 되었다. 「IPTV법」 논의 과정에서의 주요 쟁점과 결과는 〈표 5-4〉와 같다. 한편, 당시 논의되던 법안에 의하면 무선을 통한 IPTV서비스도 가능하였는데, 이 경우 위성 및 지상파DMB 사업자들과 시장에서의 경합이 있을 것이라는 문제제기가 있었다. 그래서 IPTV 정의 규정에 대한 수정(단서조항)을 통해 무선을 통한 IPTV는 법안의 적용대상에서 제외시켰다.[33]

IPTV 도입을 위해 제출된 다양한 명칭과 내용의 관련 법안[34]들을 수렴하여 국회 방송통신특별위원회에서는 새로운 대안으로서 「인터넷 멀티미디어 방송사업법」을 제안하고 통과시켰다. 11월 23일 특위를 통과한 법안은 17대 대선 직후인 2007년 12월 28일 국회 본회의에서 처리되었고 「방통위 설치법」은 이듬해 2월 말 이명박 정부 출범과 함께 통과되었다.

---

33 제2조(정의) 1. "인터넷멀티미디어방송"이란 광대역통합정보통신망(자가 소유 또는 임차 여부를 불문하고, 「전파법」 제10조 제1항 제1호에 따라 기간통신사업을 영위하기 위하여 할당받은 주파수를 이용하는 서비스에 사용되는 전기통신설비는 제외한다)을 이용하여 양방향성을 가진 인터넷 프로토콜 방식으로 일정한 서비스 품질이 보장되는 가운데 텔레비전 수상기 등을 통하여 이용자에게 실시간 방송프로그램을 포함하여 데이터·영상·음성·음향 및 전자상거래 등의 콘텐츠를 복합적으로 제공하는 방송을 말한다.

34 「광대역통합정보통신망 등 이용방송사업법안」(홍창선 의원), 「방송법 일부개정 법률안」(손봉숙 의원), 「디지털미디어서비스법안」(서상기 의원), 「정보미디어사업법안」(유승희 의원), 「방송법 일부개정 법률안」(김재홍 의원), 「유·무선 멀티미디어방송사업법안」(이광철 의원), 「방송법 일부개정 법률안」(지병문 의원) 등 총 7개의 법안들이 제출되었다.

〈표 5-4〉 IPTV 도입 주요 쟁점 사항 및 결과

구분	방송위원회	정보통신부	「IPTV법」
서비스 성격 및 적용 법률	• (멀티미디어) 방송 서비스 (TV+오디오+데이터방송) •「방송법」개정 (멀티미디어 방송 사업 신설) ※미국 Communication Act Title 6(Cable Communication)내의 MVPD(다채널 영상 제공 사업)와 유사	• 광대역 융합 서비스 (실시간 방송 + 부가통신 서비스) •「광대역 융합 서비스사업법」(가칭) 제정(융합 서비스 사업 신설) ※영국 Communication Act 의 ECS(Electronic Communication Services) 사업과 유사	• 인터넷 멀티미디어 방송 (실시간 방송 + 데이터·영상·음성·음향 및 전자상거래 등의 콘텐츠) •「인터넷 멀티미디어 방송사업법」
인허가 방식	• 방송 사업자로 허가 (방송위 추천+정통부 허가) ※플랫폼+콘텐츠(SO·위성방송과 동일)	• 전송 사업자로 등록 (정통부 등록+방송위 협의) ※네트워크 =서비스(방송 콘텐츠 기획·제작·편성 시 방송위의 별도 면허 필요)	• 인터넷 멀티미디어 방송 사업 허가 (방송위 추천+정통부 허가 → 방송통신위원회 허가)
기간통신 사업자 진입제한	• 진입 허용하되, 자회사 분리 (일정 규모 이상 사업자) ※네트워크(동등) 접근권 '사전' 보장 제도화(공정경쟁 강화)	• 진입 허용, 자회사 분리 의무화 곤란 ※네트워크(동등) 접근권 보장 제도화(공정경쟁 강화)	• 진입 허용, 자회사 분리 의무 없음
사업권역	• 전국 77개 권역 유지전제 • 지역면허/전국면허 가능 • 기업지 그립스기밍 (Cream-Skimming) 방지	• 전국 사업권역(사업자 자율)	• 전국 사업권역 • 전국 77개 각 권역별 IPTV, SO, 위성방송을 포함한 유료방송 사업 가입 가구의 1/3 초과 금지 • 법 시행 후 1년 이내에는 1/5 초과 금지

자료: 국무조정실 방통융합추진지원단(2007) 재구성

4. 시민사회의 영향력 증대

디지털 전송방식 논란

● 4자 합의

지상파 디지털 전송방식을 두고 노무현 정부에 들어서도 미국방식과 유럽방식 사이에서 결론에 이르지 못했다. 2003년 11월 언론노조, 방송위원회, 정보통신부는 스웨덴 해외 실태조사까지 실시했지만 의견이 통일되지 않는 등 소모적 논쟁이 계속되었다. 결국 2004년 7월, 노성대 방송위원장, 진대제 정보통신부 장관, 정연주 KBS 사장, 신학림 전국언론노동조합 위원장 등 4인의 대표위원회에서 합의가 도출되었다.

● 기존 방송 사업자의 기득권 보장

'디지털TV 전송방식 등에 관한 4인 대표 합의서(2004. 7. 8)'의 결론은, 유럽방식이 미국방식보다 나으나 전송방식을 변경하는 것은 현실적으로 어려우니 변경하지 않고 지상파DMB든 DVB-H든 지상파 이동멀티미디어 방송을 적극적으로 도입하기로 한 것이었다. 즉, 지상파DMB를 도입하는 대신 전송방식은 유럽식보다 못하다는 미국식을 그대로 수용하게 되었다. 그런데 유럽식 전송방식을 택했으면 지상파DMB의 도입이 필요 없었을까? 그렇지 않다. 유럽식 전송방식을 택했더라도 지상파DMB의 도입은 필요했을 것이다.

이러한 내용은 당시 KBS의 이사회(2004. 7. 28) 회의록에도 나와 있다. 즉, 유럽식인 DVB-T 방식은 고정수신 외에도 자동차 안에서 시청하는 정도의 이동수신이 가능하지만 개인 휴대용 수신 면에서는 한계가 있고, 이를 보완하기 위한 것이 DVB-H이다. 그런데 2003년 스웨덴 현지 실태조사에서도 DVB-H 서비스까지는 최소 2년이 소요될 것으로 파악되었다. 유럽방식을 주장하는 방송사 및 노조 등도 이동수신만 강조했을 뿐 휴대 수신이 안 되는 약점에 대해서는 검토가 부족했던 것이다. 그러던 중 2004년 3월 「방송법」 개정으로 한국에서 지상파DMB 및 위성DMB 서비스가 곧 가능할 것으로 전망되어 2년 이상의 시간을 기다리기는 더욱 어렵게 되었다. 결국 디지털 방송의 전송방식 변경을 주장하던 지상파 및 노조들은 지상파 이동멀티미디어 방송의 도입을 요구하며 이를 얻는 대가로 전송방식을 기존 결정대로 수용하게 되었다.

전송방식을 변경하자는 주장은 지상파방송 중에서는 MBC가 주도했고 언론노조도 적극적이었으며, 당시 방송위원회는 물론 국회도 동조하였다. 정책의 일관성 문제나 지연으로 인한 국가의 경제적 손실은 고려하지 않았다. 미국방식에 대해 고화질(HD) 제작으로 인한 제작비 증가 등의 문제를 제기하며 반대를 했고 결국 이동방송에 대한 지원을 얻어내면서 양보하는 방식을 취한 것이다. 실제 당시 유럽방식으로 전환한다면 사회적 비용이 약 30조 원이나 된다는 추산도 제기되었는데, 이런 식으로 소모적인 전환논의가 4년 이상 이어져 왔다(김효재, 2009).

결론적으로 DTV 전송방식 문제는 방송기술단체의 문제 제기 후

언론노조와 시민단체가 동조하고 정책당국은 이에 끌려간 사안이었다. 4자 합의를 통한 타협은 이뤄졌지만, 유럽방식의 우수성을 인정하면서도 미국방식으로 합의를 이뤘다는 건 일종의 정치적 야합이라고 볼 수 있었으며, 결국 시민단체도 패배를 자초했다는 비판에 직면해야 하였다. 정부의 결정에 시민사회가 대항하는 모습이었지만, 결국 지상파방송사의 이익을 보장하게 되었다(정용준, 2006).

●TV 제조사들의 입장

DTV 전송방식에 대한 논란 당시 삼성, LG 등의 가전사들은 당연히 미국식 전송방식을 선호하였다. 미국의 ATSC 방식이 TV 수상기가 대형화되는 추세에 더 적합하고 이를 통해 북미 시장을 먼저 선점하는 전략을 가지고 있었기 때문이다.

〈표 5-5〉 우리나라 디스플레이 생산 및 수출액 추이

연도	1998	2000	2002	2004	2006	2008	2010	2012	2014	2016	2018	2020
생산액 (조 원)	5.20	12.20	13.40	22.50	31.20	43.70	43.00	44.00	43.50	68.20	72.60	-
시장점유율 (%)	12.4	21.8	32.1	38.6	40.6	39.5	47.6	50.7	42.8	45.8	42.6	37.3
수출 (억 불)	35.4	94.0	99.5	141.6	125.0	187.7	331.7	367.8	323.1	251.1	247.0	180.0
수출증가율 (년, %)		7.2	-21.8	201.5	29.1	156.6	9.8	29.6	10.6	-9.8	-15.5	-9.9	-12.2

자료: e-나라지표(https://www.index.go.kr)

이후 LCD, PDP, OLED 등의 디스플레이 시장은 크게 확대되었다. 〈표 5-5〉에서처럼 우리나라의 디스플레이 생산과 수출은 2002년 이후 세계 1위를 할 정도로 크게 성장했고 2010년에는 세계 시장점유율이 50%를 넘어서기도 하였다. 지금은 일부 품목에서 중국에 자리를 내어주고 있지만, 디스플레이 산업은 그동안 반도체, 조선, 자동차 등과 함께 수출 주력 기간산업으로 자리매김하게 되었다. DTV를 둘러싼 논쟁이 보다 빨리 마무리되었다면 우리나라의 가전사들도 세계 시장 선점에 좀 더 빠르게 나아갈 수 있었을 것이다.

시민사회와 국가(시장)의 유착

김대중 정부를 거쳐 노무현 정부에 이르기까지 시민사회와 정권(국가)의 코드는 일치해갔다. 정용준(2006)은 NGO와 정부의 관계를 국가나 시장의 통제 및 시민사회의 독립성 여부에 따라 〈표 5-6〉처럼 네 가지 유형으로 구분하였다.

〈표 5-6〉 시민사회와 국가(시장)와의 관계

		국가(시장) 영역	
통제 있음		통제 없음	
시민사회 영역	독립성 없음	I 유형: 유착관계 (조합주의)	III 유형: 보완관계 (유사시민사회)
	독립성 있음	II 유형: 대립관계	IV 유형: 보충관계 (이중적 민주화)

자료: 정용준(2006)

I 유형인 '유착관계'는 국가(시장)가 지배를 합법화하기 위해 시민사회를 정당화의 기제로 활용한 경우이다. 국가가 시민사회의 일부를 정치영역으로 끌어들여 국가의 영역을 시민사회로 확장하는 '조합주의(corporatism)'의 특성이 드러난다. 노무현 정부 시절 국가정책이나 시장에서의 사업자 간 대립영역에 시민사회가 적극적으로 개입한 사례인 'DTV 전송방식 결정'과 '위성방송과 위성 DMB 지상파 재송신 반대' 사안은 I 유형인 '유착관계'로 설명할 수 있다. 즉, 이들 사례들은 '조합주의' 전략에 시민사회가 이용당한 경우로, 시민사회는 대체로 노조와 유사한 입장을 보이면서[35] 국가와 시장에 정당성을 부여하는 결과를 초래했다고 정용준(2006)은 주장한다.

II 유형 '대립관계'는 상대적으로 약한 시민사회가 상대적으로 강한 국가를 상대로 저항하며 독립성을 유지했던 1980년대까지의 한국의 상황과 유사하다. III 유형인 '보완관계'는 국가가 적극적인 통제를 하지 않았음에도 시민사회가 독립성을 획득하지 못하는 상황으로, 시민사회가 대중적 기반보다는 엘리트 위주로 구성된 '유사 시민사회'를 의미한다. IV 유형 '보충관계'는 시민사회가 독립성을 유지하면서 공적인 기능을 하되 국가도 통제하지 않는 가장

---

35 이와 달리 노조와 시민단체 간에 대립이나 갈등이 있었던 사례도 있었다. 2005년 6월 민언련의 'KBS 노조의 경영진 퇴진 요구'에 대한 비판 성명과 2006년 4월 'KBS 사장 연임 문제에 대한 성명' 등 KBS 정연주 사장에 부정적인 노조에 대해 일부 시민단체(민언련 등)가 비판적 입장을 표명하였다.

바람직한 관계를 말한다.[36]

우리나라의 경우, 1987년 민주화 이전까지는 강한 국가와 약한 시민사회 구도의 '대립관계'였다가 1990년대에는 시민사회 엘리트를 중심으로 국가와 '보완관계'를 형성하였다. 김대중, 노무현 정부에 이르기까지 정부의 조합주의 전략으로 시민사회와 정부 간의 코드가 일치하게 되었고 양자 간의 '유착관계'를 유지하고 있다고 할 수 있다. 이는 방송위원회 위원에 시민단체 출신 인사들이 영입되기 시작한 것과도 무관하지 않다. 향후 시민사회가 자발적으로 성장하며 독립성을 유지해 나가, 시민사회와 국가(시장) 간 이상적인 '보충관계', '이중적 민주화'의 단계로 나아갈 수 있도록 양자가 함께 노력할 필요가 있다.

---

36 키인(Keane, 1991)은 시민사회가 국가로부터 독립성을 획득한 후 시민사회를 활성화하여 국가를 민주화하고 민주적인 국가 제도를 기반으로 다시 시민사회를 발전시키는 이중적 민주화(double democratization) 전략을 제안하였다.

제6장

이명박 정부

1. 성장 지향의 보수정부

스스로를 경제를 살릴 역군으로 자리매김한 이명박 대통령은 경제 분야 대표적 공약으로 '7% 경제성장 – 4만 달러 국민소득 – 7대 강국 진입'의 '747 공약'을 내세웠다. 이외에도 300만 개 일자리 창출, 청년실업률 절반 축소, 한반도 대운하[1] 추진 등 다소 달성하기 어려운 사항과 수치들을 제시하였다. 또한 '기업하기 좋은 나라'를 표방했고, '녹색성장'을 뒷받침하기 위해 2010년 「저탄소 녹색성장 기본법」을 제정하였다. IMF 경제난 이후 10년 만에 닥친 미국 발 글로벌 금융위기로 전 세계가 어려움을 겪었지만 타 국가들에 비

---

[1] '4대강 살리기'로 변경되어 추진된 동 사업은 22조 원의 예산이 투입된 것으로 알려졌다.

해 큰 문제없이 금융위기에서 벗어났다. 이후 2010년 G20 정상회의를 개최하는 등 경제 분야에 있어서는 비교적 양호하게 국정을 관리했지만, 정치나 사회 분야 이슈로 소요와 갈등이 빈번하였다.

2008년 2월 임기 개시 후 4월에 치러진 18대 국회의원선거로 4년간 다수 의석을 차지하며 안정적인 국정운영이 기대되었으나, 2008년 4월부터 8월까지 미국산 쇠고기 수입에 따른 광우병 논란과 촛불시위로 큰 어려움을 겪었다. 2009년 1월 용산참사, 5월 노무현 대통령 서거 등으로 민심이 동요했고, 7월 신문·방송 겸영을 허용하는 「미디어법」이 통과된 후엔 방송사들의 파업 사태가 이어졌다.

이러한 결과는 집권 초 단행되었던 정부조직 개편에서도 단초를 발견할 수 있다. 이명박 정부는 정부의 간섭과 개입을 최소화하는 '작지만 유능하고 실용적이며 국민을 섬기는 정부'를 지향하였다. 전략기획 기능을 강화하면서 '대부처주의'를 기본방향으로 '18부 4처 18청'을 '15부 2처 18청'으로 축소 개편하였다. 확대 개편된 부처는 10개 부처로[2] 대부분 경제 관련 부처이다. 축소 개편된 부서는 여성가족부[3]와 방송통신위원회 등 사회문화 관련 2개 부처였다. 사회문화 정책보다는 경제 및 산업 정책에 관심을 더 많이 가지고 있었다는 사실이 조직 개편에서도 드러나는 것이다. 실제 노무현·

---

2   교육과학기술부, 국토해양부, 기획재정부, 농림수산식품부, 문화체육관광부, 보건복지가족부, 지식경제부, 행정안전부, 금융위원회, 국민권익위원회 등이다.

3   노무현 정부의 여성가족부의 '가족' 관련 기능이 이명박 정부의 보건복지가족부에 흡수되었다.

이명박 정부 간에 중요한 역할을 하는 부처가 유의미하게 달라진 것으로 나타났다.[4]

2. 방송통신위원회와 미디어 법

대부처주의와 방송통신위원회 설치

대부처주의를 표방한 이명박 정부의 「정부조직법」은 2008년 2월 22일 국회를 통과하였다.[5] 당초엔 정보통신부, 과학기술부, 해양수산부, 여성가족부, 통일부의 5개 부처를 폐지하려 했으나 논의 과정에서 통일부와 여성가족부는 존치되었다. 노무현 정부의 4개 처 중에서도 기획예산처는 기획재정부로, 국정홍보처는 문화관광부로 흡수 통합했고, 법제처와 국가보훈처는 차관급으로 조정하여 존치하도록 하였다.

---

4   박치성 등(2011)은 정부조직 개편의 효과를 부처 간 업무 관계 네트워크 구조 변동양상을 통해 분석했는데, 노무현 정부에서는 국가관리 기능을 담당하는 부처들(중앙인사위원회, 행정자치부)에 대한 네트워크 집중도가 상대적으로 높게 나타난 반면, 이명박 정부에서는 산업경제 기능을 담당하는 부처들(기획재정부, 국토해양부, 지식경제부, 금융위원회, 농림수산식품부)에 대한 네트워크 집중도가 높게 나타났다.

5   중앙행정기관을 56개에서 44개로 축소하여 기획재정부·지식경제부 등 7개 부를 확대 신설 개편하고, 정보통신부·과학기술부·해양수산부·여성가족부 등 4개 부를 폐지하고 장관급 직위도 40개에서 30개로, 공무원 수도 95만 1,920명에서 94만 4,969명으로 약 7천 명 정도 줄어들게 되었다.

정보통신부와 과학기술부를 폐지하고 각각의 기능을 방송통신위원회와 교육과학기술부[6]로 통폐합시켰는데, 정보통신부의 기능은 지식경제부(IT산업정책 및 우정사업운영 기능), 행정안전부(국가정보화 기능), 문화체육관광부(디지털콘텐츠 기능)[7] 등 3개 부처와 대통령 소속하에 신설되는 방송통신위원회(통신시장 조정 및 규제정책 기능)로 각각 분산되었다.

이에 과학기술 분야의 경쟁력 상실에 대한 지적이 잇따르자 2011년 3월 대통령 소속의 행정위원회 형태의 국가과학기술위원회를 설치하여 과학기술 및 국가 R&D 주요 정책을 관장하도록 하였다. 동시에 정부혁신지방분권위원회가 해체됨에 따라 국가정보화 정책의 수립과 추진체계 마련 또한 필요해졌고, 기존의 「정보화촉진기본법」을 전부 개정한 「국가정보화기본법」(2009. 5. 22)을 통해 2009년 11월 대통령 소속의 국가정보화전략위원회를 신설하였다. 하지만 이명박 정부는 과거 정부와의 단절을 내세웠고 정보화나 전자정부에 대해서도 부정적인 인식을 갖고 있었다. '녹색성장'의 구호 아래 '그린 IT'를 추진한 것을 제외하면, 정보화는 국가 주요 아젠다가 되지는 못하였다(정충식, 2016).

---

6 교육부와 과학기술부의 통폐합으로 탄생한 교육과학기술부는 일부 기능이 지식경제부로 이관하면서 과학기술 거버넌스의 정체성이 약화되었다. 또한 2011년 대통령이 위원장인 국가과학기술위원회를 설치하여 과학기술정책을 총괄·조정하게 했지만 한계가 있었다(박수경·이찬구, 2015).

7 문화관광부는 문화체육관광부로 명칭이 변경되고, 국정홍보처로부터도 해외홍보 기능을 이관 받게 되었다.

● 방송통신위원회 설치

2007년 1월 11일 노무현 정부가 제출한 「방송통신위원회의 설립 및 운영에 관한 법률안」은 국회 특별위원회인 방송통신특별위원회에서 상정된 후(2007. 5. 3) 심사를 거쳤으나 결론을 내지 못했다. 결국 17대 대선을 거쳐 2008년 1월 22일, 당선자의 입장을 반영한 「방송통신위원회의 설립 및 운영에 관한 법률안」이 발의되었다. 두 법안을 병합 심사하여 새로운 대안이 만들어졌고, 2월 26일 국회

〈표 6-1〉 주요 국가의 방송·통신기구 현황

유형	국가	구분	정책/진흥기관	규제기관
기능통합형	미국 (위원회)	방송	FCC	
		통신		
	일본 (독임제)	방송	총무성	
		통신		
기능분리형	호주	방송	커뮤니케이선정보예술부 (DICITA)	ACMA
		통신		
	이탈리아	방송	정보통신부 (MOC)	AGCOM
		통신		
	영국	방송	문화미디어체육부(DCMS)	Ofcom
		통신	통상산업부(DTI)	
	캐나다	방송	문화부(Canadian Heritage)	CRTC
		통신	산업부(Industry Canada)	
	프랑스	방송	문화통신부(MCC)	시청각최고위원회(CSA)
		통신	경제재정산업부(MINEFI)	전기통신우편규제청(ARCEP)

자료: 국회 방송통신특별위원회(2008), 「방송통신위원회의 설립 및 운영에 관한 법률안」 심사보고서/한국 IPTV방송협회(2018), 「IPTV 10주년 백서」

를 통과하였는데 법안의 명칭은 「방송통신위원회의 설치 및 운영에 관한 법률안」으로 변경되었다.

〈표 6-1〉처럼 외국에서는 국가별 역사적·문화적·정치적 배경에 따라 방송·통신 관련 기구를 다양한 형태로 운영하고 있다. 미국(FCC, 위원회)과 일본(총무성, 정부 부처)의 경우 방송·통신 정책과 규제기능을 단일 기구에서 담당했으나, 일부 국가들에서는 방송·통신 정책과 규제기능을 분리하여 위원회와 정부 부처가 각각 분담하였다. 분리 운영하는 경우에도 '정책기관 통합, 규제기관 통합형(이탈리아, 호주)', '정책기관 분리, 규제기관 통합형(영국, 캐나다)', '정책기관 분리, 규제기관 분리형(프랑스)' 등 다양한 유형이 있었다.

방송통신위원회는 〈표 6-2〉와 같이 대통령 소속 합의제 행정기관으로서의 위상은 같았지만, 위원 구성방법에 차이가 있었다. 노무현 정부 안이 5인의 상임위원을 각계 단체의 추천을 거치도록 하고 부위원장을 2인 두도록 한 것에 비해, 이명박 정부 안은 국회 교섭단체를 통해 국회의장이 3인을 추천하도록 국회 몫을 늘렸다.[8]

방송통신위원회 소관 사무로 「방송법」 상의 방송위원회 직무와 「정부조직법」 상의 정보통신부 소관 사무를 통합하여 규정하였다. 소관 사무와는 별도로 방송통신위원회의 심의·의결 사항을 규정하고 또 그 이외의 사항은 위원장에게 위임하여 처리하도록 했는

---

8 미국 연방통신위원회(FCC)의 경우에도 대통령이 상원의 동의를 얻어 5인의 위원을 임명하되, 동일 정당소속 위원이 정원의 최소 다수(3인)를 초과할 수 없도록 하고(「통신법」 제4조) 있다.

〈표 6-2〉 방송통신위원회의 설립 및 운영에 관한 법률안 비교

	정부 최초 제출안(2007. 1. 11) 〔노무현 정부 안〕	국회 통과안(2008. 2. 26) 〔이명박 정부 안〕
방송통신위원회 위상	○대통령 소속 합의제 행정기관	○대통령 소속 합의제 행정기관
위원회 구성 및 임명	○대통령이 임명, 위원장 1인, 부위원장 2인 등 총 5인 상임위원 -위원장: 인사청문회 -위원: 각계 단체의 추천	○대통령이 임명, 위원장 1인 등 총 5인 상임위원 -위원장: 인사청문회 -대통령 지명 2인, 국회교섭단체 대표와의 협의를 거쳐 국회의장 추천 3인
위원회 소관사무 -정책·규제 및 진흥 기능	○방송·정보통신·전파관리·우정제도 등 ※우정사무 추후 입법 유보 규정	○방송·통신·전파연구·관리 ※우정사무 제외
사무조직 등	○사무조직 설치 -방송위원회 직원의 특별 채용, 정보통신윤리위원회 직원의 고용승계 등	○사무조직 설치 -방송위원회 직원의 특별 채용, 정보통신윤리위원회 직원의 고용승계 등
내용심의 민간독립기구 -방송위원회 및 정보통신윤리위원회 심의기능 통합	○방송정보통신심의위원회 -대통령이 위촉, 위원장(상임위원) 1인, 부위원장 1인 포함 총 9인의 위원: 국회의장이 국회 각 교섭단체 대표의원과 협의·추천 3인, 국회 소관상임위 추천 3인 포함 -위원장, 부위원장: 대통령 지명	○방송통신심의위원회 -대통령이 위촉, 위원장 1인, 부위원장 1인 등 상임위원 3인을 포함 총 9인의 위원: 국회의장이 국회 각 교섭단체 대표의원과 협의·추천 3인, 국회 소관 상임위 추천 3인 포함 -위원장, 부위원장 등 상임위원: 호선

자료: 국회 방송통신특별위원회(2008), 「방송통신위원회의 설립 및 운영에 관한 법률안」 심사보고서

데, 방송통신위원회에 일부 독임제적 성격을 부여하기 위한 것이었다고 할 수 있다.[9] 그리고 효율성을 위해 사무처와 사무총장을 별도로 두지 않고 방송·통신 직렬의 일반직 공무원 등으로 구성된 사무조직에서 바로 집행하도록 하였다.[10]

방송통신위원회의 소관 사무에서 우정 업무는 제외되었다. 우정 사무에 관한 사항은 방통위의 설립 목적에 맞지 않고 부의 외청 소관으로 설립하는 것이 바람직하지만, 행정 각부가 아닌 기관에 외청이 설립·운영된 전례가 없었다.

당시 우정사업 외에도 전파 및 통신 업무를 담당하고 있는 체신청이 정보통신부에서 지식경제부 소속으로 변경되었다.[11] 방송 기

---

9 이에 대해서는 합의제 행정기구는 소관 업무에 대하여 심의·의결로 업무를 처리하는 것이 원칙이므로 소관 사무와 심의·의결 사항을 별도로 규정하는 것은 맞지 않다는 반대 의견도 있었다(국회 방송통신특별위원회, 2008).

10 이에 대해서는 사무처와 사무총장을 두지 않는 것은 합의제 기관의 운영원리에 맞지 않으므로 방송통신위원회의 사무 처리를 위한 조직을 사무처로 명확히 하고, 사무총장의 지위 및 임명 절차에 대하여 규정할 필요가 있다고 주장하는 반대 의견이 있었다(국회 방송통신특별위원회, 2008).

11 체신청은 정보통신부 위임 사무로 통신사업자 관리(별정·부가통신사업자 등록, 신고) 전파관리업무(무선국 허가·검사, 전파사용료 부과 징수), 방송사업자 허가 및 관리(종합유선방송사업 등의 허가 및 시설점검 등) 등을 수행하였다. 그리고 전파 및 통신 사무에 관하여 과거 정보통신부 장관과 체신청장이 위임 관계였던 것과는 달리 2008년 2월 29일 출범한 방송통신위원회와 체신청장은 위탁관계로 그 성격이 변경되었다. 이후 2008년 7월 3일 '방송통신위원회와 그 소속기관 직제(대통령령)' 개편으로 체신청장으로의 위탁업무가 중앙전파관리소로 대부분 위임되었다.

본계획에 관한 사항을 심의·의결하는 경우 방송영상정책과 관련된 사항은 방송위원회가 문화관광부 장관과 '합의'하도록 하였던 규정은 '협의'하도록 하는 것으로 개정하였다.

방송통신심의위원회

방송위원회의 방송프로그램 내용심의 기능과 정보통신윤리위원회의 통신 내용심의 기능을 통합하여, 방송과 통신 모두의 내용을 독립적으로 심의하는 민간기구로 방송통신심의위원회를 두도록 하였다. 본 위원회는 심의위원의 선임 절차나 경비조달 방법을 고려할 때에 순수 민간기구라고 보기는 어렵다는 의견도 있었다. 하지만 이렇게, 중앙행정기관의 지위를 가지는 방송통신위원회가 아니라 민간기구의 성격을 가지는 방송통신심의위원회가 내용심의를 담당하도록 한 취지는 '국민의 표현의 자유에 대한 행정권의 개입은 최소화되어야 한다'는 헌법정신에 근거했다는 점이다.

방송통신심의위원회는 〈표 6-2〉처럼 (구)방송위원회와 유사한 방법으로 구성되었는데, 방송·통신 내용의 여론 형성력과 공정성 유지를 위하여 정치적 중립성을 보장하려는 취지에 따른 것이었다.

방송통신심의위원회는 방송 및 정보통신에 대한 심의 규정을 제정·공표하고 방송 및 정보통신의 내용이 심의 규정에 위반한다고 판단될 경우 제재조치를 할 수 있도록 하였다. 방송통신심의위원회가 제재조치를 요청한 경우, 방송통신위원회는 이 요청에 기속되어 다른 판단의 재량권이 없이 요청받은 내용에 따라 처분을 하도록 하고 있다. 심의 기구를 독립적으로 설치한 것에서도 그 중요성을 알 수 있듯이, 방송통신심의위원회의 결정이 방송통신위원회에 의하여 번복되거나 묵살되는 것을 방지하려는 목적이 담겨 있는 것이다.

미디어 소유와 신문·방송 겸영 규제 완화

이명박 정부는 미디어산업을 활성화하고 경쟁력을 높이기 위해 미디어 소유 및 신문·방송 겸영에 대한 규제를 완화하려고 하였다. 방송·통신 융합의 새로운 미디어 환경 속에서 미디어를 새로운 부가가치와 일자리를 창출할 수 있는 산업으로 인식하고, 육성하기 위한 정책이 필요하다는 논거에서였다. 신문이 가진 취재력이나 뉴스 콘텐츠 경쟁력을 방송 분야로 확대 활용할 수 있는 여지를 제공하여 미디어 간 시너지를 내고, 위축되어가는 신문 산업에도 활력을 가져올 수 있을 것이라는 기대가 있었다. 다양한 미디어가 생겨나면 경쟁도 치열해짐에 따라 미디어의 질적 수준도 한층 높아질 것이고, 우려와 달리 여론 독과점 문제도 오히려 나아질 것이라고 보았다.

한편 소유 및 신문·방송 겸영 규제 완화를 반대하는 입장에서는 여론의 독과점 문제를 가장 우려하였다. 소유의 집중은 정치적·문화적 다양성과 여론의 공정성 확보를 어렵게 만들고 특히 주요 신문사가 방송에까지 영향력을 확대할 경우 미디어 본연의 기능

인 공공성과 다양성 측면에서 큰 문제가 야기될 것이라는 주장이
었다.

〈표 6-3〉 주요국의 신문·방송 겸영 규제

구분	신문·방송 겸영 규제
OECD	○OECD 30개국 중 조건 없이 겸영을 허용하고 있는 국가는 10개국 (벨기에, 덴마크, 핀란드, 헝가리, 아이슬란드, 멕시코, 뉴질랜드, 스페인, 스위스, 터키) ○지리적 반경과 같은 단일지역 시장 내의 사업자 간 결합제한 등 일정한 조 건하에 겸영을 허용하는 국가가 19개국 (호주, 오스트리아, 체코, 프랑스, 아일랜드, 이탈리아, 일본, 네덜란드, 슬로바키 아, 영국, 미국, 캐나다, 독일, 그리스, 룩셈부르크, 노르웨이, 폴란드, 포르투갈, 스웨덴)
프랑스	○교차소유 허용: 셋 중 둘 기준(two out of three rule) −아래 세 가지 가운데, 두 가지의 경우에 대해 겸영 허용 ①시청자가 400만 명 이상의 지상파 TV ②청취자가 3,000만 명 이상의 지상파 라디오방송 ③전국지로서 시장점유율 20%를 초과하는 정치 또는 종합일간지
일본	○교차소유 허용: 3사업 동시지배 금지 −1개 사업자가 신문, TV, AM의 3개 사업을 동시에 경영하지 못함 −동일지역 내에서 하나의 사업자가 복수의 방송국 소유 금지 ※ 2개 이상 소유할 경우 의결권을 제한함
미국	○교차소유 허용: 동일지역 내에서의 교차소유 금지 −FCC, 동일한 지역 내 신문과 방송의 교차소유 금지(1975년) ※ TV 방송국의 A등급(Grade A) 권역, 혹은 라디오 방송국의 주요 서비스 지 역이 신문 발행지역과 완전히 겹치는 경우, 한 기업의 일간신문과 종합서 비스방송국(지상파 TV 또는 라디오) 소유를 금지

자료: 국회 문화체육관광위원회(2009), 「방송법」 등 개정안 검토보고서

●미디어 관련법 개정

2008년 12월 소유 및 겸영 규제를 완화하는 내용을 골자로 하는 「방송법」, 「신문 등의 자유와 기능 보장에 관한 법률(신문법)」, 「인터넷 멀티미디어 방송사업법(IPTV법)」 등의 미디어법 개정안들이 발의되었다.[12]

「방송법」의 경우, 방송사업에 대한 1인 지분, 대기업, 일간신문·뉴스통신, 외국자본의 소유·겸영 제한 규정을 완화하는 것이 주된 내용이었다. 지상파방송 사업자와 SO 간의 상호 겸영 및 소유 금지 규정도 삭제되었다. 또한 SO, PP 등의 허가·승인 유효기간을 최대 5년에서 최대 7년으로 연장하고, 방송광고 산업의 경쟁력을 강화하기 위해 가상광고[13]와 간접광고[14]에 대한 법적인 근거도 마련하였다.

하지만 미디어법 개정안들은 여야 합의가 이뤄지지 않았고, 야당의 반대에도 불구하고 2009년 7월 22일 본회의에서 직권 상정되었는데, 「방송법」 및 「신문법」의 경우 개정안보다 다소 완화된 수

---

12 상호 겸영 허용 및 지분 제한 완화 내용의 「방송법」은 허원제 의원 대표 발의안과 나경원 의원 대표 발의안이, 「신문법」은 한선교 의원 대표 발의안과 강승규 의원 대표 발의안이, 「IPTV법」은 구본철 의원 대표 발의안이 대표적이다.

13 방송프로그램에 컴퓨터 그래픽을 이용하여 만든 가상의 이미지를 삽입하는 형태의 광고.

14 방송프로그램 안에서 상품을 소품으로 활용하여 그 상품을 노출시키는 형태의 광고.

정안이 발의되어 통과되었다. 수정안은 특히 지상파방송, 종합편성 및 보도전문 PP에 대한 1인 지분 소유 한도를 49%에서 40%로 하향 조정하고, 지상파방송 및 보도전문 PP에 대한 대기업, 일간신문, 뉴스통신의 소유 한도와 보도전문 PP에 대한 외국자본 등의 진입 한도 등을 낮추는 내용이다. 그 결과는 〈표 6-4〉, 〈그림 6-1〉과 같다.

또한 지상파방송 사업 등을 소유하는 일간신문사는 발행 부수 등의 자료를 방송통신위원회에 제출하여 공개하도록 하고, 일간신문의 구독률이 20% 이상인 경우에는 지상파방송 사업 등의 겸영이나 주식·지분 소유를 금지하였다. 아울러 대기업, 일간신문 또는 뉴스통신이 2012년 12월 31일까지는 지상파방송 사업자의 최다액 출자자 등이 될 수 없도록 하였다. 그 밖에도 헌법재판소에서 방송광고 사전심의 제도를 위헌이라고 결정함에 따라, 해당 규정

〈표 6-4〉「방송법」 등 개정을 통한 소유·겸영 규제 완화 내용

소유주체 / 소유대상	1인 지분	대기업	일간신문 뉴스통신	외국자본
지상파방송 사업자	30% ⇒ 40%	금지 ⇒ 10%	금지 ⇒ 10%	금지
종합편성 PP	30% ⇒ 40%	금지 ⇒ 30%	금지 ⇒ 30%	금지 ⇒ 20%
보도전문 PP	30% ⇒ 40%	금지 ⇒ 30%	금지 ⇒ 30%	금지 ⇒ 10%
위성방송 사업자	-	-	49% ⇒ 폐지	33% ⇒ 49%	33% ⇒ 49%
종합유선방송 사업자	-	-	-	33% ⇒ 49%	49%
IPTV 사업자	-	-	-	49%	49%
일반 PP	-	-	-	-	49%

을 삭제하여 방송사업자의 자율적인 심의제로 개선하고자 하였다. 그리고 「IPTV법」은 종합편성 또는 보도에 관한 전문 편성을 행하는 'IPTV 방송콘텐츠 사업자' 대해 대기업, 신문 또는 뉴스통신은 49%, 외국자본은 20%를 초과할 수 없도록 하였다.

〈그림 6-1〉 방송사업자 간 소유·겸영 규제 현황

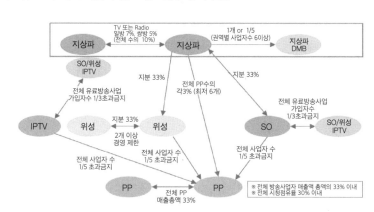

자료: 정보통신정책연구원(KISDI), 유료방송제도개선방안(2021. 7. 27)

● 시청점유율 제도 도입

한편 여론의 다양성을 확보, 보강하기 위하여 방통위로 하여금 미디어다양성위원회를 설치하도록 하였다. 그리고 한 방송사업자당 시청점유율[15] 30% 제한 제도를 도입하며 일간신문사가 방송사업

---

15 시청률(특정 TV 프로그램 시청 가구수/전체 TV 수상기 보유 가구수)은 특정 TV 프로그램을 얼마나 많은 사람이 시청했는지를 나타내는 지표인 반면, 시청점유율(특정 TV 프로그램 시청 가구수/TV 시청 가구수)은 시청자가 특정 TV 프

을 겸영하거나 주식 또는 지분을 소유하는 경우에는 일간신문의 구독률을 시청점유율로 환산하여 해당 방송사업자의 시청점유율에 합산하도록 하였다.

방송통신위원회에서는 신문과 방송의 영향을 합산하여 시청점유율을 산정해 발표하였다.[16] 방송법(제69조의2 제5항)은 시청점유율이 30%를 초과할 경우 방송사업 소유 제한, 방송 광고시간 제한, 방송시간의 일부 양도 등 필요한 조치를 취할 수 있도록 하고 있는데, 2019년 '방송사업자 시청점유율 산정 결과' KBS가 24.97%로 가장 높은 시청점유율을 보이고 있다. 종합편성 및 보도전문 PP 승인 이후의 시청점유율 추이는 〈표 6-5〉와 같다. 지상파의 시청점유율이 점차 하락하고 신문을 겸영하는 종합편성 PP와 보도 PP의 시청점유율은 점차 증가하는 추세를 알 수 있다.

로그램 시청에 얼마나 많은 시간을 할애했는지를 나타내는 지표이다. 전자가 주로 방송 광고 가격 산정, 프로그램 편성 및 평가 기준으로 사용되고 특정 시간을 조사하여 산출하는 반면, 후자는 특정 방송의 독과점 제한을 목적으로 산정하며 하루 전체를 기준으로 조사한다.

16 구체적으로 '시청점유율 산정 등에 관한 기준'(방송통신위원회 고시)에 따르면 ①방송사업자 및 ②해당 방송사업자와 특수관계자의 시청점유율은 전부 반영하고, ③해당 방송사업자가 주식 또는 지분을 소유하고 있는 다른 방송사업자의 시청점유율은 소유 비율을 곱하여 반영하며, ④방송사업을 겸영하는 일간신문사도 구독률을 환산하여 시청점유율에 반영하고 있다.

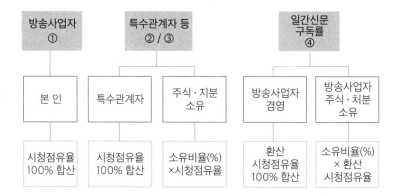

〈그림 6-2〉 시청점유율 산정 개요

자료: 국회 문화체육관광위원회(2009), 「방송법」 등 개정안 검토보고서

〈표 6-5〉 매체 합산 시청점유율 추이

구 분		2011	2012	2014	2016	2018	2019
KBS	지상파	35.951	36.163	31.210	26.890	24.982	24.966
CJ ENM	PP	9.168	9.384	8.713	11.000	12.637	12.590
MBC	지상파	18.374	16.022	15.633	12.465	12.138	10.982
TV조선	신문	9.102	8.785	9.440	8.886	8.357	9.683
JTBC	신문	7.380	7.878	7.490	9.453	9.000	8.478
SBS	지상파	11.173	11.408	9.108	8.661	8.544	8.026
채널A	신문	3.771	5.874	5.776	6.056	5.832	6.058
매일방송	신문	2.809	3.310	4.572	5.215	4.990	5.185
티캐스트	PP	3.387	2.822	2.965	2.970	2.872	2.925
YTN	PP		1.776	1.718	2.160	2.380	2.530
연합뉴스TV	PP		0.777	1.184	1.824	2.328	2.407
EBS	지상파	2.194	1.935	2.653	2.180	2.245	2.027

자료: 방송통신위원회, 방송통계포털

●「신문법」개정, '포털'에 대한 규제

「신문법」의 개정 또한 이루어졌다. 일부 조항에 대한 헌법소원 심판 청구[17]에 헌법재판소가 헌법불합치 및 위헌 결정(2006. 6. 29)을 내렸기에 관련 규정을 정비하기 위한 차원이었다. 헌법재판소는 일간신문 복수 소유의 일률적 금지 관련 사항에 대해서는 헌법불합치 결정을,[18] 시장지배적 사업자 추정 관련 사항 및 시장지배적 사업자에 대한 기금 지원 제한 관련 사항에 대해서는 위헌 결정을 내렸다.[19]

---

17 2005헌마165(2005. 2. 16), 2005헌마314(2005. 3. 23), 2005헌마555(2005. 6. 9), 2005헌마807(2005. 8. 26).

18 일간신문·뉴스통신 또는 방송사를 1/2 이상을 소유하는 자는 다른 일간신문 또는 뉴스통신을 1/2 이상 소유할 수 없도록 한 「신문법」 제15조 제3항 규정에 대해, 헌법재판소는 일간신문의 복수 소유를 금지한 자체가 헌법에 불합치한 것이 아니라 모든 일간신문의 지배주주에게 복수 소유를 일률적으로 금지하는 것이 문제라는 것이고, 복수 소유 규제 기준을 어떻게 설정할지는 입법자의 재량이라고 판시하였다.

19 시장지배적 사업자로의 추정 조항인, 1개 일간신문의 시장점유율(전년 12개월 평균 발행 부수)이 전체의 30% 이상이거나 3개 이하 시장점유율이 60% 이상인 경우 「공정거래법」 상의 시장지배적 사업자로 추정하도록 한 당시 「신문법」 제17조에 대해, 헌법재판소는 신문의 선택 빛 그로 인한 발행 부수의 많고 적음은 독자의 개별적 선호에 의해 결정되는 것으로, 발행 부수의 많음을 이유로 일반사업자보다 신문사업자를 더 쉽게 시장지배적 사업자로 추정하여 규제 대상으로 삼는 것은 차별의 합리성 측면과 신문의 다양성 확보라는 입법목적달성 수단으로서의 합리성·적정성을 인정하기 어려운 점 등을 이유로 신문사업자의 평등권을 침해한다는 위헌 결정을 내렸다. 또한 시장

개정안에서는 일간신문의 복수 소유 및 이종 미디어 간의 교차 소유를 금지한 규정, 그리고 시장지배적 사업자로의 추정 조항 등이 삭제되었다. 일간신문과 뉴스통신의 상호 겸영 금지조항과 이들과 종합편성 및 보도전문 PP와의 겸영 금지조항 또한 삭제되었다. 「방송법」에서 신문·방송 겸영 금지를 삭제한 것에 상응하는 조치였다. 또한 대기업이 일간신문이나 뉴스통신 주식의 1/2을 초과 소유할 수 없도록 하고 있지만 특수 일간신문은 규제 대상에서 제외하였다.

뉴스를 제공하여 사실상 언론의 기능을 하는 인터넷 포털 등을 언론관계 법률의 규율 대상으로 삼고자 신문, 인터넷신문, 뉴스통신, 방송, 잡지 등의 기사를 인터넷을 통하여 계속적으로 제공하거나 매개하는 전자간행물을 '인터넷뉴스 서비스'라고 정의하는 규정을 신설하였다. 이들에게도 신문사업자 등과 마찬가지로 독자의 권익 보호를 위한 노력 등의 의무를 부과하였다.

업무가 중복되어 비효율적으로 운영되던 신문발전위원회, 신문유통원, 한국언론재단 등 신문지원 기관을 통합하여 한국언론진흥재단을 설치하였다. 그리고 동 재단이 언론진흥기금[20]을 통해 신문,

---

지배적 사업자에 대한 기금지원 제한 규정(제34조 제2항 제2호)에 대해서도 지배력의 남용 여부를 묻지 않고 기금지원을 배제하는 것은 불합리하며, 시장지배적 사업자에 대해 차별적인 규제를 가하는 것은 공정경쟁을 통해 형성될 신문시장 구도를 국가가 개입하여 인위적으로 변경시키는 것으로서 시장 경제 질서에 어긋나 위헌이라는 결정을 내렸다.

20 동 기금 설치에 따라 신문발전위원회가 관리·운용하던 신문발전기금은 폐

인터넷신문, 인터넷뉴스 서비스 및 잡지의 진흥 등의 사업을 할 수 있도록 하였다. 동 재단 내에 언론진흥기금관리위원회를 두어 동 기금의 관리·운용에 관한 종합적인 사항을 심의하도록 하였다. 또한 자료 신고 검증제도[21]를 폐지하고, 대신 문화체육관광부 장관으로 하여금 신문, 방송, 인터넷뉴스 서비스 등에 대한 여론집중도를 조사해서 공표할 수 있도록 하였다.

● 헌법재판소 판결

신문·방송 겸영을 허용하는 「방송법」을 비롯한 미디어법들은 여당(한나라당) 단독으로 처리되었다(2009. 7. 31). 이에 야당(통합민주당)은 헌법재판소에 2차(1차: 2009. 7. 23/ 2차: 2009. 12. 18)에 걸친 권한쟁의심판을 청구하였다. 헌법재판소는 해당 심판을 기각 결정하였고(2010. 11. 25) 입법 과정의 적법성 문제는 형식적으로 마무리되었다.

지하였다.

21 당시 「신문법」 제16조에 의거 일간신문이 전체 발행 부수 및 유가 판매 부수, 광고 수입 등을 신문발전위원회에 신고하도록 하고, 신문발전위원회가 이러한 사항을 검증하여 공개하도록 했는데, 실제 신문사들의 참여가 떨어져 실효성이 낮았다.

종편 및 보도전문 PP 도입

한편 방송통신위원회는 미디어법의 헌재 심판 상황에도 불구하고 '신규방송사업정책 TFT'를 구성하여(2009. 11. 2) 종합편성 및 보도전문 PP에 대한 준비를 시작하였다.[22] 사업자 선정에 있어 사업자 수를 사전에 정하지 않고 절대평가에 따라 일정한 심사기준을 충족하는 사업자를 모두 선정하는 방법을 택하였다.[23]

「방송법」 제10조(심사기준·절차) 제1항을 토대로 한 종합편성·보도전문 PP 심사사항과 항목 및 배점은 〈표 6-6〉과 같았다. 그리고 〈표 6-7〉처럼 심사기준의 객관성을 제고하기 위해 계량 평가의 비중을 늘려 종합편성 24.5%, 보도전문 PP 20%로 설정했는데, 이전의 방송사업자들에 비해 높은 기준이었다.

---

22 '종합편성·보도전문 PP 승인 기본계획' 의결(2010. 9. 17) 및 '승인 세부 심사 기준과 추진 일정' 의결(2010. 11. 10) 후 승인신청을 공고하였다. 이후 곧바로 승인신청(11. 30~12. 1), 승인심사계획 의결(12. 8), 심사위원회 운영(12. 23~31)을 거쳐 승인 대상 법인을 최종 의결(2010. 12. 31)하기까지 신속하게 사업자 선정이 이루어졌다.

23 승인신청은 종편 PP에는 매일경제TV(MBS/매일경제신문), 채널A(채널A/동아일보), HUB(HUB/한국경제신문), 케이블여합종합편성채널(CUN/태관산업), CSTV(CSTV/조선일보), jTBC(jTBC/중앙미디어네트워크) 등 6개 법인이 신청했고, 보도전문 PP에는 굿뉴스(뉴스온/(재)CBS), 머니투데이 보도채널(MTNews/머니투데이), 서울뉴스(SNN/서울신문), 연합뉴스TV(연합뉴스TV/연합뉴스), HTV(HTV/헤럴드미디어) 등 5개 법인이 신청하였다.

〈표 6-6〉 종합편성·보도전문 PP 심사사항과 항목 및 배점

심사사항 및 항목(배점)		종합편성	보도
방송의 공적책임·공정성· 공익성 실현 가능성 (종편 250, 보도 300)	공적책임·공정성·공익성 실현 계획	70	90
	지역·사회 문화적 기여도	70	80
	신청법인의 적정성	60	70
	시청자 권익 실현방안	50	60
방송프로그램의 기획·편성 및 제작계획의 적절성 (종편 250, 보도 200)	방송프로그램 기획·편성 계획	90	80
	방송프로그램 수급 계획	80	60
	방송프로그램 제작 협력 계획	80	60
조직 및 인력 운영 등 경영 계획의 적정성 (종편 200, 보도 250)	사업 추진 계획	30	40
	조직 및 인력 운영 계획	30	40
	납입 자본금 규모	60	60
	자금 조달 및 운영 계획	35	45
	사업성 분석	15	25
	경영의 투명성·효율성	30	40
재정 및 기술적 능력 (종편 200, 보도 150)	재정적 능력	90	60
	자금 출자 능력	60	45
	기술적 능력	50	45
방송발전을 위한 지원 계획 (종편 100, 보도 100)	방송발전 기여 계획	40	40
	콘텐츠산업 육성·지원 계획	40	40
	출연금	20	20
합 계		1000	1000

자료: 방송통신위원회 보도자료(2010. 11. 10), 「종합편성 및 보도전문 방송채널사용
사업 승인 세부심사기준 및 승인 신청요령」 확정

〈표 6-7〉 방송사업자 심사 시의 계량 평가 비중

구분 (연도)	위성 방송 (2000)	위성 DMB (2005)	지상파 DMB (2005)	보도 FM (2007)	경인 민방 (2007)	IPTV (2008)	종편 PP (2010)	보도 PP (2010)
비중(%)	28	19	18.5	17	10	10	24.5	20

자료: 김재철(2019)

심사 결과 800점 이상을 획득하여 선정된 법인은 종합편성 PP 사업자로는, 일간신문 사업자가 최대주주인 JTBC(850.79점), CSTV(834.93점), 채널A(832.53점), 매일경제TV(808.07점) 등 4개 사업자가, 보도 PP 사업자로는 연합뉴스TV(829.71)가 선정되었다. 보도전문 PP였던 MBN은 종합편성 PP가 되었고, 결국 보도전문 PP는 기존의 YTN 포함 총 2개가 되었다.[24]

이후 2011년 3월부터 사업자에 대한 승인(승인 유효기간 3년) 절차를 거쳐 2011년 12월 1일 종합편성·보도전문 PP가 방송을 개시하였다. 종합편성 PP의 경우, 방송법상 의무 전송(must carry) 대상 채널이었다가 2019년 6월 방송법 시행령(제53조)의 개정으로 의무 전송 대상에서 제외되었다.

---

[24] 연합뉴스가 보도전문 PP로 승인받을 때 논란이 있었다. 연합뉴스는 1995년 케이블TV 출범 당시 보도전문 PP(YTN)의 최대주주로서 승인을 받았는데, 이후 경영난으로 1997년 2월 공기업인 한국전력의 자회사인 한전KDN에 매각한 바 있었다. 이러한 연합뉴스에 다시 보도전문 PP를 허용하는 것이 과연 타당한가 라는 이슈가 제기된 것이다(김영배, 2019; 김재철, 2019).

공영방송 거버넌스 관련 입법

이명박 정부는 「공영방송법」을 제정함으로써 공영방송과 상업방송을 분리하여 규율하고 수신료로 공영방송의 재원을 강화하겠다는 공약을 내걸었지만 실현되지 못했다.

18대 국회에서 이뤄진 공영방송 거버넌스 관련 입법은 〈표 6-8〉의 내용과 같다. 대체로 여당 안과 야당 안이 크게 차별되지 않고 사장 임명 시 특별다수제를 임명하는 방안과 임원들의 결격사유를 강화하는 방안들이 제시되었다. 특히 야당 측에서는 여야 추천 몫을 같게 하는 법안들(정장선 의원 발의, 「방송법」 및 「방송문화진흥회법」 등)도 발의하였다. 이 법안들은 최종적으로 처리되지 못하고 임기만료로 폐기되었다.

〈표 6-8〉 18대 국회 공영방송 거버넌스 관련 입법안

	법안 및 발의자	주요 내용
여당 발의안	진성호 의원 발의 방문진법(2008. 10. 14)	-MBC를 감사원 감사대상에 포함
	이계진 의원 발의 방송법(2009. 9. 14)	-이사회에서 15~20인의 사장추천위원회 구성 -사장은 사추위 제청(재적 2/3 찬성) 및 이사회 제청을 통해 대통령이 임명
	남경필 의원 발의 방송법(2012. 2. 20)	-KBS, MBC, 보도 PP 임원 결격 사유 강화(당원 등 정치활동 후 3년, 공공기관 퇴임 후 3년간 금지)
	허원제 의원 발의 방송법(2010. 4. 19)	-이사회가 사장 임명 제청 시 재적 3/4 이상 찬성

	김재윤 의원 발의 방송법(2008. 11. 6)	- 공영방송 이사 및 임원 결격사유 강화 (당원 등 정치 활동 후 5년간 금지)
야당 발의안	최문순 의원 발의 방문진법(2010. 3. 19)	- 방문진 이사회에 MBC 노사추천 인사(노1, 사1) 포함 - 이사장 포함 이사전원 비상임 운영
	정장선 의원 발의 방송법 (2010. 11. 29)	- KBS 이사회 구성 변경(여당4, 야당4, 방통위4 추천, 대통령 임명) - 이사 결격사유 강화(당원 신분 상실 후 2년간 금지) - 사장 해임요건 강화(이사회 재적 2/3 이상 찬성 등)
	정장선 의원 발의 방문진법(2011. 2. 9)	- 이사회 구성 변경(여당3, 야당3, 방통위3 추천, 방통위 임명) - MBC 관련 사항은 이사회 재적 2/3 이상 찬성 의결 - 이사 결격사유 강화(당원 신분 상실 후 2년간 금지)

자료: 황근(2018) 재구성

3. 뉴미디어 도입과 공영방송의 혼란

IPTV 상용화

IPTV(internet protocol television)는 IP 패킷으로 인코딩되어 비디오 스트리밍에 의한 프로그램 등을 초고속인터넷망을 이용하여 제공하는 서비스이다. IPTV는 이용자의 요청에 따라 실시간 방송프로그램, VOD, 데이터 등 다양한 멀티미디어 콘텐츠를 제공할 수 있다. 우리나라에서는 2008년 1월 「IPTV법」이 제정되었고, 방송통신위원회는 2008년 9월 IPTV 사업자로 KT, 하나로텔레콤, LG데이콤 등 세 사업자를 선정하였다. 그해 11월 KT에서 QOOK TV로 상용화 서비스를 시작했고, 2009년 1월에는 LG데이콤[25]이 myLGTV,

SK브로드밴드[26]에서 Broad&TV로 상용화 서비스를 개시하였다.

　미국이나 영국·프랑스 등의 유럽, 그리고 홍콩·일본 등의 아시아 국가들이 2000년대 초반부터 IPTV 서비스를 개시한 것과 비교하면 한국에서의 상용화는 다소 늦은 것이었다. 우리나라에서는 2004년 6월 KT가 '홈앤TV'를 론칭하고 KT 및 하나로텔레콤 등 통신 사업자들이 IPTV 도입계획을 발표한 이후 논의가 시작되었다. 하지만 IPTV를 광대역 융합 서비스로 보는 정보통신부와 종합유선방송 사업으로 보는 방송위원회 간의 의견 대립 등으로 법제화나 제도적 지원에서의 진척은 좀처럼 이뤄지지 않았다. 2006년 7월 국무조정실 주관으로 '방송통신융합추진위원회'가 출범한 것을 계기로, IPTV 서비스 출범과 제도적 지원 방안에 대한 논의가 본격화되었다. 한편 민간분야에서는 2006년 7월 하나로텔레콤이 TV 포털 전용 서비스인 '하나TV'를 개시했는데, 스트리밍 방식이 아닌 다운로드앤드플레이(download and play) 방식을 활용한 양방향 VOD 서비스를 제공하였다.

　그러자 2006년 9월 정보통신부와 방송위원회는 IPTV 시범사업 공동 추진을 발표하고 11월 시범사업을 실시하였다. 2007년 9월 KT도 유사한 서비스인 '메가TV'를, 12월 LG데이콤은 'myLGTV' 서비스를 제공하였다. 당시 통신 사업자들이 제공한 VOD 제공 서

25　LG데이콤은 LG파워콤과 함께 2010년 1월 LG텔레콤으로 합병되었고, 6월 LGU⁺로 상호를 변경하였다.

26　2008년 9월 22일 SK텔레콤이 하나로텔레콤을 인수하면서 SK브로드밴드로 사명을 변경하였다.

비스는 지금의 OTT(over the top) 서비스와 유사하다. DVD 대여사업을 하던 넷플릭스가 미국에서 인터넷 스트리밍 서비스를 개시한 것이 2007년이라는 점을 미루어 볼 때, 서비스 개발 외에 이를 확산시키고 시장을 창출해 나가는 것의 중요성을 실감할 수 있다.

IPTV는 서비스를 개시한 지 1년도 안 된 2009년 10월 100만 가입자를, 2014년 8월에는 1,000만 가입자를 확보하였다. 2017년 11월 IPTV 가입자 수(1,422만)는 케이블TV 가입자 수(1,410만)를 추월하였고, 2020년 하반기 기준 가입자 수는 1,825만에 이른다.[27]

IPTV가 가져온 가장 큰 변화는 무엇보다도 VOD 시청을 통해 언제나 자기가 원하는 콘텐츠를 볼 수 있게 되었다는 점이다. 이는 개개인의 취향에 부합되는 다양한 콘텐츠 소비의 증가를 가져왔고 방송 영상 콘텐츠 시장을 성장시켰다. 또한 IPTV의 양방향성을 활용해 맞춤형 학습콘텐츠를 제공하는 등 교육 서비스도 보완되었고, TV를 보면서 여러 가지 상품을 선택해 구매할 수 있게 되어 T커머스 시장도 확대되었다.

공영방송 파업 사태

이처럼 이명박 정부는 글로벌 미디어 육성 및 새로운 일자리 창출 등의 명분으로 미디어법 개정과 새로운 종합편성 PP를 허가했지만, 언론노조와 시민사회단체들의 강한 반대에 직면하였다. 더욱이

---

27 케이블TV 전체 가입자는 1,323만 명으로 파악되고 있다.

KBS, MBC, YTN 등의 방송사 사장 교체를 둘러싸고 갈등이 초래되고 파업이 잇따르는 등 언론 환경은 매우 혼란스러운 시기였다.

● KBS 파업

2008년 정연주 사장 시절 KBS에 대한 특별감사와 국세청 세무조사가 이뤄졌고, 정 사장에 대한 검찰의 배임 혐의 수사와 기소가 진행되었다. 동시에 당시 KBS 이사였던 신태섭 동의대 교수는 사퇴 압력을 받았고 학교에서도 해임되었는데, 2008년 7월 방송통신위원회도 KBS 이사 자격을 문제삼아 여당 성향의 이사를 추천하였다. 8월에는 KBS의 사장 해임 제청과 대통령에 의한 해임이 이루어졌고 후임으로 이병순 사장이 임명되었다.[28] 이에 정 사장 해임과 정권의 KBS 장악을 저지하기 위한 300여 명의 'KBS 사원행동'이 결성되었는데, 2009년 1월 동 단체의 양승동 공동대표 등은 정직 4개월의 중징계를 받았다. 이후 사측의 노선뿐만 아니라 당시 KBS노조에도 반대하는 입장을 내세우며 기자, PD 등 600여 명이 2009년 12월 '새노조'를 결성했고,[29] 2010년 1월 언론노조로부터 'KBS 본부'로 승인을 받아 출범하였다. 이후 이병순 사장의 후임으

---

28 2012년 1월 대법원은 세금 관련 소송의 배임 혐의로 기소된 정연주 사장에 대한 상고심에서 검찰의 상고를 기각한다며 무죄 판결을 내렸다.

29 새노조는 2020년 5월 전체 사원 대비 과반인 3,000여 명의 조합원을 확보하여 대표노조가 되었다. 현재 KBS는 노동조합이 3개 있는데, 1노조인 KBS 노동조합, 2노조이자 '새노조'인 전국언론노동조합 KBS본부, 3노조인 공영노조가 그것이다.

로 부임한 김인규 사장에 대해서도 반대 투쟁이 계속되었고 2012년 3월 1,000여 명의 조합원을 확보한 '새노조'는 찬반 투표를 걸쳐 약 100일간 파업을 벌였다(신태섭, 2013).

● MBC와 광우병 보도

MBC의 대주주인 방송문화진흥회(이사장: 이옥경)는 2008년 2월 15일 이사회를 통해 엄기영 전 MBC 특임이사를 사장 내정자로 추천했으며, 이명박 정부 출범 직후 2008년 2월 29일 MBC 주주총회에서 엄기영 사장이 선출되었다.

2008년 4월 18일 '한미 쇠고기 수입협상' 타결 이후 4월 29일 MBC 《PD수첩》은 '긴급취재! 미국산 쇠고기, 광우병에서 안전한가'를 방송하였다. 이후 촛불시위 등으로 국가적 대혼란에 휩싸였고, 이후 5월 9일 청와대는 《PD수첩》을 명예훼손으로 고소하였다. 《PD수첩》은 5월 13일 후속 방영을 했으며, 5월 19일 언론중재위원회는 5월 7일 농림수산식품부의 반론·정정보도 신청에 대해 '정정·반론 취지문 보도가 필요'하다고 결정했지만 《PD수첩》 측은 이를 수용하지 않았고 결국 소송이 이어졌다. 7월 16일 방송통신심의위원회는 《PD수첩》에 '시청자에 대한 사과'의 징계 결정을 내렸고 7월 31일 서울남부지법도 "PD수첩, 일부 내용 정정·반론 보도" 판결을 선고했으며, 8월 12일 MBC도 사과방송을 하였다. 그러나 이후에도 검찰의 수사는 계속되었고 2009년 3월과 4월에 걸쳐 담당 PD와 작가들을 체포하기도 했으며, 2009년 6월 18일 검찰은 조능희 PD 등 제작진 5명을 기소하고 12월 21일 제작진에 징역 2~3

년을 구형하였다.[30]

이러한 과정을 거치면서 엄기영 MBC 사장의 입지는 위축될 수밖에 없었고 2010년 2월 끝내 사퇴하였다. 곧바로 당시 청주 MBC 사장이던 김재철 사장이 선임되었고, 엄 전 사장과 갈등을 빚은 것으로 비춰졌던 김우룡 방송문화진흥회 이사장도 3월 사퇴하였다.[31] 새롭게 부임한 김재철 사장 임기 동안(2010. 2~2013. 3)에도 MBC는 극심한 혼란을 겪었다. 2010년 4월과 2012년 1월 크게 두 차례에 걸쳐 파업에 돌입했으며,[32] 사측은 노조원들에 대해 해고나 중징계로 강경하게 대응하였다.[33] 김 사장은 방송문화진흥회가 2013년 3

---

30 2009년 6월 17일 서울고법은 농림수산식품부의 정정·보도 청구 소송에 대해 일부 승소 판결을 통해 "PD수첩 일부 내용 정정·반론 보도할 것"을 선고하였다. 그리고 2011년 9월 2일 대법원은 제작진에게 무죄라는 원심을 확정했지만, "대한민국 국민이 광우병에 걸릴 가능성이 더 크다는 보도"는 허위 보도이며 정정보도를 할 것을 판결했고, 9월 5일 MBC는 공식 사과문을 발표하였다.

31 이러한 과정을 거치는 중에 방송문화진흥회의 지배구조도 바뀌어 2009년 8월 10일 방문진은 임시이사회를 개최하여 이옥경 이사장의 후임으로 김우룡 이사를 제8기 이사장으로 호선했고, 김 이사장은 2012년 8월 8일까지가 임기였으나 당시 『신동아』(2010. 4)에 실린 "MBC 좌파척결" 등의 발언으로 파문이 계속되자 사직하였다.

32 2010년 4월 5일~5월 14일까지 39일간 김재철 사장 퇴진, 정권의 MBC 장악 진상규명 및 책임자처벌, 방문진 근본적 제도개혁 등을 내세우며 파업하였다. 그리고 2012년 1월 30일~7월 18일까지 170일간 김 사장 퇴임, MBC 정상화 등을 내세우며 파업을 하였다.

33 사측은 2010년 파업에 대해 당시 노조위원장을 해고하고 40여 명을 징계했

월 26일 해임결의안을 가결하자 다음 날 자진사퇴 하였다.

● YTN과 《돌발영상》

유사한 사태는 YTN에서도 일어났다. 2008년 5월 29일 YTN 이사
회가 구본홍 전 MBC 보도본부장을 사장으로 추천하고 7월 17일
주주총회에서 선임하자 YTN 노조는 대통령 특보 출신의 낙하산
인사라며 반대 입장을 표명하였다. 구 사장은 부임 후 8월 간부 인
사를 기습적으로 단행하고 10월에는 노조 지부장 등 6명을 해고했
으며, 《돌발영상》팀장 등 6명을 정직 징계하였다. 2009년 3월에는
업무방해 혐의로 고발했으며, 3월 22일 노종면 위원장 등 해직자 6
명 중 4명이 긴급 체포되었다. 그러던 구 사장은 2009년 8월 사퇴
를 하였고, 배석규 전무가 사장직무대행을 맡다가 10월 정식 사장
이 되었다. 배 사장 또한 노조와의 계속된 대립 속에서 2012년 3월
연임에 성공했는데, YTN 노조는 그의 연임에 반대하며 총 10차례
에 걸친 간헐적 파업을 계속하였다. 2008년 해고된 노조원들 중 3
명은 2014년 징계무효확인소송 결과 복직이 되었으나, 배 사장은
2015년 1월 이들에게 다시 정직 처분을 내리는 등 2015년 3월 임
기를 마칠 때까지 노조와 계속 갈등을 빚었다.

으며, 2012년 파업을 전후하여 노조원 8명을 해고하고 200여 명을 징계하였
다. 한편 2021년 3월 대법원은 김재철 전 사장에게 부당노동행위 등 노동조
합법 위반을 이유로 징역 1년 6개월에 집행유예 3년, 사회봉사 160시간의 선
고를 한 원심을 확정 판결하였다.

2009년 3월 연합뉴스 사장으로 선임된 박정찬 사장은 제작 자율성 침해와 불공정 보도 등을 주장하는 노조와 대립했으며, 그의 연임을 전후하여 3개월간 총파업 투쟁이 있었으나 박 사장은 연임되었다. 이후 노조는 보도공정성 제고, 합리적 인사와 사내 민주화 제고 등을 사측과 합의하고 파업을 종료하였다.

YTN과 연합뉴스

YTN은 우리나라 최초의 24시간 뉴스 전문 채널로서 1995년 3월 케이블TV 출범 당시 24개 채널 중 MBN과 함께 보도전문 PP로 방송을 시작하였다. 당시 YTN은 뉴스통신사인 연합통신(현 연합뉴스)의 자회사(30%)로서 자본금 300억 원으로 개국하였다. 그러나 케이블TV 초기 시장이 아직 형성되지 않는 상황에서 경영난을 겪게 되었다. 1996년 9월, 개국한 지 1년 6개월 만에 연합통신은 YTN에서 손을 떼기로 결정하고 1997년 2월 공기업인 한국전력의 자회사인 한전KDN에 230억 원 투자를 약속받고 매각을 진행하였다. 이후 김대중 정부에 들어서 1998년 이후 YTN은 한전 330억 원, 담배인삼공사 440억 원, 한국마사회 200억 원 등 포함 총 1,100억 원의 증자에 성공하여 자본금이 1,500억 원으로 늘어났고 경영정상화에 성공, 1999년 흑자를 달성하게 되었다. 이후 전술한 바와 같이 우여곡절을 겪으면서 오늘에 이르렀고, 2021년 6월 기준 한전KDN 21.43%, 한국담배인삼공사 19.95%, 미래에셋생명보험 14.98%, 한국마사회

7.4%, 우리은행 7.4%의 지분 구조를 가지고 있으며 2020년 영업이익은 14.8억 원이다.

연합뉴스는 1980년 12월 신군부의 언론사 통폐합 정책에 의해 당시 민간종합통신사인 합동통신(두산그룹 소유)과 동양통신(쌍용그룹 소유) 그리고 군소통신사인 시사, 경제, 산업 등 특수 민간통신사를 통합하여 자본금 13억 원의 연합통신으로 출범하였다. 그러나 2년 후(1983. 2), KBS 및 MBC가 쌍용그룹 및 두산그룹 지분을 포함하여 각각 42.35% 및 32.16% 상당의 주식을 인수하여 대주주가 되었다. 1998년 12월 명칭을 '연합뉴스'로 개칭하고 내외통신을 흡수, 통합하는 등 위상 제고를 위한 변화를 도모했으나, 태생적 한계, 소유구조 개편 문제, 전재료의 수입 감소로 인한 경영난에 처하는 상황에 이르게 되었다.

국회는 2003년 4월 「뉴스통신진흥에 관한 법률안」[34]을 통과시켜 연합뉴스에 국가기간 뉴스 통신사로서의 지위를 부여하고 필요한 비용을 보조하거나 융자할 수 있도록 하였다. 또한 뉴스통신진흥회[35]를 설립하고 그 운영을 위해 '뉴스통신진흥자금'을 두도록 하였다. 이로 인해 이후 정부는 연합뉴스에 '정부 구독료' 명목으로 자금을

---

34 당시 정진석 의원이 대표 발의한 특별법 형식의 「연합뉴스사 및 연합뉴스 위원회 법안(2021. 9. 8)」을 일반법 형식으로 수정, 보완한 것이다.

35 뉴스통신의 진흥과 공적 책임을 실현하고 연합뉴스사의 독립성 및 공정성을 보장하기 위하여 설립한 뉴스통신진흥회는 이사장(이사회 호선)을 포함한 이사 7인은 대통령이 임명하되 그중 3인은 국회의장이 각 교섭단체 대표의원과 협의하여 추천한 자, 2인은 일간신문 발행인 대표 조직 및 지상파방송 사업자 대표 조직이 추천한 자 중에서 임명하도록 하고, 감사 1인은 문화체육관광부 장관이 임명하되 모두 임기는 3년으로 하였다.

지원하고 있는데, 2021년도 정부 구독료는 328억 원에 달한다.

2011년 종편 및 보도 PP 허가 당시 이러한 연합뉴스를 두고, 1995년 YTN 허가 이후 또다시 보도전문 PP를 허용하는 것이 과연 타당한가에 대한 의문이 제기되었다. 연합뉴스는 2020년 말 기준 뉴스통신진흥회 30.77%, KBS 27.78%, MBC 22.30% 등이 주요 주주로 있는 등 공적 기관으로서의 성격을 여전히 보유하고 있고 연합뉴스TV는 연합뉴스(28.01%)가 대주주이다(김영배, 2019; 김재철, 2019).

4. 시민사회단체의 양분

● 방송 및 언론노조

이명박 정부가 신문·방송의 겸영을 허용하고 대기업과 외국인 등의 소유 지분 제한을 완화하는 미디어법 개정을 두고 정치권은 물론 시민사회도 양분되어 대립하였다. 무엇보다 방송사 노조를 비롯한 언론노조가 반대에 앞장섰다. 이들은 다양한 시민단체와 연대하여 '언론 사유화 저지 및 미디어 공정성 확대를 위한 사회행동(미디어행동)'을 출범시켰고 2008년 12월, 2009년 2월 그리고 미디어법이 통과된 시점인 7월 등 수차례 파업을 주도하며 대규모 반대 운동을 벌였다.

한국기자협회, 한국PD협회, 한국방송기술인연합회 등의 미디어 직능 단체들도 같은 입장을 견지하였다. 이들은 신문과 방송의 겸영을 금지하고 소유를 제한해야 한다고 주장하였다. 공공재적인 성격을 가진 방송이 특정 개인이나 자본에 예속되지 않아야 하며 미디어의 집중을 막고 언론의 독과점을 방지해야 한다는 것이 그 논거였다.

●뉴라이트 계열

반면 2005년부터 자유주의 이념을 표방하면서 출범한 뉴라이트전 국연합, 시대정신, 바른사회시민회의 등 뉴라이트 계열의 시민단체들은 대체로 미디어법 개정을 찬성하였다. 세계적인 미디어 융합 시대에 부응하고 미디어 산업의 경쟁력을 강화하기 위해서는 규제 해소를 통한 투자가 필요하며, 이를 통해 새로운 일자리도 창출될 수 있다는 주장이었다. 여기에 전국경제인연합회(전경련), 대한상 공회의소 등 경제5단체도 가세하였다. 이들 단체는 2009년 1월 '경 제위기 극복을 위한 대국회 호소문'을 통해 여러 가지 정책적 이슈 들의 해결과 함께 미디어법의 개정도 필요하다고 주장하였다.

●국회 및 사회적 논의기구의 한계

이처럼 미디어법 개정을 놓고 사회적 갈등이 커지자 국회는 2009 년 3월 상임위(문화체육관광통신위원회) 차원에서 미디어법 관련 사 회적 논의기구인 미디어발전국민위인회를 구성하여 100일 동안 논의를 진행하였다. 한나라당 10명, 민주당 8명, 자유선진당 1명, 창조한국당 1명 등 총 20명의 위원으로 구성되었고, 「방송법」, 「신 문법」, 「IPTV법」, 「정보통신망법」 등 4개 법에 대한 논의가 진행되었다. 주제별, 지역별로 순회하며 공청회 등을 개최하고 여론을 수렴하며 정책 방안을 모색했으나 여론조사 방법 등을 두고서도 여야 간 이견이 좁혀지지 않았다. 6월 말 민주당과 창조한국당 측에서 미디어법 여론조사 결과를 발표하고 한나라당과 자유선진당은 별도의 보고서를 작성해서 제출하는 등 결국 합의안은 도출되지 못하고 종료되었다.

2009년 7월 미디어법이 개정된 이후에도 언론노조 등은 반대 투쟁을 계속했고, 종합편성 PP 승인 절차 과정에서도 계속 문제를 제기하였다. 언론개혁시민연대는 2011년 1월 방송통신위원회에 종합편성 PP 등에 대한 심사자료 정보공개를 청구했으며, 참여연대 · 민주언론시민연대 등 시민단체들도 대응하는 연대기구를 결성해서 종합편성 PP 등의 선정 취소를 요구하며 반대 입장을 견지하였다.

제7장

박근혜 정부

1. 창조경제

박근혜 정부는 '국민행복, 희망의 새 시대' 달성을 국정 비전으로 제시하였다. 박정희 전 대통령의 '국민 모두가 잘사는 나라'의 완성과 직전 이명박 정부에서 불거졌던 사회문제(4대악)의 해결을 통한 국민 행복 시대의 완성을 당면한 역사적 임무로 인식했고, 이를 위해 세부적으로는 안전, 경제부흥, 복지국가, 경제민주화 등을 추구하였다. 이를 달성하기 위한 첫 번째 국정 목표로 '일자리 중심의 창조경제'를 추구하였다(하태수, 2015).

창조경제(Creative Economy)[1]에 대한 정의는 여러 가지가 제시되

---

[1] 창조경제(Creative Economy)의 용어는 2000년 8월 'BusinessWeek지' 특별판에서 21세기 기업의 특징을 거론하면서 Peter Coy에 의해 처음 제시된 용

었으나 대체로 사람 중심의 경제를 목표로 성장과 복지를 동시에 지향하며, 창의력과 상상력이 ICT 그리고 과학기술과 융합되면서 역동적 창조생태계가 만들어지고 아래로부터의 혁신을 중시하는 특징을 가지고 있다(현대원, 2013). 국가의 산업발전을 통한 경제성장 외에도 사회적 문제해결 등에 과학기술의 혁신적 기능을 기대하는 차원에서 추구된 것이 창조경제였고(박수경·이찬구, 2015), 이를 추진하기 위해 미래창조과학부가 설치되었다.

창조성은 개인의 최고의 노력과 의지를 통해 발현될 수 있는 것이다.[2] 혁신과 창의성(창조성)은 서로 유사하고 연관성이 높지만 다소 차이가 있는데,[3] 혁신보다 창조성이 더 고차원적이고 구현에 더 많은 노력과 의지가 필요하다고 할 수 있다. 노무현 정부는 '혁신

어로 창조경제에서 가장 중요한 자산은 '아이디어'라고 하였다.

2   창의성(창조성, creativity)은 새롭고 유용한 공동의 선을 만들어내는 인간 고유의 능력으로 상상과 연산 능력 등의 두뇌활동과 더불어 집념과 노력을 수반하는 학습 과정의 산물이다(손태원, 2004).

3   혁신은 '설계된 일, 작업팀, 조직에 새로운 아이디어, 과정, 산출물, 절차의 의도적인 도입과 응용'이다(West & Richard, 1999). 창의성(창조성)이 내재적 동기에 의해 일어나는 반면, 혁신은 외재적 유인과 '이전의 기준을 뛰어넘으려는 욕구'에 의해 일어난다(Clydesdale, 2006). 혁신이 독창성(originality), 유용성(appropriateness) 중에서 유용성을 더 중시하는 반면, 창의성(창조성)은 예술작품들의 경우에서처럼 독창성이 더 중요하다(Runco, 2007). 무엇보다 혁신은 대체로 현존하는 상품이나 과정의 패러다임에서 일어나는 반면, 창의성(창조성)은 전적으로 다른 패러다임에서도 일어날 수 있는 것이다(Herrmann, 2015).

(innovation)'을 강조하고 '전자정부'의 기틀을 닦았지만, 이명박 정부는 '녹색성장'과 '4대강 사업'에 더 비중을 두었다.[4]

박근혜 정부의 창조경제 정책목표와 사업들에 대한 평가는 별도로 진행되어야 하겠지만, 노무현 정부가 추구한 혁신과 전자정부에 대한 기틀이 이명박 정부에 의해 더 계승 및 발전되지 못한 가운데 혁신보다 고차원적 개념인 창조성을 기반으로 하는 '창조경제'를 목표로 하였기에 여러 난관에 부딪힐 가능성이 컸다고 볼 수 있다. 창조성은 개인 차원이든 사회적 차원이든 그 자체의 특성 외에도 환경 사이의 복잡한 상호과정의 산물이기 때문이다(Plucker et.al., 2004).

2. 방송통신 기구의 분리와 거버넌스 논의

미래창조과학부와 방송통신위원회

먼저 방송통신위원회를 방송의 공공성·공정성이 보장되어야 할

---

4   노무현 정부가 중요시했던 정부혁신 등에 대해 이명박 정부는 정보화 사업 관련 예산들을 일률적으로 20~30% 삭감하도록 하는 등 부정적이었다. 이명박 정부는 "잃어버린 10년"이라는 구호를 사용하며 이전 정부와의 단절을 시도하였다. 그 예로, 참여정부의 성과의 하나였던 '전자정부'도 후속 투자 등은 제한되었다. 2010년 UN 전자정부 평가에서 우리나라가 1위를 하게 되자 그동안 금기시되었던 '전자정부'라는 용어의 사용도 가능해졌다(정충식, 2016).

사안 및 통신에서 합의제적 결정이 필요한 사안을 중심으로 규제 기능을 주로 전담하도록 하는 「방통위 설치법」 개정안(2013. 1. 30)이 여당에 의해 발의되었다. 방송통신위원회를 대통령 소속으로 하되 중앙 행정기관으로서의 지위는 삭제하고[5] 그 업무도 '방송과 통신에 관한 규제와 이용자 보호 등'으로 축소하는 방안이었다. 이는 박근혜 정부 인수위원회에서 정부조직 기능 개편 원칙으로서 방송·통신 분야를 진흥 및 규제 기능으로 구분하겠다는 원칙을 표명한 데서 비롯되었다.[6] 이에 대해 당시 야당이던 민주통합당은 방송의 자유와 독립, 방송의 공적 책임, 민주적 여론형성이 심각하게 훼손될 우려가 크다며 동법 개정안을 발의하였다.[7] 당시 여야가 발의한 소위 「방통위 설치법」의 내용과 차이는 〈표 7-1〉과 같다.

---

5 이는 대통령 소속의 합의제 중앙 행정기관의 지위였던 (구)방송통신위원회를 2008년 이전의 (구)방송위원회처럼 합의제 행정기관의 지위로 변경하는 방안이었다. (구)방송위원회는 별도의 소속이 없었던 반면, (신)방송통신위원회는 대통령 소속이라는 점에서도 차이가 있었다.

6 당초 인수위원회의 1차 발표(2013. 1. 15)에서는 방송통신 진흥기능은 미래창조과학부로 이관하며, 규제기능은 현 방송통신위원회에 남겨둔다고 발표함으로써 '진흥과 규제'의 이분법적 틀을 제시하였다. 그러나 인수위원회의 2차 발표(2013. 1. 22) 및 최종 부처 간 조율을 통해 구체화되면서 '사회·문화적 규제 또는 합의제적 성격에 해당하는 업무'와 '경제적·기술적 규제 또는 방송·통신 진흥정책에 해당하는 업무'로 그 구분 기준을 조정하였다. 또한, 매체별 분류체계와 관련해서는 '공공성과 산업성 분리'라는 새로운 기준이 제시되었다.

7 「방송통신위원회의 설치 및 운영에 관한 법률」(유승희 의원 대표 발의, 2013. 2. 5) 제안 취지.

〈표 7-1〉 박근혜 정부 출범 전 방송통신위원회 성격 및 업무 범위 개선안에 대한 차이

구 분	이한구 의원 대표 발의안('13. 1. 30)	유승희 의원 대표 발의안('13. 2. 5)
위원회 성격	○ 행정위원회 ※ 중앙행정기관의 지위 삭제	○ 중앙행정기관 성격의 행정위원회
소관 범위	○ 방송 규제 ※ IPTV·위성·종합유선·중계유선 방송 사업자에 대한 허가권, 홈쇼핑 PP에 대한 승인권: <u>미래창조과학부</u> ○ 통신 규제	○ 방송정책 전반(방송통신융합 포함) ※ IPTV·위성·종합유선·중계유선 방송 사업자에 대한 허가권, 홈쇼핑 PP에 대한 승인권: <u>방송통신위원회</u> ○ 통신 규제 ○ 전파관리 ○ 방송광고
법령 제·개정권	○「방송법」등 방송 관련 법령 제·개정에 대한 독자적인 입안권 상실	○「방송법」등 방송 관련 법령 제·개정에 대한 독자적인 입안권 유지
회의 운영	○ 개정사항 없음	○ KBS, EBS, 방문진 등 임원 선임 등에 대한 특별다수결제 도입

자료: 국회 문화체육관광방송통신위원회(2013. 2), 「방송통신위원회의 설치 및 운영에 관한 법률」 검토보고서 재구성

● **여야 조직 개편 합의**

방송통신위원회와 미래창조과학부의 업무에 관한 여야 의견 대립으로 「정부조직법」 처리도 지연되다가, 3월 17일 양 부처의 업무 소관에 대한 합의가 이뤄졌다.[8]

---

8 합의문의 주요 내용은 다음과 같다. 먼저 방송통신위원회는 야당인 민주통합당 주장대로 현행과 같이 합의제 중앙행정기관으로서의 법적 지위를 유지하며 소관 업무에 관해 법령 제·개정권(법률 제출권 및 행정입법권), 예산의 관리 및 편성권을 갖도록 하였다. 그리고 방송정책에 대한 기능은 새누리당 안을 따라, SO, 위성, IPTV 그리고 일반 PP와 홈쇼핑 등 뉴미디어 관련 정책

이후 합의문을 두고도 다소 미흡한 문구와 해석상의 차이 문제로 또 시일을 허비하다 결국 「방송통신위원회의 설치 및 운영에 관한 법률」 등이 문화체육관광방송통신위원회 대안으로 의결되었고, 박근혜 정부가 출범한 지 한 달 가까이 지난 2013년 3월 22일 「정부조직법」 및 「전파법」 등 후속 법안들도 통과되었다. 이를 통해 과학기술 및 정보통신기술 분야를 통합 관장하는 미래창조과학부를 신설하였다. 기존의 교육과학기술부는 교육부로 개편하고, 그 외 과학기술 분야 소관 업무(과학기술정책의 수립·총괄·조정·평가, 과학기술의 연구개발·협력·진흥, 과학기술 인력 양성 등) 및 행정안전부로부터의 국가정보화 기획, 정보보안·정보문화 업무, 산업통산자원부로 변경된 구 지식경제부로부터의 원자력 연구·개발·생산·이

은 미래창조과학부로 이관하고 그 외 방송의 공공성과 관련된 지상파 및 종편, 보도 PP 관련 정책은 방통위가 관장하도록 하였다. 미래창조과학부 장관이 SO, 위성방송 사업 등 뉴미디어 관련 사업을 허가·재허가하는 경우와 관련 법령을 제정·개정하는 경우 방송통신위원회의 사전동의를 받도록 하였다. SO 등 이관에 따른 방송의 공정성 확보를 위해 지역 채널에서는 특정사안에 대한 해설, 논평, 지역 보도 이외의 보도는 금지한다는 규정(제70조4항 단서)도 신설하였다. 한편 국무조정실장을 위원장으로 두고 전파·주파수 관련 신규 및 회수 주파수의 분배·재배치와 관련한 심의를 담당하는 주파수심의위원회(가칭)를 설치하고, 방송용 및 통신용 주파수 관리기관은 지금처럼 각각 방송통신위원회와 미래창조과학부로 분장하기로 하였다. 'SO와 PP의 공정한 시장점유를 위한 장치 마련, 공영방송 지배구조 개선, 방송의 보도·제작·편성의 자율성 보장' 등의 방안을 논의하기 위해 3월 임시국회에서 여야 동수의 '방송공정성특별위원회'를 구성하고 위원장은 민주통합당이 맡기로 하였다.

용, 정보통신산업, 우정사업본부 관련 업무, 그리고 방송통신위원회의 업무 중 방송·통신의 융합·진흥 및 전파관리 등을 미래창조과학부가 관장하도록 하였다. 그리고 부처 내에 ICT(Information & Communication Technology) 전담차관을 두어 뒷받침하도록 하였다.

〈표 7-2〉 2013년 정부조직 개편에 따른 방송통신위원회와 미래창조과학부 소관 업무 배분

구 분	방송통신위원회 존치	미래창조과학부 이관
방송통신융합 정책실	방송광고 정책, 편성평가 정책, 방송진흥기획	방송통신 진흥 정책, 융합 정책 총괄, 방송통신 녹색기술, 전파 정책 기획, 전파방송 관리, 주파수 정책, 디지털 방송 정책
방송정책국	방송 정책 기획, 지상파방송 정책, 방송 채널 정책	SO, 위성, IPTV 등 뉴미디어 정책 ※비보도·상업 PP 등록, 승인 사항
통신정책국		통신 정책 기획, 통신 경쟁 정책, 통신 이용 제도, 통신 자원 정책
이용자보호국	조사기획총괄, 방송통신시장 조사, 방송통신 이용자 보호, 시청자 권익증진	
네트워크 정책국	개인정보 보호 윤리	네트워크 기획, 네트워크 정보 보호, 인터넷 정책, 지능통신망
산하 기관		국립전파연구원, 중앙전파관리소

● ICT 관련 각종 위원회

ICT 정책 전반에 있어서는 이명박 정부의 국가정보화전략위원회, 즉 ICT 정책 및 국가정보화 정책을 총괄하고 지원하기 위한 기관을 없앴다. 이후 빅데이터의 중요성이 부각되면서 2013년 10월에 「공공데이터의 제공 및 이용 활성화에 관한 법률」이 시행되고 12월에

공공데이터전략위원회가 출범하였다. 그리고 2014년 2월 시행된 「정보통신 진흥 및 융합 활성화 등에 관한 특별법(ICT 특별법)」에 따라 2014년 5월 정보통신전략위원회를 설치하였다. 2014년 7월에는 일자리 창출과 창조경제를 지원하는 정부 3.0의 효율적 지원을 위하여 국무총리 소속의 정부3.0추진위원회[9]가 추가로 설치되었다. 그 외 2016년 4월 행정자치부 소속의 전자정부추진위원회를 설치하는 등 ICT 관련 정부위원회가 너무 많이 설치, 운영되어 위원회들 간의 범위 중복 문제를 야기하였다(정충식, 2016).

● 19대 국회에서의 거버넌스 논의: 방송공정성특별위원회

「정부조직법」 개정(2013. 3. 22)에 따른 합의에 따라 방송공정성특별위원회를 구성하였다. 총 18인의 위원으로 2013년 4월 17일부터 9월 30일까지 운영되다가 11월 30일까지 한 차례 활동 기한을 연장하였다.[10] 특위는 '방송규제 개선 및 공정성 보장 소위원회', '공영방송 지배구조 개선 소위원회' 등 2개의 소위원회를 구성하여 활동하였다.[11]

---

9   2014년 6월 30일 시행된 「정부3.0 추진위원회의 설치 및 운영에 관한 규정」에 따른 것이다.

10   특위 위원장은 민주당 전병헌 의원이 맡다가 7월부터는 이상민 의원이 맡았다.

11   방송공정성특별위원회(2013)의 「방송공정성특별위원회 활동 결과 보고서」에 따르면, 전체 회의 17차례, 방송 규제 개선 및 공정성 보장 소위원회 5차례, 공영방송 지배구조 개선 소위원회 8차례 회의를 개최하였다.

①방송 규제 개선 및 공정성 보장 소위원회

• 점유율 합산 규제

'방송 규제 개선 및 공정성 보장 소위원회'에서는 주로 SO와 PP의 시장점유율 개선방안이 논의되었다. 먼저 SO 점유율 규제 개선과 관련해서는, 당시 전체 방송권역 77개의 1/3, 전체 SO 가입 가구수의 1/3을 초과하지 못하도록 하고 있었다(「방송법」 시행령 제4조).[12] 이처럼 당시 유료방송 점유율 규제는 「방송법」과 「IPTV법」에 SO, 위성방송 사업자, IPTV 사업자 모두 상이하게 규정되어 있었다. SO의 경우는 「방송법」 시행령의 규제를 받고 있었고, 위성방송 사업자에게는 점유율 규제가 없었다. 그리고 IPTV 사업자의 경우는 각 방송구역별 전체 유료방송 가입 가구의 1/3 규제를 적용받고 있었다.[13]

---

[12] 정부는 SO 가입자를 전체 유료방송 가입 가구수의 1/3을 초과하지 못하도록 완화하고 권역 규제는 폐지하는 시행령 개정안을 입법 예고(2012.4) 및 개정(2014.2.5)했다. 동시에 PP의 전체 SO 구역의 1/3 초과 구역에서 SO 겸영 제한 규정(시행령 제4조 6항 3호)도 삭제되었다.

[13] 법안이 발의되었던 2013년 6월 당시의 유료방송 시장의 경쟁구조를 살펴보면, 5개의 MSO를 포함한 22개의 SO, 3개의 IPTV 사업자, 1개의 위성방송 사업자가 경쟁하고 있었는데, 플랫폼 사업자별로 구분할 경우 전체 SO가 62.13%를 차지하고 있었고, 전체 IPTV 사업자가 29.1%, 위성방송 사업자가 16.4%를 차지하고 있었다. 개별 방송 사업자별로 살펴보면, KT가 17.35%, KT스카이라이프가 16.4%로 KT군이 차지하는 비중은 OTS(Olleh TV SkyLife) 중복가입 7.62%를 제외하면 26.13%였고, 또한 CJ헬로비전이 14.36%, 티브

이에 SO, 위성방송 및 IPTV 사업자는 특수관계자인 SO, 위성방송 사업자 및 IPTV 사업자를 합산하여 전체 유료 방송사업 가입자 수의 1/3 초과를 금지하는 취지의 「IPTV법」 개정안(전병헌 의원, 2013. 6. 14)과 「방송법」 개정안(홍문종 의원, 2013. 8. 7)이 발의되었다. 동일 서비스는 동일한 규제를 적용하여 규제의 형평성을 확보해야 하고, 또한 특수관계자의 경우 합산해서 점유율 규제를 하는 것이 방송 산업의 공정경쟁 측면에서 필요하다는 취지가 반영된 것이었다.

동 법안에 대하여 방송공정성특위에서는 결론을 내지 못했고 이후 관련 상임위에서 오랜 기간의 논의를 거쳐 「IPTV법」이 2015년 3월, 「방송법」이 6월 통과되었다. 그리고 시장에 미치는 영향과 특수관계인 합산규제를 적용받는 사업자는 당시 KT뿐이라는 반대 의견을 감안하여 일몰 규정을 통해 3년간 한시적으로 적용하는 것으로 합의되어 처리되었다.

법 적용 후 3년이 지나고 일몰 규정의 효력 상실로 2018년부터는 〈표 7-3〉과 같이 SO(IPTV)의 경우 특수관계자인 SO(IPTV)와 합산하여 유료방송 전체 가입자의 1/3을 초과할 수 없도록 하고, 위성방송의 경우는 합산 점유율 규제가 도입되기 전처럼 규제가 없는 상황이 되었다. 이후 2021년 12월 「IPTV법」 개정(6개월 후 시행)으로 유료방송 점유율 상한제도가 폐지되었다.

로드가 12.98%였다.

〈표 7-3〉 유료방송 점유율 규제 경과

구 분	「방송법」		「IPTV법」
	SO	위성방송 사업자	IPTV 사업자
2013년 규제	전체 SO 가입가구수의 1/3 (타 플랫폼 사업자 불포함) -시행령-	-	해당 방송구역별 전체 유료방송 가입 가구수의 1/3 (타 플랫폼 사업자 불포함)
전병헌, 홍문종 의원 개정안	전체 유료방송 가입가구수의 1/3 (특수관계자인 SO·위성방송·IPTV 합산)		해당 방송구역별 전체 유료방송 가입자 수의 1/3 (특수관계자인 SO·위성방송·IPTV 합산)
통과안 (2015년 3월/6월)	전체 유료방송 가입가구수의 1/3 (특수관계자인 SO·위성방송·IPTV 합산)		
일몰후 규제 (2018년 ~2022.6월)	전체 유료방송 가입가구수의 1/3 (특수관계자인 SO 합산)	-	전체 유료방송 가입가구수의 1/3 (특수관계자인 IPTV 합산)

한편, PP 점유율 규제 개선과 관련하여 전체 PP 매출액 규모 중 하나의 PP의 매출액 제한 범위를 기존 33%에서 49%로 확대하고 (「방송법」 제8조 및 시행령 제4조 8항), 경쟁력 있는 개별 PP의 시장 진입 기회 보장을 위해서 SO 사업자가 개별 PP에 전체 채널 수의 20% 이내의 지분을 의무적으로 제공하는 조항을 신설하는 내용이 논의되었으나, 지상파 및 종합편성 PP의 반대 등으로 반영되지 못 했다.

② 공영방송 지배구조 개선 소위원회

• 공영방송 지배구조 개선 방안

'공영방송 지배구조 개선 소위원회'에서 KBS, MBC, EBS 등의 지배구조 개선을 중심으로 「방송통신위원회의 설치 및 운영에 관한 법률」, 「방송법」, 「방송문화진흥회법」, 「한국교육방송공사법」 등 관련 법안들이 다수 발의되었는데, 여당인 새누리당보다 야당인 민주당 측의 발의가 훨씬 많았다.

개정안들에는 KBS, 방문진, EBS의 이사 수를 늘리고 이사 선임 시 방송통신위원회의 추천권을 없애는 대신 이사추천위원회를 구성하거나 국회도 추천권을 행사하도록 하는 방안과 이사 추천이나 사장 선임 시 2/3 이상의 특별다수제(의결정족수)를 도입하는 방안들이 주로 포함되었다.

방송공정성특위에서는 공청회 및 전문가 간담회 등의 과정에서 확보된 전문가 중 10인으로 '자문단'을 구성하여, 공영방송 지배구조 개선 논의에 참고로 하였다. 자문단은 KBS와 EBS의 이사 수를 13인으로 늘리고 여야 추천 비율의 균형이 필요하다(13인의 경우 여 7:야6)는 의견에는 합의했으며, 대체로 사장추천위원회는 불필요하지만 특별의결 정족수는 필요하다는 의견이었다. 그리고 MBC 지배구조 문제에 대한 논란이 있었다. MBC는 「방송문화진흥회법」상 공적 책임을 이행해야 할 공영방송이라는 주장에 비해, 공영방송으로서의 성격 규명 및 MBC 민영화 등에 대한 사회적 논의가 선행된 이후 MBC 지배구조 문제를 논의할 필요가 있다는 의견이 대립한 것이다(방송공정성특별위원회, 2013).

〈표 7-4〉 KBS 이사 및 사장 임명 관련 법률 개정 연혁[14]

구 분	이 사	사 장
'72. 12. 「한국방송공사법」 제정	사장 추천 → 문화공보부 장관 임명(3인)	문화공보부 장관 제청 → 대통령 임명
'80. 12. 「한국방송공사법」 일부 개정	사장 추천 → 문화공보부 장관 임명(7인 이내)	상 동
'87. 11. 「한국방송공사법」 전부 개정	방송위원회 추천 → 대통령 임면(12인)	이사회 제청 → 대통령 임면
'00. 1. 「방송법」 폐지 제정	방송위원회 추천 → 대통령 임명(11인)	상 동
'08. 2. 「방송법」 타법 개정	방송통신위원회 추천 → 대통령 임명(11인)	상 동
'14. 8. 「방송법」 일부 개정	상 동	이사회 제청 → 국회 인사청문 → 대통령 임명

● **방송통신위원회 및 방송통신심의위원회 구성 방안**

방통위 및 방통심의위 구성 및 위원 선임 절차 등에 관한 「방송통신위원회 설치 및 운영에 관한 법률」 개정안도 다수 발의되었다.[15]

---

14 KBS 사장과 이사 임명 절차는 1987년 이후 〈표 7-4〉처럼 KBS 이사는 방송(통신)위원회의 추천 후 대통령이 임명하고, KBS 사장은 이사회 제청 후 대통령이 임명하는 절차가 기본적으로 유지되고 있고, 2014년에는 KBS 사장 후보자에 대한 국회 인사청문 절차가 도입되었다.

15 남경필 의원 발의(2012. 6. 18), 유승희 의원 발의(2013. 5. 10, 2013. 8. 23), 최민희 의원 발의(2013. 9. 25) 「방송통신위원회 설치 및 운영에 관한 법률」 등

〈표 7-5〉 19대 국회 공영방송 사장 등 임명 절차 관련 법안 비교

구분		현행[16]	남경필 의원 ('12. 6. 18)	배재정 의원 ('12. 7. 31)	최민희 의원 ('12. 9. 17)	노웅래 의원 ('12. 9. 18)	전병헌 의원 ('13. 1. 2)	유승희 의원 ('13. 5. 10)
K B S 이사	인원	11인	12인	12인	15인		12인	–
	선임 절차	방통위 추천 (재적위원 과반찬성) ↓ 대통령 임명	방통위·국회 추천 ↓ 대통령 임명	이사추천위 추천 ↓ 국회 추천 ↓ 대통령 임명	방통위·국회 추천 ↓ 대통령 임명		국회·노사합의 추천 ↓ 대통령 임명	방통위 추천 (재적위원 2/3 찬성) ↓ 대통령 임명
	추천 인원	방통위 11 (관행적으로 여7, 야4)	방통위 4, 국회 8 (여4, 야4)	국회 12 (여6, 야6)	방통위 3 (노사추천 2 포함), 국회 12 (여6, 야6)		국회 10 (여5, 야5) 노사합의 2	–
사장	선임 절차	이사회 제청 ↓ 대통령 임명	–	사장추천위 추천 ↓ 이사회 제청 ↓ 대통령 임명	(사장추천위 추천) ↓ 이사회 제청 ↓ 대통령 임명		(사장추천위 추천) ↓ 이사회 제청 ↓ 대통령 임명	
	의결[17] 정족수	재적 과반 (6인 이상)	2/3 이상 (8인 이상)	2/3 이상 (8인 이상)	–		2/3 이상 (8인 이상)	
M B C 방문진 이사	인원	9인	9인	12인	11인	11인	12인	–
	선임 절차	방통위 임명 (재적위원 과반찬성)	방통위·국회 추천 ↓ 방통위 임명	이사추천위 추천 ↓ 국회 추천 ↓ 대통령 임명	방통위·국회 추천 ↓ 대통령 임명	방통위·국회· 시민단체 추천 ↓ 방통위 임명	국회·노사합의 추천 ↓ 대통령 임명	방통위 임명 (재적위원 2/3 찬성)
	추천 인원	방통위 9	방통위 3, 국회 6 (여3, 야3)	국회 12 (여6, 야6)	방통위 3 (노사추천2 포함), 국회 8 (여4, 야4)	방통위 2 (4/5 동의), 국회 6 (여3, 야3), 시민단체3	국회 10 (여5, 야5), 노사합의 2	–
M B C 사장	선임 절차	(방문진 이사회) ↓ (주주총회) ※ MBC 정관	–	사장추천위 추천 ↓ (방문진 이사회) ↓ (주주총회)	(사장추천위 추천) ↓ (방문진 이사회) ↓ (주주총회)	–	(사장추천위 추천) ↓ (방문진 이사회) ↓ (주주총회)	
	의결 정족수	재적 과반 (5인 이상)	2/3 이상 (6인 이상)	2/3 이상 (8인 이상)	–	2/3 이상 (8인 이상)	2/3 이상 (8인 이상)	

	인원	9인		12인	11인		12인	
E B S	이사 선임 절차	방통위 임명 (재적위원 과반 찬성)		국회 추천 ↓ 대통령 임명	방통위·국회 추천 ↓ 대통령 임명		국회·노사합의 추천 ↓ 대통령 임명	방통위 임명 (재적위원 2/3 찬성)
	이사 추천 인원	방통위 9 (교육부 장관 1인, 교원단체 1인 추천 포함)		국회 12 (여6, 야6)	방통위 3 (사내구성원 2인, 교육부 장관 1인 추천 포함), 국회 8 (여4, 야4)		국회 10 (여5, 야5) 노사합의 2	
	사장 선임 절차	방통위 동의 (재적위원 과반 찬성) ↓ 방통위원장 임명		사장추천위 추천 ↓ 이사회 제청 ↓ 대통령 임명	(사장추천위 추천) ↓ 이사회 제청 ↓ 대통령 임명		(사장추천위 추천) ↓ 이사회 제청 ↓ 대통령 임명	방통위 동의 (재적위원 2/3 찬성) ↓ 방통위원장 임명
	사장 의결 정족수			2/3 이상 (8인 이상)			2/3 이상 (8인 이상)	

자료: 방송공정성특별위원회(2013) 재구성

동 법안들에는 방통위 위원에 대한 국회 임명 동의 절차를 거치
도록 하거나(유승희 의원 발의, 2013. 8. 23), 대통령의 위원 추천 몫
을 배제하고(최민희 의원 발의, 2013. 9. 25), 당적을 보유하거나 정치
적 활동을 한 경우 3년까지 위원이 될 수 없도록 하는 등 위원의 결
격 요건을 강화하는 내용(남경필 의원, 2012. 6. 18)들이 포함되어 있

이다.

16 이사 및 사장 선임 절차 외에도 결격사유로 '외국인, 당원, 국가공무원 결격
사유 등'이 있고, 법안들은 이외에도 당원 경력자, 대통령 후보측 인사 포함
등 결격요건을 더 강화하고 있다.

17 선임·해임 시 이사회 의결정족수를 의미한다.

었다.

의사결정의 투명성을 제고하기 위해, 현재는 '방송통신위원회 회의 운영에 관한 규칙' 등에 규정되어 있는 회의의 비공개 사유를 법률에 규정하는 법안들과 공영방송사들의 이사회 회의를 원칙적으로 공개하도록 하는 법안들도 상정되었다.[18]

● 방송 제작·편성의 자율성 강화 방안

제작·편성의 자율성을 강화하는 법안들도 발의되었다.[19] 방송사들은 방송편성 규약에 따라 편성위원회를 자율적으로 구성·운영하고 있다.[20] 개정안들은 편성위원회 설치를 대부분 의무화하고, 위원 선임 시 노사 동수로 하거나 방송 사업자와 취재·제작·편성 종사자 대표가 추천하도록 하였다. 또한, 편성책임자 선임 시 편성위원회의 제청(동의)이나 취재·제작·편성 종사자의 동의를 받도록 하였고, 편성규약 제정 시에도 편성위원회에서 의결 또는 취재·제작·편성 종사자나 대표와 합의(동의)하여 제정하도록 하는 방안을 제시하였다.

---

18 신경민 의원 발의(2012. 8. 17) 「방송통신위원회 설치 및 운영에 관한 법률」, 「방송법」, 「방송문화진흥회법」, 「한국교육방송공사법」 등이다.

19 배재정 의원 발의(2012. 7. 31), 최민희 의원 발의(2012. 9. 18), 신경민 의원 발의(2012. 9. 28), 전병헌 의원 발의(2013. 1. 3) 「방송법」 개정안 등이다.

20 「방송법」(제4조 제3항 및 제4항)에 따라 방송 사업자는 방송편성 책임자를 선임하고 자율적인 방송편성을 보장하고, 종합편성·보도전문 PP는 취재 및 제작 종사자의 의견을 들어 방송편성규약을 제정하고 공표하도록 하고 있다.

●방송 사업자 소유 제한 강화 방안

지상파방송 사업자, 종합편성·보도전문 PP에 대한 소유 제한을 강화하는 내용을 담은 법안도 발의되었다.[21] 방송산업의 경쟁력 강화를 위한 투자 확대를 목적으로 소유 제한을 완화하기 위해 2009년 7월 개정된 것을 다시 강화하려는 것이었다.

먼저 1인 지분 제한을 40%에서 20% 또는 35%로 축소하려 하였다.[22] 대기업과 계열회사, 일간신문·뉴스통신뿐만 아니라「독점규제 및 공정거래에 관한 법률」에 따른 지주회사[23]와 외국자본의 지상파방송 사업자 및 종합편성·보도전문 PP의 소유도 금지하는 안도 포함되어 있었다. 나아가 지상파방송 사업자 간, 특히 MBC와 그 계열사에 대한 소유 및 지분 관계를 변경하는 안도 제시되었다.[24]

---

21 배재정 의원(2012. 7. 31), 최민희 의원(2012. 9. 18)이 각각 대표 발의한「방송법」개정안이다.

22 하지만 당시 민영 지상파방송 사업자(13개) 모두 최대 주주가 20%를 초과한 지분을 소유하고 있었고, 35%를 초과해 지분을 소유하고 있는 사업자도 8개나 되었다〔국회 미래창조과학방송통신위원회(2013. 6),「방송법」등 검토보고서〕.

23 주식(지분 포함)의 소유를 통하여 국내회사의 사업내용을 지배하는 것을 주된 사업으로 하는 회사로서 자산총액이 1천억 원 이상인 회사(「독점규제 및 공정거래에 관한 법률」제2조 제1호의 2 및 시행령 2조).

24 지상파방송 사업자는 다른 지상파방송 사업의 겸영이나 주식·지분의 7%를 초과하는 소유를 제한하고 있지만, 단서 조항을 통해 MBC와 계열회사는 예외로 하고 있다(「방송법」제8조 제8항 및 시행령 제4조 제7항). 개정안은 이러한 단서 조항을 삭제하여 MBC와 지역 MBC 간의 계열회사 관계를 청산하게 하려 하였다.

방송공정성특위는 2013년 11월 30일로 활동이 종료되었는데, 논의된 안을 토대로 방송 관련 법 개정안들이 제출되었다.[25]

● KBS 결산 절차 개선 및 사장 인사청문회 절차 도입

특위 논의 중에 KBS 결산 절차에 대한 법제 개선이 이뤄졌다.[26] 「방송법」 개정(2013. 8. 13)을 통해 KBS 사장은 매 회계연도의 종료 후 2개월 이내에 결산서를 방송통신위원회에 제출하고, 감사원(4월 10일), 방통위(6월 20일), 국회 제출(6월 30일)의 절차를 거치도록 하였다.

2014년 5월 「방송법」 개정을 통해 KBS 사장 선임 시 국회의 인사 청문을 거치도록 하였다.[27] 그리고 KBS·EBS·방송문화진흥회 이사 등의 결격사유에 당적 보유나 선거에 의한 공직, 대통령선거에서의 자문 및 고문, 대통령직 인수위원 등의 신분에서 3년이 경과되지 않는 경우를 추가하여 기준을 강화했고, KBS·EBS·방송문

---

25 전병헌 의원의 후임으로 2013년 7월부터 특위 위원장을 맡은 이상민 의원이 발의(2014. 2. 17), 「방송통신위원회 설치 및 운영에 관한 법률」, 「방송법」, 「방송문화진흥회법」, 「한국교육방송공사법」 등이 그것이다.

26 그동안 KBS 결산의 경우에는 국회의 승인 후에 감사원의 결산 검사가 이루어짐에 따라 감사원의 검사 결과가 결산 승인을 위한 참고 자료로서의 역할을 하지 못했었다. 이에 김을동 의원(2013. 1. 7) 및 박대출 의원(2013. 1. 30) 등의 「방송법」 개정안 발의가 있었다.

27 이상민 의원의 「방송법」 개정안(2014. 2. 17)은 KBS 사장 국회 인사청문제도의 도입 취지를 '정파성이 배제된 능력과 자격을 갖춘 사람을 공정하고 투명하게 선임할 수 있는 제도적 장치를 마련하려는 것'이라고 밝히고 있다.

화진흥회 이사회의 회의는 공개하되 예외적인 사유를 법률로 규정하였다. 또한 2015년 2월 「방통위 설치법」을 개정하여 위원의 결격사유를 강화하고 회의의 공개 범위도 확대하였다.

20대 국회에서의 논의

20대 국회에서도 공영방송의 지배구조 개선, 방송편성의 자율성 강화 등과 관련한 법안들이 다수 발의되었다. 노웅래 의원(2016. 7. 7), 박홍근 의원(2016. 7. 21), 최명길 의원(2016. 8. 19) 등 주로 야당 의원들에 의해 「방송법」, 「방송문화진흥회법」, 「한국교육방송공사법」, 「방통위 설치법」 등이 발의된 것이다. 그러나 동 법안들은 입법적 결실을 보지는 못했다.

● 사장추천위원회 구성 및 특별다수제 도입 방안

동 법안들은 KBS, MBC 그리고 EBS 사장 선임 절차에 대한 개선방안을 제시하였다. 먼저, KBS 이사(현재 11인), 방송문화진흥회 이사(현재 9인), 그리고 EBS 이사(현재 9인)을 모두 13인으로 증원하였다. 또한, 방송통신위원회 추천 시 국회에서 추천하도록 변경하고 여야 형평성을 확보(여7, 야6)하도록 하는 방안을 제시하였다.

KBS, 방문진 그리고 EBS 사장 선임과 관련해서는 이사회가 15인 이내의 사장추천위원회를 사장의 임기만료일 60일 전까지 구성해서 후보를 추천하도록 하였다. 아울러 사장의 임면 제청에 관한 사항은 특별다수제(재적 이사 2/3 이상 찬성)를 도입하였다(박홍근 의

원 안).

　독립적으로 공정하게 업무를 수행하도록 하는 취지에서 KBS 이
사 및 집행기관,[28] 방송문화진흥회 임원,[29] EBS 이사 및 임원[30]에 대
해 연임 가능 횟수를 1회로 제한하였다.[31] 그리고 이들이 정치 활동
에 관여할 수 없도록 하되, 직무 수행 시 부당한 지시·간섭을 금지
하고 의사에 반하여 면직할 수 없도록 해 직무상 독립과 신분을 보
장하고자 하였다.

● 방송편성의 독립성 확보 방안

또한 지상파방송 사업자 및 종합편성·보도전문 PP들이 편성위원
회를 의무적으로 구성하도록 하되, 편성위원회 위원은 노사 동수
또는 방송 사업자 추천 5인, 취재·제작·편성 부문 종사자 대표 추
천 5인으로 구성하도록 하는 안들을 제시하였다. 그리고 편성위원
회가 방송편성규약을 제정하도록 하고 방송 사업자 등의 방송편성
규약 준수 의무를 명시하여 방송편성의 자유와 독립을 확대하고자
하였다. 이사회 회의 공개와 관련하여, 개인 및 법인·단체의 명예
를 훼손하거나 정당한 이익을 해칠 우려가 있다고 인정되는 경우

28　KBS 집행기관은 사장 1인, 2인 이내의 부사장, 8인 이내의 본부장 및 감사 1
인을 말한다.

29　방문진 임원은 이사장 1인을 포함한 9인의 이사와 감사 1인을 말한다.

30　EBS 임원은 사장 1인, 부사장 1인, 감사 1인을 말한다.

31　다만, MBC 사장·임원의 임기 및 연임 제한에 대하여는 현행「방송문화진흥
회법」과 같이 별도로 규정하지 않는다.

등을 비공개 사유에서 제외하고 회의록도 공개하도록 해 투명성을 확보하고자 하였다.

정부, 「통합방송법」 제출

정부는 2015년 11월 26일 「방송법」과 「인터넷 멀티미디어 방송사업법(IPTV법)」으로 이원화되어 있던 방송 서비스 규율 체계를 「방송법」으로 일원화하는 법안을 제출하였다. 개정안은 〈표 7-6〉과 같이 「방송법」 상 지상파방송 사업, 유료방송 사업(종합유선방송 사업, 위성방송 사업, IPTV 사업), 방송채널 사용 사업으로 통합·분류하였다. 방송·통신 융합 추세를 고려하여 방송의 범위를 보다 확대하고자, 데이터방송의 정의에서 '인터넷 등 통신망을 통하여 제공하거나 매개하는 경우를 제외'하는 것을 삭제하고(안 제2조 제1호 다목), 채널의 정의에서 동일한 주파수 대역을 통하여 제공된다는 개념 요소도 삭제하였다(안 제2조 제20호).

〈표 7-6〉 개정안에 따른 방송 사업의 분류

現「방송법」	+	現「IPTV법」	⇒	개정안
○ 지상파방송 사업				○ 지상파방송 사업
				〔유료방송 사업〕
○ SO		○ IPTV 제공 사업		○ SO
○ 위성방송 사업				○ 위성방송 사업
				○ IPTV 사업
○ 방송 채널 사용 사업		○ IPTV 콘텐츠 사업		○ 방송 채널 사용 사업

개정안은 「IPTV법」을 통합하면서 현행 「방송법」에 따른 이종 매체 간 상호 소유 제한 규정에 IPTV 사업자를 유료방송 사업자로 포함시켰다.[32]

「IPTV법」 규정상 IPTV 사업자는 직접사용 채널을 운용할 수 없다(「IPTV법」 제21조 제1항). 개정안에서는 직접사용 채널을 방송프로그램 안내와 공지사항 등을 제작·편성 및 송신하는 '공지 채널'로 한정하고, IPTV 사업자를 포함한 모든 유료방송 사업자가 공지 채널을 운영할 수 있도록 해 유료방송 사업자 간 규제의 형평성을 갖추었다.[33] SO의 경우는 '지역 채널'을 운용할 수 있도록 하고 있는데, 전국사업자인 위성방송이나 IPTV 사업자의 경우도 SO의 지역 채널을 권역별로 재송신하도록 하는 방안 등도 검토되었다.

지상파 UHD 방송 난항

● 700㎒ 대역 주파수 분배에 대한 국회의 관여

지상파 디지털 전환 이후의 여유 대역(미주·아태 700㎒ 대역/유럽·아프리카 800㎒ 대역) 주파수의 분배에 관한 논의가 국회에 구성된 주파수정책소위원회에서 이뤄졌다. 국제적으로는 DTV 여유 대역

---

32 한편, 「IPTV법」은 IPTV 제공 사업자와 타 방송 사업자 간의 소유 제한 규정을 두고 있지 않았다. 「IPTV법」 제정 당시(2008. 1) 소유 및 겸영 규제와 시장 점유율 규제를 같이 적용하는 것은 이중 규제의 우려가 있다는 의견을 반영한 것이다.

33 지상파DMB의 경우만 직접사용 채널을 허용하는 방안이었다.

주파수는 이동통신용으로 사용하는 것이 일반적이었는데, 지상파 UHD 방송에 할당하는 것으로 결정이 되었다. 세계 최초로 700㎒ 대역을 지상파 UHD로 분배한 주파수 공급이었다.

700㎒ 대역 할당 논의 주요 경과[34]

2008년 12월 (구)방송통신위원회는 '디지털TV 채널 배치 계획'에 따라 700㎒ 대역 중 108㎒ 폭 회수를 결정하였다.[35] 이후 2012년 1월에는 700㎒ 대역 중 40㎒ 폭을 이동통신용으로 우선 배정하는 내용을 포함한 '모바일 광개토플랜'[36]을 수립하였다. 그리고 2013년 10월부터 미래창조과학부(미래부)와 방송통신위원회(방통위)는 지상파 UHD 도입 및 700㎒ 대역 분배방안 논의를 위해 공동연구반을 구성·운영하였다(2013. 10~2014. 12, 25회 개최).

세월호 참사 이후 재난안전통신망의 조기 구축이 국무회의(2014.

---

34 국회 미래창조과학방송통신위원회(2015. 11), 주파수정책소위원회 활동 결과 보고서.

35 2008년 12월 확정된 'DTV 채널 배치 계획'에 따라 700㎒ 대역 108㎒ 폭을 회수하였다. DTV 전환 이전에는 앞쪽 54㎒(698~752㎒)는 방송, 뒤쪽 54㎒ (752~806㎒)는 통신용으로 분배되었는데, DTV 전환 기간(2001~2013년)에 한해서 통신용을 방송 임시대역으로 이용하게 했으며, 전환이 끝난 이후에 전체 700㎒ 대역에서 108㎒ 폭을 회수한 것이다.

36 스마트폰 등 보급·확산으로 모바일 트래픽이 급증함에 따라 700㎒ 대역 40㎒ 폭을 포함하여 2020년까지 600㎒ 폭 이상의 신규주파수를 확보하는 중장기계획.

5. 27)에서 결정되었다. 국가정책조정회의(7. 31)에서 700㎒ 대역 중 통합공공망(재난망+철도망+해상망)으로 20㎒ 폭 수요가 제기되었고, 주파수심의위원회(11. 14)에서 통합공공망 주파수 분배방안을 의결하였다.

국회 미래창조과학방송통신위원회(미방위)에서도 '700㎒ 대역 용도' 관련 공청회(11. 11)를 개최하였다. '미래부와 방통위는 통합공공망(20㎒ 폭)은 조속히 분배하고, 잔여 대역(88㎒ 폭, 기결정된 이동통신 대역 재검토 포함)은 지상파 UHD 정책 방안과 연계하여 2015년 상반기를 목표로 분배방안을 마련하겠다'는 입장을 발표하였다. 700㎒ 대역을 이동통신용으로 할당할 것을 주장하는 측은 당시 DTV 여유 대역(미주·아태 700㎒ 대역/유럽·아프리카 800㎒ 대역) 이용계획을 수립한 71개국은 모두 이동통신용으로 결정했고, EU·미국 등은 추가적으로 DTV방송에 사용하고 있는 대역(EU 700㎒ 대역/미국 600㎒ 대역)을 효율화하여 이동통신용으로 활용 추진하고 있다고 하였다. 반면 지상파 UHD로의 할당을 주장하는 측은 이동통신용으로 향후 300㎒ 폭 이상의 가용주파수가 있으며, 지상파 UHD 방송은 700㎒ 대역만이 유일하게 활용가능한 상황이라고 하였다.[37]

이에 주파수소위를 구성, 총 여섯 차례의 회의(2014. 12. 26~2015. 7. 13)를 거쳐 방안을 마련하였다. 지상파 UHD 방송을 선도적으로 도입하고 이동통신 경쟁력도 확보할 수 있도록 700㎒ 대역에서 UHD 방송용으로 5개 채널 30㎒ 폭을 분배하고 이동통신 광대역 주파수로 40㎒ 폭을 분배하는 방안을 결정하였다. 곧이어 국무조정실

---

37 국회 미래창조과학방송통신위원회(2014. 11), 「700㎒ 대역 용도」 관련 공청회.

주파수심의위원회를 거쳐 2015년 8월 21일 주파수분배표도 개정하였다. 당초 정부는 700㎒ 대역 4개와 미사용 중인 DMB 대역 1개를 EBS에 분배하는 안(4+1안)을 제안했으나 늘어나는 보호대역이나 유휴대역을 검증을 통해 좁히고 효율적으로 배분하여 1개 채널을 더 확보하였다. 그리고 '모바일 광개토플랜'에서 통신용으로 40㎒를 확보하는 계획은 변경되지 않았다.

● **UHD 정책 경과**

2015년 12월 방통위와 미래부는 「지상파 UHD 방송 도입을 위한 정책방안」을 수립했고, 2016년 8월 수도권부터 방송사별 700㎒ 대역 주파수 공급이 시작되었다.[38] 2016년 9월에는 UHD 방송 표준방식 기술기준이 제정되었으며, 11월 수도권 지상파 UHD 방송국 허가가 이루어졌다. 그리고 2017년 5월에 수도권에서, 12월에 광역시 및 강릉·평창 지역에서 본방송이 개시되었다.

그러나 전반적인 지상파의 경영난과 함께 지상파 UHD 방송 또한 침체 국면을 벗어나지 못했다. 지상파는 2016~27년 기간 동안 총 6조 7,902억 원을 시설 및 콘텐츠 제작에 투자한다고 했고,

---

38 방송사별로는 KBS2·EBS는 UHD 전국방송 실시를 위해 700㎒ 대역 1개 채널씩 공급하고, KBS1·MBC·민영방송은 단계적으로 먼저 수도권부터 공급하되 광역시권(울산 제외) 및 강원(평창 일원) 지역과 동일한 700㎒ 대역 3개 채널을 공급하고, 울산 및 시군 지역은 기존 DTV 대역 채널 재배치를 통해 지역별로 3개 채널을 추가 공급하기로 하였다.

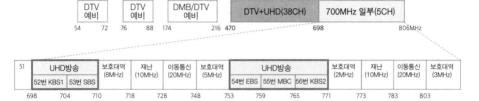

〈그림 7-1〉 지상파 UHD 방송 등 700㎒ 대역 주파수 용도 배정 결과

(수도권 및 주요 광역시)

최근 3년간(2017~19년) 총 6,912억 원(콘텐츠 5,800억 원, 시설 1,112억 원)을 투자했지만 투자 대비 성과를 기대하기 힘든 것으로 보인다. UHD 의무편성 비율(2017년 5%, 2018년 10%, 2019년 15%, 2020년 25%)도 대부분 준수하지 못한 것으로 나타났다.[39] 2019년 12월, 정부는 수도권 지상파 UHD 방송국을 재허가하면서 UHD 방송정책을 재검토하기로 하였다.

이후 2020년 12월 「지상파 UHD 방송 활성화를 위한 정책 방안」을 발표하였다. 현재 수도권·광역시까지 구축된 지상파 UHD 방송망을 2023년까지 시군 지역까지 확대하기로 하였다. 이는 당초 2015년 계획(2020~2021년) 대비 최대 2년(2021~2023년) 순연한 것이었다. 지역방송사의 재정적 어려움 등으로 인해 계획을 현실적으로 수정한 것인데, 2021년 10월 기준 2021년에는 제주지역(KBS)에 구축한다는 계획도 지연되고 있다.

---

39 2019년 지상파 방송사별 UHD 의무편성 비율은 KBS1 13.7%, KBS2 11.4%, MBC 10.5%, SBS 12.7%에 그쳤다.

〈표 7-7〉 지상파 방송사 UHD 시설 및 콘텐츠 투자계획(2016~2027)

	'16	'17	'18	'19	'20	'21	'22	'23	'24	'25	'26	'27	소계
시설	510	1,066	585	902	1,417	1,364	551	589	786	1,410	206	199	9,604
콘텐츠	1	715	1,497	1,833	2,577	3,119	4,423	5,651	7,002	8,371	10,299	12,812	58,298
소계	511	1,781	2,082	2,735	3,994	4,503	4,974	6,240	7,788	9,781	10,505	13,011	67,902

자료: 방통위·미래부(2015.12), 지상파UHD 방송 도입을 위한 정책방안 등

● UHD 재송신 문제

무엇보다도, 지상파 직접 수신이 저조한 것이 UHD 방송 활성화의 가장 큰 한계라고 할 수 있다. 광역시까지의 지상파 UHD 방송망 구축으로 전체가구 수(1,970만)의 68.6%가 시청권에 진입했다고는 하나, 전체가구 수의 93.2%가 유료매체를 이용하고 있는 현실에서 [40] 지상파 UHD 채널의 유료방송 재송신이 되지 않으면 UHD 방송 활성화는 쉽지 않기 때문이다. 현행 HD 방송처럼 45개의 지상파 (중앙 5개, 지역 40개)를 통해 UHD 방송을 제각기 송출하는 것도 콘텐츠를 중복 송출하고 주파수 및 자원을 낭비하게 되므로 합리적인 지상파 UHD 방송 재송신 정책이 마련되어야 한다.[41] 700㎒ 대

---

40 방송통신위원회·과학기술정보통신부(2020. 12),「지상파 UHD 방송 활성화를 위한 정책 방안」.

41 2021년 7월에도 과기정통부는 '유료방송제도 개선방안'을 발표했는데, UHD 방송 재송신 정책으로 유료 방송 사업자가 HD·UHD를 복수로 재송신하는 경우 UHD 채널의 콘텐츠 사용료는 무료로 하는 방안이 제시되었다.

역 주파수를 UHD 방송에 할애해서 전국방송의 기반을 마련했지만 결국 UHD 방송은 난항을 겪고 있다. 방송 전반의 상황을 고려한 정책 결정에 대한 아쉬움이 남는다.

●UHD 기술표준 혼선

지상파 3사는 유럽방송표준(DVB-T2)을 적용한 세계 최초의 지상파 UHD 실험방송을 2012년 이미 선보였고 특히 2014년 브라질 월드컵과 아시안게임 경기를 UHD로 실험 생중계하였다. 2014년 10월 TTA(한국정보통신기술협회)도 DVB-T2 기반 잠정표준을 제정하였다.

지상파 UHD를 위한 700㎒ 주파수 대역 할당이 이루어진 직후인 2015년 8월 미래부는 지상파 UHD 방송을 위한 표준을 마련하기 위해 각계 전문가 협의회를 출범시켰다. 유럽식(DVB-T2) 표준과 미국식(ATSC 3.0) 표준 간 검토가 진행되었고, 지상파도 2015년 9월부터 미국식 기반의 UHD 실험방송을 실시했으며, 결국 2016년 9월 30일 미국식 전송방식으로 결정되었다.[42] 과거 DTV 전송방식 결정에 있어서 큰 정책적 혼선을 빚은 것에는 미치지 못하더라도 전송방식을 두고 석연치 않은 면들이 있다.[43]

---

42 북미식(ATSC 3.0) 전송방식이 수신 안정성뿐만 아니라 인터넷을 기반으로 한 다양한 부가서비스를 제공 측면에서 유리하다고 판단하였다(국회 입법조사처 현안 보고서(2016. 12. 30), 국내 UHD 서비스 현황과 개선과제, p.19).

43 DTV 전송방식이 미국식임에도 불구하고 UHD 실험방송을 유럽식 표준으로 한 지상파들의 저의가 의심스럽고, 미국식 전송방식으로 결정되기 전 유럽

● 700㎒ 대역 경매 유찰

미래부는 '700㎒ 대역 40㎒는 한 통신사에게만 배분이 가능하고 경매할 경우 약 1조 원 이상 확보될 것'으로 예상하였다.[44] 2016년 5월 1~2일 진행된 주파수 경매 결과는 〈표 7-8〉과 같다. D블록인 2.6GHz 광대역 주파수만 가격이 2,947억 원 상승했을 뿐 나머지는 최저경쟁가격에 낙찰되었고, 게다가 700㎒ 대역은 유찰되었다.

700㎒ 대역은 이동통신 용도 이외에 지상파 UHD 방송, 재난통신망이 함께 사용하고 있어, 보호대역으로 18㎒ 폭을 마련해왔음에도 주파수 간섭으로 인한 혼선 문제가 제기되어 왔기 때문이다.[45]

식 UHD TV가 100만 대 이상 판매된 것에 대해서도 비판이 제기되었다. 미래창조과학부는 이러한 비판에 대해 "지상파 UHD 방송 표준방식은 유럽식 (DVB-T2)에서 미국식(ATSC3.0)으로 변경된 것이 아니라 2016년 9월 30일 처음으로 미국식으로 결정한 것이다"라며, 또한 "지상파 방송사는 2012~14년 기간 중 기술확보·테스트 등을 목적으로 유럽방식의 실험방송을 하였는데 이는 방송사가 자체적으로 결정하여 실시한 것이며", "가전사는 프리미엄 TV 신시장 개척 등을 위해 국내 방송표준과 무관하게 2012년부터 UHD TV를 판매하였는데 2012~13년 모델은 지상파 UHD 수신기능이 없었으며, 2014~16년 모델은 유럽식 수신 칩을 탑재하였으나 이는 가전사가 자체적으로 판단하여 제작·탑재한 것이다"라고 설명하였다[대한민국 정책브리핑 (www.korea.kr), 2017. 04. 13].

44 국회 미래창조과학방송통신위원회(2015. 11) 주파수정책소위원회 활동 결과 보고서. 주파수 소위는 2014년 12월~2015년 7월까지 운영되었다.

45 700㎒ 대역에서 이동통신용으로 공급하려는 40㎒ 폭 중 상향링크 20㎒ 폭에는 무선마이크 혼선 대역이 겹쳐 있어 700㎒ 대역은 불완전하게 활용이 가능하다는 주장이 그것이다[이상운, 「700㎒ 대역 용도」 관련 공청회(2014. 11.

그동안 700㎒ 주파수를 이동통신용으로 확보해야 한다는 정부의 주장에도 불구하고 실제 사업자들은 필요성을 느끼지 않은 것이다.

〈표 7-8〉 2016년 주파수 경매 대상 주파수 및 낙찰 결과

구분	A 블록	B 블록	C 블록	D 블록	E 블록
대상 주파수	700㎒ 대역 40㎒ 폭	1.8GHz 대역 20㎒ 폭	2.1GHz 대역 20㎒ 폭	2.6GHz 대역 40㎒ 폭	2.6GHz 대역 20㎒ 폭
최저경쟁가격	7,620억 원	4,513억 원	3,816억 원	6,553억 원	3,277억 원
낙찰가	–	상동	상동	9,500억 원	상동
낙찰자	유찰	KT	LGU+	SKT	SKT

자료: 디지털데일리(2016. 05. 02), '비싸고 불안하고' 700㎒ 외면…
저대역 황금주파수 의미 퇴색

3. 유료 방송시장의 변화

합산 점유율 규제로 사업자 간 규제를 통합하면서 권역별 규제도 사라져 IPTV 사업자와 SO 사업자 간의 M&A가 가능해졌다. 2016년 SK텔레콤의 CJ헬로비전 인수 시도가 있었으며, 합산 점유율 규제가 일몰된 후에도 권역별 규제는 없어진 상황이라 2019년 LGU+의 CJ헬로 인수, 2020년 SKB와 티브로드의 합병, 2021년 KT스카이라이브의 HCN 인수도 가능하게 되었다.

---

11) 의견진술 자료 중).

SK의 CJ헬로비전 인수 및 합병 시도

2015년 11월 2일 SK텔레콤은 SO인 CJ헬로비전 발행 주식 30% 취득 및 SK브로드밴드와의 합병 계약을 체결하고 2015년 12월 1일 동 기업결합을 공정거래위원회(위원장 정재찬)에 신고하였다. 공정위는 동 기업결합이 유료방송 시장, 이동통신 소매시장 및 이동통신 도매시장 등 방송 및 통신 시장에서의 경쟁을 실질적으로 제한할 우려가 있다고 판단하여 2016년 7월 18일 이를 불허하였다.[46]

공정위는 유료방송의 지리적 시장을 방송권역별로 획정하여[47] 판단 근거로 삼았다. 23개 각 지역에서 서비스를 제공하며 대부분에서 50% 내외의 점유율을 보유하고 있는 CJ헬로비전과 경쟁 관계의 IPTV 사업자인 SK브로드밴드가 결합할 경우, 동 지역 시장에서 경쟁압력이 크게 감소될 우려가 있고, 독과점적 구조가 회복되기 어려운 수준으로 악화될 수 있다고 판단하였다. 즉, 23개 방송구역 중 21개 구역 방송시장에서 결합 회사들의 시장점유율은

---

46 공정거래위원회 보도자료(2016. 7. 18).

47 결합당사자들은 유료방송의 지리적 시장을 전국으로 획정할 것을 주장하였다. SO 겸영 제한 규제도 전국 규제로 전환되었고, 당시 유료방송 합산점유율 규제도 전국단위로 통합규제를 하며, 방송권역이 다른 SO 간에는 IPTV나 위성방송을 매개로 동일한 경쟁 압력에 노출되는 '연쇄적 대체성'이 존재한다는 주장이었다. 2015년 12월 말 기준 유료방송 전체 가입자는 2억 8,182천 명이었고 플랫폼별 가입자 비중은 IPTV 40.3%, SO 48.7%(디지털 케이블TV 26.6%, 아날로그 케이블TV 16.65, 8VSB 케이블TV 5.6%), 위성 11.0%였다.

46.9~76.0%에 이르고,[48] 2위 사업자와의 격차도 최대 58.8%p에 이르는 등 시장 지배력이 더욱 강화될 것이라 보았다. 이로 인해 16개 방송구역별 유료방송 시장에서 경쟁을 실질적으로 제한하는 것으로 추정하였다(「공정거래법」 제7조 제4항 제1호).[49]

또한 이동통신 시장에서 독행기업[50]으로 가격·서비스 경쟁을 선도했던 알뜰폰 1위 사업자인 CJ헬로비전을 SK텔레콤이 인수할 경우, 이동통신 소매시장에서 경쟁 압력이 크게 감소될 우려가 있고,

〈그림 7-2〉 SK의 CJ헬로비전 인수 및 합병 기업결합 구조

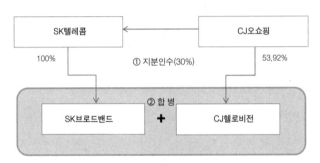

자료: 공정거래위원회 보도자료(2016. 7. 18)

---

48 2015년 6월 기준, 23개 방송구역에서 CJ헬로비전의 평균 점유율은 48.8%, SK브로드밴드와의 합병 후에는 57.2%에 달하게 되고, 전체 시장을 기준으로 볼 때, CJ헬로비전의 점유율은 13.6%, SK브로드밴드는 12.3%로 양 사의 합병 후에는 25.9%를 차지하게 되는 상황이었다.

49 ①결합 후 당사 회사의 시장점유율 합계가 50% 이상으로, ②1위 사업자이고, ③2위 사업자와의 차이가 그 합계의 25% 이상이므로 경쟁 제한성 추정 요건에 해당한다는 것이다.

50 독행기업(maverick)은 공격적인 경쟁전략을 통하여 기존 시장 질서의 파괴자 역할을 함으로써 가격 인하와 혁신을 주도하는 기업을 말한다.

이동통신 도매시장에서도 KT, LGU⁺ 등 경쟁 도매 사업자들의 판매선이 봉쇄될 우려도 있다는 판단을 하였다. 이에 SK텔레콤은 CJ 오쇼핑과의 주식매매 계약 등을 해제하고 미래창조과학부(장관 최양희)에 인허가 신청을 취하하였다.

● 심사 절차, 공정위 결정에 기속

SK의 CJ헬로비전 인수 및 합병 건은 공정위의 금지 처분으로 당시 미래창조과학부와 방송통신위원회의 추가적 절차를 거치지 못하고 종결되었다. 합병 당사자인 SK텔레콤의 취하 신청도 있었으나 실제 공정거래위원회의 금지 결정은 다른 소관 부처들을 기속하기 때문에 인수·합병 절차를 계속하는 것에는 한계가 있었다. 이처럼 미래부나 방통위와 같은 전문 규제기관의 의견이 반영되지도 않은 채 공정위와 같은 일반경쟁 규제기관의 판단만으로 절차가 종결되는 경우는 바람직하지 않아 보인다.

〈그림 7-3〉 유료방송 사업자 인수·합병 심사 절차

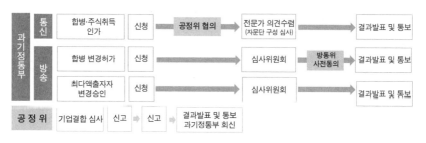

자료: 미래창조과학부 보도자료(2019. 12. 13)

● 전문 규제기관과 법원의 역할에 대한 외국 사례

외국의 경우, 여러 규제기관 중 어느 일방의 의견으로 절차가 종결되지 않도록 사전 상호 의견 조정과 결정에 대한 보완적 절차를 거치도록 하고 있다. 독일에서는 일반경쟁 규제기관인 '연방카르텔청(Bundeskartellamt)'이 합병을 금지하더라도 합병 당사 기업들은 '연방경제기술부' 장관의 허가를 신청할 수 있다. 합병으로 인한 경제적 성과가 합병의 경쟁 제한성을 상쇄하거나 합병이 압도적인 공익에 의해 정당화될 경우가 허가의 요건이다. 영국도 경쟁당국인 '경쟁시장청(CMA)'의 경쟁관점에서의 심사와 방송·통신 규제당국인 '커뮤니케이션청(Ofcom)'의 공익성 심사의 결과를 '기업에너지산업 전략부' 장관이 최종결정하는 구조이다. 미국은 M&A를 관할하는 법무부(DOJ)가 인수·합병을 단독으로 저지할 수 없고, 저지하려면 법원에 제소를 해야 한다. 소송에서 인수·합병의 경쟁 제한성에 대한 입증 책임은 법무부에 있다.

이러한 외국의 사례들을 종합해보면 일반경쟁 규제기관의 독자적인 판단과 결정만으로는 인수·합병을 저지할 수 없다는 것이다. 즉, 독일과 영국의 경우 전문 규제기관 및 행정당국의 판단을 받을 수 있는 절차가 있고, 미국의 경우는 법원의 결정이 필요하다(김태오, 2019).

● 심사 절차의 개선 필요

우리나라처럼 방송·통신 기업의 인수·합병을 어느 한 기관의 결정이 타 기관의 결정을 기속하고 한 기관이 반대하면 인수·합병이 무산되는 구조는 바람직하지 않다. 경쟁 제한성이 있더라도 그보다 더 큰 산업적 이익이나 공익적 측면에서 허용해야 할 경우가 있다. 「전기통신사업법」(제18조 제6항)에서 기간통신사업의 인수·합병 등에 있어 공정위와 협의를 거치도록 하고 있지만 이러한 절차가 효과적으로 운용되고 있는지는 의문이다. SK텔레콤의 CJ헬로비전 인수 및 합병 건은 공정위 심사로 실질적으로 종료되었기 때문이다. 공정위, 미래창조과학부(과기정통부), 방통위 간에 상호 원활한 협의는 물론, 심사 순서도 부처별로 순차적으로 진행할 것이 아니라 종합해서 결정을 내릴 수 있는 절차 및 이를 위한 제도적 개선이 필요하다.

● 경쟁사들의 반대

SK텔레콤의 CJ헬로비전 인수·합병에 대하여 경쟁사인 KT와 LGU⁺의 반대가 심하였다. 이들은 토론회 및 기자설명회에서 합병에 반대하는 의견을 개진하고 주요 일간지에 합병을 반대하는 광고를 게재하기도 했다.[51] 경쟁사들은 동 인수·합병이 허용될 경우 정부의 방송 정책과의 충돌, 방송의 공공성·공익성 훼손, 지역방송산업의 고사, 지배력 전이, 소비자 피해 등 심각하고 다양한 문제가 우려된다고 하였다.

---

51 2016년 3월 14일, "SK텔레콤에 묻습니다. CJ헬로비전을 인수·합병하려는 진정한 의도는 무엇입니까?", 2016년 3월 28일, "SK텔레콤은 나쁜 인수·합병을 포기하십시오" 등의 광고를 통해 여론전을 하였다.

특히 「방송법」 개정안에 의할 경우 합병은 불가하다는 주장을 하였다.[52] 당시 「통합방송법」이 국회에 제출되었고(2015. 11. 26), 정부는 소유 규제 완화 방침을 지속적으로 밝혀왔었다. 유료방송 사업자 간 소유 및 겸영 규제는 「방송법」 시행령(제4조 제5항)에 위성방송 사업자의 SO에 대한 소유 제한(33%) 규정이 있었다. 하지만 IPTV의 SO에 대한 소유 및 겸영 규제는 없는 상황이었다. 결국 위성방송 사업자의 SO 소유 제한 규정도 시행령 개정(2017. 12. 12)으로 삭제되었고, IPTV 사업자의 SO 소유 제한은 규정되지 않았으며 「통합방송법」도 아직 제정되지 않았다.

그리고 지역 기반의 SO가 아닌 전국 사업자인 IPTV 사업자가 지역 채널을 보유 및 운영하게 되어 방송의 공공성과 지역성을 훼손하며, 나아가 지역보도, 선거방송을 통해 지역여론을 장악함으로써 국회의원, 지자체장 등에 대해 영향력을 행사할 것이라고 했다.

SK텔레콤의 CJ헬로비전 인수·합병은 결국 무산되었다. 그런데 이후 2019년 LGU⁺가 CJ헬로 인수를 진행하였고, 2020년 11월 KT도 스카이라이프를 통한 HCN 인수에 대한 인가 신청 후 2021년 8월 인가를 받았다. 그러나 이전의 SK텔레콤의 합병 반대 주장에 대한 해명은 없었다.

---

52 KT와 LGU⁺ 경쟁 사업자들은 IPTV 사업자도 위성방송과 마찬가지로 전국 사업자이므로, 「방송법」이 개정되면 IPTV 사업자의 SO에 대한 소유 제한도 33% 규제를 받게 되므로 IPTV 사업자(SKB)와 SO(CJHV) 간 합병은 불가하다고 하였다. 최소한 법 개정 이후에 심사를 진행해야 한다고까지 주장하였다.

4. 시민사회단체의 신뢰 저하

시민사회단체의 신뢰 저하와 다양한 여론 형성 과정

2013~16년간의 '사회통합조사' 자료에 따르면 정부와 시민단체 모두에 대한 불신은 더 높아진 추이를 보여준다. 정부 신뢰도는 34.2%에서 24.6%로, 이보다는 높은 시민단체 신뢰도도 50.5%에서 47.2%로 줄어들었다(주성수, 2017). 이러한 현상으로 보아 특히 이명박, 박근혜 정부를 거치면서 시민언론운동의 영향력이 퇴조하고 있다는 주장들이 제기되고 있다. 정한울(2016)에 따르면, 제도로서의 시민단체, 시민단체 지도자, 개별기관(참여연대)에서 공히 신뢰도 하락 현상이 나타나고 있다. 2000년대 중반까지의 조사 결과에 따르면, 시민단체는 타 기관이나 조직들에 비해 높은 신뢰를 받았으나, 참여정부 말기와 이명박 정부 초기(2007~09년) 시기부터 군과 대학에 밀려 2~3위로 밀려났고, 2016년 조사에서는 방송사, 포털, 신문사에도 밀려 중위권 수준으로 더 떨어지는 것으로 나타났다. 특히 특정 이념적 성향을 기반으로 활동을 전개하는 시민단체들일수록 정치적·이념적 지지 기반이 약화되고 있다고 한다.

　시민들의 시민운동단체에 대한 전반적인 신뢰 저하의 원인으로는, 참여정부 이후 진보 개혁 성향의 시민단체든에 맞서 뉴라이트 등 보수적 정치 활동을 표방하는 단체들이 등장하면서 시민단체에서의 이념적·정치적 대립이 심화된 상황에도 기인한다. 또한 민주화 이후 수차례 정권교체를 거치면서 시민단체 인사들이 정치권과 정부 기관에 다수 진출했지만, 국가와 사회의 갈등 조정과 개혁에 기여를 했다기보다는 시민운동을 권력으로 진출하는 발판으로 삼았다는 비판 또한 일리가 있다. 시민단체가 정치적으로 편향되어 갈등을 더 증폭시켜 사회적 비용을 초래했고, 전문성을 가지고 대안을 제시하기보다는 오히려 정부의 정책적 정당성을 보완해주는 수단으로 활용되었다는 비판도 제기되고 있다(정한울, 2016; 정연우, 2017).

● 다양한 시민활동과 여론형성 과정

이명박 정부, 나아가 박근혜 정부에서도 시민사회와 시민운동에 대한 담론의 위축, 지원의 축소 등이 계속되면서 많은 활동가들은 지방 차원의 풀뿌리 운동을 추진하였다. 지역에서 소규모 영유아 보육, 아동교육, 도서관 활성화, 지방 문화제 발굴, 지역축제, 협동조합 등이 활성화되었고, 시민언론 운동도 퍼블릭액세스, 마을미디어, 대안미디어 등 지역 의제 중심의 언론 운동과 지역단체 간의 유기적 연대활동으로 변화하기도 하였다(박상필, 2015; 박민 등, 2020).

동시에 새로운 미디어 환경에 따라 정치적 의사를 표출, 동원, 관여하는 방식에도 중대한 변화가 일어났다. 전통적인 공간에서의 정치참여는 쇠퇴하고 있지만, 집회나 시위 등과 같이 덜 제도화되고 더 자발적인 형태의 정치참여는 증가하는 것이다. 1989~2015년 기간 동안 등록된 NGO 수는 열 배 이상으로 늘어났지만, 그에 비해 회원 수는 세 배 이상도 되지 않았다는 통계가 이를 뒷받침하고 있다. 발달된 인터넷망과 SNS 등 IT 인프라의 뒷받침도 이

러한 상황에 일조했다고 할 수 있다. 2014년 세월호 사태와 2016
년 탄핵과 같은 큰 사회적 사건에서 연인원 수백만 명 이상이 촛불
집회 등에 참여하는 것도 시민들이 직접 스마트폰 등을 통해 정보
를 접하고 의견을 표출하는 여건이 일반화되었기 때문이다(주성수,
2017).

제8장

문재인 정부

1. 소득주도 성장에서 혁신 성장으로

박근혜 전 대통령의 탄핵으로 2017년 5월 10일 치러진 19대 대선과 함께 임기를 시작한 문재인 정부는 인수위원회 없이 출범하였다. 사실상 인수위원회를 대신한 국정기획자문위원회(위원장 김진표)는 2017년 7월 19일 '국민의 나라 정의로운 대한민국'이란 국가비전을 선포하고, 5대 국정 목표로 '국민이 주인인 정부, 더불어 잘사는 경제, 내 삶을 책임지는 정부, 고르게 발전하는 지역, 평화와 번영의 한반도' 등을 제시하였다. 이를 실천하기 위한 20대 중점전략, 100대 국정과제, 복합·혁신과제,[1] 487개의 실천과제 등도 구체

---

1 100대 국정과제와 별도로 새 정부 국정 비전을 부각할 수 있고 최우선적으로 추진해야 할 4대 복합·혁신과제로 '불평등 완화와 소득주도 성장을 위한

화하였다.

문재인 정부의 정책 중에서 집권 초 가장 많은 논란을 불러일으킨 정책은 '소득주도 성장정책'일 것이다. 가계소비는 수출이나 투자보다 고용 유발효과가 더 커 성장률에 긍정적인 영향을 미치므로 가계소득 증대를 통해 총수요 진작 및 성장 견인을 이룰 필요가 있다는 것이 소득주도 성장론의 주요 논거이다(홍장표, 2015). 그리하여 먼저 최저임금 인상을 추진하였다.[2] 국가 간 비교에서 평균임금 산출 기준을 동일하게 적용할 경우 한국의 최저임금의 상대수준은 대체로 11위 정도가 되었다(오상봉, 2019).[3] 우리나라 1인당 연간 노동시간은 1,988시간(2018년 기준)으로, 2012년부터 OECD 국가 중 멕시코 다음으로 2위를 유지하고 있다는 사실 등을 고려하여 주 52시간 근무제[4] 등의 근로시간 단축 정책도 도입되었다.[5]

일자리 경제, 4차 산업혁명을 선도하는 혁신 창업국가, 교육·복지·노동 체계 혁신으로 인구절벽 해소, 자치분권과 균형발전' 등을 제시하였다.

2   최저임금은 6,470원(2017), 7,530원(2018), 8,350원(2019), 8,590원(2020), 8,720원(2021), 9,160원(2022)으로 5년간 42%가 인상되었다. 2022년 최저임금(9,160원)은 공약으로 내세웠던 1만 원에는 못 미치나 월급으로 환산하면 191만 4,440원에 해당한다.

3   OECD 36개국 중 법정 최저임금 제도가 없는 8개 국가(오스트리아, 덴마크, 핀란드, 아이슬란드, 노르웨이, 스웨덴, 스위스, 이탈리아)를 제외하고 또 통계적으로 기준을 적용하기 어렵거나(칠레, 멕시코, 캐나다) 장기간 인상하지 않는 국가(미국, 그리스) 등을 제외한 23개국을 비교하였다.

4   주 52시간 근무제는 평일 법정 근로시간을 1일 8시간으로 유지하고 연장 근로시간은 주중과 주말을 포함하여 12시간으로 한정하는 정책이다. 사업

남북 관계 개선에 많은 노력을 기울였다. 2018년 2월 평창 동계 올림픽에 북한이 고위급 대표단을 파견한 것을 시작으로, 4월과 5월 판문점에서 그리고 9월 평양에서 총 세 차례의 남북 정상회담이 성사되었다.[6] 이로 인해 남북 화해와 협력의 새로운 시대가 열릴 것이라는 기대가 크게 고조되었지만 2020년 이후 남북 관계는 냉각되었고 2021년 현재 남북 관계 회복의 전기는 마련되지 않고 있다.

그리고 범정부적으로 4차 산업혁명을 새로운 성장과 일자리 창출의 기회로 삼는 것을 목표로, 2017년 10월 4차산업혁명위원회[7]를 신설하고 과기정통부에 '4차 산업혁명 지원단'을 두었다. 집권 후반기

자 규모에 따라 실행 시기가 다르지만 2021년 7월 1일 전면 시행되었다. 단, 2022년 12월 31일까지 30인 미만의 사업장은 노사 합의를 통해 특별연장근로 8시간을 허용하기로 하였다.

5 한국의 2018년 전 산업의 노동생산성 순위는 OECD 36개국 중 22위로 OECD 평균(92,285달러)을 기준(=100)으로 대비할 시 78,795달러로 85.4 수준이며, 1위인 아일랜드(178,028달러)와 3위인 미국(123,809)과는 격차가 크다(한국생산성본부, 2020).

6 동시에 2018년 6월의 싱가포르에서의 북미 정상회담, 2019년 2월 베트남 하노이에서의 2차 북미 정상회담에 이은 2019년 6월의 남북미 정상회동 등도 진행되었다.

7 동 위원회는 대통령령인 「4차산업혁명위원회의 설치 및 운영에 관한 규정」에 근거를 두고 설치되었다. 위원회는 국무총리와 민간위원 2명의 위원장 체제로 40명 이내의 위원으로 구성하며 산하에 '데이터, 스마트시티, 디지털 헬스케어' 특별위원회를 두고 있다. 또한 2018년 3월 '정부혁신전략회의'를 통해 「정부혁신 종합 추진계획」을 발표한 이후 매년 계획을 수립하고 추진하고 있다.

인 2020년 7월에는 코로나19가 불러온 경제위기를 극복하고 나아가 국가의 새로운 미래를 설계하기 위해 '한국판 뉴딜 종합계획'을 발표하였다.[8] 2022년 예산에서도 드러나듯이 코로나19의 파급으로 인한 대응에 총력을 기울이고 있는데, 2021년에 비해 8.3% 증가한 총지출 604.4조 원의 예산(안)을 편성했고, 이 중 보건·복지·고용 분야의 예산이 216.7조 원에 달하고 있다. 한편 국가채무는 처음으로 1,000조를 넘어선 1,068.3조 원으로 GDP 대비 50.2%에 달하게 되었다. 그리고 부동산 정책 실패로 많은 원성을 들었다.

2. 최소한의 정부조직 개편

과학기술정보통신부와 방송통신위원회

2017년 5월 10일 대선과 함께 바로 임기가 시작되면서 「정부조직법」도 임기 개시 한 달 만인 6월 9일 발의를 거쳐 2017년 7월 26일 시행되었다. 이에 따라 미래창조과학부를 과학기술정보통신부로 변경하고 제1·2차관과 별도로 과학기술정책을 총괄하고 R&D 사업의 예산심의·조정 및 성과평가를 전담하는 차관급 조직인 '과학

---

8 한국판 뉴딜은 경제의 디지털 혁신과 역동성을 확산하기 위한 '디지털 뉴딜', 친환경 경제로 전환하기 위한 '그린 뉴딜', 코로나로 심화된 불평등 격차를 완화하기 위한 '휴먼 뉴딜', 지역의 활력과 국가균형발전을 도모하는 '지역균형 뉴딜'로 구성되어 있으며, 2025년까지 국비 114.1조 원을 포함 총 160조 원을 투자하여 190만 개의 일자리를 창출한다는 계획이다.

기술혁신본부'를 설치하였다.[9] 기술창업 활성화 및 창조경제 진흥 업무를 담당하던 창조경제기획국은 중소벤처기업부로 이관하였다. 그리고 중소기업청을 중소벤처기업부로 승격 개편하며, 산업통상자원부에 통상교섭본부를 설치하였다. 국민안전처와 행정자치부를 통합하여 행정안전부로 변경하고 재난안전관리본부를 설치하였다. 국가보훈처를 장관급 기관으로 승격시키고, 대통령경호실(장관급)을 대통령경호처(차관급)로 개편했으며, 소방청과 해양경찰청을 설치하였다.

방송 거버넌스 개편 모색

● KBS, 사장추천 국민위원회 및 특별다수제 도입 방안

21대 국회에서 주로 여당 의원에 의해 KBS 이사 및 임명 절차 관련 「방송법」 개정안 등이 발의되었다.[10] 개정안들은 〈표 8-1〉과 같이 KBS의 이사를 11인에서 13인으로 증원하도록 하였다. 그리고 KBS

---

9 과기정통부는 장관과 3명의 차관급 외에 실·조정관(5명), 국·관(20명), 과·담당관·팀(76명) 등 총 815명의 정원을 보유하고 있다. 이에 반해 방통위는 정무직 방통위원 5명 외에 처장(1명), 국·관(5명), 과·담당관·팀(20명)의 조직으로 정원은 240명이다(과기정통부 및 방통위원회, 2021년 국정감사 자료).

10 정청래 의원 발의 「방송법」 개정안(2020. 6. 11, 2020. 6. 12)과 정필모 의원이 2020년 11월 12일 발의한 「방송법」, 「EBS법」, 「방문진법」, 「방통위 설치법」 등이다. 정필모 의원 안은 EBS 이사(9인에서 13인으로 증원)와 사장, 방문진 이사(9인에서 13인으로 증원)와 MBC 사장도 KBS 이사와 사장 임명과 유사한 절차에 따라 임명하도록 하는 안을 담고 있다.

의 사장 선임과 관련하여 KBS 이사회에 100인 이내(홀수)의 '사장추천위원회' 또는 성별·연령·지역 등을 고려한 100명의 '사장후보추천국민위원회' 등을 구성해서 복수로 추천하도록 하고, 이사회는 재적이사 2/3의 찬성으로 의결하는 특별다수제를 도입하는 내용이다.[11]

전술하였듯, 지난 제19대, 제20대 국회에서도 KBS, EBS, 방송문화진흥회의 이사회 및 사장 선임과 관련한 다수의 방송 지배구조에 관한 개정안이 발의되었다. 20대 국회의 경우〈표 8-1〉과 같이 박홍근 의원 발의안 등이 대표적이다. 관련 상임위(미래창조과학방송통신위원회, 과학기술정보방송통신위원회)는 물론 특위(방송공정성특별위원회)를 구성하여 논의를 거쳤으나, 여·야 간 이견과 정부, 방송사업자 및 학계·시민단체 등에서도 개진된 다양한 의견들 사이에서 합의에 이르지는 못했다.

방송미래발전위원회

방송통신위원회는 각계 전문가 및 시민단체 추천 등 18인의 위원들로 구성된 자문기구인 '방송미래발전위원회(위원장 고삼석)'를 구성하여 2017년 10월부터 2018년 8월까지 활동했다. 동 위원회는 공영방송 지배구조 개선과 방송제작 자율성 제고 방안을 중심으로 정책제안서(안)를 마련했다.

---

11 KBS는 2018년 사장 선임 시 공모방식과 더불어 정책발표회 및 150인으로 구성된 시민자문단이 평가에 참여하는 국민 참여 방식을 도입하여 이사회가 제청하는 방식을 적용한 경험을 가지고 있다.

먼저 공영방송 지배구조 개선과 관련하여, 정치적 후견주의 통제, 합의적 제도의 강화, 과정의 투명성 강화의 원칙 하에 방안을 마련하였다. 공영방송(KBS, 방송문화진흥회, EBS) 이사회 구성 관련, 이사는 방통위 또는 국회가 추천(또는 임명)하되, 정파성을 최소화한 중립지대 이사(가칭)를 정원의 1/3 이상 포함하여 구성하도록 했는데, 중립지대 이사는 여야 추천 방식이 아니라 독립성과 전문성을 갖춘 후보자가 개방형으로 추천되고 행정부(방통위)와 국회가 각각 거부권을 행사하는 등 상호 견제의 원칙이 실현될 수 있도록 구성하는 방안이 제시되었다. 사장 선임의 경우, 중립지대 이사가 포함된 이사회 구성의 개선을 전제로 공영방송 사장추천위원회의 설치 여부 및 사장추천 의결 시 특별다수제(재적 이사 2/3 찬성) 도입 여부를 이사회가 자율적으로 결정하도록 하였다. 그리고 이사 임기 교차제 및 연임 제한, 방문진 보궐이사 규정 정비, KBS 이사장 상임직 전환, 이사회 회의록 공개 등도 검토 제안되었다.

다음으로 방송제작 자율성 제고 관련 방송의 공정성·독립성 및 사회적 책임 구현을 위해 '편성위원회'의 기능 강화와 편성규약의 실효성 확보를 위한 정책을 제시하였다. 지상파 및 종합편성·보도전문편성 PP가 사업자 대표와 종사자 대표 동수로 편성위원회를 구성·운영하도록 의무화하였다. 그리고 편성위원회의 직무 범위를 제작 자율성 침해에 관한 사항의 심의·의결, 편성규약 제·개정, 보도·제작·편성 분야 간부 임명 관련 종사자 의견 반영 제도 운영, 시청자위원회 구성 참여 등으로 구체화하였다. 그리고 제작·편성 과정에서 발생하는 분쟁 조정을 위해 사업자·종사자 동수 추천, 시청자위원회 추천 및 방통위 추천을 통한 인사들로 구성된 '분쟁중재기구'를 설치하고 운영하는 제도를 제안하였다.

〈표 8-1〉 개정안에 따른 KBS 이사회 및 사장 임명 방안

구분		현행	박홍근 의원 안 〔20대 국회〕	정청래 의원 안 (2020. 6. 11, 12)	정필모 의원 안 (2020. 11. 12)
이사회	인원	11인	13인	13인	13인
	고려 사항	각 분야의 대표성	방송에 관한 전문성, 지역성 및 사회 각 분야 대표성	각 분야의 대표성 (공사와 공사 소속 구성원, 방송 관련 학계 및 관련 시민단체 등이 추천하는 사람을 과반으로 구성)	
	임명	방통위 추천 (재적위원 과반 찬성) ↓ 대통령 임명	국회 추천 (여7, 야6) ↓ 대통령 임명	방통위 추천 (재적위원 과반 찬성) ↓ 대통령 임명	이사 후보 추천 국민위원회 추천 ※「방통위설치법」 30조 ↓ 방통위 제청 ↓ 대통령 임명
사장	자격	없음		결격사유(6가지) 신설	
	절차	이사회 제청 ↓ 국회 인사청문 ↓ 대통령 임명	사장추천위원회 구성 (KBS 이사회) ↓ 사추위 추천 (2/3 찬성) ↓ 이사회 제청 (2/3 찬성) ↓ 국회 인사청문 ↓ 대통령 임면	공모 ↓ 사추위 구성 및 의결 (3배수 추천) ↓ 이사회 제청 (2/3 찬성) ↓ 국회 인사청문 ↓ 대통령 임면	사장후보추천 국민위원회 구성 (KBS 이사회) ↓ 사추국민위 추천 (복수 추천) ↓ 이사회 제청 (2/3 찬성) ↓ 국회 인사청문 ↓ 대통령 임면
	사추위 (사추 국민 위)	없음	• 위원장 포함한 15명 이내의 위원 • 임기만료일 60일 전에 구성 • 사장추천 시 2/3 찬성 의결(다섯 가지 고려사항)	• 100인 이내 홀수(국민 50%, 공사직원 50%) • 사장 임기만료일 60일 전에 구성(결격사유 여섯 가지) • 과반수 찬성 의결(다섯 가지 고려사항)	• 성별·연령·지역 등을 고려한 100인의 위원 • 결격사유: 미성년자, 외국인, 공사의 임직원 • 사장추천국민위가 후보자 추천 후 3개월 경과 시 이사회는 과반수 찬성 의결

자료: 국회 과학기술정보방송통신위원회 검토보고서 재구성

● **방송편성 자율성 보장**[12]

정필모 의원의 「방송법」 개정안(2021. 2. 3)은 〈표 8-2〉와 같이 지상파방송 사업자와 종합편성・보도전문 PP로 하여금 편성위원회를

〈표 8-2〉 방송편성 자율성 보장 개선안

구 분	현 행	박홍근 의원 안 〔20대 국회〕	정필모 의원 안 (2021. 2. 3)
편성위원회 구성	-규정 없음 ※사업자 자율	-구성 의무 ※대상: 지상파 사업자, 종합편성・보도전문 PP	-구성 의무 ※대상: 지상파 사업자, 종합편성・보도전문 PP
위원 구성	-규정 없음 ※사업자 자율	-방송 사업자 추천 5인, 취재・제작・편성 부문 종사자 대표 추천 5인	-방송 사업자 추천 5인, 취재・제작・편성 부문 종사자 대표 추천 5인
방송편성 책임자	-방송 사업자 선임	-편성위원회 제청 → 송 사업자 선임	-방송 사업자 선임
(방송) 편성규약 제정	-방송 사업자가 취재・제작 종사자 의견 청취 → 방송 사업자 제정・공표 ※대상: 종합편성 또는 보도전문 PP	-편성위원회가 보도・제작・편성 종사자 의견 청취 → 편성위원회 제정 → 방송 사업자 공표	-편성위원회가 취재・제작・편성 부문 종사자 의견 청취 → 편성위원회 심의・의결 → 방송 사업자 공표
(방송) 편성규약 운영		-방송 사업자・종사는 방송편성규약 준수 의무 -방송 사업자 재허가 시 방송편성규약 제・개정과 준수 여부 심사	-방송 사업자・종사자는 방송편성규약 준수 의무 -방송 사업자 재허가 시 방송편성규약 제・개정과 준수 여부 심사
기타 편성위원회의 기능	-규정 없음 ※사업자 자율	-방송 사업자의 방송편성규약 준수 여부 심의・의결 -방송프로그램의 편성 및 제작의 자율성 침해에 관한 사항 심의・의결 -시청자위원회 위원 추천	-방송 사업자의 방송편성규약 준수 여부 심의・의결 -방송프로그램의 취재・제작 및 편성의 자율성 침해에 관한 사항 심의・의결 -시청자위원회 위원 추천

자료: 국회 과학기술정보방송통신위원회 검토보고서 재구성

---

12 방송편성에 관한 규제나 간섭을 금지한 규정은 「방송법」 제정(1963. 12) 시부터 규정되었다. 그리고 방송편성책임자 선임 및 방송편성규약의 제정・공표는 2000년 1월 「방송법」 폐지 제정 시부터 반영되었다.

설치하도록 하고, 편성위원회가 '방송편성 규약의 제·개정에 관한 사항 등을 심의·의결할 수 있도록 하는 내용이었다. 이는 20대 국회에서의 박홍근 의원 안과 매우 유사한 안이었다.

OTT(Over The Top)에 대한 포섭방안 모색

최근 OTT 서비스 이용이 급증하면서 OTT 서비스의 법제화 방안에 대한 논의가 진행되고 있으나, 법제화가 필요한 범위, 합리적 규제 방향 등에 대해 의견조율이 어려운 상황이다. 현재 OTT 서비스의 법적 지위는 「전기통신사업법」에 따른 부가통신사업에 해당하는데,[13] OTT 서비스를 「방송법」 규제체계 내에 포섭할지, 아니면 별도 유형의 부가통신 사업자로 규제할지에 대해 다양한 의견이 제시되고 있다. 규제 방향에 대해서도 내용 규제, 진입 규제, 글로벌 사업자의 국내 사업자에 대한 역차별 해소 등 여러 이슈가 존재한다.

먼저 20대 국회에서 여당인 변재일 의원이 2018년 10월 발의한 3건의 개정안(「방송법」, 「방송통신발전 기본법」, 「인터넷 멀티미디어 방송사업법」)을 통해 OTT 서비스에 대한 정의 및 관련 규율을 시도하였다. 주요 내용을 보면, 「IPTV법 개정안」은 OTT 서비스를 '인터넷

---

13 동 법은 전기통신사업을 기간통신사업과 부가통신사업으로 구분하고 있다. 전화나 인터넷 접속 등과 같이 음성·데이터·영상 등을 송신 또는 수신하게 하거나 및 이들의 송·수신이 가능하도록 전기통신회선설비를 임대하는 전기통신역무를 기간통신역무로 하고 이를 제공하는 기간통신사업과 기간통신역무 외의 전기통신역무를 제공하는 부가통신사업으로 구분한다.

동영상 방송'[14]으로 정의하고, 인터넷 동영상 방송사업(자)을 '인터넷 동영상 방송 제공 사업(자)'과 '인터넷 동영상 방송콘텐츠 사업(자)'으로 구분하였다. OTT 서비스를 제공하려는 경우 과기정통부 장관에게 신고 또는 등록하도록 하고, OTT 서비스도 경쟁상황평가 대상에 포함시켰으며, 방송 및 IPTV 사업자와 동일하게 전기통신설비 동등 제공, 이용자 보호 조치, 불공정행위 금지 등의 의무를 부여하였다. 그리고 국외에서 이루어진 행위라도 국내 시장 또는 이용자에게 영향을 미치는 경우에는 동 법(「IPTV법」)을 적용하도록 하였다. 「방송법」 개정안은 방송시장 경쟁상황 평가 대상 및 평가 자료 제출 의무 대상에 OTT 서비스 사업자를 포함시키고, 「방송통신발전 기본법」 개정안은 OTT 서비스 사업자에게 분담금을 부과할 수 있는 근거를 마련하였다.

무엇보다, 국내 OTT 시장을 주도하고 있는 글로벌 사업자에 대한 집행 가능성이 담보되지 않는다면 국내 사업자에게만 기금 등의 의무가 부과되어 규제 역차별이 심화될 우려가 있으므로, 글로벌 OTT 사업자의 기금 부과에 대한 해외 사례,[15] 역외조항의 적용 가능성 등을 면밀히 검토할 필요가 있었고, 입법이 실현되지는 않

---

14 '광대역 통합 정보통신망 등을 이용하여 양방향성을 가진 인터넷 프로토콜 방식으로 이용자에게 실시간 또는 비실시간 방송프로그램을 포함하여 데이터·영상·음성·음향 및 전자상거래 등의 콘텐츠를 복합적으로 제공하는 방송' 중에서 IPTV를 제외한 것으로 정의하였다.

15 프랑스는 2017년 9월 OTT 사업자들에 대해 세금을 부과하도록 세법을 개정하였고, 독일의 경우 영화진흥기금을 통한 기금 징수를 추진 중이다.

았다.

그리고 여당 소속의 김성수 의원 등은 「IPTV법(2008)」 및 「지역 방송발전지원 특별법(2014)」을 통합한 「방송법」과, KBS의 설치 및 운영 등에 관한 내용을 「방송법」에서 분리하여 규정한 「한국방송 공사법(2019. 1. 11)」을 발의하였다. 동 법안에서는 〈표 8-3〉처럼 방송사업을 분류하였다. 그리고 방송을 '방송프로그램을 공중에 전기통신설비에 따라 송신하는 것'으로 정의하여 '기획·편성 또는 제작'을 용어의 정의에서 제외함으로써, OTT 등의 출현에 따른 방송의 외연을 확장하였다. 데이터방송도 현행법은 '통신망을 통하여 제공하거나 매개하는 경우'를 제외하고 있는 반면, 개정안은 이

〈표 8-3〉 김성수 의원 발의안에 따른 방송사업 체계

현 행		개정안		진입제도
지상파방송 사업	지상파방송 사업	지상파방송 사업자 (지역방송 사업자는 별도 정의)		허가
종합유선방송 사업	유료방송 사업	다채널 유료방송 사업자 (SO·위성·IPTV 등)		허가
위성방송 사업				
IPTV 사업		부가 유료방송 사업자 (중계유선, OTT 등)		승인/ 신고·등록
중계유선방송 사업				
방송채널 사용 사업	방송콘텐츠 제공 사업	방송채널 사용 사업자(PP)		등록·승인
IPTV 콘텐츠 사업		인터넷 방송콘텐츠 제공 사업자		신고

를 포함시켰다.

부가통신 사업자의 지위에 머물러 있는 OTT를 「방송법」의 영역

에 포함시키면서 진입 규제, 방송시장 경쟁상황 평가, 편성·광고·내용 규제 등의 대상에 포함시켰다. OTT의 경우 방송 채널을 정보통신망에서 공급하면 '부가 유료방송 사업'으로, 방송프로그램 등을 활용하여 콘텐츠를 제공하면 '인터넷 방송콘텐츠 제공 사업'으로 분류되는 것이다.

중계 유선 및 OTT 등 부가 유료방송 사업은 등록하되, 기존 방송사업자의 방송프로그램을 실시간으로 중계방송하는 경우는 승인, 넷플릭스와 같이 실시간 방송프로그램을 판매·제공하지 않는 경우는 신고하도록 하여 다소 불분명하게 규정되었다.[16] 외국인은 부가 유료방송 사업과 인터넷 방송콘텐츠 제공 사업을 할 수 없도록 한 것도 그 실현 가능성 및 통상마찰 측면에서 이슈가 제기되었다.

그리고 동 법안은 공영방송사를 KBS, EBS, MBC로 정의하고 방송 일반의 공적 책임과 구분되는 공영방송사의 공적 책임을 새롭게 규정하였다.[17] 개정안은 공영방송사만 열거하고 있을 뿐 '공영방송'이 무엇인지에 대하여는 명확히 정의하고 있지 않아, 어느 방송

---

16 그 외에도 「IPTV법」 제20조의 '콘텐츠 동등 접근' 규정을 삭제하고, 「IPTV법」의 전기통신설비의 동등 제공 제도를 적용 대상을 지상파 및 다채널 유료방송 사업자(SO, IPTV, 위성방송)까지 확대했으며, 유료방송 사업자 약관을 모두 신고제로 전환하되, '시장지배적 유료방송 사업자'에 대하여는 인가를 받도록 하였다.

17 개정안은 공영방송사의 '공적 책임의 실현'이라는 입법 목적하에서 대통령령으로 위임하고 있고, 제5조에 따라 공적 책임을 공익성과 공정성에 기반한 것으로 정의하고 있다.

사업자까지를 '공영방송사'로 보아야 하는지에 대해 이견이 있다.[18]

나아가 현행 「방송법」 제4장에서 규정하고 있는 KBS에 관한 사항을 2000년 이전처럼 별도의 법률로 제정하고자 하였다. 그리고 KBS의 업무에 남북교류 방송과 국제방송을 추가하였다. 하지만 대외 방송(국제친선 및 이해증진과 문화·경제교류 등을 목적으로 하는 방송), 사회교육 방송(외국에 거주하는 한민족을 대상으로 민족의 동질성을 증진할 목적으로 하는 방송)과 달리 국제방송에 대하여는 뚜렷한 정의를 두지 않았다.

● 국제방송 관련 기구 개편

한편, 국제방송교류재단(아리랑TV)이 현재 준정부기관으로서 해외 위성방송 사업과 주한 외국인에 대한 국내 방송사업 등을 수행하고 있는데, KBS가 수행하고 있는 대외방송(KBS World)과 업무 면에서 대체로 유사[19]하다는 지적도 있다. 국제방송의 시너지 효과 제고를 위하여 아리랑TV와 KBS World를 일원화(가칭 'KBS 국제방송')

---

18 즉, MBC는 상법상 주식회사로서 사적인 경제주체이고, 공법상 재단법인인 방송문화진흥회는 대주주에 불과하며, 현행 「방송문화진흥회법」에서도 공적 책임의 주체는 MBC가 아닌 방송문화진흥회라는 MBC의 정체성과 관련한 논란이다.

19 아리랑국제방송은 내·외국인을 대상으로 국내 정보(시사·교양 프로그램 위주)를 외국어로 서비스하는 방송으로서 문화체육관광부 소관 기관이고, KBS World는 해외에 거주하는 내국인을 대상으로 프로그램(드라마·예능 위주)을 한국어 및 외국어로 서비스하는 방송으로서 방송통신위원회 소관이다.

하자는 의견이 있으며, 한국의 시각에서 국제뉴스를 해외에 송출하는 역할로서의 아리랑TV에 법적 근거를 두면서 KBS World와는 업무를 명확하게 구분하는 것이 필요하다는 입장이 있다(이재영, 2014; 심영섭, 2018).

언론개혁과 「언론중재법」 개정 추진

● 진보정권의 언론개혁

김대중 정부는 언론사 세무조사를 통해 보수 신문사들과 갈등을 빚은 한편, 신문고시를 시행하여 신문시장의 정상화를 추구하였다. 노무현 정부는 보수언론과의 대립각 구도를 여전히 유지하면서, 특히 인터넷매체 등 소규모 미디어의 입장을 많이 대변하였다. 이는 「신문법」의 입법화로 구현되었고, 「언론중재법」도 제정되었다. 최근 문재인 정부가 다시 「언론중재법」 개정안을 추진하고 있는 것도 이러한 맥락에서 바라볼 수 있다.

● 「언론중재법」 개정 추진

「언론중재법」 개정을 추진하면서 많은 논란이 초래되었다. 동 법에 대해 21대 국회 출범 이후 총 16개의 개정안이 발의되었고, 이를 통합한 대안을 만들어 추진되었다.

　먼저 「언론중재법」의 내용 중 가장 논란이 큰 사항은 신설된 허위·조작보도 정의 규정(제2조)[20]과 이에 대한 징벌적 손해배상 도입 등(제30조의2)에 대한 규정이다. 언론 등의 고의 또는 중과실[21]로 인한 허위·조작 보도에 따라 재산상 손해 등이 있다고 법원이 판단하는 경우에 언론사 등의 사회적 영향력과 전년도 매출액 등을 적극적으로 고려하여 손해액의 5배를 넘지 않는 범위에서 손해배상액을 정할 수 있도록 하였다. 단, 이를 정무직공무원과 후보자 등 공익 침해 행위와 관련한 언론보도 등에는 적용하지 않도록 하였다.

동 조항에 대하여는, 잘못된 언론보도 등으로 인한 개인적·사회적 피해를 구제하고 허위사실 유포의 재발 방지 및 억제 효과를 유도하기 위하여 개정안과 같은 징벌적 손해배상의 도입이 필요하다는 의견[22] 등이 제기되고 있다. 반면 「형법」[23]과 「정보통신망 이용

---

20 '허위의 사실 또는 사실로 오인하도록 조작한 정보를 언론, 인터넷뉴스 서비스, 인터넷 멀티미디어 방송을 통해 보도하거나 매개하는 행위'

21 고의 또는 중과실에 대한 추정요건으로 "1. 보복적이거나 반복적으로 허위·조작 보도를 한 경우, 2. 정정보도·추후 보도가 있었음에도 정정보도·추후 보도에 해당하는 기사를 별도의 충분한 검증 절차 없이 복제·인용 보도한 경우, 3. 기사의 본질적인 내용과 다르게 제목·시각 자료(사진·삽화·영상 등을 말한다)를 조합하여 새로운 사실을 구성하는 등 기사 내용을 왜곡하는 경우" 중 하나에 해당하는 경우를 들었다.

22 김필성·이봉수, 발표내용, 『「언론중재 및 피해구제 등에 관한 법률」 일부개정 법률안 관련 전문가 의견청취 자료집』, 국회문화체육관광위원회, 2021. 6. 30.

23 「형법」 제307조(명예훼손) ②공연히 허위의 사실을 적시하여 사람의 명예를 훼손한 자는 5년 이하의 징역, 10년 이하의 자격정지 또는 1천만 원 이하의 벌금에 처한다. 제309조(출판물 등에 의한 명예훼손) ①사람을 비방할 목적으

촉진 및 정보보호 등에 관한 법률」[24]에 따라 허위사실 등에 대한 형사처벌이 가능한 상황에서 징벌적 손해배상은 이중 처벌의 소지가 있고, 허위·조작 보도의 정의 및 고의·중과실 추정 조항 등의 법문 표현이 모호하고 추상적이어서 헌법상 표현의 자유 및 언론의 자유가 훼손될 소지가 있다는 주장도 있다.

'고의·중과실 추정 조항'도 입증 책임에 대한 논란이 있는데,[25] 언론사의 고의·중과실 추정요건도 법사위 논의 과정에서는 '명백한 고의·중과실'에서 '고의·중과실'로 변경되었고 '피해를 가중시키는 경우'나 '회복하기 어려운 손해를 입은 경우'를 삭제하여 법안의 적용 범위가 더 넓어지기도 하였다.

그리고 '기사의 열람 차단'에 대한 정의[26]를 신설했는데, 인터넷

로 신문, 잡지 또는 라디오 기타 출판물에 의하여 제307조 제1항의 죄를 범한 자는 3년 이하의 징역이나 금고 또는 700만 원 이하의 벌금에 처한다. ② 제1항의 방법으로 제307조 제2항의 죄를 범한 자는 7년 이하의 징역, 10년 이하의 자격정지 또는 1천 500만 원 이하의 벌금에 처한다.

24 「정보통신망 이용촉진 및 정보보호 등에 관한 법률」 제70조(벌칙) ②사람을 비방할 목적으로 정보통신망을 통하여 공공연하게 거짓의 사실을 드러내어 다른 사람의 명예를 훼손한 자는 7년 이하의 징역, 10년 이하의 자격정지 또는 5천만 원 이하의 벌금에 처한다.

25 이에 대해 율사 출신인 이상민 의원은 "심각한 독소조항으로, 피해를 주장하는 측이 소송하면 피고인 언론사는 절대적 책임을 지게 된다. 이로 인해 개개인의 명예·프라이버시 등 인격권과 헌법상 보장된 표현의 자유 사이 균형이 무너진다"고 하였다(중앙SUNDAY, 8. 28~29, 4면).

26 '인터넷신문이나 인터넷뉴스 서비스에 의하여 보도 또는 매개된 기사가 「정보통신망 이용촉진 및 정보보호 등에 관한 법률」 제2조 제1항 제4호에 따른

신문이나 인터넷뉴스 서비스의 주요한 내용이 진실하지 아니하거나 사생활의 핵심 영역을 침해 등으로 피해를 입은 경우의 '열람 차단 청구권'에 대해서도 문제가 제기되었다. 사실상 기사 삭제 효과가 있으며 심지어 보도 내용이 사실인 경우에도 보도 대상자의 일방적인 주장만으로 해당 기사 노출 차단이 가능하다는 것이었다.

이러한 「언론중재법」 개정에 대해 많은 단체들이 반대 의견을 표명했으며,[27] 외국의 많은 언론단체들도 우려를 표명하였다.[28] 국가인권위도 9월 17일 「언론중재법」 입법에 있어 신중한 검토가 필요하다는 의견을 국회의장에게 표명하였다,[29] 결국 9월 29일 언론중

이용자에게 노출되지 않도록 차단·관리하는 것.'

27 한국신문방송편집인협회·한국기자협회·한국신문협회·한국여기자협회·한국인터넷신문협회 등 언론 5단체 공동성명(2021.7.28); 언론개혁시민연대 반대 논평(2021.8.11); 방송기자연합회, 전국언론노동조합, 한국기자협회, 한국PD연합회 등 공동성명(2021.8.19); 관훈클럽, 대한언론인회, 한국기자협회, 한국신문방송편집인협회, 한국신문협회, 한국여기자협회, 한국인터넷신문협회 등 언론 7단체장 기자회견(2021.8.30);

28 국제기자연맹(IFJ) 비판성명(2021.8.20); 세계신문협회(WAN-IFRA) 공식성명(2021.8.12); 국경없는 기자회(RSF) 반대 성명(2021.8.25); 유엔인권사무소(OHCHR) 특별서한(2021.8.30)

29 인권위는 '허위·조작보도' 개념에 허위성, 해악을 끼치려는 의도, 정치적·경제적 이익을 얻으려는 목적, 검증된 사실 또는 실제 언론보도가 되 것으로 오인하게 하는 조작행위 등 구체적 요건을 명시해 언론보도 시 위축 효과(chilling effect)를 최소화할 필요가 있다고 강조했다. 또 불명확하고 추상적인 기존의 '고의·중과실 추정' 조항을 삭제하는 대신 당사자 사이의 입증 책임을 조절하도록 하는 별도 조항을 마련하는 방안을 제시했다. 아울러 개정

재법 개정안의 본회 상정을 철회하고 '언론·미디어 제도 개선 특위'를 여야 동수 18인으로 구성해서 연말까지 「신문법」, 「방송법」, 「정보통신망법」 개정안도 병행해서 안을 마련하기로 합의하였다.

● 언론 경쟁력 강화

언론의 가치는 권력 및 자본으로부터의 독립에 있는 것으로, 권력과 자본의 눈치를 보거나 종속된다면 소위 '제4부'로서의 언론의 존립 기반은 상실될 것이다. 독립적인 언론의 기능은 더 보호되고 신장되어야 한다. 최근에는 권력을 견제하는 역할 못지않게 자본에 대한 의존으로부터 어떻게 자립해 나갈 것인가의 문제도 큰 과제가 되고 있다.

특히 우리나라의 경우, 지난 30년간 TV, 스마트폰, 자동차 등 세계 일류의 제품을 양산하면서 발전한 것과 달리 언론 수준은 제자리걸음을 하고 있다는 비판과 평가를 부인하기 힘들 것이다. 이런 상황에서 미국의 미디어 기업인 '뉴욕타임스'의 변모와 발전은 귀감이 될 만하다. 뉴욕타임스(NYT)의 경우 2020년 12월 말 현재 세계 232개국 총 752만 3천 명의 유료 구독자를 확보하고 있는데, 이 중 종이 구독자는 11%에 불과하다. '디지털 전환(digital transformation)'을 통해 철저한 혁신을 이룬 것이다. NYT는 2020년 한 해에만 1억 3,243억 달러를 디지털 상품개발에 지출하여 매출

안이 징벌적 손해배상 대상에 매개자 역할을 하는 인터넷뉴스 서비스 사업자까지 포함하는 건 과도하다고 했다(중앙SUNDAY, 2021.9.18).

액의 7%를 R&D에 투자하고 있다. 이제 "뉴욕타임스의 경쟁사는 워싱턴포스트(WP)나 월스트리트 저널(WSJ)이 아니라 구독 서비스 회사인 '넷플릭스(Netflix)'나 '스포티파이(Spotify)'이다"는 말이 나올 정도이다(송의달, 2021). 한국의 NYT와 같은 성공적인 미디어 기업이 나올 수 있도록, 언론사는 물론 정책당국도 관심을 기울여야 할 것이다.

3. 방송시장에서의 합종연횡

옥수수와 푹(POOQ)의 OTT 결합

글로벌 방송·통신 환경에 대응하기 위해 규모의 경제를 실현하고 경쟁력을 제고하고자, 시장에서는 다양한 M&A가 시도되었다. 먼저 SK텔레콤의 자회사 SK브로드밴드에서 운영하던 '옥수수'와 지상파방송 3사의 합작회사인 콘텐츠연합플랫폼(CAP)의 '푹(POOQ)'의 통합이 추진되어 2019년 4월 8일 공정위에 신고되었다. 〈그림 8-1〉처럼 SK텔레콤이 CAP의 주식 30%를 취득하고 CAP가 '옥수수' 사업을 양수하는 구조이다.

공정위는 동 기업결합을 심사하면서 상품시장을 '유료 구독형 OTT 시장',[30] '방송콘텐츠 공급업 시장'[31]으로 획정하였다. 단 '유료

---

[30] 유료 구독형 OTT란 RMC(Ready made content)를 중심으로 콘텐츠를 제공하며, SVOD 방식의 유료 서비스를 제공하는 OTT 동영상 서비스를 의미한다.

구독형 OTT 시장'으로 획정하여 판단하는 것은 OTT 시장이 매우 동태적인 시장인 점 등을 고려하여 이 사건 검토에 한정한다'는 단서를 달았다.[32]

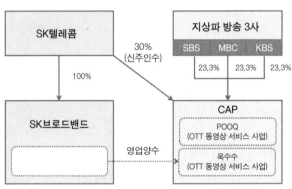

〈그림 8-1〉 옥수수와 푹(POOQ)의 OTT 기업결합 구조

자료: 공정거래위원회 보도자료(2019. 8. 20)

여기서 RMC는 기성 제작 콘텐츠로 전문가들이 제작하는 동영상 콘텐츠를 의미하며, 영화·방송 콘텐츠(드라마, 예능, 뉴스 등)가 이에 해당되며, 이에 비해 UGC(User generated content) 또는 UCC(User created content)는 일반 이용자가 직접 만들거나 편집해서 인터넷상에 업로드한 콘텐츠를 의미하는데, 주로 유튜브(YouTube)에서 제공되는 콘텐츠들이 대표적이다.

31 지상파방송 3사를 포함한 CJ ENM, 종합 편성 채널 등 방송 채널 사용 사업자와 그 계열회사 등이 제작·공급하는 방송콘텐츠의 공급업 시장을 의미한다.

32 그러나 2019년 당시만 해도 OTT 서비스 이용자 중 유료결제 이용가 비운은 넷플릭스가 11.6%로 가장 높게 나타났으며, 유튜브는 8.2%로 월정액 중심 서비스인 웨이브(2.3%), 티빙(1.5%)보다 여전히 높은 수준을 기록하고 있었다. 글로벌 OTT 사업자에 비해 국내 OTT 사업자는 가입자 규모나 콘텐츠 경쟁력 면에서 아직 어려운 상황이었다(방송통신위원회, 2020년 방송시장경쟁상황평가).

공정위는 동 기업결합으로 핵심 콘텐츠인 지상파 콘텐츠에 대한 경쟁 유료 구독형 OTT의 구매가 봉쇄되고 경쟁이 제한될 우려가 있다고 판단하여, 행태적 시정조치를 부과하며 공정위 전원회의에서 조건부 승인하였다(2019. 8. 14).

옥수수와 푹 기업결합 인가 조건

공정위는 기업결합의 유형에 대해, 유료 구독형 OTT 시장에서 각각 옥수수와 POOQ을 운영하며 상호 경쟁하고 있으므로 '수평결합'인 동시에, 방송콘텐츠 공급업 시장에서 지상파방송 3사가 제작하는 방송콘텐츠는 유료 구독형 OTT가 제공하는 주요 콘텐츠이므로 '수직결합'의 성격도 가지고 있는 것으로 보았다. 공정위는 수평결합의 경우는 경쟁 제한성이 없는 것으로 보았으나, 수직결합에 있어서는 경쟁을 제한할 우려가 있다고 판단하였다.

3년의 기한으로 부과된 행태적 시정조치 내용은 다음과 같다. ▲ 지상파방송 3사에게 다른 OTT 사업자와의 기존 지상파방송 VOD 공급 계약을 정당한 이유 없이 해지 또는 변경하는 것을 금지함. ▲ 지상파방송 3사에게 다른 OTT 사업자가 지상파방송 VOD 공급 요청 시 합리적이고 비차별적인 조건으로 성실하게 협상하도록 함. ▲ 지상파방송 3사가 누리집(홈페이지) 또는 모바일 애플리케이션에서 무료로 제공 중인 지상파 실시간 방송의 중단 또는 유료 전환을 금지함. ▲SK텔레콤의 이동통신 서비스 또는 SK브로드밴드의 IPTV를 이용하지 않는 소비자의 결합 당사회사 OTT 가입을 제한하는 행위를 금지함.

<표 8-4> 옥수수와 푹(POOQ)의 OTT 기업결합 유형 및 시장집중도

사업자 및 관련 사업			결합유형
SK텔레콤 및 SK브로드밴드	↔	CAP 및 지상파방송 3사	
유료구독형 OTT(옥수수) 시장점유율(MAU) 35.5%	↔	유료구독형 OTT(POOQ) 시장점유율(MAU) 9.2%	수평결합 시장점유율 44.7%
유료구독형 OTT(옥수수)	↔	방송콘텐츠 공급업(지상파 콘텐츠) 시장점유율(매출액) 41.1%	수직결합 시장점유율 41.1%

자료: 공정거래위원회 보도자료(2019. 8. 20) 재구성

이러한 시정조치들은 OTT 사업자 간 기업결합에 대해서 최초로 부과한 것으로, 공정위는 기업결합 신고 후 4개월여 만에 나름 신속히 심사를 진행하면서 급속히 변화하는 OTT 시장의 혁신 경쟁을 촉진하고 소비자 피해를 예방했다고 의미를 두었다. 그러나 이러한 시정조치에 비판이 제기되기도 했는데, 국내 OTT가 넷플릭스 등 해외 OTT와 불균형한 경쟁환경에 놓여 있는 상황을 반영하지 못한 조치로서, 국내 OTT 서비스들이 더 경쟁력을 갖춘 이후에 규제조치를 해도 늦지 않다는 내용이었다.[33]

● 웨이브와 티빙의 출범

이후 9월 18일 SK텔레콤이 30%, 지상파 3사가 23.3%의 지분을 가진 통합법인인 웨이브(WAVVE)가 출범하였다. 웨이브는 출범 당

---

33 미디어SR(2019. 8. 21), 성동규 한국 OTT 포럼 회장, "옥수수-푹에 걸린 '조건'은 시대 반영 못한 것".

시 콘텐츠 제작에 3,000억 원을 투자하며 2023년까지 유료가입자 500만 명, 연 매출 5,000억 원 규모의 성장을 목표로 하였다.

웨이브 출범과 함께, OTT 경쟁사인 CJ ENM과 JTBC는 티빙(TVING)을 기반으로 합작법인(Joint Venture)을 설립하기로 하는 MOU를 체결하였다. 이후 2020년 4월 양 사는 본 계약을 체결하고 공정위에 기업결합 신고를 했지만, 동년 9월 JTBC가 취득 지분을 20% 미만으로 낮추기로 하면서 기업결합 신고를 철회하였다.[34] 이후 10월 CJ ENM은 티빙 사업본부를 물적 분할하여 '(주)티빙'을 설립하였다.

LGU⁺의 CJ헬로 인수 및 SK브로드밴드-티브로드 합병

문재인 정부에서도 IPTV 사업자의 케이블 사업자(SO) 인수 시도가 제기되었다. 이번에는 2019년 LGU⁺가 CJ헬로 발행 주식 총수의 50%+1주를 CJ ENM으로부터 취득하는 계약을 체결하고(2019. 2. 14), 2019년 3월 15일 공정거래위원회(이하 공정위)에 기업결합을 신고하였다. 과기정통부에도 CJ헬로의 주식 취득에 대한 인가(「전기통신사업법」 제18조)와 최다액 출자자에 대한 변경 승인(「방송법」 제15조의2) 등을 신청하였다.

곧이어 SK브로드밴드(SKB)의 디브로드 3개 사(티브로드, 티브로드

---

34 「공정거래법」(제12조 기업결합의 신고) 상 비상장법인의 경우 지분 20% 이상을 소유하는 경우에 기업결합신고 의무가 있다.

동대문방송, 한국디지털케이블미디어센터)가 합병 계약, SK텔레콤이 티브로드 노원방송의 주식 55% 취득계약을 체결하였다(2019. 4. 26). 2019년 5월 9일에는 공정위에 기업결합을 신고하고 과기정통부에도 인가 신청을 하였다.

● 공정위의 양 사안에 대한 병합심사

공정위는 동 사안들에 대해 유료방송 시장에서 상호 미치는 영향을 고려한 병합심사를 하였다. 2016년도의 SK텔레콤의 CJ헬로비전 인수·합병 때와는 달리, 공정위는 유료방송 시장의 경우 디지털 유료방송 시장과 8VSB[35] 유료방송 시장을 별개의 시장으로 획정하였다.[36] 그리고 지리적 시장은 유료방송 시장의 전국화 경향을 여전히 인정하지 않고 방송권역별로 획정을 하였다.[37]

먼저 LGU⁺-CJ헬로 기업결합 건을 승인(2019. 11. 8)하되, 〈표 8-5〉와 같이 2022년까지 가격 인상 제한, 8VSB 이용자 보호 등 시

---

35 8VSB(8-level vestigial sideband) 방식은 디지털 방송 전송방식의 하나로, 디지털TV를 보유한 아날로그 방송 가입자도 기존 아날로그 요금으로 별도의 디지털 셋톱박스 없이 신호만 변환하면, 디지털 방송을 볼 수 있는 방식이다. 2018년 6월 기준 유료방송 플랫폼별 가입자 비중은 IPTV 47.5%, SO 42.2%(디지털 케이블TV 24.3%, 8VSB 케이블TV 17.9%), 위성 10.3%이었다.

36 디지털 및 8VSB 유료방송 시장의 지리적 시장은 수요 및 공급의 지리적 대체성 등을 고려하여 티브로드 및 CJ헬로가 유료방송 사업을 영위하는 각각의 23개 방송구역으로 획정하였다.

37 공정거래위원회 보도자료(2019. 11. 8).

정조치를 부과하였다. 8VSB 및 디지털 유료방송 시장[38] 간 혼합결합으로 8VSB 유료방송 시장에서의 잠재적 경쟁이 감소하게 되면 동 시장에서 경쟁이 제한되고 8VSB 케이블TV 요금 인상 가능성도 크다고 보았기 때문이다.

반면 이동통신 소매시장의 경우는 기업결합으로 증가되는 시장 점유율이 1.2%p에 불과한 점과 최근 CJ헬로의 가입자 수 및 점유율 감소 추세, MVNO 시장 자체의 경쟁력 약화 추세 등을 고려할 때, 현 시점에서 CJ헬로의 독행 기업성은 크게 약화되어 경쟁 제한 우려가 크지 않을 것으로 판단하였다.

〈그림 8-2〉 LGU⁺의 CJ헬로 인수 기업결합 구조

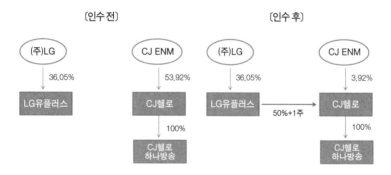

자료: 공정거래위원회 보도자료(2019. 11. 8)

---

38 2018년 CJ헬로가 사업 중인 23개 방송구역에서는 8VSB 방송가입가(1,335천 명, CJ헬로 비중 22.8%)를 제외한 디지털 유료방송 시장에서의 CJ헬로의 구역별 평균 점유율은 33.2%이며, LGU⁺(11.3%)와의 합병 후에는 44.5%에 달하게 되었다. 전체 유료방송 시장을 기준으로 볼 때, CJ헬로 점유율은 12.4%, LGU⁺는 12.2%로 양 사의 합병 후에는 24.6%을 차지하게 되었다.

LGU⁺-CJ헬로 건의 경우 8VSB 및 디지털 유료방송 시장 간 혼합결합에서만 경쟁 제한성이 있으나, SK브로드밴드-티브로드 건의 경우 이에 더해 디지털 유료방송 시장에서도 경쟁 제한성이 있다고 판단하였다.[39] 그리고 8VSB 유료방송 시장에서도 잠재적 경쟁 감소로 경쟁이 제한될 가능성이 크다고 판단하고 2022년까지 시정조치를 부과하였다.

〈그림 8-3〉 SK브로드밴드-티브로드 합병 기업결합 구조

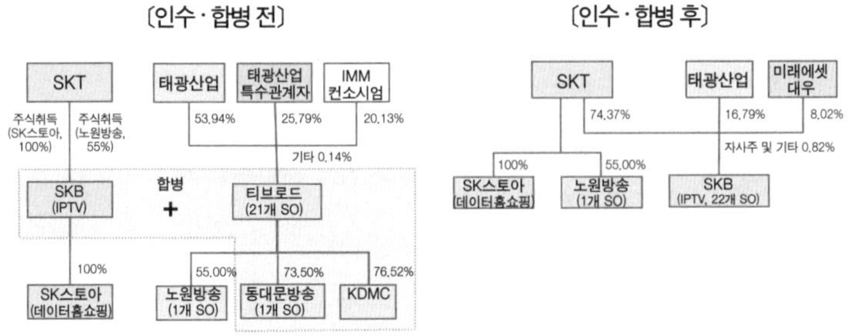

자료: 과학기술정보통신부 보도자료(2019. 12. 13)

---

39 2018년 티브로드가 사업 중인 23개 방송구역에서는 8VSB 방송가입자(1,418천 명, 티브로드 비중 24.2%)를 제외한 디지털 유료방송 시장에서의 티브로드의 구역별 평균 점유율은 21.9%이며, SK브로드밴드(21.2%)와의 합병 후에는 43.1%에 달하게 되었다. 전체 유료방송 시장을 기준으로 볼 때, 티브로드 점유율은 9.5%, SK브로드밴드는 14.4%로 양 사의 합병 후에는 23.9%를 차지하게 되는 상황이었다. 공정위는 티브로드 23개 방송구역 중 11개 방송구역별 디지털 유료방송 시장에서 결합당사 회사들이 1위인 5개 지역에서 2위와의 시장점유율 격차가 18.3~46.2%p까지 확대되며, 12개 지역에서는 새롭게 1위 사업자가 되어 결과적으로 17개 각 방송구역 디지털 유료방송 시장에서 1위 사업자로서 시장 지배력이 강화된다고 하였다. 따라서 「공정거래법」 제7조 제4항의 규정에 따라 경쟁 제한성이 추정된다고 하였다.

〈표 8-5〉 LGU$^+$의 CJ헬로 인수 및 SK브로드밴드-티브로드 합병 기업결합 심사 시정조치 및 인가조건

구분	심사 기준		LGU$^+$의 CJ헬로 인수	SK브로드밴드-티브로드 합병
시정 조치 (공정위)	방송	경쟁 제한성	-케이블TV 수신료의 물가상승률 초과 인상 금지 -8VSB 케이블TV 가입자 보호 -케이블TV의 채널 수 및 선호 채널 임의감축 금지 -저가형 상품 전환과 계약연장 거절 금지, 고가형 상품 강요 금지 -모든 방송상품 정보 제공 및 디지털 전환 강요 금지 등	
			대상: 8VSB	대상: 8VSB 및 디지털 케이블
인가조건 (과기정통부)	통신	기간통신사업 경쟁 관련	-알뜰폰 시장: 도매제공 대상 확대, 데이터 선구매 할인, 다회선 할인, 결합상품 동등 제공, 5G 단말 구매대행	-결합상품 동등 제공, 결합상품 할인 반환금 폐지(3년간, 1회) -알뜰폰 시장: 결합상품 동등 제공
		이용자 보호	부당한 가입 강요나 유인 및 지원금 등 차별 금지	
			재난 대비 통신망 이원화	재난 대비 통신시설 CCTV 설치
		재정·기술적 능력	농어촌 등 BcN 커버리지 확보(2022년)	
	방송	공적 책임·공정성·공익성	-지역성: 지역 채널 시청 확대 및 정체성 확보, 지역·직사 채널 운용 계획 수립 및 준수 -공정경쟁: IPTV로의 부당한 전환 및 강요 금지, 채널 거래 공정거래질서 확립 및 협상력 남용 금지, 홈쇼핑 송출 수수료 개선	
				역무별 회계 구분
		시청자 보호	8VSB 상품·채널 수 격차 해소, 요금 감면·할인 및 시청자위원회 지속	
				케이블가입자 고객센터 운용, 농어촌 커버리지 확대
		방송·미디어 생태계 발전	콘텐츠 투자 확대[40][41] 및 구체화, 방송 저가화 방지, 타 SO 및 협력업체와의 상생협력, 고용안정	
		평가 점수	727.44/1,000	755.44/1,000
사전동의 인가조건 (방통위)	방송	공적 책임 제고		공적 책임 확보 방안 마련
		지역성		권역별 지역 채널 광역화 금지
		공정 경쟁 거래 질서 준수		-PP 평가 시 PP 의견 반영 -PP 프로그램 사용료 비율 공개 -SO 및 IPTV 역무별 독립 -역무 간 가입자 전환 등 자료 제출
		시청자 권익 보호		-농어촌 커버리지 확대 -역무별 시청자위원회 운영, 사명 변경 고지
		콘텐츠 투자		계획 제출 시 투자대상 및 방식 구분
		인력 운용 및 상생		-인력 재배치/임금, 비정규직 고용 유지 계획 제출 -협력업체 종사자 의견 청취

● 과기정통부 심사

LGU⁺의 CJ헬로 인수 건과 관련하여 과기정통부는 통신 분야에 대해서는 통신 시장의 공정경쟁 및 이용자 보호를 위해 〈표 8-5〉와 같은 인가조건을 부과하였다. 방송 분야도 최다액 출자자 변경은 승인(727.44점 획득)하되, 지역성 강화, 공정경쟁, 시청자 권익 보호, 방송·미디어 산업발전, 상생협력 등을 위해 필요한 승인조건을 〈표 8-5〉와 같이 부과하였다.[42]

그리고 SK브로드밴드-티브로드 합병 건에 대해, 과기정통부는 통신 분야의 경우,[43] 태광산업의 합병법인(SKB) 주식취득은 심사기준을 모두 충족하여 조건 없이 인가하였다. SKB의 티브로드 합병은 인가하기로 하되, 통신 시장의 공정경쟁과 이용자 보호를 위해 필요한 인가조건을 〈표 8-5〉와 같이 부과하였다. 방송 분야의 경우,[44] 합병 변경 허가 및 최다액 출자자 변경 승인 신청에 대해 적격

---

40 CJ헬로는 향후 5년간 1조 1,239억 원, LGU⁺는 2조 6,723억 원을 콘텐츠에 투자할 계획을 밝혔고, 이는 과거 5년에 비해 각각 23.2%, 110.6% 증가한 금액이다(과기정통부 보도자료, 2019. 12. 15).

41 합병법인 SKB(SO, IPTV) 및 SKT는 향후 5년간 콘텐츠 투자 규모를 과거 (2014~18년) 대비 78.9% 증가한 4조 621억 원[케이블TV에 8,937억 원, IPTV에 2조 2,434억 원, OTT(WAVVE)·모바일 기반 콘텐츠에 9,250억 원]으로 확대하는 계획을 제시하였다(과기정통부 보도자료, 2020. 1. 21).

42 과학기술정보통신부 보도자료(2019. 12. 13).

43 「전기통신사업법」(제18조)에 따라 SKB의 티브로드 합병, 태광산업의 합병법인(SKB) 주식 취득(16.79%)에 대한 심사를 하였다.

44 「IPTV법」(제11조) 및 「방송법」(제15조, 제15조의2)에 따라, 방송 사업자 법인

(755.44점 획득)으로 판단하였다. 그리고 LGU⁺의 CJ헬로 인수 과정에서 논의되었던 방송의 공정성·지역성, 시청자의 권익 보호, 사회적 책무 이행(공정경쟁, 상생협력, 고용안정 등)을 포함한 25개의 조건을 〈표 8-5〉와 같이 부과하였다. 그리고 「방송법」(제15조, 제9조 제2항)에 따라 SO의 합병 변경 허가에 대해 방통위에 사전동의를 요청하였다(2019. 12. 30).

● 방송통신위원회 사전동의

방송통신위원회는 과기정통부의 요청에 대해 〈표 8-5〉와 같이 14가지 조건(신규 7개, 보완 7개) 등을 부가하여 조건부 동의, 회신하였다(2020. 1. 20). 그리고 과기정통부는 방통위의 사전동의 회신의견을 반영하여, 법인 합병 및 최다액 출자자 변경에 대해 최종 조건부 허가·승인하였다(2020. 1. 21).[45]

(IPTV, SO)의 합병 변경 허가(3건) 및 방송 사업자(SO, 데이터 홈쇼핑 PP)의 최다액 출자자 변경 승인(4건) 심사를 법정 심사사항(「IPTV법」 제4조, 「방송법」 제10조 및 제15조의2)을 기준으로 심사하였다.

45 과학기술정보통신부 보도자료(2020. 1. 21).

〈표 8-6〉 유료방송 시장 기업결합 결과 및 점유율 변화

	SK의 CJHV 인수·합병	LGU⁺의 CJ헬로 인수	SK브로드밴드와 티브로드 합병	KT스카이라이프의 HCN 인수
심사 기간	2015. 12. 1~ 2016. 7. 18	2019. 3. 15~ 2019. 12. 15	2019. 5. 19~ 2020. 1. 21	2020. 11. 6~ 2021. 8. 27
심사 결과	불허: 유료방송 시장, 이동통신 도·소매시장에서 경쟁 제한	조건부 인가 및 변경 승인 -공정위: 디지털 및 8VSB 유료방송 시장에서의 경쟁 제한 우려 -과기정통부(방통위): 통신 및 방송시장에서의 경쟁 제한과 이용자 이익 저해 우려가 있으나 인가를 불허할 정도는 아님		
유료 방송 시장 획정	-상품시장 구분 없음 -지리적 시장을 방송구역(77개)별로 획정	-상품시장을 디지털 및 8VSB로 구분 -지리적 시장을 방송구역(78개)별로 획정		
유료 방송 시장 점유율 변화	• (전체) 유료방송 ('15) -23개 구역 평균 57.2% (CJ 48.8% + SK 8.5%) -유료방송 시장의 25.9% (CJ 13.6% + SK 12.3%)	• 디지털 유료방송 ('18) -23개 구역 평균 44.5% (CJ 32.3% + LG 11.3%) -디지털 유료방송 시장의 25.3% (CJ 10.3% + LG 15.0%)	• 디지털 유료방송 ('18) -23개 구역 평균 43.1% (티브로드 21.9% + SK 21.2%) -디지털 유료방송 시장의 24.1% (티브로드 6.4% + SK 17.7%)	• 디지털 유료방송 ('20) -8개 구역 평균 65.3% (HCN 30.9% + KT 34.4%) -디지털 유료방송 시장의 41.3% (HCN 3.1% + KT 38.2%)

● 방송통신위원회 사전동의 절차 문제

SK브로드밴드-티브로드 기업결합(합병) 건과 LGU⁺-CJ헬로기업

결합(인수) 건은 절차상의 차이가 있다. 방송사업자 합병의 경우는 인수와는 달리 방통위 사전동의라는 절차가 있기 때문이다. 입법 연혁을 보더라도 이렇게 절차적 차이가 나게 된 것에 대한 타당한 이유를 발견하기는 어렵다.

2000년 제정된 「방송법」(제15조)에서는 최다액 출자자 변경 도 변경 허가 사유의 하나로 규정되어 최초의 인허가와 마찬가지 로 구 방송위 추천 및 정통부 승인의 절차를 거치게 되어 있었다. 2006년 10월 27일 「방송법」 개정으로 최다액 출자자 변경은 별도 의 조항으로 분리되었고(「방송법」 제15조의2 신설) 방송위 승인을 거 치도록 하였다.[46] 그리고 2008년 이명박 정부 출범과 방통위 설립 에 따라, 합병 등의 변경 허가와 인수와 같은 최다액 출자자 변경은 각각 방통위의 허가와 승인 사안으로 변경되었다. 그런데 2013년

---

46 「방송법」 제15조의 변경 허가 심사기준 항목(일곱 가지)에 비해 심사기준 항 목(네 가지)은 간소화되었다.

변경허가 심사기준(제10조)	최다액 출자자 변경승인 심사 기준 (제15조의2)
1. 방송의 공적 책임·공정성·공익성의 실현 가능성	1. 방송의 공적 책임·공정성 및 공익성의 실현 가능성
2. 방송프로그램의 기획·편성 및 제작계획의 적절성	
3. 지역적·사회적·문화적 필요성과 타당성	2. 사회적 신용 및 재정적 능력
4. 조직 및 인력 운영 등 경영계획의 적절성	
5. 재정 및 기술적 능력	3. 시청자의 권익 보호
6. 방송발전을 위한 지원 계획	4. 그 밖에 사업수행에 필요한 사항
7. 기타 사업수행에 필요한 사항	

〈표 8-7〉「방송법」상 변경 허가 등 절차 변화

2000년 제정	2006. 10. 27 개정	2008. 2. 29 개정	2013. 3. 23 개정 (2017. 7. 26 개정)
제15조(변경허가 등) ①3. 최다수 주식소 유자 또는 최다액 지 분소유자의 변경	제15조(변경허가 등) ①3. 삭제	제15조(변경허가 등) ①(생략)	제15조(변경허가 등) ①(생략)
※절차: 방송위 추천 및 정통부 장관 허가 (제9조 제2항)	※절차(좌동)	※절차: 방통위 허가 (제9조 제2항)	※절차: 미래부(과기 정통부) 장관 허가 및 방통위 사전동의(제9 조 제2항)
※심사기준: 7개 항 목(제10조 제1항) 〈신설〉	※심사기준(좌동) 제15조의2(최다액출 자자 등 변경승인)	※심사기준(좌동) 제15조의2(최다액출 자자 등 변경승인)	※ 심사기준(좌동) 제15조의2(최다액출 자자 등 변경승인)
	※절차: 방송위 승인 ※심사기준: 4개 항 목	※절차: 방송위 승인 ※심사기준(좌동)	※미래부(과기정통 부)장관 승인 ※심사기준(좌동)

박근혜 정부 시절에는 미래창조과학부와 방통위가 분리되면서, 변경 허가는 미래부 장관의 허가와 방통위의 사전동의를 거치는 반면 최다액 출자자 변경은 미래부 장관의 승인 사안으로 처리되는 차이가 발생하게 되었다. 2017년 미래부가 과학기술정보통신부로 변경된 후에도 이러한 절차적 차이는 계속 남아 있는 상황이다.

KT스카이라이프의 현대HCN 인수

뒤이어 KT도 케이블TV(SO) 인수에 나섰다. 이번에는 위성방송 사업자인 KT스카이라이프가 현대HCN 및 현대미디어의 주식 각 100%를 취득하는 계약을 체결하고(2020. 10. 13), 2020년 11월 6일 공정위에 기업결합을 신고하였다.[47] 동시에 주식 취득에 대한 인가 (「전기통신사업법」 제18조)와 최다액 출자자에 대한 변경 승인(「방송법」 제15조의2) 등을 신청하였다.[48]

● 공정위 기업결합 심사

유료방송 시장의 경우 여전히, 디지털 유료방송 시장과 8VSB 유료 방송 시장을 별개의 시장으로 획정하였다. 그리고 지리적 시장도

---

47 신고 후 시일이 8개월이 지난 2021년 7월 KT스튜디오지니(KTSG)는 KT스카이라이프로부터 계약상 매수인의 지위를 이전(2021. 7. 8) 받고, 2021년 7월 12일 변경 신고서를 제출하였다.

48 한편 국회와 정부는 2018년 6월 합산규제 일몰 폐지 이후 유료방송 시장의 공정경쟁 방안을 모색했고 KT의 지배력 강화 저지, 위성방송인 KT스카이라이프의 공공성 강화 등이 당시 중요한 아젠다였다. 이에 대한 해결책으로 KT는 2019년 2월 국회에 제출한 『스카이라이프 공공성 강화방안』에서 '유료방송 독과점 관련 국회·정부의 우려에 따라 스카이라이프를 통한 케이블TV 인수 합병을 중단'한다고 밝히게 되었다. 이러한 맥락 가운데 진행되고 있는 KT스카이라이프의 HCN 인수에 대해 안정상 민주당 수석전문위원은 국회와의 약속을 저버린 처사로서 M&A심사 시 반드시 고려해야 한다고 하였다(안정상, 2020).

그대로 방송 권역(HCN의 경우 8개) 별로 획정하였다.

〈그림 8-4〉 결합 전·후 현대HCN 및 현대미디어 지배구조 변동 현황

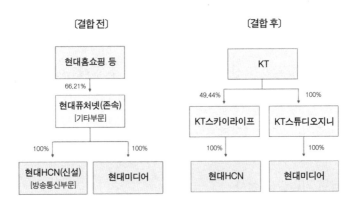

*현대HCN(신설): 舊현대HCN(現현대퓨처넷)의 방송·통신 부문이 물적분할된 법인
자료: 공정거래위원회 보도자료(2021. 8. 24)

공정위는 이번 결합으로 양 사의 단독 또는 중복 사업영역인 디지털 유료방송, 8VSB, 초고속인터넷, 홈쇼핑 등 총 10개의 관련 시장에서 수평, 수직, 혼합형 기업결합이 모두 발생하는 것으로 보았다. OTT 서비스 출현·성장 등 그간의 유료방송 시장의 경쟁상황 변화를 고려할 때, 10개 관련 시장 중 디지털 유료방송과 8VSB 방송의 2개 시장에서는 결합으로 인한 경쟁 제한성이 있다고 판단하였다. 초고속인터넷 시장 등을 포함한 나머지 8개 시장에 관해서는 안전지대에 해당하거나 결합으로 인한 시장점유율 증가분이 미미한 점 등을 종합 고려하여 경쟁을 제한하지 않는다고 보았다.

공정위는 현대HCN 8개 방송구역의 디지털 및 8VSB 유료방송

시장에서 시정조치를 부과하면서 2021년 8월 24일 조건부 승인을 내렸다.[49] 이전 LGU⁺의 CJ헬로 인수 및 SK브로드밴드와 티브로드 합병 기업결합 심사 시의 시정조치와 유사한 수준이었다.

● 과기정통부 심사[50]

통신 분야에 대해서, 먼저 현대HCN 초고속인터넷 가입자는 26만 명(점유율 1.2%)에 불과하여 인수 전 41.1%(917만 명)에서 인수 후 42.2%(943만 명)로의 변화가 초고속인터넷 시장에 미치는 영향은 미미한 편이었다. 하지만 결합상품 측면에서는, KT스카이라이프가 현대HCN 케이블TV 가입자 128만 명을 대상으로 결합상품을 확대할 시 KT군의 초고속인터넷 점유율 상승 및 경쟁우위 강화에 대한 우려가 있다고 판단하였다. 알뜰폰 사업자의 경우에는 케이블TV 및 초고속인터넷 등의 결합상품 제공이 어려운 현실과, 인수 후 결합상품이 증가하면 타 사업자로 전환하기 어려워져 경쟁 구도가 고착될 가능성을 우려하여 조건부 인가 결정을 내렸다.

---

49 ①케이블TV 수신료의 물가상승률 초과 인상 금지, ②단체가입 수신계약 체결거부·해지 금지, ③전체 채널 수 및 소비자선호 채널 임의감축 금지, ④신규 가입·전환 가입 시 불이익조건 부과행위 금지, ⑤수신계약 연장·전환 거부 금지, ⑥고가형 상품 전환 강요 금지, ⑦채널 구성 내역과 수신료 홈페이지 게재·사전고지 의무 등이다.

50 과기정통부는 특히 이번 심사를 위해 '디지털 미디어 생태계 발전방안(2020. 6)'에 따라 공정위·방통위와 MOU를 체결했으며, 관계기관과 협의체를 구성, 관련 정보를 공유함으로써 심사 속도를 제고하기 위해 노력하였다고 하였다(과기정통부 보도자료, 2021. 8. 27).

인가조건은 이전의 LGU⁺ 및 SK브로드밴드의 주식 취득의 인가 신청과 유사했으며, 농어촌 등 BcN 커버리지 확보와 같이 KT에 실효성 없는 조건은 부과되지 않았다. 한편 KT스카이라이프는 현대 HCN이 3년간 KT로부터 제공받은 설비 현황을 과기정통부에 반기별로 보고하도록 하였다. 이는 KT가 필수설비를 현대HCN에 부당하게 유리한 조건으로 제공하여 초고속인터넷 서비스 및 결합상품의 판매를 확대하는 등에 대한 우려를 방지하고자 한 것이었다.

그리고 「방송법」(제15조의2)에 따라 KT스카이라이프로의 현대 HCN 최다액 출자자 변경에 대한 승인 심사를 진행하였다. 동 인수는 〈표 8-8〉과 같이 유료방송 시장 가입자 1위인 KT군이 유료방송 시장의 지배력을 강화하고(2020년 12월 말 기준 35.5%), 최초로 IPTV·위성방송·케이블TV 모두를 경영하게 되는 기업결합이었다. 이전 LGU⁺의 CJ헬로 인수 및 SK브로드밴드와 티브로드 합병 건은 2, 3위 사업자들의 M&A로 1, 2위 사업자들 간의 격차를 줄였고 CJ ENM과 같은 PP를 운영하는 사업자와의 분리로 경쟁 활성화에 기여한 측면이 있는데, KT의 사례는 이와 대비가 되는 기업결합에 대한 심사이기도 하였다.

〈표 8-8〉 유료방송 시장점유율 및 1, 2위 사업자 간 격차

구분	2018년 12월	2019년 12월 (LGU⁺, SKB의 인수 및 합병)	2020년 12월 (KT의 HCN 인수)
1위 점유율	31.2%(KT군)	31.6%(KT군)	35.5%(KT군)
2위 점유율	14.3%(SKB)	25.0%(LG군)	25.2%(LG군)
1, 2위 격차	16.8%p	6.6%p	10.3%p

심사 결과, 최다액 출자자 변경은 승인(744.11점 획득)하되,[51] 지역성 강화, 공정경쟁, 시청자 권익 보호, 방송·미디어 산업 및 생태계 발전, 상생협력 등을 위해 필요한 승인조건을 부과하였다. 〈표 8-5〉에서처럼 이전의 M&A건들과 대동소이하다. 특이한 조건은 KT군이 최초로 유료방송 3종 플랫폼(IPTV, 위성, SO)을 소유함에 따라 지배력 전이를 제한하기 위해 3년간 KT스카이라이프와 현대 HCN의 합병을 제한한 것이다.[52]

4. 언론노조와 시민의식의 성장

지상파방송 산별 협약

2018년 9월 3일, 방송의 날을 맞아 지상파 4사와 전국언론노조는 '지상파방송 산별 협약'을 맺었다. 언론노조 김환균 위원장, KBS 양승동, MBC 최승호, SBS 박정훈, EBS 장해랑 사장 등이 서명하였다.

---

51 심사위원회 평가점수는 744.11점을 받아 이전의 LGU⁺의 CJ헬로 인수 건(727.44)보다는 높지만 SK브로드밴드와 티브로드 합병 건(755.44)보다는 낮았다.

52 이처럼 2019년의 LGU⁺의 CJ헬로 인수, 2020년의 SK브로드밴드와 티브로드 합병, 2021년의 KT스카이라이프의 HCN인수 등 유료방송 시장에서의 대형 M&A는 오히려 진보 정권인 문재인 정부에서 성과가 있었다. 이는 오히려 2015년 박근혜 정부 시절, 경쟁력 확보를 위해 추진되었던 SK의 CJHV 인수·합병 건이 성사되지 못하자 M&A들이 지연되었고 결국 차기 정부에서 봇물 터지듯 결실을 보게 된 측면도 있다.

언론노조는 "2000년 산별노조로 전환한 후 18년 만에 이뤄진 산별 교섭"이라며 "촛불 혁명으로 본격화한 '방송 정상화' 국면에서 방송의 공정성과 공공성을 실현하기 위한 것"이라고 하였다.[53]

●노조의 보도 및 편성, 인사권에 영향력

그러나 협약에는 논란의 소지가 큰 조항들이 다수 포함되었다. 먼저 협약 제7조는 "보도·편성·제작 책임자의 직위와 범위는 방송사별 노사 협약으로 정한다"고 규정하면서 "사용자와 조합은 임명·평가 등에 제작 종사자의 의견이 반드시 반영될 수 있는 절차와 방법을 정해야 한다"고 명시하였다. 이어 협약 제8조는 방송사 경영에 관여할 수 있는 노사 동수의 '공정방송기구' 설치도 의무화하였다.[54] 공정방송기구의 업무와 권한에는 뿐만 아니라 본 산별협약이 "(「방송법」·「노동법」 등) 관계 법령, 본부·지부 단체협약, 취업 규칙 등에 우선 적용된다"는 내용이 협약 제3조에 명시되어 있다. 노조가 보도·편성뿐 아니라 인사에 영향력을 행사할 수 있도록 여지를 마련한 것이다.[55]

---

53 언론노보(http://media.nodong.org), 2018. 9. 3일자

54 공정방송기구의 업무와 권한에는 ①보도·편성·제작 관련 제반 상황 논의, ②제작·방송에서 공정성과 제작 자율성 침해 시 심사·시정 요구권, ③경영진 출석 및 자료 제출 요구권, ④'공정 방송 저해 구성원'에 대한 징계 심의 요구권 등이 명시되었다. 특히 ③과 ④의 권리의 경우, "사용자는 이 요구를 수용해야 한다"는 강제 조항이 들어갔다.

55 이에 대해 국회 과학기술정보방송통신위원회의 소속인 박성중 의원은 "공

노조의 대표성과 시민의식의 성장

그러나 '방송편성권과 공정방송기구에 영향을 미칠 수 있는 노동조합이 과연 방송사 종사자 전체를 대변하고 이들의 다양한 이익이나 의견을 반영하는 주체인가'에 대해서는 의문을 표하는 견해들이 있다. 먼저 황근(2018)은 노동조합이 방송사 전체 종사자를 대표할 수 있는 중립성과 다원성을 담보하고 있어야 하는데 그렇지 못하다고 지적하였다. 그리고 방송사의 노동조합이 개별 방송사 내에서 독자적으로 활동하는 조직이라기보다 전국언론노조 산하의 방송사별 본부 형태로 되어 있어 상급 노조의 지침에 따라 활동할 수밖에 없기에 자율성이 제한되고, 개별 방송사의 제작·보도의 공정성 이슈보다는 방송사 전체의 정치적 쟁점에 더 관여될 수밖에 없게 된다고 하였다. 또한 방송 공정성의 핵심은 정치적 중립성인데, 언론노조는 정치적으로 진보세력과 더 가깝고 이러한 정치적 경향성이 강한 언론노조가 공정방송에 관여하는 것도 문제점이다. 끝으로 언론노조가 다양한 의견을 수렴할 수 있는 내부 조건을 갖추고 있는가에 대해서도 한계가 있다고 비판하였다. 예를 들어 KBS의 경우 KBS 노조, 언론노조 산하의 KBS 본부노조, KBS 공영노조 등으로 나누어져 있는 것이다.

정방송 실현'이라는 명목으로 인사·징계권에 편성·보도권까지 사실상 노조에 내줬다"고 지적하였다(조선일보, 2018. 10. 10일자)

●참여적 시민의식 규범의 성장

즉, 방송편성권이나 공정방송기구 등에 종사자들의 의견을 적극적으로 반영하고 이를 통해 방송사 경영진과 종사자 간의 협력적 관계를 형성하기 위한 제도적 방안의 전제조건은 노조의 대표성과 공정성 확보에 있다.

이혜림 등(2020)은, 2017년 이후는 2015년에 비해 시민의식 규범에 큰 변화가 일어났는데 이전에는 의무적 시민의식 규범이 참여적 시민의식 규범보다 현저히 높았으나 2017년에는 참여적 시민의식 규범이 성장하여 시민의식 규범이 전반적으로 균형 있게 높아졌다고 하였다. 이런 변화는 2015년과 2017년 사이에 한국이 경험한 극적인 정치사회 영역의 변화와 관련이 있는 것으로 보인다. 그리고 시민들은 시민단체에 의존하기보다는 트위터, 팟캐스트, 유튜브 등 다양한 SNS를 통해 자신들의 의사를 직접적으로 표출하고 여론형성 과정에 참여하는 경향도 더 뚜렷해졌다고 할 수 있다.

높아진 시민의식 규범을 미디어 분야에서도 반영할 수 있는 방안이 적극 모색되어야 한다. 이러한 측면애서 한진만 등(2012)은 종사자뿐만 아니라 시청자들의 다양한 의견을 수렴하여 공영방송 편성에 반영하고, 노사가 편성 내용에 이견이 있을 경우 이를 중재할 수 있는 절차로서 '시청자 배심원제'를 제안하기도 한다.

제 2 부
미디어 통합법제와
거 버 넌 스

제9장

OTT와 통합법제의 방향

1. OTT의 성장

OTT란 무엇인가?

OTT 서비스는 '인터넷 동영상 서비스'로 지칭되고 있으나, TV, PC, 스마트폰 등 다양한 매체를 통해 서비스되는, 종류와 형태가 다양하고 기존 방송 및 전기통신 서비스와의 경계도 모호하고 복잡하여 일률적으로 정의되기 힘들다.

EU는 2015년 10월 유럽전자통신규제기구(Body of European Regulators for Electronic Communications, BEREC)가 발표한 'Report on OTT services Draft'에서 OTT 서비스를 '개방형 인터넷(Open Internet)을 통해 이용자에게 제공되는 콘텐츠 및 애플리케이션 서비스'로 정의하였다(BEREC, 2015). 이러한 OTT에 대한 정의는 범

용인터넷망을 통해 제공되는 콘텐츠, 서비스, 애플리케이션 등을 포괄할 수 있는 개념으로, 향후 생겨날 수 있는 다양한 융합 서비스들을 배제하지 않고 포괄할 수 있다는 점에서 장점이 있다(이상원, 2020). OTT는 주로 영상 콘텐츠 전송서비스로만 여겨지고 있지만 점차 영상, 음성 등의 멀티미디어 서비스는 물론이고 전자상거래, O2O(online to offline) 등 다양한 서비스를 포괄하는 개념으로 확장되고 있기 때문이다(송용택, 2016).

● OTT의 성장과 요인

Statista가 2021년에 발표한 「Digital Media Report」에 의하면 2021년 글로벌 OTT 시장 규모는 매출 기준 177,388백만 달러가 될 것으로 예상되며, 2021~2025년까지 매년 11.26% 성장하여 2025년에는 271,837백만 달러 정도에 이를 것으로 예측된다. 국가별 OTT 시장 규모를 살펴보면, 미국 시장이 76,720백만 달러로 1위(43%)이며, 2위가 중국(32,402백만 달러), 그다음이 영국(8,980백만 달러), 그리고 일본(7,458백만 달러)의 순이고, 한국 시장은 2021년 대략 2,387백만 달러로 12위 정도로 예측된다(Statista, 2021).

OTT 시장이 급속하게 성장한 데에는 무엇보다 초고속 브로드밴드 네트워크의 보급과 확산, 스트리밍 기술의 진화, 그리고 다양한 스마트 기기의 보급 등의 기술적 요인이 가장 크다. 이러한 기술의 발전을 새롭고 차별화된 서비스를 개발하는 데 활용하고 이를 통해 새로운 비즈니스 모델을 창출하고 혁신하는 사업가들의 역할도 도외시할 수 없다. OTT 서비스는 방송이라기보다 인터넷을 통해 콘텐츠를 제공하는 서비스로「전기통신사업법」상 부가통신 역무에 해당되어 비교적 약한 규제를 적용받고 있다. 이러한 상황은 다른 나라들도 유사하며, 망 중립성 규제도 글로벌 대형 OTT 서비스 사업자가 출현하고 성장하는 데에 어느 정도 기여했다고 할 수 있다(이상원, 2020).

상대적으로 낮은 기술적·제도적 진입장벽으로 진입과 퇴출이 자유로워 다양한 주체들이 OTT 사업자로 시장에 진출하면서, OTT 산업의 성장과 함께 경쟁은 더욱 치열해지고 있다. 또한 가입자들도 원하는 콘텐츠에 따라 가입과 탈퇴를 자유로이 할 수 있기 때문에 콘텐츠의 차별화(differentiation)가 경쟁의 핵심요소가 되고 있다. 나아가 글로벌 OTT 사업자의 등장은 콘텐츠에 대한 제작과 투자 증대로 이어져 국내 제작 산업 성장 및 제작 역량 고도화의 긍정적 효과를 가져왔지만, 글로벌 사업자에 대한 의존도 심화 및 국내 방송시장 장악의 문제도 제기되고 있다.

● 다양한 OTT

많은 종류의 OTT 서비스가 존재하고 사업자별로도 다양한 서비스를 제공하고 있어 일정한 기준에 따라 그 유형을 구분하는 것은 불가지만, 〈표 9-1〉처럼 거래방식과 수익모델에 따라 광고형 VOD(Advertising VOD, AVOD), 구독형 VOD(Subscription VOD, SVOD)로 대별할 수 있고, 그 외 거래형 VOD(Transactional VOD) 그리고 거래형과 구독형을 혼합한 혼합형(Hybrid) 등이 있다.

광고형(AVOD)은 요금을 지불하지 않는 대신 광고를 시청하는 형태이다. 유튜브처럼 UGC(User Generated Contents), 즉 이용자가 직접 제작하는 콘텐츠나 MCN(Multi-Channel Network) 콘텐츠 등을 자유롭게 시청하고 틈틈이 광고를 시청하게 하는 방식이다. 콘텐츠에 접근하도록 플랫폼을 제공해주고 광고를 통해 수익을 얻는 이 방식은 OTT 서비스의 성공적인 모델로 평가되고 있다. 페이스북, 네이버TV, 카카오TV와 그 외 로쿠(Roku)TV나 플루토(Pluto)TV도 AVOD 모델이다.

로쿠TV는 디바이스(로쿠플레이어와 셋톱박스)를 설치하면 보유하고 있는 일반 TV를 통해서도 OTT 서비스를 이용할 수 있는데, 미국에서 판매된 스마트TV의 38%가 로쿠 미디어 플랫폼을 탑재하고 있다. 로쿠TV는 넷플릭스, 디즈니 등과도 계약을 통해 고객들에게 콘텐츠를 공급하고 있는데, 2020년 12월 기준 이용자는 1년 전보다 39% 늘어난 5,120만 명에 달하였다. 바이어컴이 2019년 3억 4천만 달러에 인수한 플루토TV도 유사한 서비스를 제공하고 있다(임석봉, 2020). 그 외 미국 1위 케이블 방송사인 컴캐스트와 아마존, 폭스, 삼성전자와 LG전자 등의 제조사들도 가세하여 시장은 급성장하고 있다.[1] 전체 유튜브 이용자의 25%도 스마트TV를 통해 시청하고 있기 때문이다.

특히 최근 코로나 사태를 거치면서 AVOD 이용자가 증가하고 있다. 인도의 AVOD 이용자는 5억 명이 넘고 미국도 2억 명에 달한다. AVOD 이용자들은 동시에 구독형(SVOD) 서비스에도 가입해 있는

---

1 한국경제, 2021. 1. 11일자.

데, 글로벌 7개 시장에서 AVOD 이용자의 80%는 SVOD 서비스에 가입했으며, 70%는 케이블TV 등 유료방송 서비스를 사용한다고 한다(한정훈, 2021).

구독형(SVOD)은 월정액을 지불하는 가입자를 확보하고 그 수입을 통해 콘텐츠 제공자(CP)로부터 콘텐츠에 대한 판권을 대량 구매한다. 이들은 경쟁우위를 확보하기 위해 자체 제작의 오리지널 콘텐츠 확보에 대한 투자를 증대시키고 있다. 2020년 12월 기준 2억 370만 명의 가입자를 확보한 넷플릭스는 대표적인 SVOD형 OTT이다. 2016년 우리나라에 서비스를 시작한 지 4년 만에 400만 명이상의 가입자를 확보하였다. 2019년 11월 서비스를 개시한 디즈니플러스도 출시 16개월 만에 1억 명의 가입자를 보유하게 되었다. 약 10년이 걸려 1억 명을 확보한 넷플릭스의 빠른 추종자(fast follower)인 것이다.

거래형(TVOD)은 개별 영상 콘텐츠별로 거래를 통해 제공하는

〈표 9-1〉 OTT 서비스 유형 분류

	광고형(AVOD)	구독형(SVOD)	거래형(TVOD)	혼합형(Hybrid)
주요 사업자 (서비스)	유튜브, 페이스북, 네이버TV, 카카오TV	넷플릭스, 디즈니 플러스, 왓챠	아이튠즈, 구글플레이	웨이브, 티빙
수익 모델	광고 수익	월정액 요금	개별 콘텐츠 구매	월정액 요금, 개별 콘텐츠 구매
주요 콘텐츠	이용자 제작 콘텐츠, 방송콘텐츠 클립 등	오리지널 콘텐츠, CP로부터의 대량 판권 구매	CP로부터의 판권 구매	오리지널 콘텐츠, CP로부터의 판권 구매

방식으로, 개별 구매에 의존하다 보니 다양한 콘텐츠 확보에는 다소 한계가 있지만 많은 비용이 소요되지 않는 장점은 있다. 애플의 아이튠즈, 구글의 구글플레이가 대표적 서비스이다.

혼합형(Hybrid)은 구독형과 거래형이 혼합된 서비스를 제공하는데, 월정액 서비스를 제공하면서 개별 콘텐츠 구매도 가능한 방식이다. 웨이브나 티빙 등 국내 사업자들 다수의 제공 형태로서 실시간 방송 서비스도 제공하고 있다.

유료방송 시장과 OTT

● 유료방송 시장

〈표 9-2〉에서 알 수 있듯이 2020년 기준 유료방송 가입자 수는 전년 대비 2.9% 증가한 3,475만(단자 수 기준)을 기록하며 증가하고 있다. 2010년(2,038만)에 비해 70.5% 성장했고 2015년(2,818만)에 비해서도 23.3% 성장한 수치다. 특히 IPTV 전체 가입자 수는 1,854만으로 2017년 SO를 추월한 후 그 격차는 더 커지고 있으며, 전체 가입자 중 비중이 절반을 넘는 53.3%를 차지하고 있다. 이에 힘입어 〈그림 9-1〉처럼 유료방송 가입자는 세대수보다 더 많고 증가 수세노 너 빠르다. 히지만 건체 가입자 증가 폭은 점점 줄어드는 추세라 낙관만 하기는 어렵다.

〈표 9-2〉 유료방송사별 가입자 추이(2010~2020)

(단위: 천 단자)

구 분	2010	2011	2012	2013	2014	2015	2016	2017	2018	2019	2020
SKB(SO)	3,234	3,137	3,139	3,336	3,303	3,239	3,231	3,169	3,109	3,022	2,929
LG헬로비전	3,002	3,405	3,322	3,948	4,103	3,823	3,922	4,103	4,070	3,967	3,836
딜라이브	2,639	2,697	2,449	2,459	2,378	1,964	2,008	2,059	2,012	2,008	2,005
HCN	1,338	1,312	1,423	1,400	1,360	1,348	1,338	1,333	1,360	1,315	1,283
CMB	1,286	1,346	1,350	1,508	1,496	1,506	1,536	1,547	1,562	1,531	1,501
MSO합계	11,499	11,898	11,683	12,651	12,692	11,881	12,034	12,211	12,113	11,843	11,554
개별SO	3,360	2,880	3,116	2,087	1,919	1,851	1,852	1,826	1,692	1,633	1,576
SO 합계	14,859	14,778	14,799	14,738	14,611	13,732	13,887	14,037	13,804	13,476	13,130
KT SkyLife	2,639	2,755	2,904	3,067	3,091	3,092	3,184	3,246	3,263	3,168	3,082
KT	1,540	2,304	3,121	3,839	4,679	5,252	5,895	6,445	6,954	7,482	7,965
SKB(IPTV)	735	883	1,445	2,081	2,819	3,474	3,955	4,358	4,718	5,182	5,649
LGU⁺	610	860	1,053	1,675	2,168	2,632	3,040	3,523	3,985	4,461	4,923
IPTV 합계	2,885	4,047	5,619	7,595	9,666	11,358	12,889	14,325	15,657	17,125	18,537
KT계열	4,178	5,059	6,024	6,906	7,770	8,344	9,078	9,690	10,217	10,650	11,847
SKB	3,969	4,020	4,584	5,417	6,122	6,713	7,186	7,527	7,827	8,204	8,578
LG계열	3,612	4,265	4,375	5,623	6,323	6,455	6,962	7,626	8,055	8,428	8,759
합계	20,382	21,580	23,321	25,400	27,368	28,182	29,959	31,608	32,724	33,769	34,749

자료 : 방송통신위원회, 2020년도 방송시장 경쟁상황평가(2021)

〈그림 9-1〉 유료방송 가입자 추이

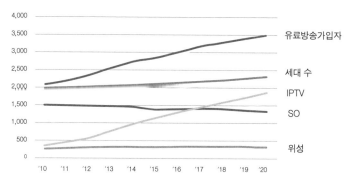

●국내 OTT 시장

2014년 1,926억 원 규모였던 국내 OTT 시장은 2020년 7,801억 원 규모로, 연평균 26.3%의 성장률로 급속히 성장하고 있다.[2] 2020년 기준 OTT 서비스 이용률도 66.3%(2017년 36.1%, 2018년 42.7%, 2019년 52.0%) 수준으로 빠르게 증가하고 있다. OTT 서비스 이용자 중 94.5%가 유튜브를 이용하고 있는 것으로 나타나, 유튜브는 전 연령층에서 가장 높은 이용률을 기록하고 있다.[3] 월정액 서비스인 넷플릭스의 이용률은 2019년 4.9%에서 2020년 16.3%로 크게 증가해, 전체 OTT 서비스 중 유튜브에 이어 두 번째로 높은 이용률을 보이고 있다. 국내 OTT 서비스인 웨이브(3.2%), 티빙(3.0%) 등은 전년 대비 이용률이 증가했지만 넷플릭스의 성장세와 비교하면 상대적으로 낮은 증가율을 나타내고 있다.

OTT 서비스 이용자 중 유료결제 이용자 비율 또한 지속적인 증가 추세에 있다(2018년 7.7% → 2019년 14.9% → 2020년 21.7%). 2020년 OTT 서비스 이용자 중 서비스별 유료결제 이용자 비율은 넷플릭스가 11.6%로 가장 높게 나타났으며, 유튜브가 8.2%로 월정액 중심 서비스인 웨이브(2.3%)와 티빙(1.5%)보다 여전히 높은 수준을 기록하고 있다.[4] 이처럼 글로벌 OTT 사업자와 비교할 때 국내

---

2   방송통신위원회(2021. 3), 2020 방송통신위원회 연차보고서.

3   조사업체 와이즈앱에 따르면, 유튜브 앱 총 사용시간은 2020년 11월 기준 622억 분으로, 2위인 카카오톡의 265억 분의 2.3배 수준이라고 한다(IT조선, 2020. 12. 15일자).

4   방송통신위원회(2020. 12), 2020년 방송시장 경쟁상황평가.

OTT 사업자는 가입자 규모나 콘텐츠 경쟁력 면에서 아직 어려운 상황이다.

● 코드커팅(cord-cutting)은 일어나는가?

유료방송 가입자 수가 정체 상태인 가운데, 넷플릭스를 비롯한 OTT 가입자 수가 늘어나고 있다는 것은 OTT의 수요가 커지고 새로운 시장이 창출되고 있는 것이라고 할 수 있다. 미국의 경우, OTT와 같은 온라인 스트리밍 서비스의 활성화로 코드커팅(cord-cutting), 즉 새로운 인터넷 기반의 TV 서비스가 기존의 유료방송을 대체하는 현상이 본격화되고 있다(노창희, 2020). 2020년 4분기 미국의 유료방송 가입자는 7,840만 명 정도인데, 2020년 미국의 유료방송 플랫폼 가입자 수의 전년 대비 감소율은 5.1%에 달하고 있다. 또 다른 연구 결과는, 2019년 미국의 코드커팅 가구가 2019년 2,190만(전체 가구의 21.9%)에서 2023년 3,490만(전체 가구의 27.1%)으로 증가할 것으로 예측하고 있다(정두남·심영섭, 2020).

그런데 사람들이 코드커팅을 하는 이유는 단순히 유료방송의 비싼 이용료 때문만은 아니다. 케이블TV나 위성방송 가입자들은 평균 4.5개(약 45달러)의 스트리밍 서비스를 이용하고 있는 반면, 코드커터들은 평균 4.1개(약 37달러)의 스트리밍 서비스를 구독하고 있는 것으로 나타나고 있다.[5] 즉 유료방송 가입자들은 유료방송에 가입하지 않았거나 가입을 중단한 사람들보다 스트리밍 서비스에

---

5 https://cordcutting.com

더 비용을 지불하고 있는 것이다. 이는 서비스 이용자들이 과거의 단순한 시청자(viewer)에서 찾아보기와 몰아보기(search and binge watch)의 성향을 가진 미디어 소비자(media consumer)로 바뀌고 있기 때문이다(한정훈, 2021).

국내 유료방송 시장의 방송사업 매출 기준 월간 ARPU[6]는 2019년 16,112원(13.9달러)으로, 전년 15,754원 대비 2.3% 증가하며 상승세를 유지하고 있다. SO가 12,358원(2018년 12,510원)으로 하락세인 반면, IPTV는 19,608원(2018년 19,099원)로 증가하는 추세에 있다. 따라서 OTT 시장이 성장하면서 유료방송 가입자가 축소되는 현상은 우리나라에서는 아직 나타나지 않고 있다고 할 수 있다.

미국의 경우 코드커팅의 이유가 유료방송의 비싼 가격에만 있지는 않았지만, 우리나라의 유료방송 가격이 외국 선진국들에 비해 낮은 것은 코드커팅이 아직 만연하지 않은 이유로 작용할 수 있다. Omdia(2020)의 자료에 따르면 2019년 기준 OECD 주요 국가의 유료방송 전체 월평균 ARPU는 26.8달러로 집계되었다. 미국은 89.4달러, 일본은 50.6달러 수준이며, 한국은 OECD 국가 29개국 중 24위이다.

---

6   방송사업 매출 기준 ARPU(average revenue per user)는 방송사업 매출을 가입자 수로 나눈 것을 의미한다. 여기에는 홈쇼핑 송출 수수료도 포함되게 된다. 이를 제외하면 9.2달러 수준으로 추정된다.

●광고시장에의 영향

OTT 서비스가 기존의 지상파나 유료방송 시장을 잠식했는지, 새로운 시장을 창출하고 있는지를 광고시장을 통해 살펴보자. 〈표 9-3〉에서처럼 방송광고 매출은 2015년 3조 5,084억 원 규모에서 2019년 2조 9,973억 원으로 축소(CAGR △3.9%)되고 있다. PP와 IPTV는 상승추세이지만 지상파 광고 매출 감소로 인해 전체 시장의 규모는 줄어들고 있다. 2015년 전체 방송광고 매출에서 54.5%를 차지했던 지상파 광고 매출은 2017년 PP에도 추월당했고 2019년에는 1조 999억 원 수준을 기록하였다(CAGR △12.9%). 지상파 광고 매출은 지난 5년간 거의 반 토막이 난 것이다.

〈표 9-3〉 매체별 방송광고 매출액 추이(2015~2019)[7]

(단위: 억 원)

구 분	2015	2016	2017	2018	2019	CAGR*
지상파	19,112 (54.5%)	16,228 (50.4%)	14,121 (44.6%)	13,007 (40.3%)	10,999 (36.7%)	△12.9%
PP	13,520 (38.5%)	13,488 (41.9%)	14,669 (46.4%)	16,167 (50.1%)	15,885 (53.0%)	4.1%
SO	1,392 (4.0%)	1,354 (4.2%)	1,375 (4.3%)	1,407 (4.4%)	1,355 (4.5%)	△0.7%
IPTV	819 (2.3%)	846 (2.6%)	994 (3.1%)	1,161 (3.6%)	1,232 (4.1%)	10.8%
위성	240 (0.7%)	280 (0.9%)	480 (1.5%)	511 (1.6%)	500 (1.7%)	20.1%
합계	35,084 (100%)	32,197 (100%)	31,640 (100%)	32,253 (100%)	29,973 (100%)	△3.9%

*CAGR(compound annual growth rate): 연평균 성장률
자료: 노희윤(2020.7.15). KISDI

---

7   지상파DMB, IPTV CP의 광고 매출은 제외되어 계산된 것이다.

전체 광고시장을 보면 2019년 전체 광고시장의 규모는 11조 2,502억 원으로, 전년 대비 3.5% 증가하기는 하였다. 그러나 모바일 광고(3조 2,824억 원)만 증가하고 있고,[8] 다른 매체 광고는 감소세가 지속되고 있다. 모바일 광고시장의 비중은 전년 대비 3.4%p 증가한 29.2%를 기록하며 방송광고[9]의 규모(2조 9,666억 원)와 비중(26.4%)을 상회하고 있다.[10] 〈그림 9-2〉에서처럼 다른 매체의 감소분보다 더 큰 성장을 모바일 매체가 감당하고 있다. 모바일 광고의 중심에는 유튜브 등 새로운 광고 기법을 앞세운 OTT 사업자들이 자리잡고 있다. 미디어 사용 매체가 스마트폰 등 모바일 기기 중심으로 이동하고 있는 가운데 OTT는 지상파방송처럼 광고에 의존하는 기존 미디어의 시장을 크게 잠식하면서 또 새로운 시장을 창출해 나가고 있다고 할 수 있다.

방송사들은 이러한 광고 매출 감소에 VOD 서비스로 수익을 보전하는 전략을 취하고 있지만, OTT가 스마트TV 어플리케이션을 통해 VOD를 직접 제공하게 되어 기존의 지상파는 물론 유료방송 사업자의 입지도 점점 위축될 수 있다. 나아가 국내 소비자들도 '넷

---

8   모바일 광고는 2016년 1.75조 원, 2017년 2.22조 원, 2018년 2.80조 원, 2019년 3.28조 원으로 성장세가 가파르다.

9   TV, 라디오, PP, SO, 위성방송, IPTV, 지상파DMB 광고 매출 규모를 합한 것이다(제일기획, 『광고연감』).

10 OTT 서비스 이용률은 전체 응답자 기준 52%로 전년(42.7%) 대비 크게 증가했고 서비스 이용 기기는 스마트폰(91.6%), TV 수상기(5.4%), 노트북(5.2%) 순으로 나타났다(방송통신위원회(2020. 1), 2019 방송매체 이용행태조사).

(단위: %)

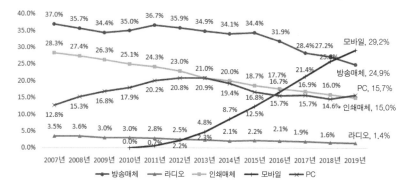

자료: ㈜제일기획『광고연감』, 방통통신위원회 2020년 방송시장 경쟁상황평가

플릭스 + 국내 OTT(웨이브, 티빙)' 또는 '디즈니플러스 + 국내 OTT' 등의 형태로 OTT에 대한 소비를 늘릴 가능성도 크다(한정훈, 2021).

이처럼 지상파를 중심으로 한 방송광고는 큰 폭으로 감소하고 있고, 유료방송 가입자의 증가 폭도 감소하고 있는 가운데, 넷플릭스와 유튜브 등 글로벌 OTT의 영향력이 점차 확대되고 있다. 2021년 11월에는 디즈니플러스와 애플TV플러스도 국내 사업자와의 제휴형태로 국내에 진출하였으며 아마존 프라임 비디오 등도 추가 진입이 진행되고 있어, OTT뿐만 아니라 우리나라의 방송시장 전체에서의 경쟁도 한층 더 치열해질 전망이다.

2. 주요 OTT 사업자

넷플릭스

NETFLIX

● 시청의 자유, 제작의 자율, 콘텐츠 투자

1998년 인터넷(Net)과 영화(Flicks)의 합성어인 넷플릭스를 창업한 리드 헤이스팅스(Reed Hastings)는 소프트웨어 개발자 출신이다. 그는 1998년 30명의 직원과 925개의 콘텐츠를 가지고 비디오테이프 임대 서비스를 개시했고, 1999년부터 월간 구독 서비스를 시작하였다. 1985년부터 비디오 렌탈 사업을 시작하여 당시 미국 시장을 지배한 '블록버스터'와 경쟁하다가 2007년 인터넷 스트리밍 기술[11]을 접목한 서비스를 만들어 미국 시장을 석권했고, '블록버스터'는 2010년 파산하였다. 넷플릭스의 성공에 결정적 영향을 미친 콘텐츠는 시간과 장소에 구애받지 않고 몰아보기(binge-viewing)를

---

11 넷플릭스의 급성장에는 사용자 개인의 취향에 맞는 콘텐츠를 선택해주는 '큐레이션(Curation)' 기술도 한 몫을 하고 있다. 넷플릭스는 자체 알고리즘을 통해 약 7만 7천7개의 세부 장르로 영화를 구분하고 있는 것으로 알려져 있고 사용자가 콘텐츠를 검색하는 90초 이내에 좋아할 만한 콘텐츠를 찾아 제시하는 개인 맞춤형 추천 시스템이 작동하고 있다. 이는 사용자가 넷플릭스를 해지하지 않도록 방어하는 기능도 해 연간 10억 달러 이상을 절약하는 효과를 가져온다고 한다(고명석, 2020).

통해 시청의 자유를 제공하여 유행을 가져온 《하우스 오브 카드》일 것이다.[12] 2013년 2월 1일 독점 공개한 《하우스 오브 카드》의 경우 시즌 1의 13편을 같은 날 한꺼번에 공개했는데, 지상파나 케이블TV가 아닌 OTT에서 1억 달러의 제작비를 투입해서 만든 대작으로 OTT 최초로 2014년 71회 골든 글로브 상도 수상하였다.

이처럼 넷플릭스의 경쟁력의 원천인 콘텐츠 투자의 규모는 엄청나다. 2019년에는 146억 달러(약 17조 8천억 원), 2021년에는 130억 달러(약 15조 8천5백억 원)를 콘텐츠에 투자한다는 계획이다. 이를 통해 2021년 1분기 기준 전 세계에 2억 300만 명의 가입자를 보유하고 있다. 최근에는 오리지널 콘텐츠를 미국 지상파TV에 판매하는 것을 추진 중인 것으로 알려졌다(한정훈, 2021).

2021년 9월 방영을 시작한 국산 넷플릭스 시리즈로서, 전 세계에서 인기 순위 1위를 차지하며 홍행 돌풍을 일으킨 《오징어 게임》은 9편에 200여억 원의 제작비가 투자된 것으로 알려졌다. 이 정도의 금액은 다른 홍행 시리즈에 비할 때 그리 큰 금액은 아니다.

초기에는 '급이 다른' 제작비가 여러 창작자들을 주목시켰다면, 최근에는 오히려 마음껏 실력을 발휘할 수 있는 자율적인 제작 환경이 그들의 마음을 더 사로잡고 있다. 《오징어 게임》의 황동혁 감독도 해당 작품을 2008년에 구상했지만 잔혹한 소재 등을 이유로

---

12 시즌 1의 13편의 제작비가 1억 달러(약 1,200억 원)면 편당 최소 92억 원을 투입한 것이다. 2013년 기준으로 국내 드라마 평균 제작비는 2억 원(대작의 경우 약 4억 원) 수준임을 고려할 때, 수십 배의 차이가 난다.

"투자자, 배우들에게 거절당했다"고 하였다.[13]

● 오리지널 콘텐츠와 독자적 판권 확보

최근까지 넷플릭스에서 가장 많이 시청되는 콘텐츠는 오리지널 콘텐츠라기보다는 시트콤《디오피스》,《프렌즈》등 NBC유니버설이나 워너미디어 등 타 미디어 그룹으로부터 구매한 콘텐츠들이었다 (임석봉, 2020). 2021년 말 넷플릭스의《디오피스》계약이 만료되면 NBC가 피콕을 통해 이를 공개할 예정이며,《프렌즈》는 2021년 5월부터 HBO MAX를 통해 다시 제공되기 시작하였다. 성공한 콘텐츠는 인기가 오래 지속되고 구독자를 유지시키는 힘이 크다는 것을 알 수 있다. 그리고 그만큼 좋은 콘텐츠를 확보하기 위한 OTT 사업자들 간 경쟁도 치열하다.

넷플릭스는 2015년부터 저작권을 모두 보유하는 전략을 구사하고 있다. 즉 콘텐츠를 직접 제작하여 오리지널 콘텐츠를 확보하거나 선투자를 통해 판권을 확보하여 독점 공급받는 방식을 활용한다. 2017년 봉준호 감독의《옥자》나 2019년부터의《킹덤》시리즈 등은 전자에 해당하고, 2018년 tvN의《미스터 션샤인》,《오징어 게임》등은 후자의 예이다.

이러한 콘텐츠 제작과 투자 그리고 독점적 제공이 넷플릭스의 현지화 및 해외진출 전략이다. 2016년 한국에 진출한 넷플릭스는《옥자》를 제작하는 데 5천만 달러(약 570억 원)를 투자하였다. 그럼

---

13 머니투데이, 2021. 9. 30일자.

에도 영화는 극장 관객이 32만 명에 불과하였다.[14] 하지만 이는 넷플릭스에 대한 홍보 효과로 이어졌다. 2016년 한국에 서비스를 제공한 이래 1년 6개월 동안 10만 명에 불과했던 가입자 수가 2017년 6월 《옥자》개봉 후 2주 만에 20만 명이 되었고, 이후 넷플릭스가 1위 OTT 사업자가 되는 시발점이 되었다.

독점 판권 확보 전략의 사례인 2018년 드라마 《미스터 선샤인》은 24부작 방영에 제작비 430억 원이 투입된 것으로 알려졌는데, 2016년 KBS의 《태양의 후예》 16부작에 150억 원의 제작비가 소요된 것에 비해 회당 제작비가 2배 이상 높아진 것이다. 게다가 넷플릭스는 tvN에 300억 원을 선투자하고 한국을 제외한 글로벌 판권을 확보하였다. 당시 드라마의 성공으로 제작사인 스튜디오드래곤은 170억 원의 수익을 남겼지만, 이를 계기로 한국 드라마 제작 시장의 제작비가 급상승하게 되었다. 즉 해외 진출이 용이하게 되었지만 한편으로 넷플릭스에 대한 의존도도 커지게 되었다. 이는 넷플릭스의 전략에 따른 결과라고 할 수 있다.

● 아시아 진출의 교두보로서의 한국 콘텐츠

2016년 한국에 진출한 이래 넷플릭스는 한국을 단순히 가입자 확

---

14 당시 넷플릭스가 영화관과 온라인 스트리밍에 동시에 개봉하기로 한 방침에 대부분의 멀티플렉스 영화관이 반발하여 예술극장이나 단일 상영관 위주로 상영되었다는 한계도 있었다. 그러나 2016년 개봉한 《군함도》(약 270억 원 제작비, 관객 659만 명), 《택시 운전사》(약 150억 원 제작비, 관객 1,219만 명)에 비하면 엄청난 제작비 투자라고 할 수 있다.

대를 위한 시장으로 보기보다 해외 특히 동남아시아나 중국으로 진출하기 위한 '교두보'로 삼아 한국 콘텐츠를 활용하는 전략을 갖고 있었다. 2020년 12월 기준 태국, 베트남, 필리핀 등 동남아시아 국가들의 넷플릭스 상위 10개의 콘텐츠 중에는 한국 드라마나 콘텐츠가 6~8개를 차지할 정도로 인기가 많았다. 아시아 지역에서의 넷플릭스의 성장에는 K-콘텐츠가 큰 역할을 하고 있는 것이다(임석봉, 2020).

2019년 11월 21일 CJ ENM과 넷플릭스는 스튜디오드래곤 지분의 4.99%를 매도하는 계약을 체결하고, 3년간 21편 이상의 드라마를 제작·판매하기로 계약을 하였다. 우리나라 최고의 경쟁력을 갖춘 로컬 제작사와의 제휴도 글로벌 OTT인 넷플릭스의 전략으로서 당연한 것인지도 모른다.

넷플릭스는 2016년부터 2020년까지 국내에 총 7,700억 원을 투입하여 《킹덤》 등 넷플릭스 오리지널 콘텐츠 80여 편을 제작하였다. 이들은 31개 이상의 언어 자막과 20개 이상의 언어 더빙을 통해 세계 190여 개 국가에서 서비스되고 있다. 한국 콘텐츠의 해외 진출에 넷플릭스가 기여하는 측면이 있다. 한국국제문화교류원의 조사 결과, 해외시청자의 한국 영화와 드라마 시청에서 넷플릭스 활용 비중은 각각 4.3%와 63.2%에 달하였다. 넷플릭스는 2021년에도 5,500억 원을 한국 콘텐츠에 투자한다고 하였다.

한국에서 넷플릭스는 2016년 딜라이브 OTT 서비스 셋톱 탑재를 시작으로, 2020년 말 기준 IPTV 중 SK브로드밴드를 제외한 LGU⁺와 KT와의 제휴를 통해 서비스를 제공하고 있다. 2020년 한국에서의 매출액은 4,155억 원, 영업이익은 88억 원(2019년 22억 원)을 달성했는데, 이는 전년도 매출액 1,859억 원에 비해 두 배 이상 늘어난 수치다. 가입자는 2020년 말 380만 명을 기록했고, 네덜란드 법인에 수수료 명목으로 3,204억 원을 송금한 것으로 알려졌다.[15]

넷플릭스와의 망 사용료 분쟁

넷플릭스가 한국에 서비스하면서 이슈가 제기된 사안 중의 하나가 SK브로드밴드(SKB)와의 망 사용료 문제이다. 2019년 11월 SKB는 방통위에 넷플릭스와의 망 사용료 협상을 중재해달라는 재정신청을 하였다. 네이버, 카카오 등 국내 CP(contents provider)와 페이스북, 아마존, MS 등 대부분의 글로벌 콘텐츠 사업자(GCP, global contents provider)는 망 이용 대가를 지급하고 있지만, 넷플릭스와 구글은 전 세계적으로 망 이용 대가를 지불한 사례가 없고 개방성을 전제로 한 인터넷 기본원칙에도 부합하지 않는다는 점을 들어 망 이용 대가 지불을 거부했기 때문이다.

SKB의 주장에 따르면 2020년 기준으로 구글, 넷플릭스, 페이스북 등 GCP가 유발하는 트래픽이 전체 트래픽의 1/3 이상을 점유하고 있는 데다가, 넷플릭스가 회사 망에 발생시키는 트래픽은 2018년 5월 50Gbps 수준에서 9월 현재 1,200Gbps 수준으로 약 24배 증가하였다.

통상적으로 국내 이용자가 많은 GCP는 국내에 캐시서버[16]를 설

---

15 전자신문, 2021. 4. 14일자; 중앙일보, 2021. 4. 15일자.

16 캐시서버(cache server)는 콘텐츠 이용자가 자주 이용하는 contents를 저

치하고 캐시서버에서 국내 인터넷망에 접속하여 자신의 콘텐츠를 이용자에게 제공하고 있다. 이에 반해, 넷플릭스는 국내 ISP 사업자(SKB, KT)로 하여금 해외에 위치한 넷플릭스 서버로부터 실시간으로 트래픽을 전송받아 국내 이용자에게 넷플릭스 서비스를 제공하도록 하는 방식을 채택하고 있다.[17] 그런데 넷플릭스 서비스의 국내 이용자 및 트래픽이 폭증함에 따라 이를 처리하기 위한 회선 용량(망 용량) 증설과 비용이 과다 발생하는 상황에 이른 것이다.

넷플릭스는 중재를 거부하면서 사용료를 낼 의무가 없다는 취지의 소송(채무부존재 확인 소송)을 2020년 4월 제기했으나, 2021년 6월 소송에서 패소하였다. 소송의 쟁점 중 하나가 '망 중립성 원칙'에 관한 것이었다. 넷플릭스는 망 중립성 원칙은 ISP로 하여금 CP를 차별하지 못하게 하는 원칙으로, CP의 망 이용 대가 지급까지도 금지한다는 것을 의미한다고 주장하였다. 반면, SKB는 망 중립성 원칙은 ISP가 불합리하게 CP를 차별해서는 안 된다는 원칙으로, CP의 망 이용 대가 지급을 금지하는 원칙이 아니며 FCC의 Open Internet Order에서도 마찬가지로 판단하고 있다고 주장하였다. 패소 이후 7월 넷플릭스는 항소했고, 9월에는 SKB가 3년간의 망 이용 대가를 청구하는 반소를 제기하였다. 청구금액은 최소 700억 원 이상이 될 것으로 보고 있다.

장해두는 서버로, 이용자가 해당 콘텐츠 이용 시마다 해외에 위치한 origin server에 접속할 경우 발생되는 지연시간을 단축시키고 과도한 트래픽 처리(전송)비용을 절감시켜주는 역할을 수행한다.

[17] LGU+는 넷플릭스와 독점적 제휴 관계를 체결, 국내에 cache server를 설치하고 해당 cache server는 LGU+ 가입자에게만 서비스를 제공하고 있다.

디즈니플러스

월트디즈니 컴퍼니는 수많은 M&A를 통해 성장했다고 해도 과언
이 아니다. 디즈니는 1996년 미국 3대 방송사 중 하나인 ABC네트
워크를 190억 달러에 인수했고, ABC엔터테인먼트의 대표였던 밥
아이거(Bob Iger)는 2005년 월트디즈니 CEO 자리에 오른 후 공격
적 M&A를 추진하였다. 디즈니는 2006년 픽사(74억 달러), 2009년
마블엔터테인먼트(40억 달러), 2012년 루카스필름(41억 달러)을 잇
달아 인수하였다. 이후 2017년에는 21세기폭스를 524억 달러에
인수했는데, 그 결과 21세기폭스의 스튜디오, 22개 지역 스포츠 채
널, 내셔널지오그래픽 등 채널, 위성방송 스카이 지분, 스타인디아
그리고 NBC·CBS 등 지상파 연합 OTT 플랫폼인 훌루(Hulu)를 확
보하게 되었다. 인수하게 된 스타인디아의 자회사인 핫스타는 스
트리밍 서비스를 운영했는데, 2018년 기준 인도에서 넷플릭스 가
입자의 10배 수준인 7,500만 명의 가입자를 보유하고 있었다(고명
석, 2020). 또한 디즈니는 2017년에는 스트리밍 기술을 보유한 뱀테
크를 인수하였다. 그리고 이러한 M&A를 통해 축적한 방대한 미디
어 네트워크와 스튜디오의 제작 능력을 토대로, 2019년 11월 디즈
니플러스를 런칭하였다. 서비스 개시 후 1년 4개월 만인 2021년 3
월 가입자 1억 명을 달성한 것으로 알려졌다.

● 콘텐츠 및 가격 경쟁력

디즈니플러스의 요금은 월 6.99달러로 넷플릭스나 HBOmax보다
저렴하다. 그리고 가족 지향의 전통적인 디즈니 이념에 따라 온 가
족이 TV를 통해 같이 볼 수 있는 PG-13의 시청등급을 넘지 않는
콘텐츠들이 대부분 서비스되고 있다. 이는 넷플릭스나 HBOmax
등 경쟁 OTT들의 콘텐츠와는 다소 다른 점이다. 그리고 이전까지
디즈니는 해외 진출 시 현지 사업자들과 제휴를 맺는 일이 드물었
으나, 디즈니플러스의 경우 현지화 전략으로 제휴관계를 맺어 진
출하였다. 프랑스의 경우 20여 년간 지속적인 협업 관계를 유지
해왔던 카날플러스(Canal+)와 협업했고, 일본에서는 NTT도코모

〈그림 9-3〉 주요 OTT 요금 비교

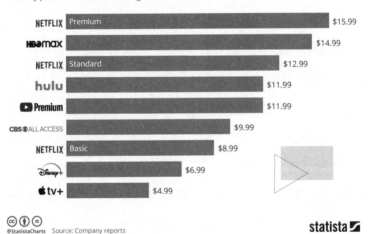

자료: Statista

와 독점제휴 계약을 맺어 2020년 6월 서비스를 시작하였다. 한국의 경우도 2021년 11월 12일 서비스를 개시하였다. 일반에게는 월 9,900원(연 99,000원)의 요금으로 서비스를 하고 있으며, LGU⁺의 IPTV와 무선통신, LG헬로비전 케이블TV, KT의 무선통신 등과의 제휴를 통해 결합상품을 제공하고 있다.

● 디즈니플러스, 스타와 함께 해외 진출

스타(Star)는 ABC, FX 등 디즈니플러스에서 서비스되지 않는 디즈니소속 스튜디오 제작 프로그램을 제공하는 해외 전용 디즈니 스트리밍 서비스였다. 2020년 말부터 유럽, 호주, 캐나다, 그리고 한국에서도 디즈니플러스와 스타를 함께 제공(Dysney+with Star)하는 방식도 취하고 있다. 스타는 디즈니플러스와는 달리 오리지널 콘텐츠 외에 다른 스튜디오나 해외 현지 콘텐츠들도 개방적으로 방송하는 것이 특징이다.

　이러한 번들은 아시아에서는 싱가포르에 런칭되었고, 인도와 인도네시아에는 핫스타라는 이름으로 디즈니플러스와 핫스타를 제공하고 있다. 요금은 넷플릭스와는 달리 미국 요금의 1/3 수준으로 낮추는 전략을 활용하고 있다. 이로 인해 ARPU도 넷플릭스의 11달러에 비해 평균 4달러에 불과하다. 디즈니플러스는 2024년 가입자 2억 3천만 명을 목표로 하고 있고 2026년에는 아시아 13개 국가에 런칭, 글로벌 가입자는 2억 9,400만 명으로 넷플릭스의 2억 8,600만 명을 넘어선다는 예상도 하고 있다. 이는 디즈니플러스와 핫스타로 진출한 인도의 영향(2026년 9,800만 명 예상)에 힘입은 것이다.

그러나 낮은 요금으로 인해 2026년 매출은 207억 6천만 달러로 넷플릭스의 395억 2천만 달러에 크게 못 미칠 것이라는 예상이다.

아마존 프라임 비디오

prime video

아마존은 온라인 서점으로부터 시작한 연 매출 2,800조 원의 글로벌 온라인 쇼핑몰이다. 아마존 프라임 멤버십은 1년에 119달러(약 14만 원), 월 12.99달러(약 1만 5천 원)로, 가입 시 무료 배송 및 반품뿐만 아니라 아마존 프라임 비디오, 트위치 프라임 서비스(게임스트리밍 플랫폼), 프라임 뮤직, 파이어 TV, 킨들 등의 서비스를 제공한다.

아마존 프라임 비디오는 2011년부터 프라임 멤버십 가입 고객에게 Instant Video를 통해서 광고 없이 5,000개 이상의 영화와 TV 프로그램을 시청하도록 했는데, Instant Video가 아마존 프라임 비디오가 되었다.

2016년 12월부터는 기존에 쇼핑몰의 부가서비스로 제공하던 동영상 스트리밍 서비스를 분리하여 월 5.99달러에 제공하고 있다. 다른 OTT 사업자처럼 콘텐츠를 통해 직접적 수익을 내기보다는 더 많은 상품들을 판매하기 위한 보완재로서 서비스하는 전략을 취하고 있다. 동영상 콘텐츠 서비스를 통해 온라인 쇼핑몰에서의 고객의 충성도 확보와 수익을 창출하는 것, 즉 아마존 비디오를 통해 더 많이, 더 오래 머무르며, 더 가치 있는 아마존 프라임 쇼핑몰 이용자를 양산하려는 것이다.

아마존 프라임 비디오는 미국 시장에서 유튜브와 넷플릭스에 이어 제3위를 차지하는 OTT 플랫폼 사업자이다. 사업 초기 영국, 독일, 일본 등 일부 국가에만 서비스를 제공하다가 2016년 말부터 본격적으로 글로벌 시장에 진출하였다. 2021년 1분기 기준 세계 200개 국가에 진출했으며, 총 32개의 언어로 서비스를 제공하고 있다. 글로벌 멤버십 가입자 수는 총 2억 명에 달할 것으로 파악된다.

아마존 프라임 비디오는 오리지널 콘텐츠 등 26,000개의 콘텐츠를 보유하고 있지만, 이는 넷플릭스나 디즈니플러스 등 타 사업자에 비해서는 부족한 규모다. 이런 콘텐츠의 취약을 보완하기 위해, EPL과 같은 인기 스포츠 프로그램을 확보하여 차별화를 도모하고, 영국의 1위 유료방송 사업자인 Sky와 같은 대표적인 로컬 유료방송 사업자와 전략적 협력 체제를 구축하여 OTT 서비스를 제공하는 시장 확장 전략을 추구하고 있다. 아마존 프라임 비디오는 2021년 기준 영국에서는 넷플릭스 다음의 2위 OTT 사업자이며, 독일과 일본에서는 1위 사업자이다.

HBO MAX

AT&T는 2016년 10월 타임워너 인수를 발표하고 그로부터 2년 만

인 2018년 6월 854억 달러(약 102조 원)에 최종 인수에 성공하였다. 미국 2대 통신 사업자인 HBO, CNN 등을 보유한 콘텐츠 사업자의 결합을 두고 미 법무부가 반대하여 인수가 지연된 것이었다. 인수후 2020년 5월 AT&T는 HBO GO와 HBO NOW 스트리밍 서비스를 흡수하여 새로운 스트리밍 서비스인 HBO MAX를 시작하였다. HBO MAX는 HBO 콘텐츠인《프렌즈》,《왕좌의 게임》,《체르노빌》,《밴드 오브 브라더스》등의 콘텐츠 라이브러리에 대한 자신을 갖고 있지만, 미국 내 스트리밍 시청자의 70%를 보유하고 있는 로쿠TV와 아마존의 파이어TV와는 계약하지 못한 채 출범하였다. 가격은 월 14.99달러(약 1만 8천 원)로 상당히 높은 수준인데, 비싼 가격은 소비자들에게 부담으로 작용할 가능성이 있다. 이에 반값 가격에 광고가 포함된 AVOD 버전도 2021년 6월부터 출시하고 있다. 또한 글로벌 진출도 확대하고 있는데, 2021년 6월 남미에 서비스를 시작했고 2021년 말에는 유럽 서비스도 계획하고 있는 것으로 알려졌다(임석봉, 2020; 한정훈, 2021).

애플TV플러스

2019년 3월 '애플 스페셜 이벤트'에서 애플 CEO 팀 쿡(Tim Cook)은 디지털 디바이스 기업에서 서비스 분야로 애플의 영역을 확장한다고 선언하였다. 단말기 등의 하드웨어와 iOS를 포함한 각종 소

프트웨어를 직접 개발 생산하는 전통적인 디바이스 중심의 비즈니스에서, 플랫폼과 콘텐츠로의 밸류 체인의 확장을 추진하는 것이다(고명석, 2020). 팀 쿡은 셋톱박스 기반의 TV 스트리밍 서비스이자 OTT 플랫폼인 '애플TV플러스(월 4.99달러)', 300개 이상의 매거진을 번들형으로 제공하는 뉴스·잡지 구독 서비스인 '애플뉴스플러스(월 9.99달러)', 구독형 게임 서비스인 '애플Arcade', 애플페이와 함께 사용할 수 있는 신용카드 서비스로 골드만삭스 등과 제휴, 연회비가 없는 '애플Card' 등을 선보였다.

애플TV플러스는 2019년 11월 출시되었는데, 미국·캐나다·유럽·인도·호주·브라질 등을 포함하여 총 107개 이상의 국가에 서비스를 제공하고 있다. 애플TV플러스의 가장 큰 특징은 '전부 오리지널 콘텐츠'를 제공한다는 점이다. 하지만 애플TV플러스의 성과는 아직 기대에 못 미치는 상황이다. 신규 기기 구매 고객을 대상으로 1년간 무료 프로모션을 진행하다가 2021년 6월 이후에는 그 기간을 3개월로 줄였다, 2020년 미국 내 가입자 수는 1,450만 수준으로 넷플릭스 등에 비하면 매우 미흡한 수준이다(한정훈, 2021). 한국에서는 2021년 11월 4일 SK브로드밴드와 제휴하여 애플TV4K 셋톱박스를 통해 애플TV플러스, BTV 등을 시청할 수 있게 하였다. 요금은 기본 월 6,500원으로 넷플릭스나 디즈니플러스에 비해 저렴한 편이다,

피콕

peacock ⋮

미국 최대 케이블 사업자인 컴캐스트와 NBC유니버설은 2020년 4월 스트리밍 서비스인 '피콕'의 출시를 발표하고 시범서비스를 시작하였다. TV 드라마 《디 오피스》의 방영권을 5억 달러에 확보하고, 도쿄올림픽의 미국 내 중계권(10억 달러)을 토대로 서비스를 확산시키겠다는 계획을 세웠지만, 올림픽은 연기된 채 2020년 7월 서비스를 개시하였다. 또한 HBO MAX와 마찬가지로, 로쿠TV와 파이어TV와는 계약하지 못했다.

피콕은 콘텐츠의 양과 광고시청 유무에 따라 세 가지의 요금제를 책정하였다. 피콕프리(무료, 광고 시청, 7만 5천 시간 제공)와 피콕프리미엄(월 4.99달러, 광고 시청, 15만 시간 제공)으로 구성되는데, 광고는 시간당 5분으로 제한하여 운영하였다. 추가로 피콕프리미엄 가입자가 5달러를 지불할 경우 광고 없이 프리미엄 콘텐츠를 이용하도록 하였다. 피콕프리미엄 상품을 인터넷 서비스나 케이블TV와의 번들로 구성하여 기존 컴캐스트의 수익을 보전하는 방법도 취하였다.

한편 피콕을 서비스하기 전인 2020년 2월, 광고 기반의 다양한 콘텐츠 사업자와 제휴가 되어 있는 범용적인 OTT인 '수모(XUMO)'의 인수가 이뤄졌고, 2020년 4월에는 자회사인 판당고를 통한 '부두(VUDU)' 인수도 있었다. 이를 통해 전용 콘텐츠를 위주로 하는 피콕이 가지고 있는 콘텐츠의 한계를 보완하려는 전략을 취하고 있는 것으로 보인다(임석봉, 2020).

유튜브

유튜브는 2005년 서비스를 시작했고, 2006년 구글은 유튜브를 16억 5천만 달러에 인수하였다. 지금은 세계 최대 동영상 플랫폼이자 2위 검색포털로서 MAU(monthly active users)가 19억 명 이상이며 이용 시간은 매일 10억 시간에 해당한다. 광고 수익은 유튜브가 45%, 유튜버가 55%의 비율로 배분하는 것으로 알려져 있다. 유튜브의 2020년 4분기 광고 매출은 69억 달러로 전년 대비 49% 증가했으며, 미국 시장의 절반 이상을 차지하고 있다.

한편 광고형(AVOD) OTT의 대표적 사업자인 유튜브는 2018년 5월, 광고 없이 동영상을 시청할 수 있고 오리지널 콘텐츠도 제공되는 유튜브 프리미엄(11.99달러)을 출시하여, AVOD와 SVOD를 동시에 서비스하고 있다. 2019년의 경우 유료 서비스 구독료 등 비광고 부문 매출액도 약 100억 달러에 이르는 것으로 추산되고 있다(고명석, 2020). 그리고 전술한 것처럼 우리나라 OTT 서비스 이용자 중 94.5%가 유튜브를 이용하고 있는 것으로 나타나는 등 유튜브는 가장 높은 이용률을 보이는 OTT라고 할 수 있다.

3. 국내 OTT 사업자와 대응

국내 OTT 시장 규모는 2014~2020년까지의 연평균 성장률(26.3%)
이 향후 3년간 유지될 경우, ⟨그림 9-4⟩처럼 2023년에 1조 5천억
원 규모에 도달할 것으로 전망된다.

⟨그림 9-4⟩ 국내 OTT 시장 규모 전망

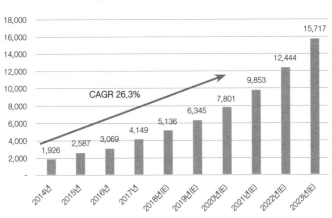

자료: 방송통신위원회방송통신위원회(2021), 연차보고서 등

국내 사업자가 운영하는 OTT로는 웨이브(WAVVE), 티빙(TVING),
왓챠(Watcha), 시즌(Seezn), U⁺모바일tv 등이 있다. ⟨그림 9-5⟩에서
보듯이 2021년 8월 기준 우리나라 OTT의 월평균 이용자 수는 넷
플릭스 870만 명, 웨이브 421만 명, 티빙 388만 명, 쿠팡 204만 명,
왓챠 145만 명 등으로 집계되고 있다.

〈그림 9-5〉 OTT 사업자별 월평균 이용자(MAU, Monthly Active Users) 수 추이

	2020년 09월	2020년 10월	2020년 11월	2020년 12월	2021년 1월	2021년 2월	2021년 3월	2021년 4월	2021년 5월	2021년 6월	2021년 7월	2021년 8월
wavve (웨이브)	3,819,912	3,446,689	3,151,780	3,703,991	3,713,427	3,312,141	3,684,608	3,651,749	3,746,830	3,904,355	4,121,656	4,207,534
Netflix (넷플릭스)	7,067,498	7,262,776	7,107,076	8,186,379	8,993,785	8,834,041	8,236,288	8,083,501	7,945,480	7,920,631	8,580,158	8,698,632
왓차플레이	1,154,598	1,517,084	837,512	1,536,684	1,601,453	1,436,428	1,316,258	1,374,017	1,189,460	1,196,521	1,316,413	1,450,052
TVING (티빙)	2,223,389	2,797,206	2,653,251	2,790,833	3,119,928	2,767,365	3,272,175	2,939,273	3,197,080	3,346,565	3,552,800	3,875,108
U+모바일tv	1,693,489	1,866,847	1,852,722	1,756,535	2,019,983	1,828,541	1,670,274	1,675,824	1,595,860	1,570,550	1,605,904	1,486,616
Seezn (시즌)	1,995,968	2,013,173	1,904,717	1,912,786	1,902,314	1,756,332	1,706,755	1,634,601	1,659,586	1,556,926	1,716,466	1,773,927
쿠팡플레이				474,653	811,898	714,930	697,658	1,342,809	1,810,363	1,730,071	1,961,984	2,044,008

자료: 콘텐츠웨이브(2021. 9)

● **콘텐츠웨이브**

국내 OTT 사업자 중 1위인 콘텐츠웨이브(WAVVE)는 2019년 9월 18일 SK텔레콤과 SK브로드밴드가 운영하던 '옥수수'와 지상파 3사의 연합 OTT 플랫폼이던 '푹(pooq)'을 통합한 것이다. SK텔레콤이 30%, 지상파 3사가 각 23.3%씩 지분을 보유해 출범했고, 2021년 4월 SK텔레콤이 1,000억 원의 유상증자를 하여 지분 구조는 SK텔레콤 36%, 나머지 지상파 3사가 각각 21.3%가 되었다. 웨이브의 강점은 그동안의 다양한 지상파 콘텐츠를 확보하고 통신사의 마케팅 등을 활용할 수 있다는 점이다.

2021년 5월에는 '스튜디오웨이브'를 설립하여 오리지널 콘텐츠 제작에 주력하고 있는 가운데, 2020년 4월 'NBC 유니버설'과의 제휴 이후 CBS, MGM 등 해외 주요 제작사들로부터 콘텐츠를 수급하고 있다. 2021년 7월 HBO와도 계약을 체결하여 《왕좌의 게임》, 《체르노빌》 등 인기 콘텐츠를 제공하고 있다. 작년도 매출액은 1,082억 원(영업손실 169억 원)으로 가입자는 2021년 상반기 약 280만 명으로 알려진 가운데, SK텔레콤은 5년간 1조 원을 콘텐츠에 투자할 계획이며 2023년 상장을 목표로 하고 있다.

● 티빙

TVING

티빙(TVING)은 2010년부터 CJ헬로비전에서 운영하다가 2016년 CJ헬로비전의 SK텔레콤으로의 매각이 추진되면서 CJ ENM이 인수하여 운영하고 있다. CJ측은 2020년 3월 JTBC와의 OTT 합작법인을 추진하였다. 그러나 이후 JTBC의 보유 지분 확대(40%) 문제 등의 이견으로 2020년 9월 공정거래위원회의 기업결합 신고를 철회하였고 CJ ENM은 10월 물적 분할을 거쳐 (주)티빙을 독립법인으로 출범시켰다. 이후 2021년 1월 JTBC 측이 2대 주주(16.7%)가 되었다가 6월 네이버가 400억 원 규모의 투자를 하면서 지분 15.4%를 가져가 CJ ENM(70.5%)에 이어 2대 주주, JTBC(14.1%)는 3대 주주가 되었다.[18] 이를 통해 네이버는 OTT 플랫폼을 확보하게 되었고,

CJ ENM은 네이버가 보유한 웹툰, 웹소설 등을 바탕으로 오리지널 콘텐츠를 제작할 수 있는 기반을 가지게 되었다.

또한 CJ ENM은 2015년까지 5조 원을 콘텐츠 제작에 투자하고 2023년에는 티빙을 국내 1위의 OTT로 만들겠다는 계획을 발표하였다. 2021년 10월 기준 유료 가입자가 약 150만 명 정도에 이르는 것으로 예상되는 가운데, 3,000억 원 규모의 투자를 유치하고 있으며 이후 기업가치는 1조 5,000억 원 이상이 될 것으로 전망된다.[19]

● 시즌

seezn

KT의 시즌(Seezn)은 2019년 11월 서비스를 시작했는데, 지금은 2021년 1월 설립한 KT스튜디오지니의 자회사이다. 2021년 7월 KT는 시즌을 100% 자회사로 분사하고 2023년까지 4,000억 원을 투자하겠다는 계획을 발표하였다. KT에서 자회사 KT스튜디오지니로 콘텐츠 제작과 유통 전반에 걸친 운영 지배권이 이전되었다고 할 수 있다. KT스튜디오지니는 2월 KT 웹툰·웹소설 사업을 분사하여 설립한 스토리위즈(100%), 8월 인수한 HCN의 PP사업을 하

---

18 이는 네이버와 CJ그룹이 2020년 10월 총 6,000억 원 규모의 주식 맞교환을 통해 네이버가 CJ대한통운(7.85%), CJ ENM(4.99%), 제작사인 스튜디오드래곤(6.26%)의 2, 3대 주주가 된 것의 후속 조치라고 할 수 있다.

19 한국경제, 2021. 6. 3일자; 매일경제, 2021. 10. 7일자.

던 현대미디어가 변경된 미디어지니(100%), KT시즌(100%), 지니뮤직(36%), 스카이라이프TV(22%) 등 그 아래 미디어 플랫폼과 콘텐츠 자회사를 모두 거느리게 되었다.

하지만 2021년 8월 기준 시즌은 넷플릭스, 웨이브, 티빙, U⁺모바일tv, 쿠팡플레이에 밀려 OTT 최하위를 기록했고, 스토리위즈 웹툰과 웹소설의 월간 순이용자(MAU)는 10만 명에 못 미치는 수준으로 500만 명이 넘는 네이버와 카카오에 한참 뒤처진 상황이다. 미디어지니도 기업가치 290억 원 상당 회사로 규모가 크지는 않다. 지니뮤직 또한 멜론, 플로와의 음원 서비스 다툼에서 경쟁력 확보에 난항을 겪고 있다. KT가 미디어 플랫폼을 모아 KT스튜디오지니 중심으로 미디어 역량을 결집시킨 것은 KT스튜디오지니를 중간지주사로 만들면서 KT는 지주사로 전환하려는 의도라는 관측이다.[20]

● U⁺모바일TV

LGU⁺는 글로벌 플랫폼 사업자들과의 제휴를 통해 미디어 사업영역을 확대해 왔다. 통신 3사 중에서 넷플릭스와 가장 먼저 제휴를 맺어 2018년 서비스를 제공했고, 최근에는 세계 최대 음원 플랫폼인 '스포티파이'와도 제휴한 것에 이어 디즈니플러스와의 제휴에

---

20 톱데일리(http://www.topdaily.kr), 2021. 10. 7일자.

도 성공하여 2021년 11월 국내 서비스를 개시하였다. 4명이 동시에 접속할 수 있는 단일 요금제(월 9,900원)와 디즈니플러스를 시청할 수 있는 IPTV 요금제(월 24,600원)를 토대로 유료방송 시장에서도 2위 자리를 굳히겠다는 전략이다. 2020년 말 유료방송 시장점유율은 KT(KT스카이라이프 포함) 31.72%(1,097만 명), LGU⁺(LG헬로비전 포함) 25.2%(870만 명), SKB 24.7%(852만 명)를 기록하고 있다. 'U⁺모바일TV'에는 KT의 '시즌'과 마찬가지로 지상파 실시간 방송이 서비스되지 않는다.

● 왓차플레이

왓차플레이(WATCHA PLAY)는 2012년 영화 평가 및 추천 등 고객들의 콘텐츠 선호나 취향을 분석하는 서비스를 제공하는 왓챠피디아에서 운영하다가 2016년 1월 한국의 넷플릭스를 표방하며 서비스를 개시하였다. 이후 국내 지상파 및 종편 그리고 해외 HBO 등 주요 콘텐츠 사업자들과 계약을 체결하여 VOD 위주로 라이브러리를 구축한 서비스를 하고 있다. 방송사나 통신사 계열의 OTT를 제외하고는 가장 선전하고 있는데, 기존의 빅데이터와 인공지능 기술을 활용하여 시청 이력과 콘텐츠 평가 데이터를 분석해 개인 맞춤형 콘텐츠를 추천하는 방식 등으로 경쟁력을 확보하고 있으며, 일본 등 글로벌 진출도 시도하고 있다.

● 쿠팡플레이

쿠팡은 2015년 싱가포르 이동통신사 싱텔이 설립한 OTT 서비스인 훅(HOOQ)을 인수하여, 2020년 12월 월 2,900원을 내는 로켓배송 와우 멤버십 회원에게 OTT 서비스인 '쿠팡플레이(Coupang Play)'를 무료 제공하는 방식으로 OTT 경쟁에 뛰어들었다. 최근에는 400~500억 원에 이르는 도쿄올림픽 온라인 단독 중계권을 네이버와 카카오를 제치고 따내어 화제가 되었지만, 정작 방송으로 이어지지는 못했다. 이러한 전략은 온라인 서점과 쇼핑몰과 배송 서비스에 이어 OTT로 진출했던 미 아마존의 행보와 유사한데, 아마존의 경우도 영국 프리미어 리그나 프로미식축구(NFL) 등 인기 높은 스포츠 중계 서비스를 강화하고 이를 통해 프라임 비디오 구독자를 늘리고 있기 때문이다. 쿠팡플레이는 2021년 4월부터 교육 전용 섹션을 추가하여 키즈 콘텐츠를 강화하고 드라마 등의 오리지널 콘텐츠 확보에도 나서고 있다(김종원, 2021).

● 국내 OTT 사업자들 간의 경쟁

국내 OTT 시장은 웨이브-티빙으로 양분되어 콘텐츠도 사업자별로 파편화되어 제공되고 있다. 웨이브에는 CJ ENM, JTBC의 실시간 방송프로그램과 VOD가 제공되지 않고, 티빙에서는 지상파 3사의 실시간 방송과 VOD가 제공되지 않는다.[21] 콘텐츠를 중심으로 경쟁이 더욱 치열해지고 있다는 사실을 알 수 있다. 실시간 방송에서의 프로그램의 화제성이나 인기는 VOD 이용에도 영향을 미칠 수밖에 없는데, 시청자의 입장에서는 IPTV와 같은 유료방송 플랫폼과는 달리, 원하는 콘텐츠들을 시청하기 위해 여러 개의 플랫폼에 가입해야 하므로 부담이 증가하는 문제도 있다.

〈표 9-4〉 주요 OTT별 제공 콘텐츠

주요 OTT	운영 주체	제공 국내 콘텐츠 (①지상파, ②CJ+JTBC, ③종편 및 기타 등)	
		실시간	VOD
웨이브	지상파, SKT	① + ③	① + ③
티빙	CJ(JTBC)	② + ③	② + ③
왓챠플레이	왓챠		① + ② + ③
쿠팡플레이	쿠팡	③	① + ③
시즌/U⁺모바일	KT/LGU⁺	② + ③	① + ② + ③
넷플릭스	넷플릭스		②(+ ① + ③)

게다가 SK-웨이브-카카오 진영과 CJ-티빙-JTBC-네이버 진영 간에 콘텐츠를 두고 경쟁하는 구도가 그려지고 있다. 여기에 넷플릭스 등 글로벌 OTT가 가세하여 양상은 더 복잡해지고 있는데, 경쟁력 있는 국내 OTT 사업자들 간의 적극적인 협력이 더 절실한 상황으로 보인다.

---

21 이에 반해 넷플릭스는 《킹덤》 시리즈 등 자체 오리지널 콘텐츠 외에 2019년 11월, 콘텐츠 사업자인 CJ ENM의 스튜디오드래곤, JTBC의 콘텐츠 허브 등과 공동제작 및 콘텐츠 유통 파트너십을 체결하여 콘텐츠를 확보하고 있으며, 일부 지상파 콘텐츠도 공급을 받고 있는 상황이다.

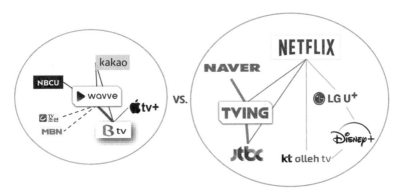

〈그림 9-6〉 국내 OTT 사업자들 간의 경쟁구도

자료: 고려대학교 미디어 산업연구센터(2021)

● 콘텐츠 제작사들의 대형화

CJ ENM 및 JTBC 등의 방송사들은 국내 콘텐츠 제작사들을 계열화해 거느리고 있으며, 작가와 연출가 확보를 위해 노력하고 있다. CJ ENM의 스튜디오드래곤은 문화창고, 화앤담픽쳐스, KPJ, 지티스트 등의 제작사를 거느리고 있다. 스튜디오드래곤의 2대 주주는 네이버이며, 넷플릭스도 지분(4.99%)을 보유하고 있다. JTBC의 제이콘텐트리와 JTBC 스튜디오는 엔솔로지스튜디오 등을 거느리고, 마찬가지로 제작자 및 연출자 확보에 주력하고 있다.

네이버는 2021년 1월 방탄소년단의 소속사인 하이브의 K팝 플랫폼인 '위버스'의 운영사인 위버스컴퍼니와 약 4,000억 원 규모의 지분을 맞교환했고, 세계 최대 웹소설 플랫폼인 '왓패드'의 지분 100%를 6억 달러에 인수하며 웹 콘텐츠 확보에 나서고 있다. 한편 카카오도 2021년 3월 웹툰·웹소설 플랫폼인 카카오페이지와 카카오M을 합병해 카카오엔터테인먼트를 설립하고, 5월에는 북미 웹툰 플랫폼 타파스와 웹소설 플랫폼인 '래디쉬(Radish)'를 1조 1,000억 원에 인수한데 이어, 12월에는 웹소설 플랫폼인 '우시아월드(Wuxiaword)'를 450억 원에 인수하는 등 콘텐츠와 IP 확보에 주력하고 있다.[22] 이렇게 확보한 웹툰과 웹소설에서의 콘텐츠와 IP를 바탕으로 영화나 드라마를 제작하고, 이를 네이버TV나 카카오TV 등에 제공함으로써 가치사슬(value chain)을 확보하려는 전략이다.

4. 주요 선진국들의 전략

EU 국가들의 대응

● OTT 시장 규모

유럽의 OTT 시장은 Statista의 'Digital Media Report' 기준으로 약 29,000백만 달러 정도로 추정된다. 이는 앞서 살펴본 미국 시장(76,720백만 달러)의 약 1/3 수준이다. OTT 시장이 활발히 성장하고 있는 주요 국가로는 영국, 독일, 프랑스, 이탈리아, 스페인 등이 있으며, 5개국의 OTT 시장 규모가 전체 유럽 OTT 시장의 약 79%를 차지한다.

유럽 OTT 시장에서 가장 큰 시장을 가지고 있는 국가인 영국은 2021년 기준 약 8,980백만 달러의 시장을 형성하고 있으며, 영국

---

22 뉴스1, 2021. 12. 16일자.

전체 가구의 약 78%가 이용하고 있다. 2012년 넷플릭스의 영국 진출 이후 영국 OTT 시장에서도 넷플릭스나 아마존 프라임과 같은 글로벌 사업자가 강세를 보이고 있다. 영국에서 2007년부터 서비스 중인 OTT 성격의 '아이플레이어'에서는 BBC의 TV와 라디오 채널에서 방송된 모든 콘텐츠를 무료로 스트리밍하거나 다운로드할 수 있다. 공영방송인 BBC의 콘텐츠를 국민들에게 전달하기 위한 도구로서의 기능에 충실한 것이다. 넷플릭스 진출 이후 BBC는 민영방송인 ITV(지분율 90%)와 합작하여 콘텐츠 유통 서비스인 브릿박스(BritBox)를 출범시켰다. 2017년 미국 거주자를 대상으로 VOD 콘텐츠를 제공하는 서비스를 시작하는 등 해외 서비스 제공이 주목적이라고 할 수 있다.

독일도 2014년 넷플릭스의 진출 이후 전체 가구의 64%가 OTT 서비스를 이용하는 등 스트리밍 시장이 매우 빠르게 성장했으며, 가입형 동영상 OTT 서비스의 확산과 함께 기존 유료방송 보급률은 다소 감소하였다. 유료 OTT 시장에서는 아마존 프라임 비디오가 1위를 차지하고 있는 것이 특징이다. 2021년 3월 기준 약 1,700만 명의 가입자가 아마존 멤버십에 가입하여 이용하고 있다. 이에 2019년 6월 방송 사업자인 '프로지벤자트아인스'와 '디스커버리'는 조인트벤처를 통해 OTT 플랫폼인 조인(Joyn)을 출시하였다. 이러한 플랫폼은 EU 내 다른 국가의 방송 사업자들 간 연합으로 설립된 경우도 있는데, 2017년 프랑스의 'TF1', 이탈리아의 '메디아셋', 독일의 '프로지벤자트아인스'가 '스튜디오71', 2018년 프랑스의 공영방송 FT, 이탈리아의 RAI, 독일의 ZDF의 '알리앙스'가 그 예이다.

프랑스도 2014년 넷플릭스, 2016년 아마존 프라임 비디오 진출 이후 51%의 가구 이용률을 보이고 있는 가운데 OTT 시장의 경쟁이 더 치열해지고 있다. 2021년 기준 OTT 시장의 규모는 약 3,525 백만 달러이며, 연평균 13.68%씩 증가세를 보이고 있다. 글로벌 OTT에 대응하기 위해 2019년 공영방송(FT)과 민영방송(TF1, M6)이 합작해서 '살토(SALTO)'를 만들었고, EU 국가 중 국가 차원의 규제를 가장 강화하고 있다.

EU의 규제적 대응

EU의 경우, 방송·통신 서비스에 대해 수평적 규제체계를 도입하고 있으며, '동일 서비스 동일 규제'는 물론, 기술이 다르다고 다른 규제를 적용하지 않는 '기술 중립성 원칙'도 견지하고 있다. EU는 방송, 통신, 정보 서비스를 전송 계층(Transmission layer)과 콘텐츠 계층(Contents layer)으로 구분하였다. 전송 계층은 전자커뮤니케이션 네트워크(Electronic Communications Networks, ECN)와 전자커뮤니케이션 서비스(Electronic Communications Services, ECS)로 구분하였다. ECN은 케이블망, 위성망, 통신망 등 신호를 전달할 수 있는 전송 시스템을 의미하고, ECS는 유료로 제공되는[23] 전송 서비

---

23 유럽 사법재판소는 서비스 자체를 유료로 제공받는 것만을 유료의 개념으로 해석하지 않고, 웹사이트에 광고를 탑재하여 수익이 발생한 경우에도 유료 서비스로 규정하고 있다.

스를 지칭하는데 콘텐츠의 편집·제어 등을 제외한 전송을 의미한다. 그리고 콘텐츠 계층은 시청각미디어 서비스(Audiovisual Media Services)와 정보사회 서비스(Information Society Services)로 나누어진다(BEREC, 2015).

〈그림 9-7〉 EU의 수평적 규제체계

계층	서비스	
콘텐츠 계층	시청각미디어 서비스	정보사회 서비스
전송 계층	전자커뮤니케이션 서비스(ECS)	
	전자커뮤니케이션 네트워크(ECN)	

BEREC는 규제적 관점에서의 OTT 분류기준을 제시했는데, 전자커뮤니케이션 서비스인 ECS와의 경쟁 측면에서, OTT 서비스를 3개의 유형인 OTT-0, OTT-1, OTT-2로 분류하였다. 첫 번째 유형인 OTT-0는 ECS로 분류되어 ECS 규제가 적용되는 유형, OTT-1은 ECS와는 다르나 잠재적으로 ECS와 경쟁할 수 있는 서비스, 그리고 OTT-2는 OTT-0, OTT-1을 제외한 나머지 OTT 서비스로 정의하였다(송용택, 2016).

2018년 11월 EU는 시청각미디어 서비스 지침(AVMSD: Audiovisual Media Services Directive)을 개정하였다. 과거 실시간 OTT는 TV와 유사(TV-Likeness)한 것으로 간주하여 방송으로 규제하고 VOD 서비스는 주문형 동영상으로 텔레비전과 다른 규제를 적용했는데, 이러한 'TV-likeness' 가정을 폐지하여 콘텐츠 계층의 수평적 규제

체계를 지향하였다.[24] 시청각미디어 서비스(텔레비전방송, 주문형 비디오) 외에 비디오 공유 플랫폼(VSP: Video sharing platform) 개념을 신설하여 유튜브와 같은 UCC(user created contents) 등을 제공하는 사업자를 규제 대상에 포함시켰다.[25] 그리고 넷플릭스와 같은 주문형 비디오 사업자에게 서비스 목록에서 유럽 제작 콘텐츠를 30% 이상 구성하도록 의무화하였다(정윤식 등, 2019, 이상원, 2020).

●콘텐츠 쿼터제 도입 실효성

글로벌 OTT 사업자들로 하여금 전체 콘텐츠의 30% 이상을 유럽에서 제작된 콘텐츠로 제공할 것을 요구하는 '콘텐츠 쿼터제'는, 자국의 OTT 사업자의 콘텐츠가 부족하고 경쟁력이 뒤지는 유럽에서

---

24 AVMSD 개정 이전에는 유럽 각국은 기존 TV 서비스와의 유사성에 근거한 규제체계였다. 영국의 경우, 동영상 OTT에 대한 규제는 주문형 비실시간 동영상 서비스를 의미하는 ODPS(On-Demand Programme Service) 개념을 통해, 허가대상인 유료방송 등 일반 방송 서비스보다는 규제 수준이 낮은 등록대상이며 내용 및 광고 중심의 규제를 받는다. 독일의 경우도 일반적으로 동영상 OTT 사업자는 '방송과 텔레미디어를 위한 국가협정' 제2조에 따라 '텔레미디어 사업자'로 구분되어 방송 관련 규제를 받지 않고 등록만 하면 된다. 따라서 온라인을 통해 동영상 등을 다운로드 받는 서비스나 방송사들의 VOD 서비스도 텔레미디어에 속하게 된다. 하지만 선형적으로 편성된 계획에 따라 제공하는 실시간 동영상 OTT의 경우는 방송으로 규제를 받는다(이상원, 2020; 도준호, 2019).

25 AVMSD 개정 전에는 VSP 서비스는 정보사회 서비스(information society service)에 속해 있었다.

는 글로벌 OTT 사업자의 부담으로 작용할 수도 있다. 상대적으로 유럽 시장에 빨리 진출한 넷플릭스와 아마존 프라임 비디오는 해당 비율을 달성했으나 애플TV플러스와 디즈니플러스는 10% 미만으로 기준에 크게 미치지 못하는 상태이다.

국가 간 자국 콘텐츠 소비 비율을 볼 때 한국은 42.1%로 미국 (79.1%)보다는 낮지만 일본(36.1%)과 인도(27.5%)보다는 높은 비율을 보이고 있다. 상대적으로, 넷플릭스의 오리지널 소비 비율 (38.6%)도 일본(29.8%)과 태국(34.9%) 다음으로 매우 낮은 편이다. 한국은 기본적으로 영화보다 드라마나 예능의 자국 콘텐츠 선호도가 매우 높기도 하다(고려대학교 미디어 산업연구센터, 2021). 자국 콘텐츠에 대한 인기가 높아 그에 대한 소비 비율이 높은 한국의 경우 넷플릭스와 같은 글로벌 사업자들은 한국의 자국 콘텐츠 소비 비율만큼 라이브러리를 구축하고 있을 가능성이 크기 때문에 콘텐츠 쿼터제를 한국에 도입하는 것은 큰 실효성이 없을 수 있다.

● 콘텐츠 재투자 의무화

프랑스 등은 한발 더 나아가 글로벌 OTT 사업자들에게 자국에 재투자를 의무화하는 방안을 추진하고 있다. 프랑스는 2021년 7월부터 연간 매출의 20~25%를 프랑스 및 유럽 콘텐츠 제작에 재투자하도록 하고, 대신 3년인 영화 홀드백 기간을 최대 1년까지 단축해 제공할 수 있도록 허용하는 'VOD 서비스(Services de médias audiovisuels à la demande) 법령'을 추진 중이다. 본 법안의 적용으로 2022년부터 넷플릭스에서는 최대 2억 유로, 아마존 프라임 비디오에서는 최대 1억 유로의 금액이 재투자될 것으로 전망되고 있다.[26] 이탈리아나 호주도 현지 매출의 12.5~20%를 재투자하도록 하는 법안을 논의 중이다(영화진흥위원회, 2021).

글로벌 OTT 사업자에 대한 과세

●디지털 서비스세

2018년 3월 EU 집행위원회는 글로벌 수익 7억 5천만 유로, EU 내에서 5천만 유로(약 640억 원) 이상의 수익을 올리는 기업에 대해 3%의 세금을 부과하는 '디지털 서비스세'의 과세 계획도 발표하였다. 이에 따라 영국은 연매출이 5억 파운드 이상인 인터넷 기업을 대상, 영국에서의 매출 2%를 세금으로 부과했고, 프랑스도 7억 5천만 유로(프랑스에서의 연매출 2,500만 유로, 약 320억 원) 이상의 글로벌 인터넷 기업을 대상으로 연매출의 3%를 세금으로 부과하고 있다.

---

26 아마존 프라임 비디오의 경우, 넷플릭스처럼 VOD 서비스만 별도의 구독 상품으로 판매하지 않고 월 5.99유로 또는 연 49유로에 물품 무료 배송, 아마존 드라이브, 트위치 스트리밍 등 다양한 서비스를 포함하고 있어서 정확한 VOD 매출액 산출이 힘들고. 아마존도 구독자 수나 매출액 등 정확한 정보를 제공하지 않아 투자액을 두고 논란이 되고 있다.

● 글로벌 디지털세 합의

2021년 10월 8일 OECD/G20 포괄적 이행체계(IF) 140개국 중 136개국은 글로벌 '디지털세' 부과에 합의하였다. 2023년부터 연결매출액 200억 유로(약 27조 원) 및 영업이익률 10% 이상인 글로벌 기업은 매출이 발생한 시장 소재국에도 세금을 납부하도록 했는데, 기업의 이익 중 통상이익률(10%)을 초과하는 이익 가운데 25%는 각 시장이 기여한 측면이 있다고 보고 해당 국가에 과세권을 부여하였다(필라1). 그리고 2023년부터 15%의 글로벌 최저한세율도 도입했는데, 연결매출액이 7.5억 유로(약 1조 원) 이상인 다국적 기업은 특정 국가에서 15%보다 낮은 세율을 적용했을 경우 추가 과세권을 부여함으로서, 세계 어느 곳에서 사업을 하든지 15% 이상의 세금을 내도록 하였다(필라2).

미국, OTT 규제에 소극적

미국의 경우, 통신법(Telecommunication Act, 1996)과 FCC에 의거하여 단일한 법제와 규제기구를 통해 방송·통신 분야를 통일적으로 규율해온 것처럼 보이지만, 전화서비스, 정보서비스, 지상파방송, 케이블방송, 위성방송 등이 각각 다른 제도적 기초를 갖고 상이한 방식으로 규율되고 있다. 여전히 물리적 네트워크의 차별성에 기초를 둔 수직적 시스템을 형성하고 있다고 볼 수 있는데, 이로 인해 새로운 법제가 필요하다는 주장도 지속적으로 제기되고 있다(한국 IPTV방송협회, 2018).

그리고 OTT에 대해서도 2012년 실시간 OVD(Online Video Distributor)에 대한 개념을 신설하는 등 동영상 OTT에 대한 규제 논의를 이어왔지만, 규제에 여전히 유보적인 입장을 유지하고 있다고 할 수 있다.

동영상 OTT 서비스 관련 두 번의 중요한 소송이 진행되었는데 2010년 스카이엔젤(Sky Angel)과 2014년 에어리오(Aereo) 소송이 그것이다.[27] 채널이나 지상파를 IP망을 통해 제공하는 OTT, 즉 OVD 사업자인 이들은, 소송에서 MVPD(Multichannel Video Programming) 사업자[28]로서의 지위에 대한 판단과 권한 부여를 요청하였다. 2010년 FCC는 OVD가 가입자에게 제공하는 물리적 경로(physical path to subscribers)를 제공하지 않는 점을 이유로 이들을 MVPD로 인정하지 않았다.

이후 FCC는 2014년 입법예고(NPRM)를 통해 가입형 선형(linear)

---

27 2008년 OVD에 해당하는 Sky Angel은 자신이 인터넷을 이용하는 사업자이기 때문에 MVPD로 볼 수 없다는 이유로 디즈니 채널 제공을 거부당하자 FCC에 MVPD 여부에 대해 판단을 요구하여 제도적 이슈가 되었다. 2014년에는 Aereo가 ABC, CBS, NBC, Fox 등 지상파방송사와의 저작권 소송에서 패소하고 재송신료 협상을 벌이면서 FCC에게 MVPD권한 부여를 요청하였다.

28 MVPD는 다채널 방송 사업자로 우리의 유료방송 사업자와 유사하다고 할 수 있다. MVPD로 법적 지위가 인정될 경우, 프로그램 접근규칙(program access rules) 및 재전송 동의규칙(retransmission concent rules)에 따라 지상파방송 사업자 및 프로그램 제공자들로부터 안정적으로 방송 채널을 공급받을 수 있게 된다.

OVD, 즉 유료로 제공되며 사전 편성된 계획에 따라 실시간 서비스를 하는 OTT 사업자는 가상MVPD(vMVPD)로 분류하여 MVPD에 포함시키는 방안을 제시하였다. 이에 따르면, 구독형, 거래형, 광고형 VOD는 포함되지 않아 넷플릭스의 SVOD, 유튜브의 AVOD 서비스도 규제를 받지 않는다. 실시간 OTT 서비스에 MVPD와 유사한 법적 지위와 권한을 부여하여 유료방송 간 동등한 경쟁 환경을 조성하며, 아울러 망 중립성 원칙에 입각한 정책 구현 등의 목표를 가지고 있는 것으로 해석된다(정두남·심영섭, 2020).

이렇듯, 동영상 OTT에 대한 규제는 EU와 미국에서 상이하다. EU의 국가들은 자국의 시장을 미국으로부터 방어하기 위한 목적을 가지고 OTT에 대한 규제체계를 조속히 도입하고 있는 반면, 미국은 2014년 NPRM 발표 이후 vMVPD를 MVPD에 포함시키는 후속 조치를 추진하고 있지는 않은 상황이다. 전 세계적으로 우위를 점하고 있는 넷플릭스, 유튜브 등의 글로벌 OTT 사업자들에게 부담이 되는 규제를 국내에서 먼저 만들지 않겠다는 의도를 읽을 수 있다. 각기 처한 상황에 따라 다른 규제와 정책을 적용하고 있는 것이다.

해외 진출 전략

미디어 산업에서 해외로 진출하는 것은 저작권 및 기술적 문제 등으로 쉽지 않은 문제이나 인터넷 스트리밍 기술의 발전에 기반한 OTT는 기존의 방송과 달리 국경을 넘은 서비스의 제공과 소비를

용이하게 하고 있다. 특히 미국이나 일본에 비해 인구의 규모가 상대적으로 작은 우리나라의 경우, 해외 진출을 통해 규모의 경제를 확보함으로써 방송 및 미디어 산업에서 선순환적 생태계를 형성하는 것이 더 용이해질 수 있다.

● 넷플릭스의 해외 진출 사례

미국의 넷플릭스가 우리나라는 물론 EU 등 전 세계에 진출하여 가입자를 확보하고 수익을 창출하는 것처럼, 우리나라도 경쟁력 있는 콘텐츠를 바탕으로 해외 진출 전략을 수립하고 이를 실행에 옮겨야 할 것이다. 따라서 넷플릭스의 해외 진출 및 현지화 전략을 고려한 벤치마킹도 필요하다.

넷플릭스는 먼저, 2013년 《하우스 오브 카드》의 예처럼 오리지널 콘텐츠를 제작하는 경우 자국 스튜디오를 이용하였다. 이후 글로벌로 진출을 본격화하면서 해당 국가의 제작사를 직접 활용하여 대규모 콘텐츠 선투자를 진행함으로써 판권과 함께 콘텐츠를 확보한다. 《오징어 게임》이 바로 그 예이다. 또한 현지 사업자와 제휴할 경우, 시장 1위 사업자보다는 2, 3위 사업자와 협업을 한다. 2012년 영국 진출 시 유럽 최대 가입자를 보유한 스카이(Sky)[29]가 아닌

---

29 영국의 스카이(Sky UK Limited)는 방송, 인터넷, 모바일, 유선전화 등의 서비스를 통합적으로 제공하고 있으며 영국의 1위 유료방송 사업자이다. 영국을 시작으로 독일, 아일랜드, 독일, 오스트리아, 이탈리아에서도 서비스를 하고 있다. 2018년부터 스카이는 컴캐스트가 오너십(75%)을 가지고 있다. 최근 감소하고 있는 유료방송 가입자 문제에 대처하기 위해 신상품 출시 및

케이블 사업자인 버진미디어(Virgin Media)를 선택했고, 3위의 BT 등과도 제휴를 하며 영국의 OTT 시장을 장악해 나갔다. 2014년 프랑스 진출 시에도 3위 통신사인 부이그(Bouygues)와 공동 프로모션을 진행하며 시장에 진출했고, 2015년 스페인 진출 시에는 1위 통신사인 텔레포니카(Telefonica)가 아닌 보다폰(Vodafone)과 손을 잡았다. 2016년 한국에 진출 시에도 3위 통신사인 LG와 제휴를 맺었고, 이어 2020년에는 KT와 협업을 하였다.

● 아시아 OTT 시장

아시아의 OTT 시장으로는 중국이 2021년 기준 32,402백만 달러로 가장 큰 규모를 보이고 이어 일본(7,458백만 달러), 호주(3,282백만 달러), 인도(2,590백만 달러), 한국(2,397백만 달러)의 순으로 나타나고 있다. 중국은 강한 규제 정책으로 넷플릭스와 아마존 같은 글로벌 OTT 사업자들이 서비스를 제공하지 못하고 있는 가운데 자국 서비스인 '아이치이'가 약 45%의 시장점유율로 1위의 자리를 차지하고 있다.

아시아 시장은 북미와 유럽 시장과 비교했을 때 잠재적인 성장 가능성이 큰 것으로 평가되고 있다. 넷플릭스, 아마존, 디즈니플러스 등 글로벌 OTT 사업자들이 진출 및 사업 확장을 하고 있어 그

OTT 서비스를 적극 자사 서비스에 탑재시키고 있다. BBC의 아이플레이어(iPlayer), 넷플릭스, 아마존 프라임 비디오 및 디즈니플러스 번들 상품도 제공하고 있고 최근에는 특히 아마존과의 협력을 강화하고 있다.

경쟁은 더욱 치열해질 것으로 전망된다. 현재 동남아시아 시장에는 중국 OTT 기업들이 다수 진출해 있으며 시장점유율도 점점 높여가고 있다.

하지만 아시아는 일본 등 일부 국가를 제외하고는 불법 콘텐츠 이용이 만연해 있으며 북미, 유럽 지역에 비하면 ARPU가 낮게 형성되어 있다. 다행인 점은 한국의 콘텐츠는 해외 특히 아시아 국가에서 매우 인기가 높다는 것이다. 동남아시아에서 전체 온라인 비디오 스트리밍 시간 중 한국 콘텐츠 시청 시간의 비율은 34%로, 미국 콘텐츠(30%)를 넘어섰다. 동남아시아 3대 OTT 플랫폼(HOOQ, iflix, viu)은 한국 콘텐츠를 내세워 가입자를 확보하고 있기도 하다. 넷플릭스도 아시아 시장 가입자 확보를 위해 한국 콘텐츠를 미끼 상품으로 활용하고 있으며, 이를 위해 한국 콘텐츠의 판권을 제작단계부터 확보하고자 인프라를 구축하고 있는 것이다.

최근의 《오징어 게임》, 《지옥》 등의 흥행 돌풍은 한국 콘텐츠가 아시아뿐만 아니라 전 세계에서 인기를 끌 수 있음을 잘 보여준다. 우리나라의 사업자들은 이 점을 인식하여, 잘 만든 콘텐츠들을 가지고 자신감 있게 해외로 진출해야 할 것이다. 한국 콘텐츠의 인기가 높은 동남아의 경우 국민소득과 가입자당 수입(ARPU)이 낮아 한계가 있다면, 그 외 중동과 유럽은 물론 북미 국가들에도 진출하는 것이 필요하다. 인터넷 발달로 인해, 국가별 인프라가 없어도 세계 어느 나라에도 진출할 수 있기 때문이다.

5. OTT 제도화 방안의 모색

우리나라「방송법」체계의 문제점

● 전송망 기준의 수직적 규제체계

「방송법」제2조에서는 방송을 '방송프로그램을 기획·편성 또는 제작하여 이를 공중(시청자)에게 전기통신설비에 의하여 송신하는 것'으로서 그 종류로는 전송신호 및 송수신 방식에 따라 '텔레비전방송, 라디오방송, 데이터방송, 이동멀티미디어방송'을 열거하고 있다. 반면 방송사업(자)에 대해서는 전송망이나 비즈니스 형태를 기준으로 '지상파방송 사업, 종합유선방송 사업(SO), 위성방송 사업, 방송 채널 사용 사업(PP)' 등으로 분류하고 있다. 이처럼 방송과 방송사업을 분류하는 기준이 상이하여 법, 규제 적용에 있어 정합성이 떨어지는 문제가 있다.

즉 우리나라의 방송은 서비스가 제공되는 전송망을 기준으로 수직적인 규제체계를 유지하고 있으며, 방송의 종류와 기술방식을 사전에 열거하는 포지티브 규제방식이다. 이로 인해 신유형 서비스가 등장할 때마다 법적인 근거가 없어 논란이 일었고 혁신적인 서비스의 도입도 지연되었다. 2004년 위성 및 지상파DMB, 2007년 IPTV 도입 당시의 논란 등이 대표적이라고 할 수 있다. 이후 2015년 정부 주도로「방송법」과「IPTV법」을 통합하려는 시도(「통합방송법」추진)도 있었지만 진척을 보지 못하고 있다.

● 전송망·플랫폼·콘텐츠 3분류 체계

국내 「방송법」에서의 전송망·플랫폼·콘텐츠 사업자의 3분류 체계는 1995년 케이블방송 사업 도입 이후 사용되었다. 케이블방송 사업은 전송망 사업자(NO), 종합유선방송 사업자(SO), 방송채널 사용 사업자(PP)로 분리되어 시작되었고, 지금은 SO가 NO의 전송·선로 설비를 인수해 동 사업자의 지위를 가지고 사업을 운영하고 있다.

위성방송 사업자도 인공위성의 무선설비를 통해 무선국을 관리·운영하면서, 플랫폼 사업자로서 채널 구성과 운용(제70조) 등의 규제를 받고 있다.

「IPTV법」에서는 '인터넷 멀티미디어 방송 제공 사업자'와 '인터넷 멀티미디어 방송콘텐츠 사업자'의 2분류 체제를 취하고 있는데, 'IPTV 제공 사업자'가 네트워크를 보유하면서 플랫폼 사업자의 역할도 가지고 IPTV 서비스를 제공하고 있다.

지상파의 경우는 지상의 무선국을 관리·운영하며 제작과 편성, 송출 기능을 같이 수행하고 있으며, 플랫폼 사업자로서의 기능이 제한적이라 3분류를 적용하는 것이 부적절하다. 그리고 역무를 전송과 콘텐츠로 2분류하는 것이 EU와 OECD 등에서의 세계적인 추세이다.

특히 인터넷망을 통한, 방송과 유사한 동영상 서비스일지라도 OTT의 경우는 「전기통신사업법」 상의 부가통신 사업자로 '신고'만 하면 되고, 「방송법」 상의 소유 및 겸영 규제나 채널 구성 및 편성 규제는 전혀 받지 않아 규제의 형평성 논란이 발생하고 있다. 이

러한 OTT는 모바일을 중심으로 방송광고 시장을 장악하여 방송
사업자들에게도 위협이 되고 있다.

전술하였듯, OTT를 규제체계 내에 포섭하기 위해 발의된 법안
들은[30] 대체로 OTT를 기존의 방송 서비스로 편입해 규제하는 방안
을 모색하였을 뿐, 진정한 수평적 규제체계에 입각한 대안을 마련
했다고 보기는 힘들다. 글로벌 OTT 사업자의 영향력 확대에 대응
하고 융합 환경에 부합하도록 국내 사업자의 경쟁력을 신장시키면
서, 방송이 가지고 있는 공적 책무도 확보하는 정책방안을 마련해
야 한다.

기술 중립성 제도적 뒷받침 필요

우리의 유료방송 허가 체계는 전송 네트워크를 기준으로 케이블
TV, 위성방송, IPTV로 구분해서 허가하고, 매체별로 전송신호의 구
체적 기술방식(변조기술, 영상, 음성 압축 표준 등)을 정부에서 정하는
폐쇄적인 Positive 형식으로 규율하고 있다. '사업허가'와 '기술방
식'이 1:1 칸막이식으로 연계되어 있는 것이다.

케이블TV는 RF 기반[31]의 HFC망[32], 위성방송은 RF 기반의 위성통

---

30 제8장에서 전술한 바와 같이 변재일 의원이 2018년 10월 발의한 3건의 개정
    안(「방송법」, 「방송통신발전 기본법」, 「인터넷 멀티미디어 방송사업법」)과 김성수
    의원이 2019년 1월 발의한 「방송법」이 대표적이다.

31 RF(Radio Frequency) 기반 방송방식은 케이블방송, 위성방송, 지상파방송이
    활용하는 주파수 기반 전송방식이며, 채널 당 6Mhz 대역으로 할당되어 있고

신망, IPTV는 IP 기반[33]의 유선 인터넷망으로 구축되는데, 기술 특성에 따라 각각 별도의 방송망을 보유하고 이종 사업자들과의 네트워크 간 결합은 원칙적으로 허용되지 않는 상황이다.[34]

끊임없는 전송이 중요한 방송의 특성 상, RF 기반 방송은 IP 기반 방송에 비해 안정성이 높아 그간 널리 이용되어 왔다. 하지만 최근 인터넷망의 고도화 및 통신기술 발전으로 RF 기반 방송의 비교우

〈그림 9-8〉 유료방송 사업자의 방송망 특성

자료: 미래창조과학부(2015)

할당된 모든 채널에 프로그램이 전송된다.

32 HFC(Hybrid Fiber Coaxial, 광동축혼합망)은 광케이블(사업자 구간)과 동축케이블(가입자 구간)을 혼합한 케이블망을 의미한다.

33 IP(Internet Protocol) 기반 방송이란 IPTV가 활용하는 인터넷 기반 전송방식이다. 즉, 인터넷 기반의 IP 패킷에 실어 전송하는 방식으로 전송 대역 및 전송 프로토콜 스택은 IP망의 형태(무선망, 유선망 등)에 따라 달라진다. 가입자가 특정 채널을 요청할 경우 당해 채널만 스트리밍으로 전송하는 방식을 취한다. 따라서 물리적인 채널은 존재하지 않으며, 이미지 차원에서의 가상채널(virtual channel)만이 존재한다.

34 제9조의3(기술결합 서비스의 승인)에 따라 방송 사업자 등이 기술결합 서비스를 제공하고자 할 경우에는 지상파방송 사업자는 방송통신위원회, SO·위성 방송 사업자·IPTV 사업자는 과학기술정보통신부 장관의 승인을 받도록 하고 있다.

위가 사라지며 양방향 구현이 용이한 IP 기반 방송이 더 각광을 받고 있다(미래창조과학부, 2015). 더욱이 다양한 OTT가 출현하는 등 양방향 미디어가 확산되고 있으며, 유료방송 시장에서 방송 사업자들이 시청자의 요구에 따라 저렴하고 안정적인 서비스를 제공하

〈표 9-5〉 RF 기반 방송 vs. IP 기반 방송의 장점 및 특성

구분	RF 기반	IP 기반
장점	안정적 채널 제공	전송 효율성이 높음 서비스 가능 채널 수가 많음 양방향 서비스 구현 수월
서비스	지상파방송, 케이블 방송, 위성방송, T-DMB	IPTV, OTT
수신증가에 따른 전송 트래픽	일정	-IPTV(멀티캐스트): 일정[35] ※제어를 위한 트래픽은 증가 -OTT(유니캐스트): 가입자 수에 따라 증가[36]
전송품질 보장	제공	-IPTV: (제한적) 제공 -OTT: 미제공
이종망 연동성	어려움(연동장치 필요)	용이
멀티디바이스 연결	어려움(물리 계층 수신 모듈 필요)	용이

자료: 이종원 등(2016) 재구성

---

35 IP 멀티캐스트(Multi Cast)는 Point-to-Multipoint 전송방식으로 유니캐스트와 달리 콘텐츠 패킷을 중간 라우터에서 복사하여 전달하므로 대역폭을 효과적으로 사용할 수 있다.

36 IP 유니캐스트(Uni Cast)는 송신자와 수신자 간 1:1, 즉 Point-to-Point 전송방식으로 IP 패킷에 설정된 목적지 주소를 가진 장치에서만 전송되는 패킷을 수신할 수 있다. 유니캐스트 방식으로 IP 방송을 할 경우 수신기의 수가 늘어

고 새로운 비즈니스 모델을 창출하기 위한 기술혁신에 능동적으로 대처하기 위해서는, 가입자 망을 선택적으로 이용할 수 있도록 특정 사업자별 망 이용 제한 규제를 완화해야 한다. 케이블·위성·IPTV 매체별로 운영 중인 사업허가를 '동일 서비스 동일 규제'에 따라 수평적으로 규제하는 단일 허가체제를 도입해야 한다. 이를 위해서는 우선 특정 서비스가 다른 기술방식에 의해 전달되더라도 기술의 특성에 따라 서비스가 차별적으로 취급되지 않도록 '기술 중립성(technological neutrality)'[37]을 뒷받침하는 법 개정 및 기술기준 개정 등이 필요하다.

다양한 기술 융합 서비스의 출현

우리나라의 경우는 지난 2012년 KT스카이라이프에서 출시했던 DCS(Dish Convergence Solution)가 기술 융합 서비스의 대표적인 사례이다. DCS 기술은 위성이 전송한 위성방송 RF 신호를 가정용 안테나가 아닌 지상의 KT지국사에서 수신하여, 이를 IP망을 통해 가입자에게 방송 서비스를 제공하는 방식이다.[38]

나면 트래픽이 함께 증가된다.

37 '동일 서비스 동일 규제'는 기본적으로 동일 계층 내(전송, 콘텐츠)에 속하는 서비스에 대해서는 동일한 규제를 적용한다는 원칙이며, '기술 중립성'은 특정 서비스가 각기 다른 기술에 의해 제공되어도 기술에 따라 규제를 차별하지 않는 원칙이다.

38 DCS 출시 당시, 케이블 및 IPTV 사업자 등 경쟁사들은 DCS가 「방송법」 등을 위반한 불법 방송 서비스라고 강력하게 주장했으며, (구) 방송통신위원회 역

케이블 방송의 RF 전송기술과 IPTV의 IP 전송기술을 결합한 CCS(Cable Convergence Solution)는, 케이블 방송 신호(RF)를 각 지역 SO국사에서 CCS Gateway 장비를 통해 IP 신호로 변환하여 초고속 IP망을 통해 가입자에게 방송 서비스를 제공하는 전송방식이다. 주파수가 제한된 RF의 한계를 극복, CCS 활용하여 IP 방식으로 서비스 제공 시 주파수 제한 없이 방송 화질개선, 양방향 속도 개선이 가능하다. CJ헬로비전(LG헬로비전)에서 투자를 통해 확대된 초고속 인터넷망을 이용하여 서비스를 제공하고 있다.

이외에도 ICT 신기술과 방송의 융합, 이종 방송 간의 융합 등 다양한 기술들이 출현하고 있다. 방송 제작 또는 수신 시 필요한 처리를 클라우드 방송 서버를 통해 해결하는 클라우드 방송[39] 등도 케이블TV는 물론 지상파에서도 도입하고 있는 추세이다.

RF기반의 HFC망에 IP기반의 방송 서비스를 제공하는 DIBA

시 DCS를 역무 위반이라고 판단, 신규가입자 모집 중지, 기존가입자 계약 해지 및 전환의 시정조치를 권고했고 결국 KT스카이라이프는 서비스를 중단하였다. 이후 방통위는 DCS와 같은 기술결합 서비스를 수용하기 위해 법률 개정을 추진했고, 2015년 2월부터 시행된 「정보통신 진흥 및 융합 활성화 등에 관한 특별법(ICT 특별법)」에 따라 미래창조과학부는 DCS를 2015년 11월 임시 허가하였다. 이후 KT스카이라이프는 2016년 2월 DCS 서비스를 재개하였다.

[39] 기존의 케이블 방송이 단말기(셋톱박스)에 모든 서비스가 구현되어 일괄적인 새로운 서비스 도입 등이 어려운 데 비해, 클라우드 케이블 방송은 셋톱박스 차원이 아닌 클라우드 서버가 서비스를 구현하고 전송하기 때문에 셋톱박스 성능에 따른 한계를 극복할 수 있고 업그레이드 시 서버 작업만으로 일괄적용이 가능하여 비용과 시간을 절감할 수 있다.

(Docsis⁴⁰ IPTV Bypass Architecture) 기술은 현재 SKB 등이 IPTV를 제공하는 데에 활용하고 있다. DIBA는 트래픽센터에 별도의 IPTV 전송 시스템을 구축하고, 기존의 인터넷 서비스 트래픽과 IPTV 트래픽을 완전히 분리함으로써 인터넷 사용량에 영향을 받지 않고 IPTV 서비스 제공이 가능하다는 장점이 있다.

RF Overlay 기술은 광케이블망(FTTx : Fiber to the x) 하나로 방송(RF video)과 인터넷(IP data) 서비스를 상호간섭 없이 동시에 제공 가능하도록 하는 네트워크 전송기술이다. RF Overlay는 FTTx 망에서 케이블TV 방송의 품질을 보장(QoS)하며 높은 인터넷 트래픽 증가에도 유연하게 대처할 수 있다는 장점이 있었지만, 케이블TV의 하향 추세와 함께 상용화가 많이 되지는 않았다.

외국의 경우도 미국, 일본 등의 유료방송 사업자는 광동축·무선망 등 전송망이 융합된 방송 서비스를 제공하고 있다. EU는 허가 체계도 유료방송을 특정 기술 별로 허가하지 않도록 규정하고 있다.

---

40 닥시스(Data over Cable Interface Specification)는 미국 CableLabs사에 의해 제정된 케이블모뎀의 국제표준이다. 즉, HFC 네트워크 상에서 인터넷 서비스 구현을 위한 기술표준으로 1997년 7월, DOCSIS 1.0이 발표되고, 1998년 ITU-T에 의해 국제표준으로 비준되었다. 우리는 2021년 7월 현재 DOCSIS 4.0 기반 케이블TV 전송 시스템을 마련하기 위한 방송·통신 표준을 준비 중이다(국립전파연구원 공고 제2021-33호, 2021. 5).

<표 9-6> 주요 선진국 기술 중립성 제도 도입 및 역무 통합 경과

국 가	주요 내용
EU	-방송·통신 네트워크별 수직적 규제체계를 수평적 계층으로 분류하여 네트워크 영역을 하나로 통합(2002년) -전송영역은 회원국이 특정 기술을 선호하는 정책을 수립하지 않도록 규정
미국	-유료방송 사업자의 행위 규제 시 '다채널 방송 사업자'로 통칭(케이블, 위성, IPTV를 일괄 규율) -허가 체계는 서비스별 수직적 구조로서 특정 기술방식을 지정하고 있으나, 허가 후 운영 시에는 기술 선택의 유연성을 보장
일본	-유선 라디오 방송, 케이블TV 방송, 전기통신 역무 이용 방송을 '일반방송' 역무로 통합(2010년)

자료: 미래창조과학부(2015)

우리나라 정부는 2015년 미래창조과학부가 '유료방송 기술규제 개편 방안(기술 중립화 정책 방안)'을 마련하여 발표한 바 있다. 하지만 이후 뚜렷한 진척이 없다가 2021년 7월 국회에서 SO, 위성방송 사업자 또는 IPTV 사업자는 상호 전송방식을 이용하여 서비스를 제공할 수 있도록 하는, 기술 중립성을 법적으로 보장하는 「방송법」 개정안[41]이 발의되었다. 2021년 11월 과기정통부는 중소 SO 6개사에 IP 전송방식의 서비스 제공을 허가하였다. 이를 통해 SO도 IP 기반의 양방향 서비스를 제공할 수 있고, 신규 망 투자, IP 셋톱박스 수요 증가 등으로 인한 산업 활성화도 기대된다.

---

[41] 변재일 의원 발의 「방송법」 개정안(2021. 7. 5)이다.

OTT 포괄 법제 모색

● 방송 서비스 분류 체계 기준

OTT를 포괄할 수 있도록 방송의 개념과 방송·통신 서비스 분류 체계를 정비할 필요가 있다. 전술하였듯 EU의 경우도 기술 중립성, 동일 서비스 동일 규제를 원칙으로, 방송·통신 서비스를 전송 계층과 콘텐츠 계층으로 이원화해서 규제하는 수평적 규제체계를 취하고 있다. 방송을 전송망이나 전송기술에 따라 구분하는 것이 아니라 역무 중심(방송 서비스)으로 정의하고, 방송 서비스뿐만 아니라 OTT와 같은 동영상 서비스를 포함하는 '시청각미디어 서비스(가칭)' 개념을 신설하는 방안이 현실적이다(황준호, 2019).

여기서 크게 세 가지 측면에서 판단이 필요하다. 첫째, EU나 미국의 경우처럼 전송과 콘텐츠 계층의 2개의 계층으로만 구분하고 플랫폼 계층은 전송 계층에 포함시킬 것인가, 아니면 플랫폼 계층을 별도의 계층으로 구분하여 플랫폼 중심의 규제를 할 것인가에 관한 것이다.[42] 둘째, 방송 서비스의 범위를 어떻게 할 것인가에 관한 것이다. 즉 방송 서비스에 유료방송까지 포함할 것인가, 아니면 지상파로만 한정해 규제할 것인가의 문제다. 셋째, 시청각미디어 서비스를 실시간과 비실시간(주문형)으로 구분할 것인가에 관한 것이다. 이러한 분류에 따른 기준과 특징은 〈표 9-7〉과 같다.

---

42 이에 대해 황준호(2019)는 방송플랫폼 사업자가 B2C, B2B 양면 시장에서 행사하는 직·간접적인 편집권을 고려하여 플랫폼 계층을 별도로 분류하였다.

〈표 9-7〉 방송·통신 서비스 분류체계 기준

구분	상대적 규제 강화 안	상대적 규제 완화 안

방송플랫
폼 계층의
분류
	• 플랫폼 계층 별도 분류
	- 플랫폼이 채널 구성, 번호, 편성 등
	  콘텐츠 편집권 보유
	- 불공정거래, 이용자 보호를 위해 별
	  도의 규제 필요
		• 전송 계층에 포함
		- 플랫폼 기능의 핵심은 콘텐츠 전
		  송. 채널 구성은 재판매이므로 편
		  집권으로 볼 수 없음
		- 플랫폼 사업의 규제 부담을 줄여 창
		  의적 서비스 개발 가능

방송(서비
스)의 범위
	• 방송 서비스에 유료방송(PP)도 포함
	- OTT 서비스만 시청각미디어 채널
	  (플랫폼)로 분류
	- 현행 분류체계 및 현실 반영
	- 기존 방송과 OTT에 대한 수평적 규
	  제체계 도입에 한계
		• 방송 서비스는 지상파에 한정
		- 유료방송과 OTT를 시청각미디어
		  채널(플랫폼)로 분류
		- 지상파의 공적 책임 등 특수성 보존
		- 신규 서비스 도입 및 유료방송 규제
		  완화

실시간과
주문형
구분 여부
	• 실시간과 주문형 구분
	- 실시간 OTT 방송은 기존 방송과 유
	  사해 주문형과 구분
	- 주문형 OTT 사업자들은 규제 완화
	  가능성
		• 실시간과 주문형 미구분
		- 국내 방송 및 OTT 사업자들 대부분
		  실시간·주문형 동시 제공
		- 해외(EU)의 경우도 TV 유사성(TV-
		  likeness) 가정 폐지

〈표 9-7〉의 기준에 따를 경우, 다양한 방안이 가능할 것이지만 현재의 규제체계와 가장 유사한 보수적인 방안은, 플랫폼 중심 규제(3계층), 방송(지상파, 유료방송)과 시청각미디어(OTT) 구분, 실시간과 비실시간 구분의 경우로 〈그림 9-9〉와 같은 형태가 될 것이다.

플랫폼 계층을 현재처럼 별도의 규제 대상으로 분류할 경우, 즉 전송 계층, 플랫폼 계층, 콘텐츠 계층의 3구분 체계를 유지할 경우, 유료방송 사업자가 가지는 플랫폼 특성에 적합한 규제가 가능하다는 장점은 있지만, 방송에 대한 규제가 지금처럼 계속 강화될 가능성이 있다.

현재와 유사하게 지상파와 유료방송까지를 방송으로 포함하고 OTT는 방송 서비스와 구분할 경우, 방송과 OTT 간의 차별화된 규제를 도입해야 하는가, 그리고 기존 방송과 OTT에 대한 수평적 규제체계를 도입해야 하지 않는가 하는 문제가 제기될 수 있다.

실시간 OTT 방송은 기존 방송과 유사하여 비실시간의 주문형 VOD 위주의 OTT에 비해 규제가 더 필요하므로 시청각미디어 서비스를 실시간과 비실시간(주문형)으로 구분해야 한다는 입장이다.

〈그림 9-9〉 플랫폼 중심 규제(3계층), 지상파·유료방송과 OTT 구분, 실시간·비실시간 구분

분류	시청각미디어 서비스(영상 콘텐츠 중심)					정보사회 서비스 (영상 콘텐츠 외 기타 콘텐츠 중심)
	실시간 서비스				주문형 서비스	
콘텐츠	방송 채널			시청각 미디어 채널 (실시간 OTT)	VOD 서비스	인터넷신문, 팟캐스트, 정보 CP
	공영 방송	민영 지상파	PP			
플랫폼	방송플랫폼 (지상파, 유료방송)			시청각미디어 플랫폼 (OTT)		포털, SNS, 콘텐츠 플랫폼
네트워크	방송망(지상파, 유료방송) & 통신망(범용 인터넷망)					

자료: 황준호(2019), 이상원(2020) 재구성

또 다른 대척점이 있는 방안은 콘텐츠 중심 규제(2계층), 지상파 방송과 시청각미디어(유료방송, OTT) 구분, 실시간과 비실시간 미구분의 경우로서 〈그림 9-10〉과 같은 형태가 될 것이다.

<그림 9-10> 콘텐츠 중심 규제(2계층), 지상파와 유료방송·OTT로 구분,
실시간·비실시간 미구분

분류	시청각미디어 서비스(영상 콘텐츠 중심)			정보사회 서비스 (영상 콘텐츠 외 기타 콘텐츠 중심)
콘텐츠	공영방송 (공공 서비스)	민영 방송	시청각미디어 채널 (유료 PP 및 OTT)	인터넷신문, 팟캐스트, 정보 CP
전송	지상파방송 서비스	전자커뮤니케이션 서비스(ECS) : 유료방송, OTT, 포털, SNS		
	전자커뮤니케이션망(ECN): 방송망, 통신망			

자료: 황준호(2019), 이상원(2020) 재구성

전송과 콘텐츠의 2개의 계층으로만 구분할 경우에는 케이블·위성·IPTV 등의 유료방송 모두 네트워크와 플랫폼을 동일한 사업자가 운용하고 있는 현실을 고려할 필요가 있다.[43] 또한 규제체계가 단순화되고 규제도 줄어들어 다양한 형태의 서비스들도 개발될 수 있다.

방송 서비스를 지상파로만 한정해 규제하는 방안은 실제 유료방송과 OTT 간 유사한 측면이 많다는 점에서 '동일 서비스 동일 규제'의 원칙에 더 부합하며, 이 경우 기존의 유료방송에 대한 규제도 OTT와의 형평성을 고려하여 완화될 가능성이 있다. 또한 지상파의 특성인 공적인 책임에 적합한 규제도 가능해질 것이다. 더 나아

---

43 위성방송 사업자인 Skylife는 모회사인 KT로부터 위성을 임차해서 사용하고 있다.

가 방송 서비스 중에서도 공영방송을 구분하여 공적 책임을 강화하는 방안이 있을 수 있다. 최소한 KBS와 EBS의 경우 공영방송으로서의 법적 실체와 지원 근거를 명확히 하고 민영 방송사와 달리 엄격한 심사기준과 평가 시스템을 마련함으로써 공영방송사로서의 정체성을 확립하는 것이다.

OTT를 실시간과 비실시간으로 구분하는 것은 무의미하며, 실시간 서비스를 한다는 이유로 규제를 더 받는 것은 불합리해 보인다. 가령 유튜브와 같은 UCC 위주의 동영상 공유 플랫폼의 경우도 실시간 방송을 하는 이유로 동일한 규제 대상이 될 것이다. 그리고 웨이브나 티빙과 같은 국내 OTT 사업자들은 실시간 서비스와 VOD 서비스를 함께 제공하고 있으므로, 주문형 VOD만 서비스하는 넷플릭스와 같은 글로벌 OTT 사업자들에게 더 유리한 규제환경이 되기 때문이다. 게다가 실시간 방송 후 5분 내에 제공되는 Quick VOD 서비스도 등장한 지 오래되었다.

● 향후 규제 방향은?

향후의 규제 방향은 기존의 방송에 대한 규제를 OTT와 같은 새로운 미디어에 적용시키는 것이 아니라, 새로운 미디어가 더 확장되고 시장 전체가 성장할 수 있도록 기존 방송의 규제를 줄여 나가는 데에 있다.

플랫폼의 역무는 자체 제작 또는 외부에서 수신한 방송이나 정보·데이터 등의 콘텐츠를 편집·편성·구성해서 시청자에 제공하는 것이다. 우리의 방송 사업자는 플랫폼 사업자로서 모두 시청자에 도달할 수 있는 방송망(네트워크)을 보유하고 있다.[44] 유료방송 사업자의 경우는 플랫폼 사업자인 동시에 네트워크 사업자인 것이다. 콘텐츠를 편성해서 네트워크 설비를 통해 시청자에 제공하는 기능을 한다.

이에 반해 OTT 사업자는 자신의 네트워크(서비스망) 없이 자신들이 직접 제작/구매한 콘텐츠나 UCC(user created contents) 등을 시청자에 제공하는 플랫폼 사업자이다. 동시에 자신들이 오리지널 콘텐츠를 제작하거나 배타적으로 자신들의 OTT 플랫폼에만 제공함으로서 콘텐츠 사업자의 성격도 강하게 지니고 있다.

기존의 유료방송 사업자와 OTT 사업자 모두 플랫폼 사업자의 성격을 보유하고 있다고 해서 그들을 플랫폼 사업자로 일원화해서 단편적으로 규제해서는 안 된다. 실제 각기 상이한 성격을 도외시함으로써 규제의 실효성을 훼손시킬 가능성이 크기 때문이다.

콘텐츠의 측면에서도 채널 단위로 방송 채널 사용 사업자(PP)에 대한 규제방식을 취하는 현 「방송법」에서는 VOD를 주로 제공하는 OTT 사업자를 규율하기 어렵다. 그보다는 '인터넷 멀티미디어 방송콘텐츠 사업자'로 규제를 하는 「IPTV법」을 적용하는 것이 더 적절해 보인다.

기존의 방송법 체계에 OTT를 도입하는 것에 한계가 있다면, 다

---

44 지상파는 지상의 무선국, SO는 유선방송국 설비와 전송·선로 설비를, 위성방송 사업자는 임차한 인공위성 무선설비와 무선국을, IPTV 사업자도 헤드엔드(H/D)와 광대역통합정보통신망 등을 보유하고 있다.

양한 OTT 서비스를 포괄하는 개념과 정의에 대한 규정을 도입하고 이후「IPTV법」및「방송법」까지도 통합하여 '미디어서비스법(가칭)'을 제정하는 것이 필요하다. 물론 규제 위주로 흐를 수 있는 플랫폼을 포함한 3분류 체제보다는 2분류 체제가 더 바람직하다. 이후「전기통신사업법」등과의 통합을 통해 진정한 '방송통신융합사업법'을 만드는 것 또한 더 수월해질 것이다. 이를 위해 먼저 방송에 집중되어 있는 규제들을 더 적극적으로 완화해 나가야 한다.[45]

● 공영방송 공적 책임 강화

더 나아가 공영방송 위주로 공적 책임을 강화함으로써 방송의 공공성, 공정성을 강화하는 방안도 필요하다. 최소한 KBS와 EBS의 경우 공영방송으로서의 법적 실체와 지원 근거를 명확히 하고 공영방송으로서의 정체성을 확립해야 한다. 공영 지상파방송은 민영방송사와는 달리 엄격한 심사기준과 평가시스템을 마련해야 하는 것이다. 공영 지상파방송의 경우, 특수성을 반영해 '사전-구조 규제'(진입 규제, 소유 및 겸영 규제)를 유지하여 공적 가치를 강화하고

---

45 방송규제 완화와 방송시장 활성화를 위한 규제 완화를 위해 주무부서인 과기정통부와 방통위원회는 최근만 해도 과기정통부의 '유료방송 규제개선방안'(2019. 5), 방통위의 '방송시장 활성화 정책방안'(2021. 1), 과기정통부의 '유료방송 시장 규제개선방안'(2021. 7) 등 거의 해마다 규제개선방안을 내어 놓고 있다. 하지만 정부 차원에서 처리할 수 없는 법 개정 사안들이 다수 있고 국회에서는 정치적인 이유 등으로 논의에 한계가 있다 보니 발표한 계획 대비 큰 진척을 보지 못하고 있다.

시장에서 제공될 수 없는 서비스와 콘텐츠를 제공할 수 있도록 해야 한다.

민간 영역의 경우, 전송(플랫폼) 계층과 콘텐츠 계층을 구분해, 전송 계층은 경쟁 활성화를 목표로 경제적 '행태규제'를, 콘텐츠 계층은 공익성 제고를 목표로 방송내용 등에 대한 '사후-행태 규제'를 적용하여 차별화하는 방안이 설득력이 있다(이종원, 2019).

여기서 민영 지상파방송은 어떻게 할 것인가의 문제가 대두된다. 지상파방송의 보편적 서비스 의무는 주파수를 무료로 사용하는 것에 대한 반대급부로서의 성격이 짙다. 그런데 지상파 네트워크의 직접 수신 비율이 5% 미만이고 유료방송 플랫폼을 통해 접근성을 확보하고 있는 상황이므로, 지상파 네트워크의 운영 방법에 대한 고민이 필요하다.[46]

● 민영화 등을 통한 정부의 영향력 축소

또한 보편적 서비스로 제공해야 하는 방송과 공영방송에 대한 범위에 대한 논의와 함께, MBC처럼 정부나 공공기관 등 공적인 기관이 운영하는 지상파나 PP 채널의 경우도 공적 서비스 채널로서 공공성을 보장하도록 하는 방안이 있을 수 있다. 그러나 우리나라의 경우는 정부나 공공기관이 운영하는 방송사들이 너무 많은 상황

---

46 이를 위해 지상파 네트워크를 효율적으로 활용할 수 있도록 다양한 네트워크 간의 융합도 최대한 허용해주는 방안을 비롯해, 지역성을 최대한 확보하면서 광역화 등 지역방송의 경쟁력 기반을 강화하는 정책 방안 모색 등 많은 논의가 필요한 분야이다.

이다.[47] 이들에 대해서는 공공성, 공정성의 책임을 견지하든지 아니면 민영화해 나가든지 제로베이스에서 전반적인 제도 개선이 필요하다.

---

[47] 국가기관이나 준정부기관의 등록 PP에는 국회사무처의 NATV, 국제방송교류재단(문체부)의 아리랑TV, 한국정책방송원(문체부)의 KTV, 국방홍보원(국방부)의 국방TV, 방송통신대학교(교육부)의 OUN, 한국산업인력공단(고용노동부)의 WorkTV, 소상공인시장진흥공단(중소기업벤처부) yesTV, 도로교통공단(경찰청)의 TBN, 서울특별시의 tbs 등이 있다. 허가 및 승인 대상인 보도전문 PP로 한전KDN·한국인삼공사 등의 YTN, 연합뉴스(뉴스통신진흥회, KBS, MBC가 대주주)의 연합뉴스TV, 홈쇼핑 PP로 중소기업중앙회와 중소기업유통센터(중소벤처기업진흥공단)의 홈엔쇼핑, 공영홈쇼핑 등이 있다. 그리고 2018년 6월 기준으로 KBS, MBC, EBS 등은 계열 PP를 통해 각각 6개씩의 채널을 보유하고 있다.

제10장

미디어 거버넌스 모색

1. 한국의 미디어 거버넌스 특징

정치 구도와 방송정책 기구

● 집권 여부에 좌우되는 거버넌스

김대중 정부 이후 방송위원회나 방송통신위원회의 구성을 살펴보면, 거버넌스에 가장 큰 영향을 미치는 요인은 집권 여부에 있다고 할 수 있다. 방송위나 방통위의 구성에서 여권 출신 인사가 수적 우위를 차지하기 때문이다. 국회에서 다수당을 누가 차지하는가도 방송위 및 방통위 구성에 영향을 미쳤다.

과거 민주화 이전까지는 대통령을 중심으로 권력이 집중되어 행정부가 입법을 주도하는 단점정부(unified government)였기에 극단적으로 말해 국회는 통법부의 역할에 지나지 않았다. 민주화 이후에는 대통령을 배출한 정당이 국회의원의 과반을 차지하지 못하는 경우인 분점정부(divided government)의 상황도 발생하였다.[1] 이로 인해 입법부와 행정부가 대립 국면에 처하기도 했으며 이를 타개하기 위한 인위적 정계 개편도 수차례 진행되었다. 이는 대통령제가 가진 제도적 한계이기도 하다.

대통령제는 의회와 대통령 모두 국민에 의해 직접 선출되는 이중적 정통성(dual legitimacy)을 보유하며, 언제든지 총리를 교체할 수 있는 의원내각제에 비해 경직성(rigidity)이 높다. 대통령제에서는 대통령이 속한 정당과 의회의 다수당이 서로 다른 분점정부가 될 가능성이 크고, 한 번의 선거를 통한 승자독식의 정치적 경쟁구조를 발전시키기 쉬운 한편, 반대 세력과의 협상을 자극하는 제도적 인센티브는 없어 교착상태나 작동불능의 체제 위기에 빠질 수 있기 때문이다(이철희, 2020).

---

[1] 민주화 이후 정부의 단점 및 분점 여부를 살펴보면 다음과 같다. 노태우 정부에서는 출범 직후 치러진 13대 총선으로 헌정사상 최초로 여소야대 국회가 되었는데 1990년 1월 3당 합당을 통해 인위적으로 단점정부를 구성하는 등 임기의 67% 기간 동안 단점 상태를 유지했다. 김영삼 정부는 임기 동안 단점 정부를 유지했고, 김대중 정부는 자유민주연합과의 정책 공조가 유지된 시기를 포함할 경우 43%, 노무현 정부는 19%의 기간 동안 단점정부를 유지하였다(유현종, 2010). 이명박 정부는 18대 국회(2008년 5월~2012년 5월) 4년간 단점이었고, 박근혜 정부는 19대 국회까지인 2016년 5월까지만 단점정부를 유지했을 뿐이다. 문재인 정부는 21대 국회인 2020년 5월 이후부터 단점정부인 상황이다.

〈표 10-1〉 역대 정부와 방송정책기구 및 국회 구성

정부와 국회 구도	방송정책기구 구성	연도	역대 국회 및 의석수	상임위원회 및 위원장
김대중 정부 −국회 : 여소야대 −방송위 출범		1997	15대(총 299석)	
		1998	신한국당(139), 새정치국민회의(79), 자유민주연합(50), 통합민주당(15) 등	문화관광위원회 (1998년 3월) : 이협
		1999		
	제1기 방송위원회 ('00. 2. 12~'03. 2. 11) 여:야 = 7² : 2	2000		
		2001	16대(총 273석)	
		2002	한나라당(133), 새정치국민회의(115), 자유민주연합(17) 등	문화관광위원회 :최재승, 배기선
		2003		
노무현 정부 −국회 : 여소야대 → 여대야소	제2기 방송위원회 ('03. 5. 10~'06. 5. 9) 여:야 = 6 : 3³	2004		
		2005	17대(총 299석)	
	제3기 방송위원회 ('06. 7. 14~'08. 2. 29) 여:야 = 6 : 3	2006	열린우리당(152), 한나라당(121), 민주노동당(10), 민주당(9), 자유민주연합(4) 등	문화관광위원회 : 이미경, 조배숙
		2007		
이명박 정부 −국회 : 여대야소 −방통위 출범	제1기 방송통신위원회 ('08. 3. 26~'11. 3. 25) 여:야 = 3 : 2⁴	2008	18대(총 299석)	
		2009	한나라당(153), 통합민주당(81), 자유선진당(18), 친박연대(14), 민주노동당(5), 창조한국당(3), 무소속(25)	문화체육관광방송통신위원회 (2008년 8월) : 고흥길, 정병국
		2010		
	제2기 방송통신위원회 ('11. 3. 26~'14. 3. 25) 여 : 야 = 3 : 2	2011		
		2012		
박근혜 정부 −국회 : 여대야소 →여소야대 −방통위 축소 (미래부 출범)		2013	19대(총 300석)	미래창조과학방송통신위원회 (2013년 3월) : 한선교, 홍문종
		2014	새누리당(152), 민주통합당(127), 통합진보당(13), 자유선진당(5), 무소속(3)	
	제3기 방송통신위원회 ('14. 4. 8~'17. 4. 7)⁵ 여:야 = 3 : 2	2015		
		2016		
문재인 정부 −국회 : 여대야소		2017	20대(총 300석)	과학기술정보방송통신위원회 (2017년 7월) : 신상진, 노웅래
	제4기 방송통신위원회 ('17. 8. 1~'20. 7. 31) 여:야 = 3 : 2	2018	더불어민주당(123), 새누리당(122), 국민의당(38), 정의당(6), 무소속(11)	
		2019		
		2020		
	제5기 방송통신위원회 ('20. 8. 1~'23. 7. 31) 여:야 = 3 : 2	2021	21대(총 300석) 더불어민주당(163), 미래통합당(84), 미래한국당(19), 더불어시민당(17), 정의당(6), 무소속(5), 국민의당(3)	과학기술정보방송통신위원회 : 이원욱
		2022		
		2023		
		2024		

특히 김대중 정부 시절 새정치국민회의(새천년민주당)는 자민련과 공동정부를 구성하여 형식적인 단점정부를 구성했고, 이를 토대로 2000년 방송위원회는 방송위원 9인 중 당시 원내 제1당이었던 야당(한나라당)의 몫으로 비상임위원 2인만을 할애한 상태로 구성되었다. 방송위나 방통위 구성에 있어 국회의 요구가 받아들여진 것은 노무현 정부 초기 여소야대의 극단적 분점정부 상황인 16대 국회에서의 사례가 유일하다. 2기 방송위원의 구성에 있어 국회의 의석 배분을 더 반영해야 한다는 야당의 요구에 따라, 방송법을 개정하여 상임위원 수를 1인 더 늘려 위원장, 부위원장 외에 3인(총 5인)이 되도록 했고 그중 2인을 야당이 차지하게 된 것이다.

국회에서 방송정책 및 규제 관련 상임위원회는 정부 거버넌스가

---

2 김대중 정부는 여소야대의 국회 상황 하에서 자민련과의 연합정부를 구성했고 방송위도 상임위원 1인을 포함한 2명의 위원을 자민련 몫으로 할당하였다. 위원장, 부위원장 외에 2명의 상임위원도 여권에서 차지하였다.

3 상임위원 수를 1인 더 늘여 위원장, 부위원장 외에 3명이 되도록 했고 그중 야당이 2명을 차지하게 되었다. 자민련 몫은 1명으로 줄었다.

4 5인의 방송위원 모두 상임위원으로 구성하였다. 대통령이 지명하는 2인과 여당 추천 1인, 야당 추천 2인으로 구성하게 해 여:야 = 3:2의 구성이 되도록 하였다. 「방송통신위원회의 설치 및 운영에 관한 법률(제4조)」은 위원장 1인, 부위원장 1인을 포함한 5인의 상임위원으로 구성하고, 위원 5인 중 위원장을 포함한 2인은 대통령이 지명하고 3인은 국회의 추천을 받아 대통령이 임명하는데, 국회는 위원 추천 시 대통령 소속 정당의 교섭단체가 1인, 그 외 교섭단체가 2인을 추천하도록 하고 있다.

5 위원장의 임기를 의미하며 3기 방송통신위원회부터 위원장 등 일부 위원의 선임이 지연되면서 위원들 각각의 임기가 차이가 나게 되었다.

변경됨에 따라 명칭과 소관 부처가 다소 변경되었다. 15대 이전의 소관 부처였던 문화체육공보위원회는 1998년 3월 공보처의 폐지와 함께 문화관광위원회로 변경되었다. 이명박 정부 시절의 방송통신위원회 출범에 따라 18대 국회에서는 문화체육관광방송통신위원회가 되었고 ICT 정책도 관장하게 되었다. 박근혜 정부에서는 미래창조과학부로 정부조직이 개편되고 원자력안전위원회가 소관 부처로 되면서 미래창조과학방송통신위원회로 변경되었다가, 문재인 정부에서는 과학기술정보방송통신위원회로 명칭이 변경되었다. 특이한 점은 미디어 거버넌스 관련 상임위원회의 위원장은 모두 여당 출신이 선출되었다는 점이다. 국회 개원 초 원 구성 협상에 있어 방송 관련 상임위원장은 여당 측의 우선적 선호순위에 포함되어 있기 때문이다. 방송에 대한 거버넌스의 중요성을 은연중에 보여주는 사례이다.

합의제 중앙행정기관으로서의 방송통신위원회

합의제 행정기관의 경우, 위원회 형태를 통해 지식과 경험 등이 다양한 참여자들이 각자의 전문성을 바탕으로 폭넓은 의견을 개진함으로서 보다 신중하고 창의적인 의사결정을 할 수 있다는 장점이 있다. 하지만 의사결정에 대한 책임의 분산과 회피, 조정 통합에 필요한 행정적인 시간과 자원의 소모, 정치적 의사결정에 대한 대립과 갈등 등의 단점이 있다. 또한, 진취적이고 획기적인 의사결정보다는 보수적이고 점진적인 의사결정이 이뤄질 가능성이 크다.

〈표 10-2〉 방송통신위원회 역대 위원 및 추천 기관

	제1기 2008~2011	제2기 2011~2014	제3기 2014~2017	제4기 2017~2020	제5기 2020~(2023)
위원장	최시중(대)	최시중(대) → 이계철(대) → 이경재(대)	최성준(대)	이효성(대) → 한상혁(대)	한상혁(대)
부위원장[6] 및 상임위원	*송도균(여)	*홍성규(여)	*허원제(여) → 김석진(여)	*허욱(여)	*김현(여)
	*이경자(야)	*김충식(야)	*김재홍(야)	*김석진(야)	안형환(야)
	이병기(야) → 양문석(야)	양문석(야)	고삼석(야)	*표철수(야)	김효재(야)
	형태근(대)	신용섭(대) → 김대희(대)	이기주(대)	김용수(대) → 고삼석(대) → 김창룡(대)	김창룡(대)

대: 대통령 지명, 여: 여당 추천, 야: 야당 추천 * : 부위원장 역임 위원

〈표 10-1〉, 〈표 10-2〉에서 보듯이 이명박 정부 이후 방통위 체제에서는 집권 여당이 국회에서도 다수를 차지하고 방통위도 위원장을 포함하여 3대 2로 수적 우위를 차지하는 상황이 일반화되었다. 독립성 및 공정성의 가치를 실현하기 위해 독임제 부처가 아니라 합의제 행정기구로 구성하고 위원 임기도 3년간 보장했지만, 그 목적을 달성했는지는 의문이다.

2021년 기준 방통위원 5인 중 3인이 국회의원 출신이다. 국회의원 출신이라 전문성이 부족하다는 비판은 적절하지 않다. 오히려

---

6 부위원장은 위원 중에서 호선하도록 하고 있는데(방통위설치법 제5조), 부위원장은 여야 추천 위원들이 1년 반씩 교대로 선출되었다.

그간의 경륜과 국정에 대한 경험 등을 바탕으로 업무를 잘 수행할 수 있는 등의 장점이 있을 수 있다. 하지만 정치권에서 추천하므로, 학계나 시민단체 등의 전문가들도 자기를 추천한 여야의 입장을 반영하게 될 것이고, 그만큼 방통위는 정치적 기관화가 될 수밖에 없을 것이다.

우리의 정치 문화에 대해 최장집(2010)은 민주화 이후의 정당이 중심이 되는 민주정치를 비판한다. 매우 보수적인 이념적 범위 안에서 기존의 정치 행태를 지속함으로써, 사회적 기대나 근본적 이슈와는 괴리된 채 국가권력 장악 그 자체에 몰두하는 권력투쟁으로 전락하게 되었다는 것이다. 우리나라의 정치 시스템의 이러한 특성은 정치권의 추천으로 임명되는 위원들로 구성된 방통위에도 그대로 투영될 수 있다. 우리나라와 같은 승자독식의 정치 문화에서는 방통위도 합의제로서의 장점을 발휘하기가 어렵다. 특히나 정치적 이해관계가 걸린 사안일수록, 소수의견에 대한 존중과 경청이 이뤄지기보다는 집권 여당이 임명한 다수가 수적 우위를 바탕으로 상황을 유리하게 끌고 갈 가능성이 크다. 집권 여당이 국회 상임위원장, 방통위원장, 다수의 방통위원을 통해 거버넌스를 지배하는 체제에서는 합의제의 장점보다 단점이 더 부각될 수 있는 것이다. 따라서 미디어 거버넌스에서 정치적인 영향력을 최소화하는 것이 가장 필요해 보이며, 합의제 기구의 역할에 대해서도 지속적인 고민이 필요하다.

2. 미디어 거버넌스의 원칙

정책 효율성의 회복

미디어 거버넌스에서 가장 중요한 것은 정부 기구로서 정책 수립 및 집행의 효율성을 확보하고, 다양한 사회 집단의 이해관계를 폭넓게 수용하면서도 지나친 정치적 간섭과 영향력으로부터의 독립성을 확보하는 일이다. 먼저 정책의 효율성 측면에서, 분리되어 있는 미디어 정책기능을 일원화해야 한다는 비판이 계속 제기되어 왔다. 현재 지상파와 종합편성 및 보도전문 PP에 대한 정책기능은 방통위에 있고, 케이블TV, 위성방송, IPTV 등 유료방송 정책은 과기정통부에 분산되어 있어, 체계적이고 종합적인 정책 수립이 어려운 것은 물론 주도적인 책임소재도 불명확하다는 문제가 있기 때문이다. 더구나 현재 방통위의 조직은 방송·통신에 대한 사후 규제와 유료방송 정책을 제외한 방송 관련 정책을 담당하고 있는 그 역할과 기능에 비해 너무 작아 보인다. 대통령 직속의 합의제 기구임에도 불구하고, 방통위엔 위원장(장관급)과 4인의 상임위원(차관급)을 제외하고 사무처장(1급)에 4개의 국·관급 자리가 있을 뿐이다. 과기정통부 본부 조직은 차관급 3개, 실·조정관 5개, 국·관 20개로 구성되어 있고, 그중 ICT를 담당하고 있는 제2차관 아래에는 2개의 실과 8개의 국·관급이 있다.

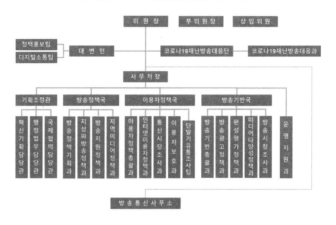

〈그림 10-1〉 방송통신위원회 조직도

따라서 방통위에 미디어 정책기능을 보완하는 방법도 일각에서 거론되었다. 우선 과기정통부에서 미디어(유료방송) 정책을 주관하고 있는 방송진흥정책관(방송진흥기획과, 뉴미디어정책과, 디지털방송정책과)의 업무를 방통위에 이관하고, 더 나아가 문화체육관광부의 미디어정책국 이하 일부 조직(미디어정책과, 방송영상광고과)도 통합시키는 방안 등이 그것이다. 그러나 이 방안은 2008년 이전의 방송위원회와 정보통신부 체제처럼 행정기구를 방송과 통신으로 크게 구분하는 방식과 유사하다. IPTV 도입을 앞두고 갈등을 빚었던 것처럼, 동일한 사안에 대해서도 부처별 관점이 상이할 수 있기에 방송·통신 융합 시대에 부합하지 않는 제안으로, 과도기적 대안밖에는 안 되어 보인다.

이명박 정부 시절, 미국의 FCC처럼 방송·통신 업무를 위원회 체제로 통합한 (구) 방송통신위원회도 미디어법 통과 과정에서 벌어진 국론 분열 사례에서 보듯, 합의제의 미디어 통합정책 기구로서의 역할을 제대로 하지 못했다고 볼 수 있다. 물론 현재처럼 방송·통신을 진흥과 (사후) 규제로 구분하고 전자를 독임제인 과기정통부(구 미래창조과학부)와 합의제인 방통위로 구분하는 것도 곤란하다. 전술한 바와 같이, 정책을 진흥과 규제로 구분하기 어려운 측면이 있고 방송 관련 업무의 분산으로 인한 비효율성이 초래되기 때문이다.

미국의 FCC 운영방식

미국의 방송·통신 규제기관인 FCC(Federal Communications Commission, 연방통신위원회)는 1934년 「통신법」에 의해 '독립규제위원회'의 형태로 만들어진 것이다. FCC는 대통령이 임명하고 상원의 인준을 거친 5명의 위원들로 구성되는데, 대통령은 위원들 중 의장을 지명할 권한도 가진다. 같은 정당 소속의 위원들은 3명까지만 허용되며, 위원들은 잔여임기를 채우는 경우를 제외하고는 5년의 임기를 보장받는다.

FCC 위원들의 임명 시기와 퇴임 시기는 물론 임기도 다양하다. 대체로 5년을 보장하면서 필요 시 1~2명의 위원들을 임명하는 방식이라, 임기가 대체로 비슷하여 기수별로 구분되는 우리의 방통위와는 다르다. 위원들이 대통령과 상원을 거쳐 임명되는 만큼 정치적인 선호가 없을 수는 없겠지만, 위원 개인별 임기의 다양성은 지나친 정치적 편향성을 완화해 나갈 수 있는 장치로 보인다.

위원들은 저마다의 참모진(staff)을 보유하고 있는데, 의장의 경우는 10명 내외, 그 외 위원은 5명 정도의 규모이다. FCC에는 정책 수립과 입법 활동을 지원하기 위한 다양한 사무국(Bureaus and Offices)이 있으며, 위원들은 1972년부터 시행된 「연방자문위원회법(Federal Advisory Committee Act, FACA)」에 따라 설립된 자문위원회 등의 전문가들로 구성된 다양한 자문그룹의 지원을 받는다.

FCC는 약 90년에 가까운 기간 동안 방송과 통신은 물론 새로운 융합영역까지 담당하는 전문 규제기관으로서의 역할을 하고 있음에도, 정치적 논란이나 구조 변화를 크게 겪지 않았다.

바이든 대통령은 제시카 로젠 워셀(Jessica Rosenworcel) FCC 위원을 위원장 대행으로 임명하였다. 96년의 FCC 역사상 두 번째 여성위원장이다. 워셀은 1998년부터 근무했고 2012년 오바마 행정부에서 FCC 위원이 되었다. 오바마 행정부 당시 FCC의 위원장은 톰 휠러(Tom Wheeler)였는데, 2015년 워셀은 망 중립성(network neutrality)[7] 관련 기존의 법제(2010년 Order)를 더 강화한 Title II Order(2015년 Order)를 제정하는 데에 앞장섰고 해당 법안은 통과되었다. 이후 트럼프 행정부 당시 아짓 파이(Ajt Pai) 위원장은 망 중립성 규제를 대폭 완화한 Restoring Internet Freedom Order(2017년 Order)를 제정하였다(2017년 2월). 현재 ISP 사업자보다 페이스북,

---

[7] 망 중립성(network neutrality)은 통신 사업자(Internet Access Service Provider, ISP)가 합법적인 인터넷 트래픽을 그 내용·유형·제공 사업자 등에 관계없이 동등하게 처리해야 한다는 원칙이다(과기정통부, 2020. 12. 27). 팀 우(Tim Wu, 2003)에 의해 그 개념이 제안된 이후 미국, EU 등의 통신 정책에 반영되어 인터넷 생태계의 질서를 규율하는 기본적인 규범으로 인식되고 있다. 미국의 경우 2010년 12월 FCC는 투명성, 차단금지, 불합리한 차별금지라는 망 중립성 원칙을 정립한 Open Internet Order를 제정하였다.

아마존, 넷플릭스, 구글 등 글로벌 OTT 및 플랫폼 사업자들의 이해관계에 더 민감한 민주당 정부에서 워셀은 망 중립성 규제를 다시 더 강화할 가능성도 있다.[8]

공공성과 산업성의 균형

미디어 분야는 다양한 이해관계자와 함께 추구하는 가치도 다양하다. 역사적으로 미디어가 지향하고 추구해온 가치인 방송이념[9]은 크게 '공익론(공익주의)'과 '산업론(시장주의)'으로 대별할 수 있다. 어느 가치를 중시하는가에 따라 가치의 실현 방법과 정책 결정과 규제 방법이 달라지고, 이에 따라 대립이 격화되기도 한다. 공익주의는 공익을 사익과 구분되는 실질적 가치로 인식하고 공동체주의를 기반으로 하는 반면, 시장주의는 사익의 집합을 공익으로 보고 고전적 자유주의와 합리주의를 기반으로 한다. 공익주의의 중심적 가치는 다양성, 공정성, 보편적 서비스, 문화정체성 등의 사회적 가치이지만, 산업주의에서는 경제적 효율성, 생산성, 국가경쟁력, 성장 등이 중요한 가치이다. 미디어 산업에 대한 인식의 측면에서도,

---

8   https://www.fcc.gov

9   방송이념은 방송이 추구하고 실현하려는 정신적 가치와 사상으로, 방송행위의 기본원리와 원칙 및 방송 조직과 제도의 구성·조립원칙으로 사고·태도·작업행위에 영향을 미치고 이를 통해 프로그램 현실에 영향을 미치는 메커니즘이라고 할 수 있다(방정배, 1995).

전자는 미디어 산업을 사회의 집합적 의식과 정체성, 문화를 생산하는 중추적 영역으로 보지만, 후자는 미디어 산업과 다른 산업 간에 큰 차이를 두지 않는 경향이 있다(김재철, 2019).

한국의 경우 1980년대 언론통폐합 조치가 이뤄지고 「언론기본법」에서 방송의 공익성 이념이 도입된 이후 공익성이 가장 중요한 방송이념으로 기능했고 이에 따라 공공서비스 방송 제도도 도입되었다. 이후 1990년대부터 공익성과 산업성의 조화라는 방송이념이 대두되어, 명목상으로는 공익성을 강조하면서도 시장주의 및 산업 경쟁력과의 조화를 추구하였다. 기존의 공영방송 독점에서 민영방송 및 뉴미디어의 도입 등이 추진되어 방송도 다원화되었고, 방송의 정치적 독립, 시청자 주권, 지역주의도 강조되었다. 그러나 이러한 공익성과 산업성의 조화라는 방송이념도 정치권력, 시장, 시민사회 등 다양한 이해관계로부터 자유롭고 성공을 거두었다고는 보기 힘들다는 비판에 직면해 있다(정용준, 2011).

다양한 신규매체가 도입되고 시장 경쟁이 심화되면서 '공영방송 위기론'도 등장하게 되었다. 방송기술의 혁신적 발전이 이뤄지고 경쟁이 심화되고 있는 방송산업에서, 공익적 규제나 공익[10]에 대한

---

10 공익, 즉 '공공公共의 이익'에서 공공公共에 대해서도 'public(公)'처럼 국가와 같은 개념적 실체를 중시하는 국가주의와 'common(共)'과 같이 공동체의 개념을 중시하는 공동체주의로 관점이 구분될 수 있다. 이익에 대해서도 공공선(public good), 공동선(common good)처럼 '보편적으로 좋은 것'으로 이해하는 시각, 이익을 '일반적으로 바람직하거나 옳은 것'으로 보는 자유주의적 시각, 그리고 이익을 '효용(utility)'으로 보는 견해 등 다양한 관점들이 있

실체적 근거는 약화되고 시장원리가 강화되고 있다. 그에 따라, 방송이라는 특정 매체에 대한 공익적 의무 부과를 통해 구현해 오던 민주적이고 공공적인 사회적 커뮤니케이션의 가치나 목표들도 약화될 수 있는 것이다(윤석민, 2003).

정용준(2011)도 우리나라의 공·민영 이원 체제는 방송정책의 일관성과 체계성을 저해하는 원인이 되어 왔다고 한다. 공영방송사들의 공익논리는 기득권을 보호하고 신규매체 및 경쟁 사업자의 경쟁을 막는 논리로 이용되어 왔고, 이를 통해 지상파방송사들이 독과점 시장에 안주할 수 있었다는 비판이다. 실제 KBS 2TV의 경우는 지상파 채널 중 공영성이 가장 낮다는 평가가 나오고, MBC도 공적 소유라는 점 외에는 상업방송과의 차이점을 찾기가 어렵다.

하지만 공정경쟁과 혁신을 통한 산업성의 향상은 국민의 이익으로 돌아오며, 공익을 저해하는 성장은 지속가능하지 않다. 공공성과 산업성은 이분법적으로 명확히 구분해서 어느 한쪽을 선택하기보다는 상호보완적으로 조화를 이룰 필요가 있는 가치들이다(김수원·김성철, 2017). 특정 미디어가 공공성이란 가치를 태생적으로 지닌 것이 아니라 공익을 함양하는 미디어와 콘텐츠의 흥행이 산업적 가치의 증대를 가져오는 것이므로, 양자 간의 조화와 균형을 도모할 수 있는 미디어 거버넌스가 필요하다.

다(오형일·윤석민, 2014). 윤석민(2020)은 공익에 대해서는 공동체주의와 자유주의가 결합된 시각이 성숙한 민주주의가 나아가는 방향이고 공영방송이 지향해야 할 이념적 공익이라고 주장한다.

정치로부터의 독립성 확보

황근(2018)은 정치권력이 방송을 통치 수단화하면서 그 반대급부로 방송사들의 독점구조를 제도적으로 보장해주는 '후견인주의 (clientelism)'가 고착화 되었다고 한다. 그리고 공영방송의 방만한 구조도 정치와 공영방송사 간의 오랜 공생관계가 누적되어 형성된 것이라고 보았다. 윤석민(2020)도 정치적 이해관계에 따라 입장이 변화하는 정치권의 행태를 지적한다. 야당 시절에는 공영방송 거버넌스에 대한 정치권의 장악 문제를 강하게 비판하다가, 집권을 하면 사장 임명 등을 통해 공영방송을 장악하려 하고 다시 야권에서는 이를 저지하려고 한다는 것이다. 그 과정에서 정치적·사회적 갈등이 일어나는 사태가 반복되고 있으며 이는 문재인 정부에서도 재연되었다고 보았다. 사회적 기대나 근본적 이슈와는 괴리된 채 국가권력 장악 그 자체에 몰두하는 권력투쟁의 장으로 전락한 한국의 정치 시스템의 개혁은 요원하고(최장집, 2010), 여야의 정치적 대립과 갈등은 미디어 및 공영방송 거버넌스에까지 영향을 미치면서 보수·진보 진영 간의 헤게모니 투쟁 양상으로 비화되고 있는 것이다(윤석민, 2015).

김대중·노무현 정부로 이어지는 진보정권과 이후 이명박·박근혜 정부의 보수정권 그리고 현 문재인 정부에 이르기까지, 대체로 보수정당-보수언론 대 진보정당-진보언론-언론시민단체-방송사 노조 간의 정치적 진영 대립이 지속되었다고 할 수 있다. 여기에 집권 세력의 경우 방통위 및 공영방송에 대한 거버넌스까지 장악하게 되면서, 정치적 대립과 갈등이 미디어를 기폭제로 삼아 더 확산되는 것이 한국적 상황이다.

미디어 거버넌스 논의

김수원·김성철(2017)은 박근혜 정부의 조직 개편에 대한 학계의 평가와 언론 보도 분석을 통해 현재 방송·통신 거버넌스의 문제에서 비롯된 비판을 분석하였다. 이에 따르면, 방송·통신을 진흥과 규제기능을 기준으로 미래부와 방통위 두 부처에 나누고 콘텐츠 진흥은 또 문체부에 남겼다는 점에서, 기능 파편화로 인한 부작용은 예견된 것이었다.[11] 그리고 방송·통신에 관한 정부조직 개편의 원칙으로서 공공성과 산업성의 조화, 진흥과 규제의 일원화, 생태계 차원의 상생, 수평적 규제체계의 도입, 정책과 정치의 분리를 도출하였다. 이를 통해 과학기술 부분은 별도로 독립시키고, 방송·통

---

11 미래부의 경우, 「이동통신 단말장치 유통구조 개선에 관한 법률」, 700㎒ 주파수 배분, SK텔레콤-CJ헬로비전 인수 합병 건 등 방송·통신 분야에 미치는 영향이 큰 현안들에 대한 주체적 역할을 하지 못하고 책임 회피에 급급했다고 보았다. 특히 방통위는 지상파 재송신 갈등, 개인정보 유출 과징금, 종편 재승인 심사, 망 중립성 규정 논란 등에 대해 전문 규제기관으로서 건문성을 입증하는 데 실패했고, 우리나라 방송 부문의 고질적 문제인 공영방송 지배 구조 개선 노력에 소극적이었다는 점도 문제로 지적하였다. 또한 문체부에 대해서도 박근혜 정부의 조직 개편 이전부터 방송 및 콘텐츠 산업의 변화에 대한 이해가 부족했다고 평가했다.

신의 규제와 진흥을 함께 관장하는 정보미디어부(가칭)[12]를 설치할 것을 제안하였다. 또한 정보미디어부 내에 독립적인 합의제 기구로 공공미디어위원회(가칭)를 설치함으로써, 방송·통신 거버넌스의 핵심인 공영방송 지배구조 개선을 뒷받침하는 절차적 정당성을 마련하는 방안을 제안하였다.

〈표 10-3〉에서 보듯이 윤석민(2020)도 우리나라의 미디어 거버넌스에 있어 '정치'와 '정책'을 구분할 것을 제안하였다. 방송정책은 정치의 영향이 과도하게 미치는 과잉 정치화 양상으로 인해 정치와 무관한 정책 분야까지 차질을 빚었다고 지적하였다. 효율적이고 신속한 의사결정과 정책 대응이 필요한 미디어 및 ICT 산업 영역마저도, 정치적 속성이 강한 일부 방송정책 사안에 지나치게 정치적으로 포획되었다는 것이다. 그는 미디어·ICT 정책 거버넌스를 독임제 행정부처가 주로 담당하도록 하고, 사회 문화적·정치적 중요성이 큰 미디어 정책 사안, 즉 공영방송과 관련한 정책 사안은 정치적 독립성과 다원성이 보장되고 의사결정의 신중함을 기할 수 있는 합의제 기구에서 담당하도록 하는 방안을 제시하였다. 그리고 합의제 미디어 기구를 독임제 부처 소속 기구로 만들어 기능적 연계성을 보장하면서 권한과 책임, 인사와 예산 등에서 자율성을 확보해야 한다고 하였다. 합의제 기구의 운영방식으로는 현재

---

12 정보미디어부는 미래부(과기정통부)의 제2차관 산하 조직을 중심으로 방통위의 상당 업무, 문체부의 문화콘텐츠산업실, 산업통상자원부의 창의 산업 및 임베디드 소프트웨어 부문, 행자부의 국가정보화 및 개인정보 부문, 국무조정실의 주파수 관련 기능을 통합하는 업무를 관장하는 안이다.

의 중앙노동위원회의 구성방식이 정치적 독립성과 전문성, 공정성을 기하는 방식으로서 가장 적합하다고 보았다.[13]

〈표 10-3〉 최근 미디어 정책 거버넌스 개편안

	담당 부처	부처의 주요 기능
김성철 (2017)	정보문화부, 공영방송위원회	- 정보문화부: CPND 및 ICT·미디어·문화콘텐츠 통합 관장 - 공영방송위원회: 공적 재원으로 운영되는 미디어 평가 및 인허가, 수신료 징수 및 사후 규제 중심
이준웅 (2017)	방송통신문화부, 매체문화공공성위원회	- 방송통신문화부: ICT, 미디어, 광고, 영화 및 게임 등 융합형 콘텐츠, 저작권 관련 정책 등 - 매체문화공공성위원회: 공영방송 지배구조, 방송 사업자 허가 승인, 여론 다양성 정책, 방송·통신 및 선거방송 심의 등 내용규제, 신문·출판, 예술 등 문화 정책
최경진 (2017)	융합혁신부, 방송통신위원회	- 융합혁신부: CPND 진흥 및 규제 일원화, ICT·플랫폼·콘텐츠를 포괄, 조정하는 부총리급 조직 - 방송통신위원회: 방송·통신·ICT 사후 규제 일원화
윤석민 (2020)	독임제 부처, 합의제 미디어기구	- 독임제 부처(정책적 사안): 방송·통신 및 ICT 정책 전반 - 합의제 미디어기구(정치적 사안): 공영방송 이사·사장 선임 및 평가, 소유 및 진입 규제, 수신료 징수, 주요 미디어 기술정책 등

---

13 위원 총수는 20명 내외 수준으로 하고 사회 집단을 대표하는 '국민대표위원'과 전문성을 기준으로 '공익대표 위원'을 각각 10명 내외의 동수로 구성하는 것이다. 각 위원들은 정당들이 정원의 2~3배수를 추천하면 독임 부처 장관 제청으로 대통령이 위촉하도록 하며, 위원장은 공익대표 위원들 중 호선으로 하고 상임위원(3명)은 공익대표 위원 중 위원장의 추천으로 대통령이 임명하도록 하는 방안이다(윤석민, 2020).

이상원 (2021)	정보미디어부, 공공미디어위원회	- 정보미디어부: ICT·미디어·디지털콘텐츠·OTT 콘트롤타워 - 공공미디어위원회: 공공미디어 인허가, 공영방송 사장 등 　선임, 정치·사회·문화적 중요성 및 여론에 미치는 영향이 　큰 사안(15~20인 다수, 시민 전문가 참여) ※ 공공미디어재정위원회: 수신료 산정, 공공미디어 진흥재원 ※ 미디어심의위원회: 내용규제
성동규 (2021)	디지털미디어혁신부, 공영미디어위원회	- 디지털미디어혁신부: 과기정통부, 방통위, 문체부, 공정 　위 등 미디어 관련 기능을 통합 - 공영미디어위원회: 지상파 및 종편 등 언론 유관 매체 관장

자료: 윤석민(2020), 이상원(2021)에서 재구성

　이상원(2021)은 차기 정부의 ICT 및 미디어 정책 거버넌스 개편 원칙으로 '정책 중복 해소를 통한 효율성 제고, OTT 성장 및 융합 혁신 환경에 대응, 공적 영역과 민간 영역의 구분, 개편과정의 투명화와 공론화' 등을 거론하였다. 그는 민간 영역에 대해서는 ICT·미디어 관련 주요 기능을 통합하고 민간 혁신 성장의 컨트롤타워 역할을 하는 '정보미디어부'의 설립을 제안하였다. 그리고 사회·문화적 중요성, 여론에 미치는 영향이 큰 사안과 공영방송 임원 선임, 공공미디어 인허가 등 공적 영역을 관장하는 '공공미디어위원회'를 설치하는 방안을 제시하였다.

　성동규(2021)는 차기 정부 미디어 거버넌스 개편 방향을 '미디어 산업 진흥과 사회적 가치 증진, 디지털 대전환, 플랫폼 환경에 부합하는 부처 수립, 미디어 관련 부처의 일원화, 콘텐츠 산업 중심의 미디어 거버넌스 체계 구축, 독임제 기구 설립 및 정치적 요소 최소화'에 두었다. 이를 위해 '디지털 미디어 혁신부(가칭)'를 독임제로

설치하여 과기정통부, 방통위, 문체부, 공정위 등에 흩어진 미디어 관련 기능을 통합하도록 하고, 지상파 및 종편 등의 언론 유관 기능을 하는 매체에 대해서는 '공영미디어위원회'와 같은 합의제 기구를 설치할 것을 제안하였다.

3. 공영방송 거버넌스

공공성의 확보의 핵심

공공성과 산업성의 조화와 균형을 통한 미디어 거버넌스에서도 공공성의 유지와 보존의 핵심이 되고 정치적 영향력도 최소화해야 하는 분야가 바로 공영방송 영역이다. 공영방송은 공공성을 기본으로 하여 보편성과 다양성을 추구해야 한다. 그리고 이윤추구 여부를 떠나 공공의 이익, 시청자의 복지향상에 초점을 두고 서비스를 제공해야 한다. 따라서 일반 방송 기관에 요구되는 규율과 공영방송에 요구되는 규율에는 차이가 생긴다. 현재 방송 거버넌스에 있어 지상파방송과 유료방송을 나누고 전자에 대한 정책 기능을 규제업무를 담당하는 방통위가 담당하도록 한 것도 비슷한 맥락에서 이해될 수 있다. 미디어의 공공성과 산업성을 구분해 특히 공공성을 더 강조하고, 진흥과 규제도 이분법적으로 나눠 규제적 측면에서 거버넌스를 바라보기 때문인 것이다.

현재 방송계에는 「방송법」 등을 통해 허가나 승인을 받은 방송사업자 외에도 특정 목적을 위해 설립된 공적 영역의 방송사들이 존재한다. 공적 영역과 민간 영역의 방송은 소유구조나 재원조달 방식 등에 의해 구분되고 있지만, 「방송법」상 양자가 각각 추구해야 할 가치와 책무는 명확히 구분되지 않는다는 한계가 있다. 방송사의 특성이나 방송사업의 유형에 상관없이 규제가 무차별적으로 이뤄지고 있다는 문제도 있다.

방송의 공공성을 보장하고 강화하기 위해 공·민영방송 체계를 개편할 필요가 있다. 먼저 공영방송은 KBS나 EBS처럼 공사나 공기업으로서 법적 실체를 명확히 하며, 공적인 책무도 구체적으로 규정하고[14] 이를 수행하기 위한 권한과 지원에 대한 근거도 마련해야 한다. 그리고 현재의 MBC나 정부 및 공공기관이 운영하는 방송사나 채널 등을 공공서비스 방송(public service broadcasting)으로 인정하고, 법률로 정한 공적 책무[15]나 공공성·공정성을 준수하도록 하고 필요 시 공적 재원도 지원할 수 있을 것이다. 이들에게는 민영방송사와는 달리 엄격한 심사기준과 평가 시스템을 적용해야 한다(이종원, 2019).

---

14 영국의 공영방송인 BBC의 5대 공적 목표(BBC Royal Charter)는 불편부당한 뉴스와 정보의 제공, 모든 연령의 국민을 위한 학습지원, 최고 수준의 창의성과 고품질의 독창적인 콘텐츠와 서비스 제공, 영국 전역의 다양한 지역성 반영, 영국의 문화와 가치를 전 세계에 알림 등이다.

15 영국의 공공서비스 방송인 PSB(Public Service Broadcasting)의 경우 방송 서비스 제공 시의 4대 공적 책무(Communication Act 2003)로는 광범위한 주제의 프로그램 편성, 다양한 시청자의 요구와 흥미 충족, 시청자의 요구와 흥미를 균형 있게 충족, 프로그램의 내용, 품질, 전문적인 기술과 편집상의 통일성의 측면에서 고품질을 보장할 것을 규정하고 있다.

● 민주주의에 기여, 양질의 서비스 제공

윤석민(2020)은 공영방송의 규범적 목표를 민주주의에의 기여와 양질의 서비스 제공의 두 가지 차원에서 제안한다. 공영방송이 민주주의에 기여하기 위한 기본 전제조건은 독립성의 확보이다. 공영방송은 정치권력은 물론이고 시장권력으로부터의 독립성도 확보하고, 더 나아가 집단적 감성과 선전 선동에 휘말리는 국민들의 이성과 시민적 덕성을 계도하는 역할을 해야 한다. 그리고 국민 권력, 언론 권력 자체가 권력화되는 것을 제어하고 기계적 중립성이 아닌 상호작용의 견제 메커니즘으로서의 중심적 역할을 해야 한다. 양질의 서비스를 제공한다는 것은, 단순히 공익적 프로그램을 내보내는 것 이상으로 사회적으로 가치 있는 프로그램을 편성함으로써 문화적 다양성을 확대해 나가는 것이다. 시장에 맡겨두면 생산되기 힘든 프로그램이라도 공동체적 가치 증진에 기여할 수 있다면 제작·편성하는 역할을 수행해야 하며, 이를 뒷받침하기 위해 수신료로 경영의 안정성을 보장하도록 하는 것이다. 하지만 공영방송의 범위를 어디까지 할 것인가는 이론적으로든 현실적으로든 쉽지 않은 문제이다.[16]

---

16 쉬베르첸(Syvertsen, 1992)은 공영방송에 대한 정의만 해도 20가지가 넘고 이를 통해 도출되는 공영방송의 특성도 30가지 이상이라고 하였다(윤석민, 2020).

미디어 전문직주의 제고

윤석민(2020)은 정치 시스템, 시민사회, 국가에 의한 외생적·하향식의 미디어 시스템 개혁 방식으로는 문제를 해결할 수 없고 오직 전문직주의의 제고만이 문제를 해결할 수 있다고 주장한다. 미디어 일선 현장에서의 전문직주의의 취약성으로 미디어 시스템 문제가 증폭되었고, 21세기에 들어서도 한국 사회에서는 미디어 시스템의 문제가 정치와 사회의 갈등을 오히려 심화시키는 일들이 되풀이되었다는 것이다. 실제 특정 언론매체는 특정 정치세력의 편을 들고 있는 실정이므로 특정 언론에 불리한 법제의 변화는 양극화된 대립적 권력구조에 결정적 영향을 미친다고 봐야 한다. 그렇기에 언론 개혁의 구체적 방향과 전략에 대한 합의를 도출하는 일은 매우 어렵다(윤영철, 2003). 따라서 정치 시스템, 시민사회, 국가 등과 같은 외생적인 요인들이 구조적 한계를 지닌 한국에서의 가장 현실적 대안은 미디어 전문직주의의 제고이고, 지배 구조의 문제도 공정성과 같은 미디어 규범적 가치를 복원하고 실천해 나감으로써 해결할 수 있다는 주장이다. 저널리즘이 지향해야 할 가치인 전문직주의의 구성 요소로 할린과 만치니(2004)는 자율성, 고유한 전문직 규범 그리고 공공서비스 지향성을 제시하였다. 윤석민(2020)은 한국의 미디어 시스템은 낮은 자율성, 형식화된 규범, 낮은 공공서비스 지향성, 높은 정파적 도구화 수준 등의 문제가 있다고 비판하며, 전문직주의가 제대로 자리 잡지 못한 채 형식화되고 최근 들어 심각한 해체 현상마저 보인다고 진단하였다.

전문직주의의 제고가 저널리즘을 시민으로부터 분리시켜, 엘리트와 전문가들에게 권력을 집중시키고 선택과 다양성을 감소시키며 정보유통도 일방적으로 흐르게 만들어 민주주의 차원에서 부정적이라는 시각이 있다(Waisbord, 2013). 미디어 시스템에 대한 개혁 방안으로 시민 참여와 역할의 증대를 강조하는 주장과 맥락을 같이 한다. 하지만, 시민이나 대중의 직접적인 참여로 현재의 미디어 시스템의 문제를 해결하는 데에는 다소 한계가 있다. 미디어 본연의 전문성과 규범적 가치를 대중적 기준으로 하향 평준화시킬 것이 아니라, 엘리트로서의 미디어 종사자들이 전문직주의 본연의 원칙과 기준을 더 강화할 필요가 있다. 미디어 전문직주의는 정치 권력과 시장의 압력으로부터 독립성을 지키고 오히려 이들을 감시하는 등 민주주의에 기여할 수 있다. 특히 공정성, 권력이나 자본으로부터의 독립성, 객관성, 정의 등의 미디어의 기본가치들은 민주사회의 본원적 가치들이기도 하다. 이 가치들은 저널리즘 현장에서 책임과 판단의 가이드라인 역할을 할 뿐만 아니라, 미디어가 독립적이고 책임 있는 사회적 기능을 수행할 수 있도록 하는 보호막이 되기도 한다. 그리고 이러한 미디어 전문직주의와 규범의 복원 책무를 미디어와 그 종사자들에만 의해서 해결하기보다는 사회가 함께 해결해나가는 협력적 거버넌스가 필요하다(윤석민, 2015; 2020).

● 해외의 공영방송

〈표 10-4〉처럼 해외 각국은 정치·사회·문화 등 국가별 특수성에 따라 다양한 공영방송 지배 구조를 지니고 있고, 각각의 방식으로 정치적·사회적 합의를 거쳐 제도를 유지 및 발전시켜 오고 있다.

영국의 경우, 2017년 왕의 칙허장(the Royal Charter) 발효를 계기로, 종전 BBC 트러스트(BBC Trust)와 집행위원회(Executive Board)의 이원 체제를 BBC 이사회(BBC Board) 체제로 전환하였다. 독립 기구인 BBC 트러스트는 경영과 감독을 모두 담당했었는데, 경영은 BBC 이사회가, 규제·감독은 Ofcom이 담당하도록 분리되었다(황근, 2008).

독일의 경우 공영방송은 공법에 의해 운영 주체가 구성되고 이들에 의해 방송운영과 편성이 통제되고 있는 방송을 의미하며 재원도 수신료에 의해 조달된다. 독일의 공영방송은 ARD 소속 9개의 공영방송사와 ZDF가 대표적이다.[17] 각 공영방송은 방송평의회(Rundfunk)와 운영위원회(Verwaltungsrat) 및 사장(Intendant)이 지배구조를 구성한다. 최고의결기구로서의 방송평의회는 공영방송 운영 전반에 관한 심의·의결, 사장 임면 등을 담당하는데, 평의회 위원들은 사회 각계 단체 및 정부·정당에서 파견한 대표들로 임명된다. 운영위원회는 공영방송 경영·재정에 대한 감독을 담당하며 전문가 중심으로 구성된다. 예를 들어 ZDF 방송평의회는 임기 4년의 60명의 위원으로 구성되며, 연방정부·주정부·지방의회 대표 20명과 각종 사회단체 대표 40명이 포함되어 있다.

일본 NHK는 최고 의사결정기구인 경영위원회와 회장 등의 경영진으로 구성된 집행이사회의 지배구조이다. 경영위원회는 지역대

---

17 ARD는 독일연방공화국 공영방송사의 작업공동체로 1950년 전국적으로 TV 방송을 송출하기 위해 설립되었다. ZDF는 1960년 아데나워의 보수정부가 ARD 소속 공영방송사들의 비판적 보도에 대응하기 위해 만든 공영방송사이다.

표 8인과 분야대표 4인으로 구성되는데, 총리가 위원 후보자 명단을 상·하 양원에 제출하고 각각 과반수 동의를 얻어 위원을 임명한다. 경영위원회는 회장(사장) 임면권을 가지며, 경영 관련 기본방침과 예산·사업 계획·프로그램 기본 계획 등을 결정하고 임원의 직무집행을 감독한다.

프랑스 공영방송인 FT의 의사결정기구는 경영위원회(Conseil d'administration)이며 위원장이 사장(directeur general)을 겸하고 있다. 경영위원회는 위원장(사장) 1인, 정부 대표 5인, 상·하원 대표 2인, 방송규제기관인 CSA(Conseil Supérieur de l'Audiovisuel)가 지명한 관련 분야 전문가 5인, 직원 대표 2인 등 15인으로 구성된다. 위원장은 상·하원 상임위의 추인을 받도록 하고 있는데, 각각 반대표가 3/5을 초과하면 임명이 무효가 되도록 하는 방식을 취하고 있다(방송통신위원회, 2018).

미국의 경우, 영토도 넓고 상업방송이 전체 미디어 시장을 지배함에 따라 한국에 적용하기에는 한계가 있다. 미국은 연방정부로부터 예산을 지원받아 집행하는 역할을 하는 공영방송협회 성격의 비영리 기업인 CPB(Corporate for Public Broadcasting)와 지역의 공영방송 네트워크에 프로그램을 배급하는 PBS(Public Broadcasting System)의 이중 구조를 운영하고 있다. 특히 문화적 다원성과 프로그램의 다양성을 보장함으로써 공익을 실현하는 것을 목표로 하고 있다(조영신, 2003, 한동훈, 2009).

<표 10-4> 외국 주요 공영방송 지배구조

구분		영국(BBC)	일본(NHK)	프랑스(FT)	독일(ZDF)
거버넌스		• BBC 이사회	• 경영위원회(의사결정) • 집행이사회(집행)	• 경영위원회	• 방송평의회(의사결정) • 운영위원회(경영감독) 및 사장
의사결정기구	구성	• 14인(상임 4인, 비상임 10인) - 상임이사(사장 포함 경영진) - 비상임이사: 이사장, 민족 권역 이사 4인, 기타 5인	• 12인(지역대표 8인, 분야 대표 4인)	• 15인(위원장, 정부 대표 5인, 상/하원 상임위원회 의원 2인, 방송규제기관(CSA) 지명 전문가 5인, 직원 대표 2인)	• 방송평의회: 사회 단체 및 정부·정당·지방정부에서 파견한 대표 60인 • 운영위원회: 전문가 중심
	임명	• 정부: 이사장, 민족권역 이사 4인(비상임) - 공모를 통해 정부에서 인선, 국왕이 임명 • BBC이사회(내 선임위원회): 나머지 비상임 5명, 상임 4명(사장 포함)	• 총리가 후보자 명단을 중·참의원에 제출하고 각각 과반수 동의를 얻어 위원 임명	• 경영위원회 위원장: 공모와 CSA의 면접을 거쳐 상·하원 상임위 추인 • 직원대표 2인은 선출	• 방송평의회에 대표를 파견하는 단체·기관은 각주의 공영방송법이나 주간 체결한 방송사 설립 국가협약에 규정
집행기구	구성 및 임명	• 사장 포함 경영진(상임이사)은 BBC 재직자 중에서 선임 • BBC 이사회 내 선임위원회를 거쳐 임명	• 집행이사회: 회장 1인, 부회장 1인, 이사 7~10인 • 회장은 경영위원회가 임명하되 2/3 이상의 찬성 필요	• 사장: 경영위원회 위원장이 겸직	• 사장: 방송평의회가 3/5 이상 찬성으로 임명. 해임은 운영위원회가 3/5 이상 찬성으로 제안, 방송평의회가 3/5 이상 찬성으로 의결

자료: 방송통신위원회(2018. 8), 방송미래발전위원회 정책제안서 중 재구성

●공영방송 규율의 대상

이처럼 각국은 저마다의 역사와 방송환경에 따라 나름의 공영방송사와 제도를 가지고 있다. 우리의 경우 다공영 체제로서 공영방송의 범주에 KBS와 EBS 외에 MBC를 포함시킬 것인가를 두고 정체성 관련 논쟁이 계속되고 있다. 이러한 지상파 외에 유료방송의 PP들까지 포함시키면 더 많은 수의 공적 채널들이 존재한다고 볼 수 있다.[18]

공영방송과 관련하여 가장 논란이 되는 방송사는 바로 MBC다.[19] MBC의 경우 소유는 공영에, 경영은 광고에 의존하는 이중성으로 구조 개편의 필요성이 제기되고 있다.[20] 대체로 미디어 거버넌스에 대한 법제 개선안들은 「방송법」 등을 개정하여 공영방송 이사의 수를 늘이고 사장 임명 시 특별다수제를 도입하는 방안에 초점을 두고 있는데, MBC에 대해서도 「방송문화진흥회법」의 개정을 통해

---

18 KBS, EBS, MBC 계열의 PP 채널 외에도 정부 부처들이 직간접적으로 운영하거나 공기업이나 공적 단체 및 기관의 지배를 받는 PP 채널들을 포함하면 30개가 넘는다.

19 1961년 12월 라디오로 개국한 문화방송은 1969년 8월 MBC TV를 개국하였다. 1980년 언론통폐합으로 경향신문과 분리되었고, 별도법인으로 운영되는 지방의 21개 사 제휴사의 주식 51%씩을 인수하여 계열화하였다(김영배, 2019).

20 MBC는 상법상 주식회사이지만, 소유구조는 특별법으로 설립된 공익재단인 방송문화진흥회(70%), 비영리재단인 정수장학회(30%)의 형태로 공영방송으로 분류될 수 있다. 하지만, 광고 수입에 100% 의존하는 수입구조로 인해 정체성 문제를 겪고 있다.

MBC의 공영성을 더 강화하는 방안들이 제안되었다. 현재 방통위와 방문진을 통한 감독 체제가 과연 효과적인가에 대한 의문과 함께 법안들이 제시되었던 바와 같이 국회 등의 개입과 영향력을 더 강화한다고 해서 문제가 해결되리라고는 볼 수 없을 것이다.

정치적 균형 안배와 특별다수제가 공영방송의 정치적 독립성 제고에 기여하기보다 오히려 정쟁의 장으로 변질될 가능성도 있다. 승자독식 구조를 가진 우리나라의 정치 체제에서 나름의 대안이라고도 할 수 있지만, 형식상의 균형일 뿐이지 집권 여당의 방송에 대한 정치적 영향력과 지배의 본질적 문제를 해결하기에는 역부족인 것으로 보인다. 그리고 정치적 균형 분배보다도 전문성이 더 중요하다. 이명박·박근혜 정부 시절 MBC가 겪었던 극심한 파행사태는 집권 보수 정치세력의 부당한 개입과 이에 동조하는 일부 간부와 직원들로 인해 벌어진 일이었으나, 진보 정치세력으로 교체된 문재인 정부에서도 유사한 일들이 재현되고 있다.[21] 이러한 현상은 KBS에서도 반복되었다.[22]

---

21 2018년 3월 이완기 방문진 이사장은 사퇴를 선언하면서, 「방송문화진흥회법」에 방문진 이사장은 이사회에서 호선하게 되어 있지만 실제로는 대통령을 앞세워 청와대가 낙점해왔고 오염된 현실을 방치하는 한 방송의 독립과 개력은 기대 난망이다."라는 입장문을 발표하여 논란이 되었다(김영배, 2019)

22 2017년 MBC 최승호 사장 취임 후 2018년 1월 22일 출범한 'MBC 정상화위원회'는 이전 보수정부 시절의 공영방송 가치 훼손을 이유로 당시 핵심 직위의 간부와 기자들을 조사하며 징계를 했는데, 이에 대해 법원은 2019년 1월 28일 동 위원회의 효력을 정치시키는 가처분신청을 받아들였다. KBS의 적폐청산위원회인 '진실과 미래위원회'에 대해서도 법원은 2018년 8월 활동정지

● 공영방송위원회

이러한 문제에 대한 근본적인 해결책으로 정치 시스템의 개혁이 필요하나 이를 기대하기는 아직 어려운 정치적 환경이라, 미디어에 대한 정치의 영향력부터 최소화하자는 취지에서 다양한 방안이 제시되고 있다. 정보문화부와 공영방송위원회로 구분하고 공영방송위원회는 공적 재원으로 운영되는 미디어에 대한 인허가 및 규제 등을 다루도록 하는 김수원·김성철(2017)의 안, 독임제 부처는 정책적 사안을, 합의제 미디어 기구는 정치적 사안을 관장하며 공영방송에 대한 거버넌스를 담당하게 하는 윤석민(2020)의 안, 그리고 방송통신문화부와 매체문화공공성위원회로 구분하는 이준웅(2017)의 방안, 정보미디어부와 공공미디어위원회로의 구분하는 이상원(2021)의 방안, 디지털미디어혁신부와 공영미디어위원회로 구분하는 성동규(2021)의 방안들도 미디어 거버넌스에 대한 정치적 영향력을 문제로 인식한 제안들이다.

그리고 여당에서도 비슷한 의견이 제시되었다. 즉, 과기정통부와 방통위를 통합하여 미디어부(가칭)를 출범시키고 방통위의 이용자 정책과 지상파·종편·보도 등의 저널리즘 분야에 대해서는 공영미디어위원회(가칭)로 이관할 필요가 있다는 주장이다. 더불어 과학

가처분을 인용하여 직원에 대한 징계권 등이 무효화되었다. 이러한 일련의 행위들이 2017년 9월 8일 언론에 유출된 여당인 민주당의 공영방송 장악 시나리오 문건에서의 사장과 이사장 퇴진을 위한 시민사회 등의 범국민적 운동 추진 등의 내용도 공영방송을 정치적으로 장악하려는 행태로서 이전 정부와 달라질 것이라는 기대를 무색하게 하였다(윤석민, 2020).

분야도 과학기술부 또는 산업통산자원부 등으로 이관하고, 문체부의 미디어 분야인 방송콘텐츠, 정부 광고 등은 미디어부로 이관하는 한편 외주제작 분야의 업무분장도 필요하다는 의견이다.[23]

이처럼 미디어에 대한 정치적 영향력을 최소화하는 한편 미디어에 대한 일반적인 정책기능은 독임제 부처가 담당하도록 하고, 공영방송을 관장하거나 정치적인 영향력이 큰 사안들만 합의제 기구를 구성해서 담당하도록 하는 방안이 대안으로 거론된다.[24] 공영방송에 관해서는 별도의 합의제 형태의 독립적인 규제기구가 필요하다는 주장의 논거 중의 하나는, 공영방송은 정치적 중립성을 지향하는 등 민영방송과는 다른 목적으로 운영되어야 한다는 것이다. 행정부나 KBS 이사가 규제기능을 하는 데에는 한계가 있으며, 나아가 공영방송 재원으로서의 수신료 수준 등을 결정하고 관철시키는 역할도 필요하기 때문이다.[25] 합의제 기구는 여야가 동등하게

---

23 한준호 의원실 2021년 국정감사 정책자료집,『미디어 융합생태계 조성을 위한 정부조직개편 방안』.

24 윤석민(2020)은 이러한 합의제 기구가 담당하는 사안으로, 대체로 '주요 방송사 평가 및 재허가, 공영방송 이사 및 사장 선임, 수신료 인상안 마련, 신규 방송사 도입, 미디어 소유 및 진입 규제, 여론 시장 다원성 평가, 주요 미디어 기술정책' 등을 거론하고 있다(합의제 기구가 담당하는 사안은 공영방송 허가 및 평가, 소유 규제, 이사와 사장 선임 그리고 수신료 관련 정책 등에만 한정하는 방안도 고려할 필요가 있다).

25 1981년 이후 40년간 제자리인 KBS 수신료 문제의 해결을 통해 공영방송의 경영 안정화도 가능해질 것이고, 이는 타 민영방송이나 유료방송 시장 전체에도 선순환적인 영향을 미칠 것이다.

조직을 구성할 수 있도록 보장함으로써[26] 집권 여부나 국회 의석수에 영향을 받지 않도록 해야 설득력 있는 방안이 될 수 있다. 야당의 경우도 정치적 독립성을 확보할 수 있고 합의제 기구에서의 결정에 대한 책임과 함께 동등하게 입장을 개진할 수 있는 만큼, 동 방안에 반대하지 않을 것이다.

이에 대해서는 먼저, 공영방송의 개념과 목표 그리고 규율 대상, 운영방식 등을 법률적으로 명확히 규정할 필요가 있다는 반대의 주장들도 있다.

공영방송의 재원, KBS 수신료

● KBS, 광고 수입 급감

KBS의 수입구조를 보면, 대체로 큰 폭의 변화는 없지만 2015년을 전후로 수입 총액이 정점에 달했다가 하향하는 추세임을 확인할 수 있다. 수신료 수입은 가구 수의 증가 등으로 매년 완만히 증가하고 있지만, 방송광고 수입은 급감하고 있다. 2020년에는 수신료 수입이 방송광고 수입보다 3배가량 많았다. 수신료 수입이 전체 수입의 47.3%를 차지하며 방송광고 수입은 16.2%에 불과하다. 그 외 36.5%는 콘텐츠 판매 수입 등으로 구성된 기타 수입이다. 외견상 수신료 비중의 상승은 바람직한 현상이나, 지금의 상황은 그 원인

---

26 정치권에서 추천 몫을 일정 정도 제한하고, 전문성과 지역성 등을 고려, 정부 추천 인사 중에서 할당하는 방안 등을 통해 가능하다.

을 살펴보면 비정상적인 것이라고 볼 수 있다. 전체 수입이 감소하고 있는 가운데 방송광고 수입도 급감하고, 증가한 콘텐츠 판매 수입이 그 부족분을 상쇄하고 있기 때문이다. 수신료 수준은 40년간 변화하지 않았지만, 2000년대 초반만 해도 광고 수입이 수신료 수입보다 20%p 이상 많았었다. 경기 등에 민감한 광고 수입 비중이 수신료에 비해 높아지면 공영방송의 경영 안정성에도 부정적인 영향을 미치게 된다.[27]

〈표 10-5〉 KBS의 연도별 수입 현황

(단위: 억 원, %)

구분	2005	2007	2009	2011	2013	2015	2017	2019	2020
수신료[28] (비중)	5,246 (38.2)	5,372 (40.4)	5,575 (41.3)	5,779 (37.9)	5,961 (38.3)	6,258 (39.3)	6,462 (43.3)	6,705 (46.0)	6,790 (47.3)
방송광고 (비중)	6,537 (47.7)	5,931 (44.6)	5,203 (38.5)	5,987 (39.3)	5,793 (37.2)	5,025 (31.5)	3,666 (24.5)	2,548 (17.5)	2,319 (16.2)
기타[29] (비중)	1,940 (14.1)	1,998 (15.0)	2,730 (20.2)	3,486 (22.8)	3,818 (24.5)	4,660 (29.2)	4,810 (32.2)	5,313 (36.5)	5,233 (36.5)
수입(계)	13,723	13,301	13,508	15,252	15,572	15,943	14,938	14,566	14,342

자료: 국회 KBS 결산 심사자료(2021)

---

27 리체리(Richeri, 2004)는 유럽의 공영방송이 위기를 맞고 있다고 하면서 위기 요인으로 '정당성 위기', '재정 위기', '정체성 위기'의 세 가지를 거론하였다.

28 한전 위탁징수비로 수신료 수입의 6.15%를 지급하고(매출세액을 고려하여 10%를 추가 지급), 최초 수신료 수입에서 한전 위탁징수비를 제외한 나머지 금액의 3%를 EBS에 지원하고 있다. 2020년도의 EBS 지원금은 190억 원으로 EBS 총수입 3,087억 원의 6.1% 정도를 차지하였다.

29 기타 방송 수입에서 가장 큰 비중을 차지하는 것은 '콘텐츠 판매 수입'이다.

시스템 다이내믹스와 미디어 시스템

시스템 사고란 부분이나 한 가지 현상만 보기보다는, 전체를 보고 전체에 포함된 부분들 사이의 순환적 인과관계와 역동적 결과들을 이해하려는 사고체계를 의미한다. 미디어를 하나의 시스템으로 이해하면 미디어를 중심으로 일어나는 현상들을 포괄적으로 이해하고 개념화해서 설명할 수 있다는 장점이 있다. 이러한 시스템적 접근방법의 하나로 시스템 다이내믹스 접근방법(system dynamics approah, 이하 SD로 표기)이 있는데, 이는 시스템을 구성하고 있는 변수들 간의 기본적인 정보 환류의 순환고리들(feedback loops)을 인과관계의 관점에서 파악하고, 시스템의 현상과 구성 요인들의 행동을 시간선 상에서 분석하는 동태적 접근방법이다(오석홍·손태원·하태권, 2008).[30]

SD 관점을 공영방송에 적용시켜 보자. 공영방송이 수신료 수입 외에 광고나 콘텐츠 수입 등에 더 많이 의존하게 되면, 타 방송사와

---

[30] SD는 1960년대 초반 MIT의 포레스터(J. W. Forrester) 등에 의해 개발된 시스템 분석 기법으로, 복잡한 시스템들의 동태적인 행동들과 특성을 분석하는 연구방법론이다. SD 접근방법은 인간 행동과 사회현상을 분석하는 데에 있어 인과고리(causal-loop)를 통해 전체 체계 내에서 하위체계들 사이의 원인과 결과를 나타내고, 체계의 구성 요소들의 상호의존성을 관측할 수 있게 한다. SD 접근방법에는 두 가지 순환고리(feedback loop)만이 존재하다 균형고리(balanced loop) 즉, 부(-) 순환고리와 강화고리(reinforcing loop) 즉, 정(+)의 순환고리가 그것이다. 강화고리의 속성은 완전하지 못하고 어느 시점이나 어느 한 부분에서 강화고리의 순환에 한계를 정해주는 균형고리가 최소한 하나 이상 작동하게 된다(Senge, 1990; 손태원, 2004).

시청률 경쟁을 하지 않을 수 없게 되고 공영방송으로서의 정체성도 확보하기가 어려워질 것이다. KBS가 국민들로부터 정당하게 수신료를 받을 수 있는 공영방송사인가에 대한 의문과 더불어, 수신료에 비해 안정성이 떨어지는 광고 수입 비중이 높아지는 지금의 추세는 공영방송의 경영 안정성에도 부정적인 영향을 미치게 될 것이다.

이러한 문제를 해결하고자 여권 성향의 경영진 임명과 수신료의 인상을 시도하게 되는데, 이는 근본적 해결책이라기보다는 대증요법에 가깝다. 수신료 인상이라는 성급한 처방은 곧 실패로 돌아가고 공영방송의 정체성도 위기를 겪게 된다. 그에 따라 공영방송 프로그램의 질 저하와 보도 내용의 중립성 문제가 제기되고 이는 다시 국민의 신뢰 저하와 경영난으로 이어져 악순환을 가져온다.

여기서 공영방송의 거버넌스를 확립하고 정치의 개입을 최소화한다면, 공영방송으로서의 프로그램 수준과 보도의 공정성이 높아지고 국민으로부터의 신뢰도 확보하게 될 것이며, 그에 따라 수신료 인상도 가능해질 것이다. 이러한 구조를 도식화한 것이 〈그림 10-2〉이다.

〈그림 10-2〉 시스템 다이내믹스의 관점에서 본 공영방송의 위기

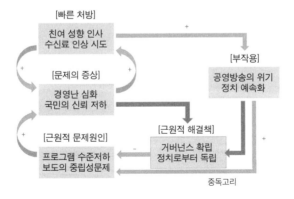

● 수신료의 법적 성격

「방송법」(제64조)은 텔레비전방송을 수신하기 위하여 텔레비전 수상기를 소지한 자는 대통령령으로 정하는 바에 따라 공사에 그 수상기를 등록하고 텔레비전방송 수신료를 납부하여야 한다고 규정하고 있다. 이 경우 수신료는 시청 여부와는 관계없이 단순히 수상기 소지만으로 법적인 납부 의무를 지게 되는 공적 부담금으로 볼 수 있다(김재철, 2019). 1999년에 헌법재판소는 수신료의 성격을 '공영방송 사업이라는 특정한 공익사업의 경비 조달에 충당하기 위해 수상기를 소지한 특정 집단에 대해 부과되는 특별부담금'으로 규정해, 그간 수신료를 두고 불거진 여러 논란이 해소되었다.[31]

그동안 수신료 징수 방법이나 산정 절차도 다소 변화해 왔다. 먼저 징수 방법과 관련하여, 1991년 수신료 징수업무를 방송위원회에서 KBS로 이관한 이후, 1994년 10월부터 KBS는 수신료 징수업무를 한국전력공사에 위탁해 전기료에 합산해서 청구하고 있다. 수신료 결정 절차도 이전의 KBS 이사회에서 금액을 결정하고 정부가 승인하는 방식에서, 2000년 1월 「방송법」이 제정됨에 따라, KBS 이사회가 심의·의결한 후 방통위의 검토를 거쳐 국회의 승인으로 확정되는 방식으로 변경되었다.

---

31 헌법재판소도 TV 수신료는 방송프로그램에 관하여 국가나 정치적 영향력, 특성 사회세력으로부터 자유롭기 위하여 적정한 재정적 토대를 확립하기 위한 재원으로 보고 있다(98헌바70 판결).

● 다양한 공영방송의 재원

세계 주요국의 공영방송 재원 형태는 다양하다. 우리나라처럼 방송 수신기기에 대한 면허료 형태인 수신료를 기본 형태로 하고, 이를 다소 변형한 교부금이나 목적세 등의 공적 재원으로 공영방송의 재원을 충당하는 방식이다. 공영재원에 거의 전적으로 의존하는 국가(노르웨이, 덴마크, 스웨덴, 핀란드, 일본 등)에서부터 상업적 재원에 더 많이 의존하는 국가(뉴질랜드)에 이르기까지 다양하다(김재철, 2019). 국가별 공영방송 재원 중 수신료의 비중은 〈표 10-6〉과 같다. 영국의 BBC, 일본의 NHK는 광고 수입이 없이 수신료 비중이 각각 70.9%, 96.6%이며, 독일의 ARD, ZDF와 프랑스의 FT도 모두 80% 이상이다. 우리나라의 KBS의 수신료 비중은 2020년 47.3%로 50%에 못 미친다. 그리고 〈표 10-7〉에서처럼 우리나라의 수신료는 외국 선진국에 비해 매우 낮은 수준이다. 2012년 기준으로 보더라도 독일의 1/10, 영국의 1/8 수준이다.

〈표 10-6〉 주요 공영방송 재원 구조 비교

구 분	한국 KBS (2020년)	영국 BBC (2012년)	독일 ARD (2010년)	독일 ZDF (2010년)	프랑스 FT (2011년)	일본 NHK (2012년)
수신료	47.3%	70.9%	84.0%	84.7%	82.0%	96.6%
광 고	16.2%	–	2.0%	6.0%	14.0%	–
기 타	36.5%	29.1%	14.0%	9.3%	4.0%	3.4%

자료: 2014년 텔레비전방송수신료 인상 승인안, 2020년 국회 KBS 결산심사자료

구 분	한 국	영 국	독 일	프랑스	일 본
수신료(연간)	30,000원	249,900원 (145.5파운드)	302,400원 (215.76유로)	183,600원 (131유로)	189,000원 (15,300엔)
한국 대비	–	8.3배	10.1배	6.1배	6.3배

자료: 2014년 텔레비전방송수신료 인상 승인안
*환율: 2012. 12. 31 매매기준율 적용(1파운드≒1718원, 1유로≒1402원, 100엔≒1235원)

● 국민의 신뢰와 수신료 수준은 비례

공영방송에 대한 국민의 지지가 비교적 확고한 나라의 경우 대체로 공영방송 재원에서 공공재원의 비중이 높고 수신료의 수준도 상대적으로 높다. 영국, 스웨덴, 노르웨이, 독일, 덴마크 등 북유럽 국가들이 이에 해당한다. 반대로 남부 유럽의 국가들은 공영방송에 대한 신뢰도가 낮고 수신료의 수준도 낮은 경향을 보인다(정준희, 2020). 〈그림 10-3〉에서 보듯이 할린과 만치니의 미디어 시스템 모형에서 '민주적 조합주의 모형'에 해당하는 북유럽 국가들의 경우, 상대적으로 평균을 상회하는 인당 연 120~180달러의 공적 재원 부담 수준을 보인다. 이들 나라는 공영방송의 서비스에 대한 국민적 기대와 신뢰수준이 그만큼 높고 이를 통한 정치적 지지와 사회적 합의도 뒷받침되고 있다. 스페인, 이탈리아 등 남부 유럽 국가들처럼 국가가 미디어에 적극적으로 개입하고 미디어와 정치 영역이 강하게 통합된 '극화된 다원주의 모형'의 국가에서는 미디어의 정치도구화나 지나친 상업화 등으로 공영방송 서비스에 대한 기대 수준이 낮고, 그에 따라 인당 공적 재원 부담도 연 40~50달러 수준에 머물고 있다. 이들 국가의 국민들은 정치적 이데올로기에 강한 충성을 보이는 경향이 있지만, '공익' 개념이나 공통으로 동의하는 규범에 대해서는 회의적인 입장을 보인다(윤석민, 2020).

〈그림 10-3〉 세계 주요국 공영방송의 재원 규모와 구성

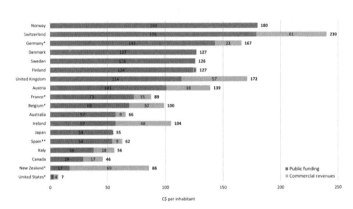

자료: Nordicity(2016), 정준희(2020) 재구성

● 수신료 인상 시도

1963년 1월 1일 「국영 텔레비전 방송사업 운영에 관한 임시조치법」 시행령에 따라 월 100원의 텔레비전방송 시청료(1989년 '텔레비전방송 수신료'로 명칭 변경)를 징수하기 시작 이후 KBS 수신료는 한동안 수차례 인상되었다. 그러다 1981년 컬러 TV 도입 후 2,500원으로 인상된 이후 그 금액이 40년간 유지되고 있다. 2,500원은 당시 신문 구독료와 유사한 수준이었는데 2021년 현재 월 신문 구독료가 20,000원 정도임을 감안하면 8배 정도 차이가 난다.

그간 수신료 인상을 위한 노력과 움직임이 실제 수차례 있었다.

노무현 정부 시절인 2007년(1,500원 인상, 월 4,000원, 광고 재원 33% 이내로 축소안)과 이명박 정부 때인 2010년(1,000원 인상 월 3,500원), 그리고 박근혜 정부 시절인 2013년(1,500원 인상 월 4,000원)에 이르기까지 수신료 인상은 꾸준히 추진되었으나 성과가 없었다(황근, 2014; 최믿음, 2020). 문재인 정부에서도 수신료 인상이 추진되었다. KBS는 2021년 6월 정기이사회에서 수신료를 월 3,800원으로 1,300원(52%) 인상하는 조정안을 의결하고 방송통신위원회에 제출하였다. 방통위는 12월말 KBS의 수신료 조정안에 대한 의견서를 의결하고, 이를 국회에 제출하였다. 방통위는 KBS 수신료 인상안에 대해 현실적 필요성을 인정하면서도 의견서를 통해 공영방송의 기능과 역할에 대한 전체적인 재검토가 필요하다고 주문하였다. 특히 수신료 조정을 위해서는 KBS의 과감한 경영혁신과 수신료 회계의 투명성을 제고하기 위한 노력, 수신료 조정안의 작성·제출·처리 등 절차 전반에 대한 제도개선 또한 필요하다는 의견을 제시하였다.[32]

KBS 수신료의 인상 논의는 주로 여당이 인상을 주장하고 야당은 그에 반대하는 구도로 진행되었다. 수신료 인상에 대해 정치적 대립의 장이 형성되었고,[33] 정작 KBS를 시청하고 수신료도 납부하는 주체인 국민들도 인상에 찬성하지 않는 편이었다. 이는 평소 KBS

---

[32] 방송통신위원회 보도자료(2021.12.29)

[33] 2010년과 2013년의 두 차례 인상안도 민언련을 비롯한 500여 개 시민단체들은 'KBS 수신료 인상 저지 범국민 행동'을 발족하여 공영방송으로서 KBS의 정체성을 찾으려는 운동과 함께 수신료 인상 저지 투쟁을 하였다.

가 공정하고 기대에 부응하는 프로그램 제작으로 국민들의 마음을 얻지 못했기 때문이다. 진정한 공영방송의 위상을 스스로 정립하는 것이 선행되어야 한다.

● 적정 수신료 수준과 조건

국민의 지지를 받는 공영방송의 위상이 정립된다면, 현재 KBS의 광고 수입이 수신료 수입의 1/3 수준인 것을 감안하여 현 수준에서 최소 약 50%의 수신료 인상을 검토해 볼 수 있다. 이럴 경우 수신료 수입이 전체 수입의 65% 정도가 되고 광고 없이도 경영이 가능해질 것이다. 다른 지상파방송사와는 차별화되는 공영방송으로서의 정체성의 확보와 더불어 보다 공적이고 공정한 방송프로그램의 양산도 기대해 볼 수 있다.

국민의 지지를 받을 수 있는 방법 중 하나로 KBS 회계 시스템의 개선이 필요하다는 주장[34]에 귀 기울일 필요가 있다. KBS의 수신료 수입과 지출을 다른 재원과 회계상 구분하지 않아 국민이 납부한 수신료 사용의 투명성과 책임성이 저해되고 있기 때문이다. 별개의 조직으로 분리하는 구조 분리(structural separation), 타 사업 부분

---

34 허은아 의원 「방송법」 개정안(2020. 9. 1)의 경우, KBS의 회계처리 기준을 국제회계기준으로 변경하고, 수신료를 다른 재원과 구분하여 회계처리하도록 하는 내용을 담고 있다. 19대 국회에서도 KBS의 재원을 수익별로 구분하여 회계처리하고, 국회에 결산서를 제출할 때 수신료 사용 내역서 등을 제출하도록 함으로써 수신료의 투명한 운용·관리를 확보하는 내용의 「방송법」 개정안(2014. 1. 12)이 당시 야당 소속이었던 노웅래 의원에 의해 발의되었다.

과 기능적으로 분리하는 기능 분리(functional separation)에 비해 회계 분리(accounting separation)는 가장 약한 규제적 분리이다. KBS1 채널의 경우 전적으로 수신료 수입으로 운영한다든지, 또는 이것이 여러 비효율성 초래 등으로 어렵다면 수신료 수입과 지출만이라도 별도의 회계로 처리하는 것이 반드시 필요하다.

4. 유료방송과 거버넌스

유료방송 시장

● 전체 방송시장 현황

2020년도 전체 방송사업 매출은 2019년에 비해 3,404억 원(1.9%) 증가한 18조 106억 원이다. 2011년 이후 전체 방송시장은 연평균 5.4%씩 성장했는데, 이중 IPTV(19.3%)와 홈쇼핑 PP(6.7%)의 성장세는 가파른 반면 지상파(△1.0%)와 SO(△1.0%)는 감소추세이다. 방송채널 사용 사업(PP)의 경우 방송사업 매출은 전년 대비 124억 원(△0.2%) 감소한 7조 725억 원인데, 그중 홈쇼핑 PP의 매출은 4조 6,103억 원, 홈쇼핑 PP를 제외한 나머지 PP의 방송사업 매출은 2조 4,622억 원이다. 지난 10년간 홈쇼핑 PP는 연평균 6.7%씩 계속 성장해왔으며, 반면에 그 외 일반 PP는 1.6%씩 성장하는 데 그쳤다.

<표 10-8> 매체별 방송사업 매출 현황(2011~20년)

(단위: 억 원)

	11년	12년	13년	14년	15년	16년	17년	18년	19년	20년	CAGR
지상파	39,145	39,572	38.963	40.049	41.007	39,987	36,837	37,965	35,168	35,665	△1.0%
SO	21,169	23,163	23,792	23,462	22,590	21,692	21,307	20,898	20,227	19,328	△1.0%
위성	3,739	4,993	5,457	5,532	5,496	5,656	5,754	5,551	5,485	5,328	4.0%
IPTV				14,872	19,088	24,277	29,251	34,358	38,566	42,836	19.3%
PP	47,177	55,480	60,756	63,067	62,224	63,801	66,396	68,402	70,849	70,725	4.6%
홈쇼핑	25,748	30,288	34,145	34,728	32,506	34,264	35,337	39,514	46,570	46,103	6.7%
일반	21,428	25,192	26,611	28,340	29,719	29,537	31,059	28,888	24,279	24,622	1.6%
CP				613	2,655	3,482	5,442	5,761	6,311	6,148	18.3%
지상파 DMB	169	116	95	104	108	103	114	104	95	76	△8.5%
위성DMB	954	189									0.0%
계	112,351	123,512	129,063	147,700	153,168	158,998	165,102	173,039	176,702	180,106	5.4%

*CAGR(Compound Annual Growth Rate): 연평균성장률(2011~2020)
자료: 방송통신위원회(2021), 「2020 회계연도 방송 사업자 재산 상황 공표집」

● 유료방송 시장과 홈쇼핑

2020년도 유료방송 사업자들의 방송사업 매출은 전년 대비 3,214억 원 증가한 6조 7,492억 원이다. 가장 큰 비중은 물론 유료방송 수신료로서 3조 6,114억 원(53.5%)이다. 홈쇼핑 송출 수수료는 2조 295억 원으로 30.1%를 차지하고 있다. 영업이익(방송사업 이외의 사업 포함)은 2,912억 원 증가한 2조 1,543억 원이다. 유료방송 사업자의 홈쇼핑 송출 수수료 매출은, IPTV가 2,022억 원 증가한 1조 1,086억 원, SO는 16억 원 감소한 7,452억 원, 위성방송이 12억 원 증가한 1,757억 원 발생하였다. 영업이익을 달성하는 데 홈쇼핑 수수료가 기여를 하고 있다고 할 수 있다. 그리고 유료방송 사업자 매출 중 수신료의 비중은 점점 낮아지고 있는 반면(2015년 59.1% → 2020년 53.5%), 홈쇼핑 송출 수수료의 비중은 지속적으로 높아지고 있다(2015년 24.1% → 2020년 30.1%).[35] 진부한 얘기일 수도 있지만, 유료방송 수신료 매출이 PP들의 프로그램 제공 및 판매 매출로 이어져 양질의 방송프로그램이 제작되고, 그에 따라 가입자가 증가(수신료 매출 증가)하는 선순환구조가 되기에는 한계가 있어 보인다.

⟨표 10-9⟩ 매체별 주요 수익원(2020년도)

(단위: 억 원)

	방송사업매출	수신료매출	재송신매출	프로그램제공매출	광고매출	협찬매출	홈쇼핑송출수수료매출	단말장치대여매출	프로그램판매매출	홈쇼핑방송매출	기타방송사업매출
지상파	35,665	6,980	3,999	110	10,013	3,853			7,819		2,891
SO	19,328	7,065			1,145	28	7,452	3,489			148
위성	5,328	3,022			332		1,757	149			68
IPTV	42,836	26,027			1,029		11,086	3,519			1,175
PP	70,725			8,739	14,633	4,283			2,727	38,108	2,234
CP	6,148			1,045	3	23			3,372		1,704
DMB	76				15	10			2		48
계	180,160	43,094	3,999	9,895	27,172	8,197	20,295	7,157	13,921	38,108	8,269

자료: 방송통신위원회(2021), 「2020 회계연도 방송 사업자 재산 상황 공표집」

---

35 2011년 홈쇼핑 송출 수수료는 6,403억 원으로 홈쇼핑 사업 매출 2조 5,619억 원의 25.0%이었다.

우리나라는 주요 선진국들에 비해 가입자당 ARPU가 낮아, 유료방송 플랫폼 사업자들은 홈쇼핑 송출 수수료에서 수입을 벌충하는 구조이다.

2020년의 경우, 홈쇼핑 PP가 유료방송 플랫폼 사업자(SO, 위성방송, IPTV)에 지출한 송출 수수료는 2019년 대비 2,017억 원(11.0%) 증가한 2조 295억 원으로, 전체 홈쇼핑 방송사업 매출의 44.0%에 해당한다. 홈쇼핑 PP의 방송사업 매출은 2019년 대비 467억 원(△1.0%) 감소한 4조 6,103억 원이다. TV 홈쇼핑은 2019년 대비 2,027억 원(△4.9%) 감소한 3조 8,926억 원인데 반해, 데이터 홈쇼핑은 1,560억 원(27.8%) 증가한 7,177억 원을 기록하였다.

〈표 10-10〉 유료방송 사업자의 방송사업 매출 구성

(단위: 억 원, %)

구분 매출액	2015		2016		2017		2018		2019		2020	
	매출액	비중	매출액	비중	매출액	비중	매출액	비중	매출액	비중	매출액	비중
방송사업매출	47,174	100	51,625	100	56,312	100	60,808	100	64,279	100	67,492	100
-수신료	27,885	59.1	28,969	56.1	31,269	55.4	33,464	55.0	35,023	54.5	36,114	53.5
-단말장치	4,835	10.2	5,808	11.3	5,878	10.3	6,544	10.8	6,553	10.2	7,157	10.6
-홈쇼핑 수수료	11,347	24.1	12,561	24.1	14,093	25.3	16,439	27.0	18,278	28.4	20,295	30.1
-기타	3,108	6.6	4,287	8.3	5,072	9.0	4,361	7.2	4,424	6.9	3,926	5.8
영업이익	20,773		22,758		23,465		22,534		18,631		21,543	

자료: 방송통신위원회(2021. 6) 「2020년도 방송 사업자 재산 상황 공표집」 재구성

유료방송 사업자 간 갈등

● 프로그램 사용료

유튜브 등 OTT의 성장으로 광고에 주로 의존하는 지상파와 PP의 광고 매출이 감소하고 있는 것도 큰 문제이다. 지상파 및 일부 PP는 높아진 협상력을 활용, 줄어든 광고 수입을 보전하고 높아진 제작비를 확보하기 위해 유료방송 사업자를 상대로 지상파 재송신료 및 콘텐츠 사용료 인상을 적극적으로 요구하고 있다. 그에 따라 〈표 10-11〉과 같이 양자 간 갈등도 빈번히 발생하고 있다.

〈표 10-11〉 최근의 유료방송 콘텐츠 대가 관련 분쟁

시기	관련 사업자	주요 내용
2019. 7~	지상파 – 유료방송사	지상파의 재송신료 인상 요구 *가입자당 400원 → 500원
2020. 9	CJ ENM – 딜라이브	PP 프로그램 사용료(콘텐츠 공급대가) 갈등
2021. 1~4	티캐스트 – LG헬로비전	콘텐츠 공급대가 갈등
2021. 4	CJ ENM - SKB	큐톤 광고(PP가 유료방송사가 편성하도록 제공하는 광고) 관련 갈등
2021. 5	CJ ENM – LGU[+36], KT	이동형 IPTV(OTT)에 대한 콘텐츠 공급대가 갈등

자료: 과학기술정보통신부(2012. 5), 유료방송 생태계 발전을 위한 공정거래 환경 조성(유료방송 현안 간담회 자료)

---

36 2021년 6월 13일 LGU[+]와 CJ ENM의 프로그램 사용료 협상이 결렬되면서 LGU[+]의 모바일 서비스인 'U[+]모바일tv'에서 tvN, 엠넷, 투니버스 등 CJ ENM 채널 10개의 실시간 방송 송출이 중단되었다.

● 홈쇼핑 송출 수수료 갈등

홈쇼핑 송출 수수료는 유료방송 사업자에게는 수익인 데 반해 홈쇼핑 PP에게는 매출원가(비용)로 인식되므로 그동안 유료방송 사업자와 홈쇼핑 PP는 채널 계약 시 송출 수수료로 인한 갈등을 겪어왔다. 홈쇼핑 송출 수수료는 대폭 증가해 온 반면, PP에 지급하는 프로그램 사용료는 증가 폭이 미약하였다. 유료방송 사업자는 송출 수수료 확대를 위해 40번 이하의 채널에 홈쇼핑 17개(TV 7개, 데이터 10개) 대부분을 배치하고 있는 것이 현실이다. 이에 정부는 2017년 9월 '홈쇼핑 방송 채널 사용계약 가이드라인'을 제정(2018년 시행)했지만 큰 실효를 보지 못하고 있다. 한편, 홈쇼핑 사업자들은 홈쇼핑 송출 수수료 부담을 회피하고 소비자들의 온라인 이동을 반영하여 라이브커머스 등 온라인 쇼핑 사업의 비중을 확대하고 있다.[37]

---

37 2020년 12월 공정거래위원회가 발표한 '대형유통업체 서면 실태조사'에 따르면, TV 홈쇼핑은 유통업체 중 정률 수수료율이 33.9%로 가장 높으며, 그 다음이 백화점(26.3%), 대형마트(20.0%), 아울렛·복합쇼핑몰(18.0%), 온라인쇼핑몰(13.6%)의 순이다. 이는 홈쇼핑을 통한 매출이 가장 효과적이라는 것을 보여주지만 홈쇼핑 송출 수수료는 다시 홈쇼핑에 입점하는 사업자들에 판매 수수료로 전가되고 있음을 알 수 있다.

〈표 10-12〉 홈쇼핑 PP의 방송사업 매출 현황(2011~20년)

(단위: 억 원)

구분		11년	12년	13년	14년	15년	16년	17년	18년	19년	20년	증감액	'19년 대비 '20년 증감률
TV	소계	25,748	30,286	34,063	34,438	31,972	32,869	32,900	35,270	40,953	38,926	△2,027	△4.9%
	씨제이	6,425	7,964	8,848	8,283	7,125	6,938	6,458	10,825	16,134	14,386	△1,748	△10.8%
	지에스	6,508	7,105	7,284	6,915	6,696	6,489	6,312	5,643	5,224	4,738	△486	△9.3%
	현대	5,426	5,633	5,960	6,582	6,455	6,736	7,087	6,669	6,686	6,566	△120	△1.8%
	우리	5,034	5,265	6,081	6,583	6,047	6,114	6,259	5,858	6,143	6,234	91	1.5%
	엔에스	2,313	2,302	2,677	3,105	3,245	3,582	3,825	3,670	3,595	3,584	△11	△0.3%
	홈앤	41	2,017	3,213	2,969	2,080	1,964	1,793	1,405	1,930	1,893	△37	△1.9%
	공영	–	–	–	–	324	1,046	1,165	1,199	1,240	1,526	286	23.0%
데이터	소계	–	2	83	290	533	1,395	2,438	4,244	5,617	7,177	1,560	27.8%
	케이티 하이텔	–	2	78	261	413	678	953	1,165	1,435	1,741	306	21.4%
	티알엔 (쇼핑엔티)	–	–	(5)	(29)	(63)	(265)	(421)	438 (224)	941	1,175	234	24.8%
	신세계 티비쇼핑	–	–	–	–	44	269	608	959	1,108	1,508	399	36.0%
	더블유 쇼핑	–	–	–	–	13	184	415	507	629	776	147	23.4%
	에스케이 스토아	–	–	–	–	–	–	40	952	1,504	1,977	473	31.4%
계		25,748	30,288	34,145	34,728	32,506	34,264	35,337	39,514	46,570	46,103	△467	△1.0%

*티알엔은 쇼핑엔티를 2018년 4월에 인수·합병하였다.

자료: 방송통신위원회(2021. 6) 「2020년도 방송 사업자 개산상청 공표집」

● 협상력의 차이

사업자 간 대가를 두고 벌어지는 갈등은 결국 어느 쪽의 협상력 (bargaining power)이 더 높은가에 달려 있을 것이다. 지상파방송 사나 종합편성 PP, CJ ENM 등은 자신이 보유한 콘텐츠 경쟁력이 나 여론지배력 등을 바탕으로 콘텐츠 대가 인상을 요구할 것이고, IPTV 사업자와 같은 유료방송 사업자는 홈쇼핑 수수료 인상으로 홈쇼핑 사업자에게 부담을 전가하거나 중소 PP에 대한 콘텐츠 대 가를 감소시킴으로써 대처할 것이다.

이와 유사한 문제를 연구한 이븐스(Evens)과 돈더스(Donders)는 지상파 재송신 분쟁이 발생하는 문제의 원인이 방송시장구조가 변 화함에 따라 발생한 협상력의 차이에 있다고 보았다. 이들은 시장 의 집중도를 측정하는 HHI 지수(허핀달-허쉬만 지수)[38]를 활용, 덴 마크와 벨기에의 방송시장 구조를 조사했는데, 시장에서의 집중 도가 높을수록 상대방에 대한 협상력이 높아진다고 하였다. 박정 관(2016)은 한국의 방송시장에 이러한 방법론을 적용하였다. 그에 따르면, HHI 지수의 변동이 거의 없는 지상파방송과 달리 유료방 송 시장은 IPTV 등 새로운 사업자들의 참가 등으로 집중도가 점점

---

38 시장에서의 개별기업들의 점유율을 제곱해서 이들의 합을 구한 것으로, 1 개 사업자만 있는 경우는 100^2, 50% 점유율의 2개 사업자만 있는 경우는 $50^2+50^2=5,000$이 되어 HHI 지수가 낮을수록 집중도가 낮다고 할 수 있다.

낮은 시장으로 변화해 가고 있는데, 유료방송 시장의 HHI 지수가 5,000대로 떨어진 2010년 이후 경쟁이 심해지면서 지상파방송사에 의한 '블랙아웃'이 발생하였다.

플랫폼 사업자들의 경쟁으로 콘텐츠 사업자의 협상력이 더 우월해지는 것처럼, 홈쇼핑 사업자들의 사업자 수가 계속 늘어나면서 플랫폼 사업자의 협상력이 더 커지고 있다고 볼 수 있다. 즉 홈쇼핑 사업자의 수가 TV 홈쇼핑 7개, 데이터 홈쇼핑 10개로 늘어남에 따라 홈쇼핑 수수료가 증가하게 된 것이다.

● 플랫폼으로서의 양면 시장의 특성

이렇게 협상력의 차이가 발생하고 유료방송 시장에서의 분쟁이 빈번한 이유는 유료방송 시장이 플랫폼 기반의 양면 시장이라는 데에도 기인한다. 유료방송 사업자는 콘텐츠 및 프로그램 제공자(CP, PP)와 소비자 및 시청자를 연결시키는 기능을 하는데, 공급자와 소비자가 많을수록 유료방송 플랫폼의 가치가 상승하게 된다. 양면 시장에서도 양쪽 다 '이용자가 하나의 플랫폼만을 이용하는 싱글호밍(single homing)'하는 경우, 한 쪽은 싱글호밍 다른 쪽은 '이용자가 여러 개의 플랫폼을 이용하는 멀티호밍(multi homing)'하는 경우, 그리고 양측 모두 멀티호밍하는 경우가 있을 것이다.

플랫폼 사업자의 경우, 싱글호밍 구간(예: B2C 이용자와의 접점 구간)을 장악하여 멀티호밍 대상(예: B2B 콘텐츠 사업자)에 대해서는 독점력을 행사하는 것이 이윤을 극대화할 수 있을 것이다. 아마존이나 구글도 이러한 플랫폼 전략을 구사하고 있다(이종관, 2020). 방송시장에서도 플랫폼 사업자인 넷플릭스와 같은 글로벌 OTT 사업자가 오리지널 콘텐츠를 지속적으로 양산하며 차별화하는 것도 싱글호밍 구간을 최대한 확보하고 장악해서 다른 한 쪽에 독점력을 행사하기 위한 전략일 수 있다. 하지만 우리나라의 유료방송 시장은 SO, 위성, IPTV 간에 채널의 차별성을 발견하기 어렵다. 동일한 플랫폼에서의 개별 사업자들 간에서도 마찬가지이다. 콘텐츠 차별을 통해 경쟁력을 확보하기보다는 가격 경쟁이나 이동통신 및 초고속인터넷과의 결합상품을 통한 판매가 주로 이뤄지고 있다는 주장도 계속 대두되고 있는 것이 현실이다.[39]

이러한 상황에서 플랫폼 사업자가 취할 수 있는 또 다른 전략으로는 양측의 이용자 그룹에 대한 가격차별, 즉 각각 별개의 가격이나 이용요금을 책정하는 방안이 있다. 한쪽에는 보조금을 지급하거나 무료로 서비스를 제공하고 다른 한쪽에서는 손실을 보전하는 전략을 취하는 것이다. 우리나라의 방송시장에서도 유료방송 플랫폼 사업자는 가입자 확보를 위해 낮은 가격(수신료)으로 가입자를 확보하고, 여기에서 발생하는 비용은 홈쇼핑 사업자로부터 받는 송출 수수료로 충당하고 있는 것도 한 예이다.

---

39 2018년 기준으로 방송이 포함된 결합상품 가입자 규모에서 IPTV 합계로 82.6%, SO 전체는 17.4%에 불과하며, 독자적으로 경쟁력 있는 이동통신 서비스를 제공할 수 없는 SO가 IPTV와의 경쟁은 거의 불가능하다는 것을 입증시켜주고 있다(안정상, 2020).

5. 미디어 거버넌스의 정책 방향

● 독임제 부처와 합의제 기구의 역할 조정

우리나라의 경우, 이명박 정부 시절 방송통신위원회는 방송·통신 전반의 정책을 관장했지만, 미디어법 개정이나 방송사 노조들의 파업 등으로 정치·사회적 혼란이 크게 초래되기도 했다. 여야 3:2 의 위원 구성과 운영방식 등 정치적으로 대립되는 방송 이슈에 대해서는 정작 위원회 체제의 장점을 전혀 살리지 못했다. 독임제 부처였다면 행정의 책무성 측면에서 장관의 책임론이 불거졌을 가능성이 크다.

미디어 분야는 다양한 이해관계자와 사업자들이 존재하고 정치적으로 쟁점화되는 이슈들도 많이 있지만, 그 어느 분야보다 발전하고 변화하는 분야이며 또 가능성이 많은 분야이기도 하다. 특히 유료방송 시장은 빠르고 효율적인 의사결정으로 시장과 산업의 발전에 대응해 나가고 정책 결정에 대한 책임을 지는 것이 더 필요하다.[40] 따라서 〈표 10-3〉에서의 여러 주장대로 독임제 부처의 정책 기능을 더 강화하는 방향으로 개편하는 것이 타당하다. 즉 독임제 행정부처(가칭, 디지털혁신부)처럼 미디어·ICT 정책에 대한 진흥과 규제, 즉 현재의 유료방송, OTT 등 플랫폼 정책 및 통신 인허가와

---

40 그리고 채널 대가 문제처럼 난제의 경우, '방송 채널 대가 산정 개선협의회', '유료방송업계 상생협의회'와 같은 자문위원회 성격의 행정위원회를 운영해서 보완하는 방식이 적절할 것이다.

사후 규제 등 네트워크 정책에 대한 거버넌스를 모두 담당하고, 상대적으로 사회문화적·정치적 중요성이 큰 공영방송 등의 사안은 정치적 독립성과 다원성이 보장되고 신중한 의사결정을 기할 수 있는 합의제 기구(가칭, 공영방송위원회)에서 담당하는 방안이 바람직해 보인다.

● OTT 관할 조정

2020년 6월 정부는 정보통신전략위원회 주도하에 7개 부처 합동으로 '디지털 미디어생태계 발전방안'을 발표하며 2022년까지 국내 미디어 시장 규모 10조 원, 콘텐츠 수출액 16조 원, 글로벌 플랫폼 기업 5개 등을 목표로 제시하였다. 지금은 미디어 관련 부처인 과기정통부, 방통위 그리고 문체부 모두가 OTT 관련 조직을 만들어 별도로 대응하고 있고, 서로 합심해서 시장을 육성하며 사업자를 지원하는 모습은 보이지 못하고 있다. 과기정통부는 방송진흥기획과에 'OTT활성화지원팀'을 두고 OTT 사업자에 특수유형 부가통신 사업자 지위를 부여하는 내용의 「전기통신사업법」 개정안을 2021년 2월 발의하였다.[41] 방통위는 방송정책기획과에 '시청각미디어 서비스팀'을 두고 방송과 OTT를 포함하는 시청각미디어서비스법(가칭) 제정을 추진하고 있다. 문체부는 방송영상광고과

---

41 이를 근거로 국내 OTT 사업자의 콘텐츠 투자비에 대한 세액공제와 OTT 콘텐츠에 대한 자율 등급 분류제를 도입해 사업자들을 지원하려고 하였지만 12월 말 현재 아직 성과를 보지 못하고 있다.

에 'OTT콘텐츠팀'을 두고 OTT를 비롯한 방송영상 산업에 대한 영향력 확대를 목표로 하고 있는데, 이를 뒷받침할 수 있는 「영상진흥기본법」(이광재 의원 대표 발의)을 2020년 9월 발의하였다. 부처들 간에 권한 다툼과 힘겨루기를 하는 가운데, OTT의 경우도 글로벌 사업자와 국내 사업자 간의 격차가 점점 더 커지는 상황이다.

● 규제 혁파

그리고 과감하게 규제를 완화해 나가야 한다. 2021년 7월 과기정통부는 '유료방송 제도 개선방안'을 발표하였다. 지상파, 위성, SO 및 PP 간의 소유 및 겸영 규제 폐지(3개), 유료방송 허가·승인·등록제도 개선(6개), 유료방송 사업 인수·합병 활성화(2개), 지역 및 직접사용 채널 활성화(5개), 유료방송 채널 구성·운용의 합리성과 자율성 제고(5개), 공정 경쟁 및 시청자 권익 보장 강화(3개) 등 총 24개 분야에 걸친 제법 방대한 규제 개선방안이다.[42] 방송 사업자 간의 비대칭 규제, 불필요한 채널 및 편성 규제 등은 제로베이스 수준에서 검토하고 과감하게 폐지 및 완화를 추진해 나가야 한다.

　새로운 미디어가 출현하는 경우는 뉴미디어의 수준을 고려하여 기존 미디어에 대한 규제를 점검하고 완화하는 것도 필요하다. 과거 SO, 위성방송, 그리고 IPTV 등 새로운 미디어들이 출현했을 당

---

[42] SO의 지역 채널에 해설·논평과 커머스 방송을 허용하는 방안, 유료방송 사업자가 HD·UHD를 복수로 재송신하는 경우 UHD 채널의 콘텐츠 사용료는 무료로 하는 방안 등은 획기적인 안으로 보인다.

시 기존의 규제에 뉴미디어를 적용시키려고만 했지, 원점에서부터 검토하는 노력은 부족하지 않았는지 되돌아볼 필요가 있다. 지금은 SO, 위성방송, IPTV 간 채널의 차별성을 크게 찾아볼 수 없고, 디지털 케이블이나 IPTV의 장점인 VOD도 그리 활성화되지 못하고 있다가 글로벌 OTT 사업자들에게 자리를 넘겨주고 있다.

정부는 시장의 진입장벽을 허물고 규제를 완화해 경쟁을 활성화하는 동시에 사업자들 간에 힘의 균형이 한쪽으로 지나치게 기울지 않도록 하는 역할을 해야 한다. 최근의 홈쇼핑 송출 수수료의 인상도 홈쇼핑 채널이 17개로 늘어남에 따른 경쟁압력으로 인한 협상력 저하에 따른 것이라고 할 수 있다. 잇따른 IPTV 및 위성방송 사업자의 SO 인수·합병도, 플랫폼의 차별성은 없는 가운데 콘텐츠의 중요성이 증가하고 그와 더불어 지상파 및 CJ ENM 등의 콘텐츠 사업자의 협상력이 증가한 것에 대한 대응책의 일환일 수 있는 것이다. 거버넌스 개편과 동시에 이러한 정책적 뒷받침들이 병행되어야 미디어 산업의 경쟁력이 제고될 수 있을 것이다.

문화체육관광부의 역할

〈표 10-3〉에서와 같이 2017년 대선 당시 제시된 미디어 거버넌스 관련 개편안들은 독임제 부처와 합의제(위원회) 기관의 구분을 전제로 그 기능을 배분·조정하고 있다. 그리고 대부분 문화체육관광부가 보유한 콘텐츠 및 미디어 기능도 통합 부처에 이전하는 방안을 제시하였다. 이는 아마 이전 박근혜 정부 시절 제기된 '블랙리스

트' 사태에 문체부가 관련되었다는 사실에 대한 문제의식에서 비롯된 것일 수도 있어 보인다. 문체부는 콘텐츠 관련 주무 부서로서 방송영상산업, 특히 영화 등의 방송과 미디어의 기본 콘텐츠 생산과 유통에 관련한 업무를 담당하고 있다. 그리고 독립제작사 제작 지원과 육성 등에 대한 업무까지 담당하고 있어 방송 미디어 분야에서의 역할이 작지 않다고 할 수 있다. ISP 사업자 간의 망은 물론 플랫폼 간에도 차별이 없어진 상황에서, 미디어의 경쟁력은 콘텐츠의 경쟁력에 좌우되기 때문이다.

문체부가 관장하고 있는 콘텐츠 및 문화, 예술 정책은 기본적으로 문체부가 계속 담당하는 것이 타당하다. 문화·콘텐츠 분야는 ICT 기술을 기반으로 다양한 서비스가 출현하는 방송·통신 분야와는 다소 상이한 논거와 전문성이 지배하는 영역이다. 문체부가 담당하고 있는 문화·콘텐츠 분야는 「방송법」이나 「전기통신사업법」을 통한 규제 위주의 정책보다는 진흥과 육성이 필요한 분야이다. 단, 미디어정책국(방송영상광고과)의 뉴미디어 영상콘텐츠산업 육성 및 지원 업무는 타 부처와 조정이 필요해 보인다. 나아가 문체부의 특성을 살려 콘텐츠정책국(한류지원협력과)과 해외문화홍보원을 관장하는 국민소통실(소통정책과) 등과 협력하여 방송영상 산업의 해외진출 업무에 더 집중하는 것이 어떨까 한다. 현재 과기정통부와 방통위도 OTT의 해외진출 사업에 관심이 크지만 해외 네트워크나 부서의 성격상 성과를 내기 힘든 측면이 있기 때문이다.

미디어 콘텐츠 지원·육성과 미디어 진흥 및 규제를 일원화하는 독임제 부처를 신설하는 방안도 외견상 그리 바람직해 보이지 않는다. 미디어 콘텐츠의 범위를 일률적으로 정하기도 어렵고, 연극, 영화, 소설, 만화, 음악, 미술 등 거의 모든 예술과 문화적 영역의 콘텐츠가 미디어 콘텐츠가 될 수 있기 때문이다. 순수 예술과 문화산업 진흥에 관한 업무는 지금처럼 문체부가 전담하고, 이를 통해 생산된 콘텐츠들이 미디어 영역을 통해 재창조되고 확산·보급되어 더 많은 부가가치를 창출할 수 있도록 하는 데에 미디어 담당 부서의 역할이 있다. 진흥보다는 규제를 중심으로 ICT와 방송을 관장해 왔던 기존의 마인드로 콘텐츠를 관리 육성하는 데에는 한계가 있어 보인다.

특히 최근 더 관심을 기울여야 할 사안은 외주 및 독립제작사의 경쟁력 강화이다. 넷플릭스의 《오징어 게임》에서 볼 수 있듯이, 글로벌 OTT에서의 국내 콘텐츠 흥행은 국내 제작사의 제작 역량을 드높이고 글로벌 명성과 진출의 기회를 증대시키는 긍정적 효과가 있다. 하지만 그렇게 대박을 터뜨리더라도, 콘텐츠에 관한 지적재산권(IP, Intellectual property rights) 소유와 수익 배분이 보장되지 않는다면 국내 제작사는 오히려 하청기지로 전락할 수도 있다.

최근 방송 외주제작 거래 실태 및 거래 관행을 설문 조사하여 분석한 자료에 따르면, 대부분인 98.3%가 표준계약서와 이에 준하는 계약서를 사용한다고 응답해 외주제작 계약 체결 형태는 개선된 것으로 나타났지만, 저작재산권 등 각종 권리의 배분에 대해서는 방송사와 제작사 간에 여전히 온도 차가 존재하였다.[43]

---

43 저작재산권(방송권·전송권·복제권·배포권 등)을 통한 프로그램의 권리 배

최근 증가하고 있는 제작비 추세를 보더라도, 예산의 투입을 통해 제작사의 경쟁력을 강화하는 데에는 한계가 있다. 제도적으로 방송사, 대형 제작사, 중소 제작사 간에 부당한 거래 관계나 제도적 미비점이 있다면 개선해 나가야 한다. 「방송법」상 순수 외주제작 방송프로그램[44] 편성 관련 지상파, 지상파 PP, 종합편성 PP의 경우만 대통령령으로 정하는 바에 따라 일정한 비율 이상을 편성하도록 하고 있는데, 다른 방송 사업자들에게도 이를 확대 적용할 것을 검토해야 한다.

콘텐츠 산업의 경쟁력

세계 콘텐츠 산업은 2019년 기준 2.5조 달러 규모로, 2015~2019년간 연평균 5.6%씩 성장하며 동기간 세계 GDP 성장률 3.9%를 상회하고 있고, 국내 콘텐츠 산업 매출액은 121조 원으로 연평균 6.1%의 성장률을 보이고 있다. 동기간 명목 GDP 성장률 3.7%의 1.6배 높은 성장을 보이는 성장견인형 산업이라고 할 수 있다. 그중에서 방송·영화 등의 영상 콘텐츠 매출은 27.6조로 국내 콘텐츠 산업

분에 대한 설문조사에서, 해당 권리가 ▲방송사에 귀속된다는 응답은 방송사 65.6%, 제작사 75.3% ▲제작사에 귀속된다는 응답은 방송사 0% 제작사 15.1% ▲방송사와 제작사가 공유한다는 응답은 방송사 34.4%, 제작사 9.7%로 방송사와 제작사 간 인식 차이를 보였다(정보통신정책연구원, 2021)

44 순수 외주제작 방송프로그램은 방송 사업자나 그 특수관계자가 아닌 자가 제작한 방송프로그램을 말한다(「방송법」제72조).

〈표 10-13〉콘텐츠 산업 및 명목 GDP 성장률

		세계	국내
연평균 성장률 (2015~2019년)	명목 GDP	3.9%	3.7%
	콘텐츠 산업	5.6%	6.1%
	영상 콘텐츠 산업	2.1%	6.3%

자료: 한국콘텐츠진흥원(2020)

매출에서 약 21.8%를 차지하고, 그 성장률은 6.3%로 세계 성장률 2.1%보다 3배나 높다.

한국의 세계 콘텐츠 산업 점유율은 4.1%로 세계 GDP 점유율의 1.9%보다 2배 이상 많다. 영상 콘텐츠 산업은 생산, 고용, 수출 등 주요 경제 지표상 기여도가 높은 산업이다. 특히 방송 분야의 경우 생산유발계수가 2019년 2.06으로 제조업(1.89), 통신(1.86), 반도체(1.3)보다 높다. 영상 콘텐츠 산업의 고용 창출 효과도 통신 산업의 3배, 반도체 산업의 1.5배 수준이며, 정규직 비중이 높고 여성 및 청년 고용효과가 높다. 2019년 콘텐츠 산업 수출액은 전년 95.5억 달러에서 7.8억 달러 증가한 103.3억 달러 수준으로 5년간 평균 16.2% 성장하고 있다.

그러나 콘텐츠 산업의 활성화로 부가가치를 창출하는 측면에서는 아직 한계가 있는 상황이다. GDP 대비 콘텐츠 산업의 부가가치 비중은 2019년 미국이 6.4%인 것에 반해 한국은 2.5%에 그쳤다.

<그림 10-4> 국내 주요 산업의 생산유발계수 및 산출 대비 임금근로자 수(%)

자료: 콘텐츠산업 통계조사(2020), 한국산업연구원(2020)

타 선진국들에 비해 낮은 유료방송 가격과 이로 인한 낮은 ARPU도 원인일 것이다. OECD 국가들의 평균 ARPU는 26.8달러지만 한국은 13.9달러(홈쇼핑 송출 수수료 포함)에 불과하다. 유료방송 수입이 콘텐츠에 재투자되어 선순환의 경쟁력을 확보하기에 힘이 부치는 상황이다. 콘텐츠 분야의 재투자율을 높여 IP와 창의적 인력을 지속적으로 확보해 나가는 것이 경쟁력 유지의 핵심이다. 넷플릭스의 콘텐츠 재투자율은 2011년 12%에서 2019년 74%까지 증가했고 미국의 주요 MVPD 사업자는 58.2%(가입자당 56.48 달러 수준)인 반면, 한국은 32% 수준에 머물러 있다. 국내 PP 및 콘텐츠 기업의 수익성 개선을 통한 재투자 여력 확보가 필수적이므로 다양한 재원의 유입을 통한 투자 활성화는 물론, 제작 능력을 갖춘 창의적 인재 육성도 절실하다(천혜선, 2021).

기금의 통합적 운용

● 기금의 유래

'방송통신발전기금'은 2010년 3월 제정된 「방송통신발전 기본법」을 통해 신설되었다. 기존의 '방송발전기금'에 '정보통신진흥기금'의 재원으로 이용되고 있는 주파수 할당 대가를 포함하여 통합한 것이다.[45] 기금조성 주체와 운용·관리 주체의 불일치 외에도, 특히 주파수 할당 대가와 같이 통신 사업자의 부담금으로 조성된 '정보통신진흥기금'이 방송·통신 사업과 직접적인 관련이 적은 반도체·디스플레이와 같은 IT 제조업에 상당 부분 투자[46]되는 등 세입과 세출 간의 연계성이 약화되어 기금 관리체계의 문제점들이 지적되었기 때문이다.

'정보통신진흥기금'은 1991년 12월 「정보통신연구개발에 관한 법률」에 의해 설치되었다가,[47] 1996년 1월 동 법이 폐지되고 「정보화촉진 기본법」이 제정되면서 '정보화촉진기금'이 대신 신설되었다.

---

45 당시 주파수 할당 대가는 「전파법」에 따라 방송통신위원회가 통신 사업자에게 주파수를 할당하고 그 대가를 산정하여 징수했는데, 주파수 할당 대가를 주요 수입원으로 하는 '정보통신진흥기금'의 운용·관리는 지식경제부가 담당하고 있었다.

46 2009년 정보통신진흥기금 운용계획에 따르면 총 8,295억 원의 기금사업비 가운데 34%인 2,809억 원만이 방송·통신 분야에 사용되고, 나머지 사업비는 IT 제조업 분야 등에 집행될 계획이었다.

47 당시 '정보통신진흥기금'은 기간통신 사업자의 출연금과 정부가 소유하고 있는 한국전기통신공사의 주식에 대한 배당적립금 등으로 조성하였다.

2005년 1월부터 '정보화촉진기금'은 '정보통신진흥기금'으로 명칭이 변경되면서 용도와 재원에서 변동이 있었다.[48] 이명박 정부 시절 2009년 5월 「정보화촉진 기본법」이 「국가정보화 기본법」으로 전면 개정되면서 행정안전부 장관이 국가정보화 기본정책을 수립하도록 하였고, 다른 한편 「정보통신산업 진흥법」이 제정되어 '정보통신진흥기금'의 소관도 지식경제부 장관으로 변경되었다. 이후 박근혜 정부 출범 직후 2013년 3월 「정보통신산업 진흥법」 개정으로 동 기금 운영 권한도 지식경제부에서 미래창조과학부로 이관되었고, 「국가정보화 기본법」[49]도 개정되어 국가정보화 관련 사무 관장도 행정안전부에서 미래창조과학부로 이관되었다.

한편 '방송통신발전기금'의 전신인 '방송발전기금'은 2000년 「통합방송법」 제정으로 신설되었지만, 이는 「한국방송광고공사(KOBACO)법」[50]에 의해 KOBACO가 관리하던 '공익자금'에 기원을 두고 있다. 1990년 8월 「한국방송광고공사법」의 개정에 따라 방송광고 수탁 수수료를 기본 재원으로 하여 방송 및 문화·예술 진흥

---

48 그 용도도 정보화 촉진 지원 사업은 제외하고, 정보·통신 관련 연구개발사업 등에 한정하도록 하고 한국전기통신공사(KT)가 민영화됨에 따라 그 주식배당금을 동 기금의 재원에서 제외하였다.

49 동 법은 4차 산업혁명 추진 체계를 뒷받침하기 위해 2020년 6월 「지능정보화 기본법」으로 명칭이 변경되고 전면 개정되었다.

50 1980년 12월 동 법 제정으로 지상파방송사의 광고 판매를 독점적으로 판매하는 KOBACO를 설립하였다. 2012년 2월 동 법을 폐지하고 「방송광고판매 대행에 관한 법률안」을 제정했고, KOBACO에 대한 감독권도 문화체육부에서 방송통신위원회로 이관되었다.

을 목적으로 조성된 '공익자금'은 2000년 1월 「통합방송법」 제정으로 방송위원회로 이관되면서 '방송발전기금'으로 명칭이 바뀌었고 기금조성 방법도 방송 사업자로부터의 분담금 위주로 변경되었다.

이처럼 방송통신발전기금은 사업자별로 분담하는 법적인 기준도 상이하고 위임 범위 내에서 정부 부처가 재량으로 정하고 있어, 기준 등을 명확히 해 예측 가능성을 높일 필요가 있다.

〈표 10-14〉 2021년 방송통신발전기금 방송사 분담금 예산 및 기준

(단위: 억 원)

소관	사업자	2021년 전망액	사업자 분담금 징수율 및 기준	
과기정통부 (소계: 1,476)	SO	290	1.5%	전년도 방송 서비스 매출액의 6% 이내
	위성방송	82		
	IPTV	598		
	홈쇼핑	506	13% 10%(데이터)	전년도 결산 영업이익의 15% 이내
방통위 (소계: 390)	지상파	296	0.15~4.3%	해당연도 방송광고 매출액의 6% 이내
	종편·보도 PP	94	1.5%	
합 계		1,866		

자료: 국회 2021년 예산 심사자료 및 방송통신발전기본법 등 관련 법령

● 기금의 수입 내역

〈표 10-15〉와 같이 2021년도 방송통신발전기금 운용계획(안)에서의 수입 규모는 1조 4,418억 원으로, 2020년도 대비 1.8%인 259억 원이 증가하였다. 법정부담금 수입 1조 2,720억 원 중 주파수 할

당 대가는 1조 854억 원이고 방송사 분담금은 1,866억 원이다. 그리고 정보통신진흥기금 운용계획안의 수입 규모는 총계 기준 1조 6,185억 원으로 2020년도 대비 547억 원(3.5%)이 증액 편성되었는데, 이중 주파수 할당 대가를 통한 법정부담금 수입이 1조 3,266억 원이다.

현재 주파수 할당으로 징수한 대가는 정보통신진흥기금(55%)과 방송통신발전기금(45%)으로 배분하여 ICT 기금 사업의 용도로 사용된다. 2021년 주파수 할당 대가도 〈표 10-15〉와 같이 배분되었는데, 이는 각각 정보통신진흥기금 총수입의 82%, 방송통신발전기금의 75%를 차지하여 각 기금의 주 수입원이 되었다.

〈표 10-15〉 2021년도 ICT 기금 수입 추계(안)

(단위: 억 원)

구분	총수입 규모(A)	주파수 할당대가(B)	B/A
정보통신진흥기금	16,185	13,266	0.82
방송통신발전기금	14,418	10,854	0.75

● **기금의 지출 내역**

방송통신발전기금의 사용계획을 보면, 과기정통부는 전체 1조 4418억 원 중 1조 515억 원을 사업비로 사용하는데, 그 주요 사업은 정보통신 융합 산업(4,216억 원), 콘텐츠 방송산업 유선(1,942억 원), 인터넷 융합 산업(2,107억 원), 통신 정책 지원(1,006억 원), SW 산업 진흥(618억 원), 전파활용방송 서비스산업(355억 원) 등이다. 그리고 방통위는 1,918억 원의 사업비를 방송 인프라 지원(721억 원), 미디어 다양성 및 공공성 확보(692억 원), 시청자권익 보호 및 참여 활성화(199억 원), 안전한 인터넷정보 활용기반 구축(154억 원) 등에 사용한다는 계획이다.

정보통신진흥기금 운용계획안의 지출 규모는 2021년 계획(안)에서 총 1조 6,185억 원이다. 이 중 정보통신 융합 산업(5,719억 원), SW 산업 진흥(4,004억 원), 인터넷 융합 사업(2,678억 원), 정보통신 방송기반 조성(76억 원), 전파활용 방송 서비스 산업(70억 원) 지원 사업들은 '방송통신발전기금'의 지원 사업들과 사업명이 동일하다. 이러한 중복성 사업들의 예산은 총 1조 2,547억 원으로 총 지출금액의 77.5%에 해당한다.

이처럼 '방송통신발전기금'과 '정보통신진흥기금'의 경우, 각 기금들이 가지고 있는 유래와 연원을 참고해서 기금의 운용계획을 통합적으로 수립할 필요가 있다. 지원 사업이 유사하다면 항목을 조정하고 통합해서 운영하는 것이 더 효율적일 것이다. 그렇지 않다면 기금별로 더 특화해서 운용하는 것도 고려해야 한다.[51] 나아가 포털과 OTT의 경우도 ICT 인프라를 통해 수익을 창출하고 있고 특히 광고시장에서 온라인 광고의 비중과 매출도 현저히 증가하고 있는 현실을 고려할 때, 포털과 OTT 사업자도 기금 부과의 대상에 포함하자는 주장도 늘고 있다.

---

51 20대 및 21대 국회에서 변재일 의원 등은 정보통신진흥기금과 방송통신발전기금을 「방송통신발전기본법」으로 통합 운용하는 법안들(2018. 10. 1, 2020. 7. 8)을 발의하였다.

수입 합계		2020	2021	지출 합계	2020	2021
		14,159	14,418		14,159	14,418
자체수입		7,353	13,143	사업비	11,872	12,433
○ 법정 부담금	방송사 분담금	1,925	1,866	○ 과기정통부	9,882	10,515
	주파수 할당대가	5,040	10,854	○ 방통위원회	1,990	1,918
○ 재산수입		57	15			
○ 기타수입		330	408	기금 운영비	44	45
정부내부수입		5,646	1,038	정부내부지출	911	51
여유자금회수		1,160	237	여유자금운용	1,331	1,889

자료: 국회 2021년 예산안 검토보고서

과학기술 정책의 거버넌스 확립

● 과학기술 정책 거버넌스 역사

우리나라의 과학기술 정책 관련 거버넌스의 시초는 박정희 정부 시절 1967년 1월 「과학기술진흥법」을 제정을 통해 출범된 과학기술처다. 이후 1980년대 이전의 과학기술정책은 주로 기술개발의 수단으로 여겨졌고 과학기술처가 기술개발의 주도권을 가지고 있었는데, 1980년대 후반부터 상공부가 역할 증대와 함께 산업 정책의 일환으로 기술개발에 관심을 가지게 되면서 과학기술처와 상공부가 주도권을 다투는 양상이 나타나게 되었다. 이후 과학기술 컨트롤타워를 어떻게 구축할 것인가가 이슈화되었으며, 김영삼 정부는 1997년 3월 「과학기술혁신 특별법」을 제정하고 경제부총리를 위원장으로 하는 '과학기술장관회의'를 신설하였다.

2000년대 이후 과학기술 거버넌스와 관련해서는 '과학과 산업 중 어느 것을 더 중시하는가?', 그리고 'R&D 예산의 조정 권한을 중앙예산기관에 둘 것인가, 과학기술 담당 부서에서 가질 것인가?'를 두고 대립과 갈등을 빚어 왔다. 외환위기를 과학기술로 극복한다는 취지로 '과학 입국'을 내세웠던 김대중 정부는 과학기술부로 조직을 격상했으며, 2001년 1월 「과학기술기본법」을 제정하고 대통령이 위원장인 국가과학기술위원회를 신설하였다. 노무현 정부도 2004년 과학기술정책의 총괄·조정 기능을 강화하여 과학기술부를 부총리급으로 격상시키고, 과학기술혁신본부를 설립하며 국과위 위상도 더 강화하였다. 이명박 정부는 과학기술부를 교육부를 교육과학기술부로 통폐합하고 국과위는 상징적인 존재로 약화시켰다. 이후 과학기술 홀대론 및 컨트롤타워 부재 등의 문제 제기가 빈번하자 2010년 국과위를 대통령 소속 상설 행정위원회로 개편하였다. 박근혜 정부는 과학기술과 ICT를 창조경제의 원천으로 활용한다는 정책 방침 아래 이를 관장할 부서로 미래창조과학부를 신설했고, 과학기술부는 ICT 관련 부서와 통합되었다(천세봉·하연섭, 2013; 박수경·이찬구, 2015).

●국가 R&D 분야 예산

우리나라의 R&D 분야 예산은 2022년도 예산안 기준 29.8조 원으로, 전체 예산 604.4조 원의 4.9%를 차지한다. 2021년도 예산안 27.4조 대비 8.8% 증가한 것으로, 정부는 한국판 뉴딜, BIG 3(시스템 반도체, 미래차, 바이오헬스), 소부장(소재부품장비), 감염병 및 국민안전 등에 10대 중점 사업에 집중 투자한다는 계획을 밝혔다. 분야별로는 과학기술·통신 9.63조 원(+7.3%), 산업·중소기업·에너지 7.48조 원(+10.2%), 국방 4.96조 원(+13.0%) 등 3개 분야에 R&D 예산의 74.1%가 집중되어 있다. 문재인 정부 출범 이후 국가연구개발 예산은 30조 원에 육박하는 규모까지 성장했고, 이에 따라 GDP 대비 정부 R&D 투자 비율 세계 1위, 전체 R&D 투자 세계 2위의 연구개발 투자 강국으로 자리매김하였다(2021. 9. 2, 2022년 국가 R&D 예산안 주요 내용). 우리나라의 GDP 대비 R&D 투자 수준이 높은 이유는 정부가 R&D 투자를 10년 이상 계속해 왔기 때문이다. 오히려 문재인 정부의 '정부 총지출 대비 R&D 비중'은 이전 정부(4.9~5.0%)에 비해 낮은 수준(4.4~4.9%)이라고 볼 수 있다.

〈표 10-17〉 정부 총지출 대비 R&D 비중

(단위: 조 원, %)

구 분	2012	2013	2014	2015	2016	2017	2018	2019	2020	2021	2022(안)
정부 총지출 (추경후)	325.4	342.0 (349.0)	355.8	375.4 (386.2)	386.4 (398.7)	400.5 (410.1)	428.8 (432.7)	469.6 (475.4)	512.3 (554.7)	588.0 (604.9)	604.4
R&D 분야 (추경후)	16.0	16.9 (17.1)	17.8	18.9 (18.9)	19.1 (19.1)	19.5 (19.5)	19.7 (19.7)	20.5 (20.9)	24.2 (24.3)	27.4 (27.5)	29.8
비율(%)	4.9	4.9	5.0	5.0	4.9	4.9	4.6	4.4	4.7	4.7	4.9

주) 2015~21년(추경이 편성된 해의 경우 추경예산 포함), 2022년(예산 안 기준)
자료: 기획재정부

〈그림 10-5〉 정부 총지출 대비 R&D 투자 비중 추이

자료 : 과기정통부 보도자료(2021.9.2)

〈그림 10-6〉 국가별 GDP 대비 정부 및 국가 R&D 투자 비중

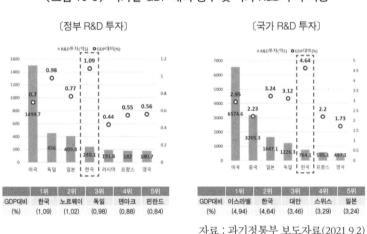

자료 : 과기정통부 보도자료(2021.9.2)

2021년도 과학기술정보통신부 소관 총지출 예산안은 14조 5,719억 원으로 일반회계(7조 6,891억 원)와 8개 특별회계[52]로 편성

---

52 에너지 및 자원 사업 특별회계(4,131억 원), 소재부품 장비 특별회계(4,173억 원), 국가균형발전 특별회계(3,341억 원), 책임운영기관 특별회계(국립중앙과

되어 있다. 그리고 과기정통부 소관 4개 기금의 총지출 규모는 2조 9,614억 원[53]으로 편성되었다. 이 중 우정사업본부의 특별회계와 정보통신진흥기금,[54] 그리고 방송통신발전기금을 제외할 경우 남는 예산은 9조 2,310억 원 정도이다. 그 가운데 일반회계예산(7조 6,891억 원) 중 6조 6,365억 원은 과학기술 분야 지원예산이며, 그 외 에너지 및 자원사업, 소재부품장비, 국가균형발전 특별회계 그리고 원자력기금 등은 R&D 사업과 관련된 예산이 대부분이다.

이처럼 과기정통부 예산에서 과학기술 분야와 R&D 관련 분야가 차지하는 비중은 매우 크다. 과기정통부는 과학기술과 국가 R&D 사업의 주무 부서이다. 과기정통부 장관은 R&D 예산 7조 8,533억 원뿐만 아니라 27조 원에 달하는 국가 전체 R&D 예산의 기본계획과 전략적 방향을 수립하고 예산을 배분·조정하는 권한과 책임을 가지고 있다.[55] 이러한 권한을 충분히 활용하고 또 이를 뒷받침하는

학관, 339억 원), 책임운영기관 특별회계(국립과천과학관)(335억 원), 우편사업 특별회계(3조 9,191억 원), 우체국예금 특별회계(1조 4,353억 원), 우체국보험 특별회계(2,965억 원)

53 과학기술 진흥기금(972억 원), 원자력 기금(원자력연구개발계정)(2,128억 원), 방송통신발전기금(1조 2,478억 원), 정보통신진흥기금(1조 4,036억 원)으로 구성되어 있다.

54 2013년 정부조직 개편으로 (구) 지식경제부가 관리 운영했던 우정사업본부의 특별회계예산과 정보통신진흥기금은 미래창조과학부로 이관되었다.

55 「과학기술기본법」은 이를 명확히 하고 있다. 동 법 제7조(과학기술기본계획) ②과학기술정보통신부 장관은 5년마다 제1항에 따른 과학기술발전에 관한 중·장기 정책목표와 방향을 반영하고 관계 중앙행정기관의 과학기술 관련

거버넌스가 갖추어졌는가는 의문이다. 과기정통부뿐만 아니라 국회의 경우도 마찬가지이다. 해당 상임위(과학기술방송통신위원회)에서의 논의도 과학기술이나 R&D보다는 방송이나 통신 분야에 관한 논의가 더 지배적이다. 법안 심사나 소관 부처 업무보고, 국정감사 등에서도 방송의 공정성 문제나 통신비 인하 이슈는 언제나 등장하는 반면 과학이나 R&D 관련 논의가 중요한 의제가 된 사례는 드물어 보인다.

● R&D 분야 생산성 향상 필요

R&D에 대한 재정 확대가 혁신의 창출과 확산을 유발하여 산업 전반은 물론 국가 경제의 생산성 향상으로 이어져야 하는데 현실은 그렇지 못한 것으로 보인다. 실제 우리의 ICT나 연구개발 분야의 (노동) 생산성 자료를 보면, 서비스업 생산성 향상 추세에도 미치지 못하는 분야도 있음을 확인할 수 있다. 〈표 10-18〉처럼, 방송업 및 통신업은 최근 정체 국면이며 네이버나 카카오 등의 영향력 증대를 반영하듯이 정보 서비스업 분야는 계속 상승하는 것으로 나타난다. 반면 연구개발업의 경우 2013년 이후 뚜렷한 하향 추세인데,

---

계획과 시책 등을 종합하여 과학기술기본계획(이하 "기본계획"이라 한다)을 세우고 과학기술자문회의의 심의를 거쳐 확정하여야 한다. 제7조의2(국가연구개발 중장기 투자전략) ①과학기술정보통신부 장관은 제12조의2에 따른 국가연구개발사업 예산의 전략적 투자를 위하여 기본계획에 따라 관계 중앙행정기관의 장과 협의하여 5년 단위의 국가연구개발 중장기 투자전략을 세우고 과학기술자문회의의 심의를 거쳐 확정하여야 한다.

〈표 10-18〉 ICT 및 R&D 관련 서비스업 노동생산성지수 추이(2011~19년)

산업별 구분		2011	2012	2013	2014	2015	2016	2017	2018	2019
서비스업 (전체)	계	102.0	99.1	100.9	101.8	100.0	101.3	102.5	105.3	105.6
출판, 영상, 방송통신 및 정보 서비스업	소계	109.0	107.4	107.7	105.8	100.0	99.3	101.8	100.9	99.5
	방송업	98.4	99.9	95.8	98.6	100.0	99.6	101.0	110.0	103.4
	통신업	86.2	91.5	97.5	101.6	100.0	102.1	101.0	100.4	100.1
	컴퓨터프로그래밍, SI 및 관리업	150.9	142.3	134.3	119.0	100.0	103.4	111.8	107.0	105.7
	정보 서비스업	97.9	97.5	94.9	106.6	100.0	104.2	113.0	113.3	115.4
전문, 과학 및 기술 서비스업	소계	110.6	112.7	113.4	108.3	100.0	96.3	96.9	95.8	93.5
	연구개발업	111.6	122.5	124.6	113.9	100.0	96.4	94.4	90.5	88.7

자료: KOSIS 국가통계포털(https://kosis.kr), 각 업종 별로 2015년을 기준(100)으로 상대 비교함

이를 어떻게 설명해야 할까? 재정이 지속적으로 증가 투입되어 왔음에도 이러한 현상은 계속되고 있다. 규제체계나 관리방식 전반에 걸친 고민이 필요해 보인다.

●과학기술 정책의 컨트롤타워 구축

이상 여러 가지를 고려해 볼 때, 국가 전반적으로 거버넌스와 관리방식에 변화를 줄 필요가 있다. 과학기술 분야는 그 범위나 영역이 다양하고 복잡하며, 난해한 과학적 지식이 필요한 경우가 많고, 자원의 투입과 결과 간에 불확실성이 매우 높은 점이 특징적이다. 과학기술 정책을 국가 전체적인 관점에서 조망하고 이와 연계해서 예산을 효과적으로 기획·조정·배분할 수 있는 과학기술 정책의

컨트롤타워가 필요하다(천세봉·하연섭, 2013). 현재와 달리 과학기술 분야를 방송·통신 담당 정부 부처와 분리하는 것이 필요한 시점이다. 이때, 분리해낸 과학기술 분야를 교육부와 합쳐서 교육과학부로 만든 이명박 정부 시절처럼 역할과 기능이 다른 정부 부처와 결합시키지 않도록 유의해야 한다. 우리나라가 타 선진국에 비해 기초과학 분야에 비교적 취약하다는 점도 고려하여 기초과학과 과학기술을 하나의 부처로 독립시키되, 타 부처와 협력해 우리나라 R&D 전반에 대한 컨트롤타워로서의 역할을 하도록 하는 방안이 필요하다.

제11장 /

OTT 시대 미디어 거버넌스

1. 미디어 거버넌스 방향

● 정치로부터의 독립

미디어 거버넌스는 다양한 사회 집단의 이해관계와 가치들을 폭넓게 수용하며 정부 기구로서 정책 수립 및 집행의 효율성을 실현해야 한다. 동시에 정치적 간섭과 영향력으로부터의 독립성을 확보하는 것도 매우 중요하다. 우리나라의 미디어정책과 거버넌스에 가장 큰 영향을 미친 것은 정치라고 할 수 있다. 본격적인 위원회 체제를 도입한 2000년 방송위원회 이후 다수의 여권 추천 인사가 위원회를 지배해왔고, 그 배경에는 국회의 의석을 차지한 집권 세력이 있었다.

이러한 집권 여당과 정부의 지배체제는 공영방송 사장 및 이사의 임명권 행사로 이어져, 정치의 미디어에 대한 영향력 행사가 용이한 구조가 지속되었다. 집권 여당이 국회 상임위원장, 방통위원장, 다수의 방통위원을 통해 거버넌스를 지배하는 체제에서는, 합의제로서의 장점보다 단점이 더 부각될 수 있다.

행정부와 국회와의 관계, 즉 집권 여당이 다수당이 되어 행정부와 국회를 모두 장악하는 단점정부(unified government)인지 그렇지 못한 분점정부(divided government)인지의 여부도 미디어 거버넌스에 영향을 미쳤다.

김대중 정부는 여소야대의 상황을, 자민련과 공동의 단점정부를 구성함으로써 타개하였다. 방송위원회 체제를 출범시키면서 제1기 방송위원회 구성 시 방송위원 9명 중 7명을 당시 원내 2, 3당이었던 새천년민주당과 자민련에 할당하였다. 노무현 정부 초기 여소야대의 분점정부 상황에서 2기 방송위원회의 구성에 있어 국회의 의석 배분을 더 반영해야 한다는 야당인 한나라당의 요구에 따라 상임위원 수를 1인 더 늘여 총 5인이 되도록 하였고, 그중 야당이 2인을 차지하게 하였다.

미국의 FCC[1]와 유사한 형태로 방송과 통신 분야에 걸쳐 진흥과 규제정책을 총괄했던 이명박 정부 시절의 방송통신위원회도 위원회 체제의 장점을 잘 살렸는지는 의문이다. 신문·방송의 겸영을

---

1   전술한 바 있지만 미국의 FCC는 약 90년에 가까운 기간 동안 정치적 논란과 구조 변화도 크게 겪지 않고 운영되고 있다. FCC 위원들이 대통령과 상원을 거쳐 임명되어 정치적인 선호가 없을 수는 없겠지만, 우리나라처럼 모든 구성원이 한꺼번에 임기를 시작하고 끝내는 것이 아니기에 개인별 임기(5년)의 다양성을 통해 정치적 편향성을 완화하고 있음을 참조할 필요가 있다.

허용하고 대기업과 외국인 등의 소유 지분 제한을 완화하는 미디어법 개정을 두고 여론이 양분되고 사회적 갈등이 커지자 결국 국회도 나섰다. 당시 18대 국회는 압도적 여대야소 상황이었고 2009년 3월 상임위 차원에서 사회적 논의기구를 구성해 100일 동안 논의를 진행했지만 합의안을 도출하지 못했다.

박근혜 정부도 여대야소의 단점정부인 19대 국회에서 정부조직 개편안에 대한 합의의 조건으로 구성된 방송공정성특위(2013년 4~11월)에서 공영방송 거버넌스 문제를 다루었다. 공영방송 이사나 사장 선임 시 국회의 추천권을 늘이거나 2/3 이상의 특별다수제(의결정족수)를 도입하는 내용의 법안들이 야당 의원들을 중심으로 발의되었으나, 끝내 결론에 이르지 못했다.

문재인 정부에서의 21대 국회는 압도적 여대야소 상황이지만 「언론중재법」 처리 시도로 대립 상황을 겪었다. 또 KBS '사장후보추천국민위원회' 등을 구성하는 방안 등이 포함된 「방송법」 개정안 등이 여당 의원에 의해 발의되었으나, 진전이 없는 상황이다.

미디어 분야에서는 오히려 단점정부 시절에 대치 상황이나 정책 밀어붙이기 등이 추진되었다고 볼 수 있다. 이는 분점정부이기 때문에 더 대립이 심해지고 정부의 입법이나 운영이 어려웠다는 주장의 근거는 찾기 힘들었다는 연구 결과와도 부합한다(유현종, 2010).[2] 실제 분점정부 상황에서도 대치 정국이 발생했지만, 국회의

---

2 분점정부가 되면 대통령이 속하는 정당이 국회 과반수를 차지한 단점정부에 비하여 정부의 입법 활동이 더 어려울 수 있다는 주장이 있다(장훈, 2001). 반

공전이나 강행처리 등의 극단적인 대립은 단점정부에서 더 많았다.[3] 무조건 다수결로 법안을 밀어붙이는 경우 여론이 악화될 수 있다는 점을 의식하였기 때문이다. 분점정부와 단점정부 간에 정부 운영의 차이가 나타나지 않는다면, 이는 한국의 정치가 그만큼 발전한 것이라고 볼 수 있다. 분점정부 자체가 극복되어야 할 대상이라고 주장할 수 없는 것이다. 오히려 '제왕적 대통령제'라는 비판을 받는 한국 정치의 현실을 고려할 때, 분점정부의 긍정적인 영향에 더 관심을 기울일 필요가 있다. 분점정부는 대통령제 고유의 특징이기 때문이다.

● 가치의 균형

미디어 분야는 다양한 이해관계자와 사업자들이 존재하고 정치적으로 쟁점화되는 이슈들도 많이 있지만, 발전하고 변화하는 분야

면, 분점정부가 정부의 통치력을 저하시키거나 정부 법안의 국회 통과 건수의 감소를 가져온다는 것이 입법 과정에 대한 분석을 통해 입증되고 있지 않으므로 분점 또는 단점정부의 여부는 정부의 입법적 성공과는 관련이 없다는 주장도 있다(오승용, 2004).

3 민주화 이후 13대 국회에서부터 17대 국회까지 다수당 단독으로 회의를 소집하거나 제1소수당이 본회의 표결에 불참한 상태에서 법안이 처리된 360건의 사례 중 단점정부 상황에서 처리된 경우가 256건이었고 분점정부 상황에서 처리된 경우가 104건이었다. 즉 단점정부 상황에서 더 많은 입법 교착이 발생하였다(정진민, 2013). 2012년 5월 18대 국회 말미에 「국회선진화법」이라 불리는 국회법 개정으로 이후 이러한 교착 상황은 줄어들고 있는 것으로 보인다.

이며 또 가능성이 많은 분야이기도 하다. 공공성과 산업성을 이분법적으로 구분해서 어느 한쪽을 선택해야 하는 가치로 여기기보다는 상호보완적으로 조화를 이루는 것이 필요하다. 공익을 함양하는 콘텐츠도 미디어 분야에서는 산업적 가치의 증대를 가져오는 것이므로, 양자 간의 조화와 균형을 도모할 수 있는 미디어 거버넌스가 필요하다.

공공성의 유지가 필요한 최소한의 영역에만 핵심적으로 합의제 기구가 관장하도록 함으로써 정치적 논의와 영향력을 최소화하는 것이 필요하다. 이러한 영역이 바로 공영방송이다. 공영방송은 공공의 이익, 시청자의 복지향상에 초점을 두고 보편성과 다양성을 추구해야 한다. 따라서 일반 방송 기관에 요구되는 규율과 공영방송에 요구되는 규율에는 차이가 있다.

미디어에 관하여 독임제 부처(가칭 디지털혁신부)와 합의제 기구(가칭 공영방송위원회) 각각에 적절한 기능을 부여하는 대안이 필요하다. 독임제 부처는 미디어 및 ICT에 대한 진흥과 규제의 일반적인 정책기능을 담당하게 하고, 합의제 기구는 정치적 독립성과 다원성이 보장되고 신중한 의사 결정을 기할 수 있다는 장점을 고려하여, 특히 공영방송을 관장하거나 정치적인 영향력이 큰 사안들을 담당하도록 하는 방안이다. 합의제 기구는 여야가 동등하게 구성할 수 있도록 보장함으로써 집권 여부나 국회 의석수에 영향을 받지 않도록 해야 설득력 있는 방안이 될 것이다.

동시에, 공영방송위원회를 통해 공영(지상파)방송으로 하여금 사회·문화적 중요성을 고려하여 사회가 지향해야 할 가치와 공공성을 보장하도록 하고, 필요시 수신료로 뒷받침해나가는 것도 과제이다. 공영방송의 주요 재원인 수신료의 현실화 문제는, KBS의 수신료 회계의 분리는 물론 더 나아가 KBS 광고 폐지 문제와 함께 논의가 이뤄져야 국민들을 설득할 수 있을 것이다.

또한, 보편적 서비스로 제공해야 하는 방송이나 공영방송의 범위에 대한 논의도 필요하다. 정부나 공공기관 등 공적인 기관이 운영하는 지상파나 PP 채널의 경우도 공적 서비스 채널로서 공공성을 보장하도록 하는 방안이 있을 수 있다. 하지만 우리나라의 경우는 정부나 공공기관이 운영하는 방송사와 채널들이 너무 많다. 이들에 대해서는 제로베이스에서 공공성·공정성의 책임을 견지하는 방안, 아니면 과감히 민영화해 나가는 방안 등을 두고 방송사 당사자의 선택과 함께 전반적인 제도 개선을 해 나갈 필요가 있다.

● 정책의 효율성

과기정통부와 방통위로 미디어에 대한 거버넌스가 분리된 지금의 체제는 정책 집행의 효율성 측면에서 문제가 있다. 정책을 진흥과 규제로 구분하는 것만큼이나, 유료방송 정책만 과기정통부로 둔 것 또한 문제이다. 이는 방송 전반에 걸친 이해관계자와 정책효과를 고려해야 하는 방송정책의 성격을 도외시한 것이고, 통합적이고 책임 있는 정책 수립과 집행은 불가능하게 만들기 때문이다.

유료방송 시장처럼 성장이 더 큰 관건인 영역에 대해서는 현재의 과기정통부와 같은 독임제 부처가 관장하여 빠르고 효율적인 의사 결정으로 시장과 산업의 발전에 대응해 나가고 정책 결정에 대한 책임을 지는 것이 더 필요하다. 따라서 독임제 행정부처는 미디어·ICT 정책에 대한 진흥과 규제, 즉 유료방송, OTT 등 플랫폼 정책 및 통신 인허가와 사후 규제 등 네트워크 정책에 대한 거버넌스를 담당하여 지속적인 디지털 혁신을 추진하도록 하는 것이 타당하다.

더불어 과감하게 규제의 폐지 및 완화를 추진해 나가야 한다. 방송 사업자 간의 비대칭 규제, 불필요한 채널 및 편성 규제 등도 원점에서 다시 검토되어야 할 것이다. 새로운 미디어가 출현하는 경우, 뉴미디어의 수준을 고려하여 기존 미디어에 대한 규제를 점검하여 완화하는 것도 필요하다. 과거 SO, 위성방송, 그리고 IPTV 등 새로운 미디어들이 출현했을 당시 기존의 규제에 뉴미디어를 적용시키려고 한 우를 범해서는 안 된다. 지금은 SO, 위성, IPTV 간에 채널의 차별성은 전혀 찾아볼 수 없고, 디지털 케이블이나 IPTV의 장점인 VOD는 그리 활성화되지 못하고 있다가 글로벌 OTT 사업자들에게 시장을 넘겨주고 있다.

현재 OTT를 두고 정부 부처 간의 다툼이 심한데, 이 또한 개선되어야 한다. 사업자들은 협의회 등을 구성해 중지를 모으려고 하는 데에 반해 정부는 부처들 간 힘겨루기를 하면서 불필요한 에너지를 소모하고 있다. 시장에서의 경쟁 활성화를 통해 더 나은 서비스 출현을 유도하되 사업자들 간의 힘의 균형이 한쪽으로 지나치게 기울지 않도록 하는 것이 관건이다. 거버넌스 개편과 동시에 이러한 정책적 뒷받침들이 병행되어야, 미디어 산업의 경쟁력이 한층 제고될 수 있을 것이다.

그리고 과학기술 분야는 별도 부처로 독립시켜 국가 전체 R&D
와 과학기술 정책을 관장하게 하는 것이 타당하다. 한편 문화체육
관광부는 콘텐츠 및 문화, 예술 정책의 주무 부서로서 우수한 콘텐
츠들이 시장에서 생산될 수 있도록 문화적 인프라를 구축하는 역
할에 더 집중해야 한다. 또한, 정보통신진흥기금과 방송통신발전기
금, 양 기금의 수입 및 지출 내용이 유사한 측면이 많아 기금 별 특
성을 살릴 수 없다면, 통합해서 운용하는 것도 검토해야 한다.

2. OTT와 방송통신법제

코로나19 유행이 본격화한 이후 우리 생활의 많은 것이 바뀌었다.
학교는 물론 직장에도 직접 가지 못하는 기간이 늘어나면서 스마
트폰과 IT기기에 더 의존하게 되었고, 미디어 분야의 경우 OTT와
같은 디지털 미디어의 소비가 늘고 있다. 전 세계 글로벌 스트리밍
서비스 구독자는 10억 명을 돌파한 것으로 파악된다. 방송과 유사
하면서도 방송으로서의 규제는 받지 않는 이러한 OTT들을 어떻게
방송과 통신의 법제 내에 포섭할 것인가에 대한 논의가 활발하지
만, 결론을 내리기는 쉽지 않은 것으로 보인다.

● 새로운 방송·통신 서비스 분류 체제

우리나라에서 방송·통신 융합 법제 마련을 위한 논의는 오래전에
시작되었으나 결실을 보지 못하고 있다. 김대중 정부 당시 방송위
원회는 방송정책기획위원회(2001)를 운영하여 방송·통신 융합 현

상에 대응하기 위해 방송통신위원회 구성방안을 제시하였다. 그리고 방송통신법제정비위원회(2002)를 통해 방송 관계법을 통신 관계법의 체계와 내용으로 전환하는 형태로 방송·통신 법제를 통합하는 것이 현실적인 대안이라는 판단하에, 「방송통신기본법」, 「방송통신사업법」, 「방송통신설비법」의 형태로 정비하는 방안이 제시되기도 하였다.

노무현 정부에서도 통합 감독기구의 설치와 「방송통신통합법(가칭)」 제정을 동시에 진행하는 것은 물리적으로 어렵다고 판단하여 단계적 방안을 모색하였다. 1단계로 먼저 '방송통신위원회'를 설치하고, 2단계로 방송통신위원회에서 「방송통신통합법」 제정 작업을 추진하는 것이었다.[4] 이에 따라 「방통위 설립법」이 정부 발의로 국회에 제출되었고, 곧바로 국회에 방송통신특별위원회가 구성되어 제도적 근거 마련을 위한 입법을 추진하였다. 이는 이명박 정부의 방송통신위원회 설치로 실현되었다. 박근혜 정부에서는 「방송법」과 「IPTV법」을 통합하는 법안이 발의되어 논의되었지만, 마무리되지 못했다.

우리나라 「방송법」 체계는 서비스가 제공되는 전송망을 기준으로 수직적인 규제체계를 유지하고 있으며, 방송의 종류와 기술방식을 사전에 열거하는 포지티브 규제방식이다. 그리고 전송망·플랫폼·콘텐츠 사업자의 3분류 체계를 유지하고 있다.

---

4 실제 영국의 경우도 방송통신위원회(Ofcom) 설치법을 2002년 3월에 제정하여 위원회를 구성하고, 2003년 7월 통합법인 커뮤니케이션법을 제정하였다.

OTT 등 새로운 서비스를 포괄하는 방향으로 방송의 개념과 방송·통신 서비스 분류 체계를 정비해야 한다. 향후에는 기존의 방송에 대한 규제를 OTT와 같은 새로운 미디어에 적용시키는 것이 아니라, 새로운 미디어가 더 확장되고 시장 전체가 성장할 수 있도록 기존 방송의 규제를 줄여나가는 방향을 취해야 한다. 기술 중립성, 동일 서비스 동일 규제를 원칙으로, 방송·통신 서비스를 전송 계층과 콘텐츠 계층으로 이원화해서 규제하는 수평적 규제체계를 도입하는 것이 필요하다.

방송을 전송망이나 전송기술에 따라 구분하는 것이 아니라 서비스라는 역무를 중심으로 새로이 정의해야 한다. 방송 서비스뿐만 아니라 OTT와 같은 동영상 서비스를 포함하는 '시청각미디어서비스(가칭)' 개념을 신설하고, 이를 토대로 「IPTV법」, 「방송법」까지도 통합하여 '「미디어서비스법」(가칭)'을 제정하는 방안을 추진해야 한다. 물론, 규제 위주로 흐를 수 있는 플랫폼을 포함한 3분류 체제보다는 2분류 체제가 더 바람직하다. 이에 기반하면, 이후 「전기통신사업법」 등과의 통합을 통해 진정한 '방송통신융합사업법'을 만드는 것도 더 수월할 것이다. 이를 위해 방송에 집중되어 있는 많은 규제를 더 적극적으로 완화해 나가야 한다.

● 정치 풍토 개선과 시민 참여 수준

여야가 뒤바뀌게 되면 공영방송 거버넌스에 대해서는 과거의 입장이나 의견을 관철시키지 않는 정치적 풍토도 큰 문제이다. 노무현 정부 시절 야당인 한나라당은 공영방송의 위상 정립을 위해 「국가

기간방송법」을 발의하여 KBS의 최고 의사 결정기관으로 경영위원회를 두는 안을 제시하였다.[5] 9인의 경영위원회 위원은 국회의장의 추천을 거치도록 했고 2/3 이상은 전문가로 충원하고 동일교섭단체 위원 추천은 과반을 넘을 수 없도록 하자는 내용이었다. 그러나 이는 이명박 정부 집권 이후에는 적극적으로 관철되지 않았다. 대선 공약으로 「공영방송법」을 제정해 공영방송과 상업방송을 분리하여 규율하고 수신료로 공영방송의 재원을 강화하겠다고 했지만 실현되지 못했다. 당시 공영방송 거버넌스와 관련한 법안들도 대체로 여야 크게 차별되지 않게 사장 임명 시 특별다수제를 도입하고 임원들의 결격사유를 강화하는 방안들이 제시되었는데 처리되지 못한 채 임기 만료로 폐기되었다.

박근혜 정부 초기 정부조직 개편안에 대한 합의의 조건으로 구성된 방송공정성특위(2013)에서 공영방송 거버넌스 문제를 다루었다. 공영방송 이사나 사장 선임 시 국회의 추천권을 늘이거나 2/3 이상의 특별다수제를 도입하는 내용의 법안들이 야당 의원들을 중심으로 발의되었지만 법안들은 결실을 보지 못했고, KBS 결산 절차 개선 및 사장 인사청문회 절차 정도만 도입되었다. 이후 여소야대의 분점정부 상황인 20대 국회에서도 '사장추천위원회' 구성을 통한 KBS 사장 임명 방안 등의 공영방송의 지배구조 개선 관련 법안들이 야당 의원들을 중심으로 발의되기도 했다.

---

5   이전 2000년 「통합방송법」 제정 당시에도 경영위원회가 필요하다는 의견을 제시하기도 하였다.

단점정부인 문재인 정부와 21대 국회에서는 더 나아가 '사장후보추천국민위원회' 등을 구성하는 방안들이 포함된 「방송법」 개정안 등이 여당 의원에 의해 발의되었지만 진전은 없는 상황이다. 이처럼 사장추천 방식에 대한 개혁방안으로 '사장후보추천국민위원회' 등 시민사회 등의 참여와 역할을 증대시키자는 주장이 제기되었는데, 동 방안이 기존보다 개선된 방안으로 작용하기는 어렵다. 시민사회의 규범과 참여의 수준은 한층 높아졌지만 제한된 이해관계를 가지고 단편적으로 행동하는 시민과 대중의 참여는 질이나 수준이 높지 않고, 더 나은 의사 결정을 도출하기보다는 전문가들의 판단에 못 미칠 가능성이 크다. 더 나아가 소수의 핵심 인사들에 의해 이끌려 갈 가능성도 배제할 수 없다.[6] 시민사회가 일부이기는 하지만, 양분되어 정치적 이해관계와 진영논리에 포획되어 대립해온 우리의 상황을 반추해 볼 때, 시민사회에서의 직접적인 참여가 문제를 해결하는 방안으로 작용하는 데에는 아직 한계가 있

---

6 만하임(Mannheim, 2013)은 문화의 유지, 발전을 위해서는 창조적인 엘리트 층이 필요한데, 대중사회는 급격한 문화적 평준화를 통해 엘리트들의 문화적 기능을 봉쇄하고 무자격자의 통치(the sovereignty of unqualified)를 낳는다고 하였다. 셀즈닉(Selznick, 2014)도 이러한 지적을 받아들여, 문화가 개인에게 피상적으로 영향을 미치게 되는 문화적 약화 현상이 발생하는 경우 언제나 대중적 현상(mass phenomena)이 일어나는데, 그 징후들은 만연한 소외, 전반적인 문화적 평준화, 안정감에 대한 충동적 탐색, 선전 및 조종에 대한 취약성 등으로 나타난다고 하였다. 국민들이 2년간 코로나19로 어려움을 겪으며 특히 이전에 비해 단절된 세상에서 삶을 영위하고 있는 오늘날, 이러한 시각과 지적이 더 적절해진 상황이 되어 가고 있다는 생각이다.

으며, 우리 사회가 당면한 과제이기도 하다. 코로나 시대에 미디어를 통한 시민의 참여 통로 수단의 확보 못지않게 그 수준은 중요하다. 미디어 본연의 전문성과 규범적 가치를 대중의 참여나 대중적 기준으로 맞추기보다는 미디어 종사자들의 전문직주의 본연의 원칙과 기준으로 강화하고 상향해 나가는 것이 더 필요해 보인다.

진화하는 미디어 거버넌스

국가의 정치·경제 시스템은 사업자가 특정 영역의 사업과 활동을 하는 데에 더 유리한 방향으로 구축되고 조성되기 마련이다. 사업자들은 정치·경제 시스템에서의 제도적 지원에 기반해, 더 효율적으로 생산될 수 있는 재화나 서비스를 생산하게 되고, 이러한 '비교제도 우위(comparative institutional advantage)'는 국가별로 동등하지 않다. 이는 미디어 시스템에서도 마찬가지이다. 오늘날 한류가 세계적으로 인기를 얻고 있고, 우리나라가 만든 《오징어 게임》은 한 달 동안 전 세계 1억 명 이상이 시청할 정도의 열풍을 불러왔다. 하지만 이러한 콘텐츠들을 디지털화하고 미디어를 통해 재창조하여 세계로 확산·보급함으로써 더 많은 부가가치를 창출할 수 있는 데에는 못 미친 것으로 보인다. 세계 최고의 반도체와 스마트폰 등을 양산하는 제조업과 최고의 통신 서비스망을 가진 대한민국이 우수한 문화적 콘텐츠를 수출하는 디지털 플랫폼에 있어서는 경쟁력을 확보하지 못하고 있다. 정부의 역할이 아쉬운 대목이다.

조직구조는 최고 의사 결정자에게 도달하는 정책 대안과 정책형성 과정을 통해 의사 결정에 영향을 미치게 된다(Hammond, 1986). 미디어 거버넌스에 대한 정부조직의 변화에 따라 미디어 정책 결정의 범주와 결과가 달라질 수 있는 것이다. 그러나 거버넌스가 절대적인 것은 아니며, 다양한 가치와 요구를 모두 반영할 수 있는 거버넌스도 불가능하다.

더구나 정치 및 사회·경제 체제는 서로 밀접하게 관련되어 있어 미디어 거버넌스만을 전면 개편하거나 급격한 제도적 변화는 쉽지 않을 것이다. 각 제도로 인해 발생하는 이점이나 제도 간 시너지를 갑자기 없애기보다는 점진적으로 개선하는 방안이 더 용이하기 때문이다.[7] 큰 틀의 제도적 개선이 어렵다면 세부 실행 방법의 개선을 통해서라도 최선의 거버넌스를 위해 지속적인 보완을 해야 한다. 다양한 사회 주체가 상호 신뢰하에 자발적으로 참여하여 상호의존적인 수평적 거버넌스를 구축하기도 어렵지만, 이러한 거버넌스도 점차 권력적 지배 관계로 변할 수 있다. 현재의 최선의 미디어 거버넌스라도 변화하는 환경에 걸림돌이 되지는 않는지 항상 점검하고 진화해 나가야 한다.

---

[7] 다양한 제도들이 존재할 때, 하나의 제도가 존재하고 기능하는 것이 다른 제도의 기능에도 긍정적인 영향을 미치는 경우 '제도적 보완성(institutional complementarities)'이 있다고 할 수 있다. 이때 어느 한 제도만을 급격히 변화하기는 힘들 것이다(Hall & Soskice, 2003).

참고문헌

제1부 역대 정부의 미디어 거버넌스

제1장

강신택. (2002). 사회과학연구의 논리(제3판). 박영사.

김재철. (2019). 한국의 미디어 : 법제와 정책 해설. 커뮤니케이션북스.

김대호. (2020). 한국의 미디어 거버넌스. 커뮤니케이션북스.

남궁근. (2019). 정책학: 이론과 경험적 연구(제3판). 법문사.

박승관. (2017). 패권(군주)제 사회질서와 정파언론 - 그 현실과 기원. 언론과 사회, 24(4), 5-58.

방송통신위원회. (2021). 2020 연차보고서.

손태원. (2004). 조직행동과 창의성. 법문사.

오석홍·손태원·하태권. (2008). 조직학의 주요이론. 법문사.

윤석민. (2005). 커뮤니케이션 정책연구. 커뮤니케이션북스.

_____. (2015). 미디어 공정성 연구. 나남출판.

_____. (2020). 미디어 거버넌스. 나남출판.

이준웅·조항제·송현주·정준희. (2010). 한국사회 매체 체계의 특성: '민주화 이행 모형'의 제안. 커뮤니케이션 이론, 6(1), 87-143.

전용준. (2011). 한국 방송정책의 가치와 이념 : 1990년대부터 2011년까지. 방송통신연구, (75), 9-27.

정준희. (2018). 시민사회의 확장을 통한 정치적 후견주의의 제어: 민주적 공고화 맥락에서의 한국 공영방송 거버넌스 개혁. 언론정보연구, 55(1), 56-118.

_____. (2020). 유럽 및 해외주요국의 미디어 공공서비스 재원 분석. 산업적 지속 가능성을 위한 방송영상산업의 재구조화. 시간의 물레.

조항제. (2014). 한국 공영방송의 정체성. 컬처룩.

_____. (2017). 한국의 민주화와 언론 1987~2017. *언론과 사회*, 25(3), 11-78.

_____. (2018). 한국 공영방송 노동조합의 독립성 투쟁: 반후견주의와 전문직주의 노조주의를 중심으로. *언론정보연구*, 55(2), 112-168.

통계청. KOSIS 국가통계포털(https://kosis.kr)

최민음. (2020). 수신료 공정재원. 산업적 지속가능성을 위한 방송영상산업의 재구조화. 시간의 물레.

최장집. (2010). 민주화 이후의 민주주의: 한국 민주주의의 보수적 기원과 위기 (개정2판). 후마니타스.

_____. (2021). 이홍구의 "사회적 보전 공리"와 한국 민주주의에 대한 하나의 성찰. *대전환기의 한국 민주정치*. 중앙북스.

한승준. (2007), 신거버넌스 논의의 이론적·실제적 한계에 관한 연구. *한국행정학보*, 41(3), 95-116.

Easton, D. (1957). The Political System. World Politics, 9(3), 383-400.

Hallin, D. C. & Mancini, P. (2004). Comparing Media Systems: Three Models of Media and Politics. Cambridge University Press.

Kjaer, A. M. (2004). Governance. Cambridge: Polity Press, *Journal of Environmental Planning and Management*, 19.

Kooiman, J. (2003). Governing as Governance. Sage.

Parsons, T. (1969). Politics and Social Structure. Free Press.

Pierre, J. (2000). Debating Governance: Authority, Steering, and Democracy. OUP Oxford.

Rhodes, R. A. (1997). Understanding Governance: Policy Networks, Governance, Reflexivity and Accountability. Open University.

Selznick, P. (2014). The organizational weapon: A study of Bolshevik strategy and tactics (Vol. 18). Quid Pro Books.

Siebert, Peterson & Schramm. (1965). Four Theories of the Press. University of Illinois Pres.

Reuters Institute for the Study of Journalism. (2021). https://reutersinstitute.

politics.ox.ac.uk/digital-news-report/2021/south-korea

제2장

강현두. (1996). 국제방송환경과 우리의 정책방향, '방송법안 마련을 위한 공개토론회' 주제발표문.

공보처. (1995). 선진방송 5개년 계획.

_____. (1996). 케이블TV 백서.

_____. (1996). 방송의 세계화를 위한 정책 방향의 모색.

김대호. (2020). 한국의 미디어 거버넌스, 커뮤니케이션북스.

방송제도연구위원회. (1990). 방송제도연구위원회보고서 : 2000년대를 향한 한국방송의 좌표. 나남출판.

방인혁. (2009). 한국의 변혁운동과 사상논쟁. 소나무.

법제처. 국가법령정보센터(https://www.law.go.kr)

신수식 · 김동원 · 이규용. (2005). 현대 고용관계론. 박영사.

윤석민. (2005). 커뮤니케이션 정책연구. 커뮤니케이션북스.

임도빈. (2008). 역대 대통령 국정철학의 변화 : 한국행정 60년의 회고와 과제. 행정논총, 46(1), 211-251.

조항제. (2018). 한국 공영방송 노동조합의 독립성 투쟁: 반후견주의와 전문직주의 노조주의를 중심으로. 언론정보연구, 55(2), 112-168.

제3장

강현두. (1996). 국제방송환경과 우리의 정책방향, '방송법안 마련을 위한 공개토론회' 주제발표문.

공보처. (1995). 선진방송 5개년계획.

_____. (1996). 케이블TV 백서.

_____. (1996). 방송의 세계화를 위한 정책 방향의 모색.

금융감독원. (2021). 전자공시시스템(http://dart.fss.or.kr)

김광호. (1996). 우리나라 케이블 TV 현황과 전망. 전자진흥, 16(8), 8-10.

김대호. (2020). 한국의 미디어 거버넌스. 커뮤니케이션북스.

김영배. (2019). 공영방송의 민영화. 커뮤니케이션북스.

김충남. (2006). 대통령과 국가 경영: 이승만에서 김대중까지. 서울대학교출판부.

미디어오늘. (1996. 12. 4). 방송노조, "방송법 개악 땐 총파업"

_____. (2004. 9. 2). "조중동 시민단체 정부지원 비판 문제있다"

방송개혁위원회. (1999). 방송개혁위원회 활동백서.

방송위원회. (2005). 중장기방송발전연구위원회 종합보고서.

방송통신위원회. (2021). 2020 방송산업실태조사보고서

이내영. (1995). 세계화와 정치개혁, *세계화의 도전과 한국의 대응(김경원·임현진)*. 나남출판.

이종원·박민성. (2011.12), 홈쇼핑 시장환경변화에 따른 정책개선방안 연구. 정책연구. 정보통신정책연구원, 11-50

임도빈. (2008). 역대 대통령 국정철학의 변화: 한국행정 60년의 회고와 과제. 행정논총, 46(1), 211-251.

임혁백. (1995). 세계화와 민주화, *세계화의 도전과 한국의 대응(김경원·임현진)*. 나남출판

전국민주노동조합총연맹. (1997). 개정노동법 해설.

지성우. (2011). 한국 방송통신위원회와 미국 연방통신위원회(FCC)에 대한 비교법적 연구, 대영문화사.

Stiglitz, J. E. (2002). Globalization and its Discontents. New York: WW norton.

제4장

김광웅. (1998). 김대중 정부 초기 정부조직개편에 관한 비판적 성찰. 한국행정학보, 32(2), 97-111.

김충남. (2006). 대통령과 국가 경영: 이승만에서 김대중까지. 서울대학교출판부.

방송개혁위원회. (1999). 방송개혁위원회 활동백서.

방송위원회. (2001). 방송정책기획위원회 종합보고서.

_____. (2003). 방송통신법제정비위원회 종합보고서.

_____. (2006). 디지털지상파 재송신 정책.

오승용. (2004). 한국 분점정부의 입법과정 분석 : 13대-16대 국회를 중심으로. *한국정치학회보*, 38(1), 167-192.

유현종. (2010). 대통령의 입법의제로서 정부법안의 국회제출과 통과의 영향요인: 민주화 이후 역대 정부를 중심으로(1988-2007). *행정논총*, 48(4).

이완기. (2002). 지상파 디지털 방송의 기술정책과 문제점: 지상파 디지털 TV 방송방식 조사 보고서를 중심으로. *한국방송학회 학술대회 논문집*, 231-241.

임도빈. (2008). 역대 대통령 국정철학의 변화: 한국행정 60년의 회고와 과제. *행정논총*, 46(1), 211-251.

정용준. (2006). 시민사회와 국가/시장의 관계 분석: 김대중/노무현 정부의 방송정책갈등을 중심으로. *언론과학연구*, 6(2), 356-379.

정충식. (2016). 박근혜정부의 ICT 거버넌스 분석: ICT 관련 정부위원회를 중심으로. *한국지역정보화학회지*, 19(3), 53-90.

정태환. (2009). 김대중 정권의 성격과 개혁정치 : 모순과 한계. *한국학연구*, (31), 387-416.

최영묵. (2005). 시민미디어론. 아르케.

제5장

국회 문화관광위원회(2004.11), 「국가기간방송에 관한 법률안」 검토보고서

김효재. (2009). 제281회 국회(임시회) 교육·사회·문화 분야 대정부 질문자료.

은수미. (2006). 2005년 노사관계 평가와 2006년 전망. *노동리뷰*.

양승함. (2006). 노무현 정부의 국가관리 중간평가와 전망, '노무현 정부의 국정철학과 국가관리원칙'. 서울: 연세대학교 국가관리연구원.

임도빈. (2008). 역대 대통령 국정철학의 변화: 한국행정 60년의 회고와 과제. *행정논총*, 46(1), 211-251.

정용준. (2006). 시민사회와 국가/시장의 관계 분석: 김대중/노무현 정부의 방송정책갈등을 중심으로. *언론과학연구*, 6(2), 356-379.

KBS. (2004. 7. 28). 이사회 회의록

방송위원회. (2003). DMB·데이터방송 및 DMC 등 디지털방송에 관한 종합계획.

_____. (2004). '위성이동멀티미디어방송 사업자 선정 정책방안 마련을 위한 공청회' 자료집.

_____. (2005). '위성이동멀티미디어방송의 지상파방송 콘텐츠 활용방안 마련 전문가토론회' 자료집.

방송위원회. (2006). 디지털 지상파방송 재송신 정책 연구.

국무조정실 방통융합추진지원단. (2007). IPTV 관련 참고자료.

정부혁신지방분권위원회. (2005). 참여정부와 전자정부.

윤성석·이삼성. (2002). 한국의 시민사회 운동과 민주주의 발전. *한국동북아논총*, 7(3). 183-217.

전국언론노동조합. (2003). 언론노보 354호 1면.

최영묵. (2005). 시민미디어론. 아르케.

하태수. (2012). 노무현 정권의 정부조직법 개정 분석. *한국정책연구*, 12(4), 629-649.

Keane, J. (1991). The media and democracy. Cambridge. Polity Press.

제6장

경제5단체. (2009). 경제위기 극복을 위한 대국회 호소문.

국회 문화체육관광방송통신위원회. (2009).「방송법」등 개정안 검토보고서.

방송통신위원회. (2010.11.10). '종합편성 및 보도전문 방송채널사용사업 승인 세부심사기준 및 승인 신청요령' 확정 보도자료.

국회 방송통신특별위원회. (2008).「방송통신위원회의 설립 및 운영에 관한 법률안」심사보고서.

김영배. (2019), 공영방송의 민영화, 커뮤니케이션북스.

김재철. (2019). 한국의 미디어 : 법제와 정책 해설. 커뮤니케이션북스.

박수경·이찬구. (2015). 박근혜 정부 과학기술 거버넌스 개편에 대한 연구: 미래창조과학부를 중심으로. *사회과학연구*, 26(4), 195-216.

박치성·오재록·남주현. (2011). 정부조직개편의 효과 실증분석: 노무현, 이명박 정부의 중앙부처 간 업무관계 네트워크의 변화를 중심으로. 행정논총, 49(4), 51-82.

정충식. (2016). 박근혜정부의 ICT 거버넌스 분석: ICT 관련 정부위원회를 중심으로. 한국지역정보화학회지, 19(3), 53-90.

신태섭. (2013). 이명박 정권의 언론장악 실사와 정상화 방안, '박근혜 정부의 미래창조와 방송의 미래' 토론회 발제문.

한국IPTV방송협회. (2018). IPTV 10주년 백서.

황근. (2018). 공영방송과 정책갈등. 온샘.

제7장

공정거래위원회. (2016.7.18). '공정위, SK텔레콤-CJ헬로비전 인수·합병 금지' 보도자료

과기정통부·방통위. (2020.12). 지상파 UHD 방송 활성화를 위한 정책 방안

과기정통부·방통위·공정위. (2020.10.15). '효율적인 방송통신기업 인수합병 (M&A) 심사를 위한 업무협약 체결' 보도자료

국회 문화체육관광방송통신위원회. (2013.2). 「방송통신위원회의 설치 및 운영에 관한 법률」 검토보고서

국회 미래창조과학방송통신위원회. (2013.6). 「방송법」 등 검토보고서.

_____. (2014.11), '700㎒ 대역 용도' 관련 공청회 자료

_____. (2015.11), 주파수정책소위원회 활동결과보고서.

_____. (2016.11). 「방송법」 등 검토보고서.

국회 방송공정성특별위원회. (2013.11). 방송공정성특별위원회 소위원회 논의 사항.

국회 입법조사처. (2016.12.30). 국내 UHD 서비스 현황과 개선과제. 현안 보고서.

김태오. (2019). 「방송신규제법」의 관점에서 본 유료방송 M&A의 쟁점과 과제. 고려대 사이버법센터 등 공동세미나(2019.5.10) 발제 자료.

디지털데일리. (2016.05.02.). '비싸고 불안하고' 700MHz 외면…저대역 황금주파수 의미 퇴색.

박민·이병남. (2020). 지역시민언론운동 평가와 과제 – 2000년대 이후 언론시민단체 활동을 중심으로. *지역과 커뮤니케이션*, 24(1), 5-35.

박상필. (2015). 한국 시민사회의 변화와 새로운 역할. *NGO 연구*, 10(2), 35-68.

방송통신위원회. (2018). 방송미래발전위원회 정책제안서 – 공영방송 지배구조 개선 및 제작 자율성 제고 과제.

박수경·이찬구. (2015). 박근혜 정부 과학기술 거버넌스 개편에 대한 연구: 미래창조과학부를 중심으로. *사회과학연구*, 26(4), 195-216.

정연우. (2017). 한국 시민언론운동의 특성과 전망: 이명박·박근혜 정권시기를 중심으로. *한국언론정보학보*, 81(1), 122-152.

정충식. (2016). 박근혜정부의 ICT 거버넌스 분석: ICT 관련 정부위원회를 중심으로. *한국지역정보화학회지*, 19(3), 53-90.

정한울. (2016). 한국사회 시민단체 신뢰위기의 진단과 대안 모색: 정부-시민단체 관계에 대한 인식변화와 정치적 시민단체의 위축. *시민과세계*, (29), 85-123.

주성수. (2017). 한국 시민사회 30년(1987-2017)의 시민참여와 민주주의. *시민사회와 NGO*, 15(1).

하태수. (2015). 박근혜 정부 출범 시기의 중앙정부조직 개편 분석. *한국정책연구*, 15(1), 51-74.

현대원. (2013). 창조경제 새로운 도약과 비전. 중앙공무원교육원 '창조경제 실천과정'.

BusinessWeek. (2000, Aug 21-28). The 21st Century Corporation.

Plucker, J. A., Beghetto, R. A. & Dow, G. T. (2004). Why isn't creativity more important to educational psychologists? Potentials, pitfalls, and future directions in creativity research. *Educational Psychologist*, 39(2), 83-96.

제8장

공정거래위원회. (2019.8.20). '공정위, SK텔레콤과 지상파방송 3사의 OTT 결합 조건부 승인' 보도자료.

_____. (2019.11.8). '공정위, 방송·통신 시장에서의 기업결합 조건부 승인'. 보도자료.

_____. (2021.8.24). 'KT스카이라이프의 현대HCN 기업결합 조건부 승인'. 보도자료.

과기정통부. (2019.12.15). '과기정통부, LG유플러스의 CJ헬로 인수에 조건부 인가·변경승인' 보도자료.

_____. (2019.12.30). '과기정통부, SK브로드밴드의 티브로드 인수·합병에 조건부 인가 및 변경허가·승인 심사완료. 보도자료.

_____. (2020.1.21). '과기정통부, SK브로드밴드와 티브로드 합병에 조건부 허가 확정·통보'. 보도자료.

_____. (2021.8.27.). '과기정통부, KT스카이라이프의 현대HCN 인수에 조건부 인가·변경승인'. 보도자료.

국회 과학기술정보방송통신위원회. (2021). 「방송법」 등 법률안 검토보고서.

국정기획자문위원회. (2017). 문재인 정부 국정운영 5개년 계획.

국회 문화체육관광위원회, (2021.6.30). 「언론중재 및 피해구제 등에 관한 법률」 개정안 관련 전문가 의견청취 자료집.

방송통신위원회. (2018.8). 방송미래발전위원회 정책 제안서.

_____. (2020.12). 2020년 방송시장경쟁상황평가.

심영섭. (2018. 9). KBS 월드, 아리랑TV 등 국제방송의 현황 및 개선방안. 국회입법조사처.

송의달. (2021). 뉴욕타임스의 디지털 혁명. 나남출판.

안정상. (2020). 코드명 KI-4.0. 시간의 물레.

언론노보. (2018.9.3). 언론노조-지상파 방송 첫 '산별협약' 체결(http://media.nodong.org)

오상봉. (2019). 최저임금 관련 통계에 관한 분석. 한국노동연구원.

이재영. (2014.10). 미디어 환경 변화에 따른 해외방송 효율화 방안 연구. 정보통신정책연구원.

이혜림·이영라. (2020). 시민참여 유형과 특성의 변화 분석. 행정논총, 58(1), 245-269.

조선일보. (2018.10.10), 지상파방송 4사, 인사·징계도 노조와 사전 협의

최민음. (2020). 산업적 지속가능성을 위한 방송영상산업의 재구조화, '수신료 공정재원'. 시간의 물레.

한국생산성본부. (2020). 노동생산성 국제비교.

한진만·최현철·홍성구. (2012). 언론자유와 공정성 심의체계 : 시청자 배심원제의 적용 가능성을 중심으로. 방송통신연구, (79), 71-98.

홍장표. (2015). 소득주도성장과 중소기업의 역할, 2015 한국포럼 발표자료.

황근. (2018). 공영방송과 정책갈등. 온샘.

제2부 미디어 통합법제와 거버넌스

제9장

고려대학교 미디어산업연구센터. (2021). 유료방송플랫폼과 OTT플랫폼의 시너지 극대화 전략 연구.

고명석. (2020). OTT 플랫폼 대전쟁. 새빛.

기획재정부. (2021.10.9). 디지털세 필라 1·2 최종 합의문 공개 -'23년부터 디지털세 본격 도입될 전망'

김수원·김성철. (2017). 문재인 정부의 방송통신 정부 조직 개편 방안. 방송통신연구, (99), 9-36.

김종원. (2021). 디즈니플러스와 대한민국 OTT 전쟁. 이은북.

노창희. (2020). 스트리밍 이후의 플랫폼. 스리체어스.

노희윤. (2020.7.15). 방송사업 매출 및 광고 매출 추이 분석. 정보통신정책연구원

뉴스1. (2021.12.16). 카카오엔터, 무협 웹소설 플랫폼 450억 원에 인수...북미 공략 강화

도준호. (2019). 글로벌 OTT 규제현황과 국내 관련 법 규제 체계:미국·영국 사례를 중심으로. 한국방송학회 세미나 발제문.

매일경제. (2021.10.7). '오징어게임' 열풍 타고… 티빙, 3천억 투자유치 나선다.

머니투데이. (2021.9.30), '13년 묵은 대본도 OK…금기 깬 넷플릭스'

미래창조과학부. (2015.12.7). 유료방송 기술규제 재편 방안, 정보화전략위원회.

방송통신위원회. (2020.1). 2019 방송매체 이용행태조사.

_____. (2020.12). 2020년도 방송시장 경쟁상황평가.

송용택. (2016). BEREC의 OTT 서비스 분류체계 및 규제이슈 검토 동향, 정보통신정책연구, 28(4).

안정상. (2020). 코드명 KI-4.0. 시간의 물레.

영화진흥위원회. (2021.11). 프랑스의 OTT 플랫폼 산업과 정책

윤석민. (2003). 방송정책에 있어서 공익이념의 이론적 토대, 공영방송. 69-101, 한국언론재단.

이상원. (2020). 디지털 트랜스포메이션과 동영상 OTT 산업. 한울아카데미.

이종관. (2020). 산업적 지속가능성을 위한 방송영상사업의 재구조화, '산업재원'. 시간의 물레.

이종원·김태오·권용재. (2016). 기술중립성 확보를 위한 방송제도 개선방안 연구, 경제정책연구, (5).

이종원. (2019). 방송의 공공성 강화 및 건전한 미디어생태계 회복방안. '중장기 방송제도 개선 및 미래지향적 규제체계 개편 방안 세미나'.

임석봉. (2020). 넥스트 넷플릭스. 한스미디어.

전자신문. (2021.4.14). '손안의 영화' 흥행 K-콘텐츠로 승부

정두남·심영섭. (2020). 국내외 OTT 서비스 시장 현황 및 규제정책 연구. 한국방송광고진흥공사.

정보통신정책연구원. (2020.6.15). 방송사업 매출 및 광고 매출 추이 분석.

정용준. (2011). 한국 방송 공공성 이념의 역사적 변화과정. 한국방송학회 주최 '공영방소과 공공성 이념의 과거, 현재 그리고 미래' 세미나 발제문.

정윤식·김숙·정영주·정인숙·하주용. (2019). 4차 산업혁명과 미디어. 한국방

송학회.

톱데일리(http://www.topdaily.kr, 2021.10.7), KT스튜디오지니 수직 계열 완성···
KT 지주사 전환 신호탄

중앙일보. (2021.4.15). (전략)··· 넷플릭스 3200억 본사 송금.

콘텐츠웨이브. (2021. 9). 국내 동영상 OTT 서비스 경쟁력 강화를 위한 주요 정
책이슈별 의견 및 지원 방안

한국경제. (2021.1.11). "가입료 안 받아요, 광고만 봐주세요"···쑥쑥 크는 '공짜
OTT'.

_____. (2021.6.3). 네이버, 티빙 3대 주주로··· OTT 약점 메운다.

한국IPTV방송협회. (2018). IPTV 10주년 백서.

한정훈. (2021). 글로벌 미디어 NOW. 페가수스.

황준호. (2019). OTT 정책방향 및 미래지향적 규제체계 정비방안. '중장기 방송
제도 개선 및 미래지향적 규제체계 개편 방안 세미나'.

IT조선. (2020.12.15). "11월 한국인 '유튜브' 사용시간 622억분".

BEREC. (2015). Report on OTT Services Draft, *BoR*, (15), 142.

Omdia. (2020). TV Intelligence Database.

Statista. (2021). Digital Media Report. https://www.statista.com/outlook/amo/
media/tv-vi

제10장

과기정통부. (2020.12.27). 과기정통부, 5G 시대의 망 중립성 정책방향 마련. 보
도자료

_____. (2021.9.2). 2022년도 국가 연구개발(R&D) 재정투자 29.8조원. 보도
자료

김수원·김성철. (2017). 문재인 정부의 방송통신 정부 조직 개편 방안. *방송통신
연구*, (99), 9-36.

남궁근. (2019). 사회적 가치 실현을 위한 성과 거버넌스: 문재인 정부 국정과제
의 성과평가를 중심으로. *한국행정연구*, 28(3), 35-71.

박수경·이찬구. (2015). 박근혜 정부 과학기술 거버넌스 개편에 대한 연구: 미래
　　창조과학부를 중심으로. *사회과학연구*, 26(4), 195-216.

박치성·오재록·남주현. (2011). 정부조직개편의 효과 실증분석: 노무현, 이명박
　　정부의 중앙부처 간 업무관계 네트워크의 변화를 중심으로. *행정논총*, 49(4),
　　51-82.

방송통신위원회. (2018.8). 방송미래발전위원회 정책 제안서.

　　　　　　　　. (2021.12.29). '방송통신위원회, 수신료 조정안에 대한 의견서
　　의결' 보도자료.

성동규. (2021.11.3). 차기정부 미디어 거버넌스 개편방향. 국민의힘 미디어특위
　　정책토론회 발제자료

손태원. (2004). 조직행동과 창의성. 법문사.

오승용. (2004). 한국 분점정부의 입법과정 분석 : 13대-16대 국회를 중심으로.
　　한국정치학회보, 38(1), 167-192.

오형일·윤석민. (2014). 한국 공영방송이 추구하는 공익 이념과 실제. *방송통신
　　연구*, (87), 107-146.

유현종. (2010). 대통령의 입법의제로서 정부법안의 국회제출과 통과의 영향요
　　인: 민주화 이후 역대 정부를 중심으로(1988-2007). 행정논총, 48(4).

윤석민. (2015). 미디어 공정성 연구, 나남출판.

　　　　. (2020). 미디어 거버넌스. 나남출판.

이상원. (2021.10.22). 차기정부의 ICT 미디어 정책 거버넌스 개편방향. '차기정부
　　에 바란다 : ICT 정책과 거버넌스' 정책토론회 발제자료. 미디어경영학회 등

이종원. (2019). 방송의 공공성 강화 및 건전한 미디어생태계 회복방안. '중장기
　　방송제도 개선 및 미래지향적 규제체계 개편 방안 세미나'.

이준웅. (2017). 공영방송 정체성 확립을 위한 지배구조 개선방안. 방송문화연구,
　　29(1), 73-120.

이철희. (2020). 대통령 탄핵 결정요인 분석 : 노무현 대통령과 박근혜 대통령 탄
　　핵과정 비교 [박사학위, 한신대학교 대학원]

임도빈. (2008). 역대 대통령 국정철학의 변화: 한국행정 60년의 회고와 과제. 행

정논총, 46(1), 211-251.

장훈. (2001). 한국 대통령제의 불안정성의 기원 - 분점정부의 제도적, 사회적, 정치적 기원. 한국정치학회보, 35(4), 107-127.

정보통신정책연구원. (2021), 2020 방송 프로그램 외주제작 거래 실태 보고서-방송사 중심.

정용준. (2006). 시민사회와 국가/시장의 관계 분석: 김대중/노무현 정부의 방송정책갈등을 중심으로. 언론과학연구, 6(2), 356-379.

정준희. (2020). 산업적 지속가능성을 위한 방송영상사업의 재구조화, '유럽 및 해외주요국의 미디어 공공서비스 재원 분석', 시간의 물레.

정진민. (2013). 국회선진화법과 19대 국회의 과제: 국회 운영방식과 대통령-국회 관계의 변화를 중심으로. 현대정치연구, 6(1), 5-29.

정충식. (2016). 박근혜정부의 ICT 거버넌스 분석: ICT 관련 정부위원회를 중심으로. 한국지역정보화학회지, 19(3), 53-90.

조영신. (2003). 미국편, 공영방송, 한국언론재단.

천세봉·하연섭. (2013). 과학기술정책 거버넌스 변동에 관한 신제도주의 분석 : 노무현 정부와 이명박 정부를 중심으로. 한국정책학회보, 22(4), 87-114.

천혜선. (2021). 영상 콘텐츠 산업 활성화 정책과제. '글로벌 콘텐츠 강국 실현을 위한 콘텐츠 정책 미션과 과제' 토론회 발제자료.

최경진. (2017). ICT 뉴노멀을 대비한 규제체계 개편방향. 서울대학교 공익산업법센터 세미나 발표자료

한국콘텐츠진흥원. (2020). 2019 해외콘텐츠 시장분석.

한동훈. (2009). 주요국가의 방송통신법제에 관한 비교법적 연구. 한국법제연구원

황근. (2018). 공영방송과 정책갈등. 온샘.

Hall, P. A. & Soskice, D. (2003). Varieties of Capitalism: The Institutional Foundation of Comparative Advantage. Oxford University Press.

Richeri, G. (2004). Broadcasting and the Market: The Case of Public Television. Rowman & Littlefield Publisher.

Syvertsen, T. (1992). Public Television in Transition: A Comparative and Historical Analysis of the BBC and the NRK, (Doctoral Dissertation, University of Leicester).

Waisbord, S. (2013). Reinventing professionalism: Journalism and news in global perspective. John Wiley & Sons.

제11장

오승용. (2004). 한국 분점정부의 입법과정 분석 : 13대~16대 국회를 중심으로. 한국정치학회보, 38(1), 167-192.

유현종. (2010). 대통령의 입법의제로서 정부법안의 국회제출과 통과의 영향요인: 민주화 이후 역대 정부를 중심으로(1988-2007). 행정논총, 48(4).

장훈. (2001). 한국 대통령제의 불안정성의 기원 - 분점정부의 제도적, 사회적, 정치적 기원. 한국정치학회보, 35(4), 107-127.

정진민. (2013). 국회선진화법과 19대 국회의 과제: 국회 운영방식과 대통령-국회 관계의 변화를 중심으로. 현대정치연구, 6(1), 5-29.

Hall, P. A. & Soskice, D. (2003). Varieties of Capitalism: The Institutional Foundation of Comparative Advantage. Oxford University Press.

Hammond, T. H. (1986). Agenda control, organizational structure, and bureaucratic politics. *American Journal of Political Science*, 379-420.

Mannheim, K. (2013). Essays Sociology Knowledge V 5. Routledge.

Selznick, P. (2014). The organizational weapon: A study of Bolshevik strategy and tactics (Vol. 18). Quid Pro Books.

저자 공도훈

고려대학교에서 경영학(학사), 서울대학교 행정대학원에서 행정학(석사, 정책학 전공), 그리고 한양대학교 대학원에서 경영학(박사, 조직·인사 전공)을 공부했다. 국회에서 문화 및 미디어 분야 입법 및 정책 과정에 대한 경험을 하였다. 이후 기업에서 대외협력 및 미디어 정책 업무 등을 담당해 왔다. 한국방송학회 및 한국미디어경영학회 이사를 역임하기도 했다.

논문으로 「조직공정성 유형별 불공정성 인식이 반응행동(EVLN)에 미치는 영향」, 「팀 구성원 인지능력 다양성과 팀 성찰 활동이 창의적 팀 성과에 미치는 영향」 등이 있다. 미디어 분야 외에 공정성, 창의성, 목표 달성을 위한 조직 활용 등에 관심을 가지고 있다.

OTT시대 미디어 거버넌스

초판 1쇄 인쇄 2022년 1월 19일 | **초판 1쇄 발행** 2022년 1월 27일
지은이 공도훈 | **펴낸이** 김시열
펴낸곳 도서출판 자유문고

(02832) 서울시 성북구 동소문로 67-1 성심빌딩 3층

전화 (02) 2637-8988 | 팩스 (02) 2676-9759

ISBN 978-89-7030-160-0 93070   값 23,000원

http://cafe.daum.net/jayumungo